Marktregulierung durch Arzneimittelfestbeträge

Alexander Natz

Marktregulierung durch Arzneimittelfestbeträge

Gesetzliche Krankenkassen im Lichte des Wettbewerbsrechts
der EU und der USA

PETER LANG
Frankfurt am Main · Berlin · Bern · Bruxelles · New York · Oxford · Wien

Bibliografische Information Der Deutschen Bibliothek
Die Deutsche Bibliothek verzeichnet diese Publikation in der
Deutschen Nationalbibliografie; detaillierte bibliografische
Daten sind im Internet über <http://dnb.ddb.de> abrufbar.

Zugl.: Bonn, Univ., Diss., 2005

Gedruckt mit freundlicher Unterstützung der
Firmen Pfizer, Sanofi-Aventis sowie des
Bundesverbandes der Pharmazeutischen Industrie e.V. (BPI).

D 5
ISBN 3-631-54195-3

© Peter Lang GmbH
Europäischer Verlag der Wissenschaften
Frankfurt am Main 2005
Alle Rechte vorbehalten.

Das Werk einschließlich aller seiner Teile ist urheberrechtlich
geschützt. Jede Verwertung außerhalb der engen Grenzen des
Urheberrechtsgesetzes ist ohne Zustimmung des Verlages
unzulässig und strafbar. Das gilt insbesondere für
Vervielfältigungen, Übersetzungen, Mikroverfilmungen und die
Einspeicherung und Verarbeitung in elektronischen Systemen.

www.peterlang.de

Vorwort

Die vorliegende Arbeit wurde im Wintersemester 2004/2005 von der Rechts- und Staatswissenschaftlichen Fakultät der Rheinischen Friedrich-Wilhelms-Universität Bonn als Dissertation angenommen. Rechtsprechung und Literatur konnten bis zum September 2004 berücksichtigt werden. Das gegenwärtig beim EuGH anhängige Verfahren in der Rechtssache FENIN fand daher keine Berücksichtigung.

Mein besonderer Dank gilt meinem Doktorvater, Herrn Prof. Dr. Dr. Everling, der die Arbeit nach dem Tode von Prof. Dr. Heinze übernommen hat. Dies gilt vor allem deshalb, weil er meine Ergebnisse akzeptiert hat, obwohl er im Grundsatz eine andere Auffassung vertritt. Auch dem verstorbenen Prof. Dr. Heinze bin ich zu Dank verpflichtet. Herrn Prof. Dr. Pietzcker danke ich für die rasche Erstellung des Zweitgutachtens. Weiterhin bedanken möchte ich mich beim Bundesverband der Pharmazeutischen Industrie e.V. (BPI) und bei der Pfizer Pharma GmbH für die Beteiligung an den Druckkosten.

Besonders bedanken möchte ich mich an dieser Stelle bei meinen Eltern für alles, was sie für mich getan haben. Danken möchte ich darüber hinaus meiner Freundin Anke für ihre stetige, liebevolle Unterstützung. Zu Dank bin ich schließlich auch meiner Schwester Eva für das Lesen der Korrektur und Herrn Meinhard Pfanner für seine Unterstützung verpflichtet.

Stuttgart, im April 2005

Alexander Natz

Inhaltsübersicht

Einleitung: Gegenstand und Gang der Untersuchung   1

1. Kapitel: Das System der Festbetragsfestsetzung für Arzneimittel
nach § 35 SGB V   5

   A. Ökonomische Wettbewerbstheorie und Gesundheitswesen   5
   B. Die Rechtsgrundlage des § 35 SGB V   7
   C. Die Stellung des § 35 SGB V im System des EG-Vertrages   35
   D. Zusammenfassung und Ausblick   61

2. Kapitel: Die Schranken des Wettbewerbsrechts für die Nachfragetätigkeit
gesetzlicher Krankenversicherungen   63

   A. Die Vorgaben der Art. 81, 82 EG für Kostensenkungsmaßnahmen
in der Arzneimittelversorgung   64
   B. US-amerikanische Kostensenkungsmaßnahmen in der Arzneimittelversorgung und die Anwendbarkeit des Antitrust-Rechts des Bundes   111
   C. Zusammenfassung und Ergebnis   130

3. Kapitel: Die staatliche Veranlassung wettbewerbswidrigen Verhaltens   131

   A. Die Bindung der Mitgliedstaaten an das EG-Wettbewerbsrecht   133
   B. Die "state action"-Doktrin des US-amerikanischen Antitrust-Rechts   164
   C. Zusammenfassung und Vergleich der Rechtssysteme   205

4. Kapitel: Rechtfertigung eines Verstoßes gegen die Wettbewerbsregeln
nach Art. 86 II EG   209

   A. Systematische Stellung und Regelungszweck   209
   B. Voraussetzungen der Rechtfertigung   210
   C. Ergebnis   227

5. Kapitel: Zusammenfassung der Ergebnisse   229

Inhaltsverzeichnis

Einleitung: Gegenstand und Gang der Untersuchung	1
1. Kapitel: Das System der Festbetragsfestsetzung für Arzneimittel nach § 35 SGB V	5
A. Ökonomische Wettbewerbstheorie und Gesundheitswesen	5
B. Die Rechtsgrundlage des § 35 SGB V	7
I. Normentstehung	8
II. Normzweck	10
1. Regelungsziel	10
2. Systemkonzeption	11
III. Auswirkungen für die Arzneimittelhersteller	12
1. Das System der Arzneimittelversorgung in der gesetzlichen Krankenversicherung	12
2. Die nachfragesteuernde Wirkung der Arzneimittelfestbeträge	15
IV. Normgehalt	16
1. Das Verfahren zur Festsetzung der Festbeträge	16
2. Kriterien zur Festsetzung der Festbeträge	17
3. Rechtsschutz	18
V. Normgeltung	19
1. Rechtsprechung des EuGH zu den Sozialversicherungsmonopolen	20
2. Rechtsprechung deutscher Gerichte zu den Arzneimittelfestbeträgen	21
a) Der Vorlagebeschluss des Bundessozialgerichts aus dem Jahre 1995	21
b) Die Urteile des LG und des OLG Düsseldorf aus den Jahren 1998 und 1999	22
c) Der Vorlagebeschluss des Landessozialgerichts Nordrhein-Westfalen aus dem Jahre 2000	23
d) Die Vorlagebeschlüsse des OLG Düsseldorf und des BGH aus dem Jahre 2001	24
e) Das Urteil des Bundesverfassungsgerichts aus dem Jahre 2002	25
3. Das Urteil des EuGH zu den Arzneimittelfestbeträgen	25
4. Bewertung des Urteils des EuGH und Ausblick	28
VI. Das System der Festbetragsfestsetzung nach dem sog. Festbetrags-Anpassungsgesetz (FBAG)	31
VII. Beurteilung der Arzneimittelfestbeträge nach dem GWB	32
VIII. Ergebnis	35

C. Die Stellung des § 35 SGB V im System des EG-Vertrages 35

  I. Gesetzgebungskompetenzen im Bereich der Arzneimittelversorgung 36
     1. Die Aufteilung der Gesetzgebungskompetenzen zwischen der
        EG und den Mitgliedstaaten 37
        a) Gesetzgebungskompetenzen im Bereich der Gesundheits-
           politik 38
        b) Gesetzgebungskompetenzen im Bereich des Arzneimittel-
           rechts 40
        c) Gesetzgebungskompetenzen im Bereich des Sozialrechts 41
        d) Ergebnis 44
     2. Die Ausgestaltung der Arzneimittelversorgung in den
        Mitgliedstaaten der EG 44
  II. Grenzen mitgliedstaatlicher Gestaltungsfreiheit 46
     1. Die wirtschaftlichen Grundfreiheiten 49
     2. Die Wettbewerbsvorschriften des EG-Vertrages 51
        a) Das System unverfälschten Wettbewerbs im EG-Vertrag 52
        b) Adressaten der Art. 81 ff EG 53
           aa) Unternehmen 54
           bb) Mitgliedstaaten 56
           cc) Ergebnis 58
        c) Die Rechtfertigungsmöglichkeit des Art. 86 II EG 59
     3. Die Transparenzrichtlinie 60
     4. Ergebnis 61
  III. Ergebnis 61

D. Zusammenfassung und Ausblick 61

2. Kapitel: Die Schranken des Wettbewerbsrechts für die Nachfragetätigkeit
   gesetzlicher Krankenversicherungen 63

A. Die Vorgaben der Art. 81, 82 EG für Kostensenkungsmaßnahmen
   in der Arzneimittelversorgung 64

  I. Die Anwendbarkeit der Art. 81, 82 EG auf das Verfahren der
     Festbetragsfestsetzung nach § 35 SGB V 64
     1. Keine Bereichsausnahme für das Sozialversicherungsrecht 64
     2. Die Spitzenverbände der gesetzlichen Krankenkassen als
        Unternehmensvereinigungen i.S.d. Art. 81 I EG 67
        a) Der Unternehmensbegriff der Art. 81 f EG 68
           aa) Wirtschaftliche Tätigkeit 69
              aaa) Die Abgrenzungsfunktionen des
                   Unternehmensbegriffs 71
                 (1) Hoheitliche Tätigkeiten 71

(2) Privater Endverbrauch	76
bbb) Die Bedeutung des Solidaritätsprinzips in der Rechtsprechung des EuGH	76
(1) Das Urteil in der Rechtssache Höfner und Elser	77
(2) Das Urteil in der Rechtssache Poucet und Pistre	78
(3) Das Urteil in der Rechtssache Fédération française	79
(4) Das Urteil in der Rechtssache Albany	80
(5) Das Urteil in der Rechtssache Pavlov	80
(6) Das Urteil in der Rechtssache Cisal	81
ccc) Auswertung der Rechtsprechung	81
bb) Zwischenergebnis	83
b) Leistungsbeschaffung der gesetzlichen Krankenkassen	84
aa) Das Urteil des EuGH in der Rechtssache Duphar	84
bb) Das Urteil des EuGH in der Rechtssache Sodemare	85
cc) Das Urteil des EuG in der Rechtssache FENIN	87
dd) Die Festsetzung von Arzneimittelfestbeträgen als wirtschaftliche Tätigkeit	88
aaa) Die Struktur der deutschen gesetzlichen Krankenversicherung	89
bbb) Die Gesamtbetrachtung von Systemen der sozialen Sicherheit	91
ee) Ergebnis	95
c) Das Urteil des EuGH zu den Arzneimittelfestbeträgen	95
aa) Der Rückgriff auf die bisherige Rechtsprechung	96
bb) Entscheidungsspielraum der Spitzenverbände der Krankenkassen	96
cc) Wettbewerb in der GKV sowie zwischen der GKV und der PKV	97
dd) Beabsichtigte Wirkungen auf das Leistungserbringungsverhältnis	99
d) Ergebnis	102
3. Zusammenfassung und Ergebnis	103
II. Die Festbetragsfestsetzung nach § 35 SGB V als Verstoß gegen Art. 81 f EG	104
1. Artikel 81 EG	104
a) Vorliegen eines Preiskartells i.S.v. Art. 81 I lit. a) EG	104
b) Wettbewerbsbeschränkung	105
c) Spürbarkeit	109
d) Zwischenstaatlichkeitsklausel	109
e) Ergebnis	110
2. Artikel 82 EG	110
III. Ergebnis	110

B. US-amerikanische Kostensenkungsmaßnahmen in der Arzneimittelversorgung und die Anwendbarkeit des Antitrust-Rechts des Bundes ... 111

    I. Die Freistellung von Versicherungsgeschäften durch den McCarran-Ferguson Act ... 115
        1. Die Definition des Begriffes "business of insurance" ... 116
        2. Die Definition des Begriffes "regulation by State law" ... 118
        3. Ergebnis ... 120
    II. Freistellung gemeinnütziger Einrichtungen durch Bundesgesetze ... 120
    III. Freistellung durch Gesetze der Staaten ... 122
    IV. Die Anwendbarkeit des Antitrust-Rechts des Bundes im Bereich des Gesundheitswesens ... 122
        1. Die Goldfarb Entscheidung: Keine Freistellung freier Berufe ... 123
        2. Die sog. "quality of care defense" ... 124
    V. Ergebnis ... 129

C. Zusammenfassung und Ergebnis ... 130

3. Kapitel: Die staatliche Veranlassung wettbewerbswidrigen Verhaltens ... 131

A. Die Bindung der Mitgliedstaaten an das EG-Wettbewerbsrecht ... 133

    I. Die Anwendung der Art. 81-86 EG auf hoheitliche Maßnahmen der Mitgliedstaaten ... 134
        1. Die Gemeinschaftstreuepflicht nach Art. 10 II, 3 I lit.g) EG i.V.m. Art. 81 f EG ... 135
            a) Die Entwicklung der Rechtsprechung des EuGH ... 137
                aa) Das Urteil in der Rechtssache Reiff ... 137
                bb) Das Urteil in der Rechtssache Ladbroke Racing ... 138
                cc) Das Urteil in der Rechtssache Kommission/Italien ... 138
                dd) Das Urteil in der Rechtssache Arduino ... 139
                ee) Systematische Auswertung der Rechtsprechung ... 140
            b) Die Akzessorietätstheorie der Literatur ... 143
            c) Die Rechtsfolge der Art. 10 II, 3 I lit.g) EG i.V.m. Art. 81 f EG ... 146
        2. Die Verantwortlichkeit der Mitgliedstaaten nach Art. 86 I EG ... 147
            a) Systematische Stellung und Regelungszweck ... 148
            b) Die mitgliedstaatliche Verantwortlichkeit nach Art. 86 I EG i.V.m. Art. 81 f EG ... 150
                aa) Der Unternehmensbegriff des Art. 86 I EG ... 150
                bb) Der Begriff des "öffentlichen" sowie "privilegierten" Unternehmens ... 150
                cc) Die Akzessorietätstheorie ... 152
                dd) Ergebnis: Art. 86 I EG als eingliedriger Tatbestand ... 154

c) Ergebnis 155
3. Anwendung der Grundsätze auf die Verfahren nach § 35
sowie § 35a SGB V 156
a) Art. 10 II, 3 I lit.g) EG i.V.m. Art. 81 f EG 156
aa) Die Festbetragsfestsetzung nach § 35 SGB V 156
bb) Die Festbetragsfestsetzung nach § 35a SGB V 159
b) Art. 86 I EG i.V.m. Art. 81 f EG 159
aa) Die Festbetragsfestsetzung nach § 35 SGB V 159
bb) Die Festbetragsfestsetzung nach § 35a SGB V 160
c) Ergebnis 163
4. Ergebnis 163
II. Zusammenfassung und Ergebnis 164

B. Die "state action"-Doktrin des US-amerikanischen Antitrust-Rechts 164

I. Die Einführung der Doktrin durch die Entscheidung Parker v.
Brown 166
1. Die Entscheidung des US-Supreme Courts 167
2. Der Meinungsstand in der Literatur 168
a) Der historische Hintergrund der Entscheidung 169
b) Föderalismus als Rechtfertigung 170
c) Der Wille des Gesetzgebers als Rechtfertigung 172
3. Konflikt zwischen den Rechtsordnungen 173
4. Keine "conspiracy exception" 173
5. Zusammenfassung 174
II. Die Reichweite staatlicher Immunität 175
1. Die Voraussetzungen staatlicher Immunität 177
a) Die Begründung des Midcal-Tests 177
aa) Das Urteil in der Rechtssache Goldfarb 177
bb) Das Urteil in der Rechtssache Cantor 178
cc) Das Urteil in der Rechtssache Bates 179
dd) Das Urteil in der Rechtssache Midcal 180
b) Die Voraussetzungen des Midcal-Tests 181
aa) Das Ziel des Midcal-Tests 182
bb) Die Reichweite des Midcal-Tests 184
aaa) 1. Kriterium: "clearly articulated state policy to
displace competition" 184
bbb) 2. Kriterium: "active supervision" 187
cc) Ergebnis 188
c) Zusammenfassung und Ergebnis 188
2. Die Anwendung der Immunität auf die unterschiedlichen
Handlungsträger 189
a) Souveränes Staatshandeln 189
b) Untergeordnete staatliche Einheiten 192

aa) Gemeinden	193
bb) Behörden und Selbstverwaltungskörperschaften des Bundesstaates	194
aaa) Selbstverwaltungskörperschaften im Bereich des Gesundheitswesens	195
bbb) Das "öffentliche Interesse" der Entscheidung	198
cc) Ergebnis	200
c) Private Unternehmen	201
3. Ergebnis	201
III. Zusammenfassung: Die "state action" Doktrin des US-amerikanischen Rechts	202
IV. Vergleich des Festbetragsurteils des EuGH mit der Rechtsprechung des US-Supreme Courts	203
C. Zusammenfassung und Vergleich der Rechtssysteme	205
4. Kapitel: Rechtfertigung eines Verstoßes gegen die Wettbewerbsregeln nach Art. 86 II EG	209
A. Systematische Stellung und Regelungszweck	209
B. Voraussetzungen der Rechtfertigung	210
I. Dienstleistungen von allgemeinem wirtschaftlichem Interesse	211
II. Betrauung	212
III. Verhinderung der Aufgabenerfüllung	214
1. Der Verhinderungsmaßstab der Rechtsprechung und der Literatur	214
2. Das Verfahren der Festbetragsfestsetzung nach § 35 SGB V	217
a) Gefährdung des finanziellen Gleichgewichts der GKV als legitimer Zweck	217
b) Verhältnismäßigkeit der Arzneimittelfestbeträge	218
aa) Gefährdungsmaßstab	218
bb) Geeignetheit und Erforderlichkeit der Arzneimittelfestbeträge	220
cc) Willkürverbot	221
dd) Die Entscheidungen des EuGH in den Rechtssachen Duphar und Albany	223
c) Ergebnis	225
3. Ergebnis	226
IV. Verhältnismäßigkeit der Handelsbeeinträchtigung	226
C. Ergebnis	227

5. Kapitel: Zusammenfassung der Ergebnisse 229

Literaturverzeichnis 233

Abkürzungsverzeichnis

a.A.	anderer Ansicht
AABG	Arzneimittelausgaben-Begrenzungsgesetz
a.a.O.	am angegebenen Ort
ABAG	Gesetz zur Ablösung des Arznei- und Heilmittelbudgets
ABl. EG	Amtsblatt der Europäischen Gemeinschaften
Abs.	Absatz
a.F.	alte Fassung
AFG	Arbeitsförderungsgesetz
AG	Aktiengesellschaft
Alt.	Alternative
amtl.	amtlich
Anm.	Anmerkung
Antitrust L.J.	Antitrust Law Journal
AOK	Allgemeine Ortskrankenkasse
ApoR	Apotheke & Recht (Zeitschrift)
Art.	Artikel
Ass'n	Association
Aufl.	Auflage
Az.	Aktenzeichen
BÄK	Bundesausschuss der Ärzte und Krankenkassen
BB	Der Betriebsberater (Zeitschrift)
B.C.L.Rev.	Boston College Law Review
Bd.	Band
BGB	Bürgerliches Gesetzbuch
BGBl.	Bundesgesetzblatt
BGH	Bundesgerichtshof
BIP	Bruttoinlandsprodukt
BKartA	Bundeskartellamt
BMGS	Bundesministerium für Gesundheit und Soziale Sicherung
BRD	Bundesrepublik Deutschland
BSG	Bundessozialgericht
BT-Drucks.	Bundestags-Drucksache
BVerfG	Bundesverfassungsgericht
bzw.	beziehungsweise
bzgl.	bezüglich
Cal. L. Rev.	California Law Review
Cir.	Circuit
CMLR	Common Market Law Review (Zeitschrift)
Co.	Company
Conn. L. Rev.	Connecticut Law Review

DB	Der Betrieb (Zeitschrift)
DePaul J.Health Care L.	DePaul Journal of Health Care Law
ders./ dies.	derselbe/ dieselbe(n)
Diss.	Dissertation
DOK	Die Ortskrankenkasse (Zeitschrift)
DÖV	Die Öffentliche Verwaltung (Zeitschrift)
Duke L.J.	Duke Law Journal
DVBl.	Deutsches Verwaltungsblatt (Zeitschrift)
ECLR	European Competition Law Review (Zeitschrift)
EG	Europäische Gemeinschaft (oder, je nach Kontext: Vertrag zur Gründung der Europäischen Gemeinschaft, neue Fassung)
EGV	Vertrag zur Gründung der Europäischen Gemeinschaft (alte Fassung)
Einf.	Einführung
Emroy L.J.	Emroy Law Journal
EU	Europäische Union (oder, je nach Kontext: Vertrag zur Gründung der Europäischen Union, neue Fassung)
EuG	Gericht erster Instanz der Europäischen Gemeinschaften
EuGH	Gerichtshof der Europäischen Gemeinschaften
EuR	Europarecht (Zeitschrift)
EUV	Vertrag zur Gründung der Europäischen Union
EuZW	Europäische Zeitschrift für Wirtschaftsrecht
EWG	Europäische Wirtschaftsgemeinschaft
EWGV	Vertrag zur Gründung der Europäischen Wirtschaftsgemeinschaft
EWR	Europäischer Wirtschaftsraum
EWS	Europäisches Wirtschafts- und Steuerrecht (Zeitschrift)
f	folgende
ff	fortfolgende
FAZ	Frankfurter Allgemeine Zeitung
FBAG	Festbetrags-Anpassungsgesetz
Fn.	Fußnote
FS	Festschrift
FTC	Federal Trade Commission
GA	Generalanwalt
GemS-OGB	Gemeinsamer Senat der obersten Gerichte des Bundes
Gesch.Z.	Geschäftszeichen
GG	Grundgesetz
GGW	Gesundheit und Gesellschaft, Wissenschaft (Zeitschrift)

GKV	Gesetzliche Krankenversicherung
GKV-SolG	GKV-Solidaritätsstärkungsgesetz
GMG	GKV-Modernisierungsgesetz
GRG	Gesundheitsreformgesetz
GSG	Gesundheitsstrukturgesetz
GWB	Gesetz gegen Wettbewerbsbeschränkungen
Harv. L. Rev.	Harvard Law Review
Harv. J.L. & Pub. Pol'y	Harvard Journal of Law and Public Policy
HMO	Health Maintenance Organization
Hrsg./ hrsg.	Herausgeber/ herausgegeben
Inc.	Incorporated
Iowa L. Rev.	Iowa Law Review
i.S/ i.S.d.	im Sinne/ im Sinne des
i.V.m.	in Verbindung mit
J.Health Pol.Pol'y&L.	Journal of Health Politics, Policy and Law
J.L. & Econ.	Journal of Law and Economics
J.L. Med. Ethics	Journal of Law, Medicine and Ethics
JZ	Juristenzeitschrift
Komm.	Kommission
Law & Contemp. Probs.	Law & Contemporary Problems
LG	Landgericht
lit.	littera
LSG	Landessozialgericht
MedR	Medizinrecht (Zeitschrift)
Mio.	Millionen
Mrd.	Milliarden
n.F.	neue Fassung
NHS	National Health Service
NJW	Neue Juristische Wochenschrift (Zeitschrift)
Nr.	Nummer
NRW	Nordrhein-Westfalen
NZS	Neue Zeitschrift für Sozialrecht
OLG	Oberlandesgericht
PharmaR	Pharmarecht (Zeitschrift)
Pharm. Ind.	Pharmazeutische Industrie (Zeitschrift)
Prof'l	professional
RabelsZ	Rabels Zeitschrift für ausländisches und internationales Privatrecht
RIW	Recht der internationalen Wirtschaft (Zeitschrift)
RL	Richtlinie
Rn.	Randnummer
Rs.	Rechtssache
RsDE	Beiträge zum Recht der sozialen Dienste und Einrichtungen

S.	Seite
SDSRV	Schriftenreihe des Deutschen Sozialrechtsverbandes
SG	Sozialgericht
SGb	Sozialgerichtsbarkeit (Zeitschrift)
SGB IV/V/X	Sozialgesetzbuch, Buch IV, V, X
SGG	Sozialgerichtsgesetz
Slg.	Amtliche Entscheidungssammlung des Gerichtshofs der Europäischen Gemeinschaften
s.o.	siehe oben
sog.	sogenannte/r
s.u.	siehe unten
Sup. Ct. Econ. Rev.	Supreme Court Economic Review
Tex. L. Rev.	Texas Law Review
U. Mich. J. L. Reform	University of Michigan Journal of Law Reform
US	United States
U.S.	United States Reports (Cases argued and determined in the Supreme Court of the United States)
USA	United States of America
U.S.C.	United States Code
U.S.C.A.	United States Code Annotated
v.a.	vor allem
v.	von/ versus
verb.	verbunden(e)
vgl.	vergleiche
VO	Verordnung
Vorbem.	Vorbemerkung
VSSR	Vierteljahresschrift für Sozialrecht (Zeitschrift)
WuW	Wirtschaft und Wettbewerb (Zeitschrift)
Yale L.J	Yale Law Journal
z.B.	zum Beispiel
ZESAR	Zeitschrift für europäisches Sozial- und Arbeitsrecht
ZEuP	Zeitschrift für europäisches Privatrecht
ZIAS	Zeitschrift für ausländisches und internationales Arbeits- und Sozialrecht (Zeitschrift)
ZHR	Zeitschrift für Handels- und Wirtschaftsrecht
z.T.	zum Teil

Einleitung: Gegenstand und Gang der Untersuchung

Der Anstieg der Kosten im Gesundheitswesen hat den deutschen Gesetzgeber in den letzten Jahren wiederholt dazu veranlasst, das Recht der gesetzlichen Krankenversicherung zu reformieren. Als Mittel der Kostensenkung im Arzneimittelsektor dienten dabei vorwiegend regulierende Steuerungsinstrumente in Form von Arzneimittelrichtlinien, Arzneimittelbudgets, Positiv- oder Negativlisten sowie Festbeträge, Zuzahlungen und Erstattungsausschlüsse, durch welche der Umfang der Leistungspflicht der gesetzlichen Krankenversicherung eingeschränkt wurde. Die Festsetzung von Festbeträgen ermöglicht es den Spitzenverbänden der Krankenkassen erstmals, Einfluss auf die Preisgestaltung für Arzneimittel zu nehmen. Unter wettbewerbsrechtlichen Gesichtspunkten erscheint dies deshalb als bedenklich, weil die gesetzlichen Krankenkassen auf Grund des Sachleistungsprinzips des § 2 II SGB V nicht nur als Nachfrager von Arzneimitteln für ihre Versicherten auftreten, sondern zugleich über ihre Spitzenverbände die Preisbildung von Arzneimitteln maßgeblich beeinflussen. Dabei verdeutlicht die Tatsache, dass die gesetzliche Krankenversicherung (GKV) etwa 86,8% der Bevölkerung gegen das Krankheitsrisiko versichert[1], in welchem Umfang den gesetzlichen Krankenkassen bei der Nachfrage von Waren und Dienstleistungen im Gesundheitswesen eine marktbeherrschende Stellung zukommt.

Mit der Einführung des Verfahrens der Festbetragsfestsetzung nach § 35 SGB V hat der Gesetzgeber damit eine preisregulierende Maßnahme einem Marktteilnehmer, nämlich dem Nachfrager des preislich zu bewertenden Produkts, übertragen. Zugleich bewertet das Verbot von Preiskartellen nach Art. 81 I a) EG die kollektive Einflussnahme auf die Preisbildungsfreiheit der Marktgegenseite als besonders schwerwiegenden Wettbewerbsverstoß[2]. Andererseits erscheint es jedoch als fraglich, ob die Leistungsbeschaffung durch die gesetzlichen Krankenkassen deren sozialer Funktion wegen überhaupt als wirtschaftliche Tätigkeit anzusehen ist und somit den Verboten des EG-Wettbewerbsrechts unterliegt. Hiergegen ließe sich ebenfalls anführen, dass die gesetzlichen Krankenkassen in ihrer Entscheidung nicht frei sind, weil sie weitgehend an die Verordnung der Kassenärzte gebunden sind.

---

[1] So: Beske, S. 46; dieser geht unter Bezugnahme auf die Angaben des Bundesministeriums für Gesundheit und Soziale Sicherung (BMGS) von 71.284 Mio. Mitgliedern der GKV aus (Stichtag: 1.6.2000) und gelangt unter Annahme einer Bevölkerungszahl von 82.163 Mio. (Stichtag: 31.12.1999) zu dieser Prozentzahl; Steinmeyer, in: Marburger Gespräche zum Pharmarecht, S. 36 (36) geht von etwa 90% der Gesamtbevölkerung Deutschlands aus; ebenso: Pitschas, in: Igl, S. 475 (475); Leienbach, in: FS für von Maydell, S. 451 (453).
[2] Emmerich, in: Immenga/Mestmäcker, Art. 85 Abs. 1, B., Rn. 6, 8; Brinker, in: Schwarze, Art. 81, Rn. 41; Weiß, in: Callies/Ruffert, Art. 81, Rn. 134.

Zwar ist in den letzten Jahren vor allem das Pflichtversicherungsmonopol der Sozialversicherungen unter dem Gesichtspunkt des Wettbewerbsschutzes in das Blickfeld der Rechtsanwendung durch den EuGH[3] gerückt. Jedoch sind die Vorgaben des europäischen Wettbewerbsrechts für die Sozialversicherungssysteme der Mitgliedstaaten einzelfallbezogen zu bestimmen und können für das Leistungserbringungsverhältnis noch nicht als abschließend geklärt angesehen werden. Mit dem Verfahren der Festsetzung von Arzneimittelfestbeträgen unterlag dabei erstmals die Nachfragetätigkeit gesetzlicher Krankenversicherungen einer wettbewerbsrechtlichen Kontrolle durch den EuGH[4]. Zugleich stand hiermit auch erstmals das System der Selbstverwaltung in der GKV zur Disposition des Gerichtshofes.

Diese Arbeit wird einerseits der Frage nachgehen, ob die Festsetzung von Arzneimittelfestbeträgen durch die Spitzenverbände der Krankenkassen mit den Vorgaben des europäischen Wettbewerbsrechts zu vereinbaren ist. Damit sind zugleich die wettbewerbsrechtlichen Schranken des EG-Rechts für das Leistungserbringungsrecht der gesetzlichen Krankenversicherung zu bestimmen und kartellrechtskonforme Gestaltungsmöglichkeiten für das Verhältnis der Leistungsträger zu den Leistungserbringern aufzuzeigen. Im Mittelpunkt der vorliegenden Arbeit wird dabei die Frage stehen, inwieweit sich eine uneingeschränkte Anwendung der an marktwirtschaftlichen Zielen ausgerichteten europäischen Wettbewerbsregeln mit der sozialen Funktion der gesetzlichen Krankenkassen in Einklang bringen lässt. Einen weiteren Schwerpunkt stellt darüber hinaus die Bewertung der mitgliedstaatlichen

---

[3] EuGH, Urteil vom 23.4.1991, Rs. C-41/90 (Höfner und Elser), Slg. 1991, I-1979 (2016 ff); EuGH, Urteil vom 17.2.1993, Rs. C-159, 160/91 (Poucet und Pistre), Slg. 1993, I-637 (669 f); EuGH, Urteil vom 16.11.1995, Rs. C-244/94 (Fédération française), Slg. 1995, I-4013 (4025 ff); EuGH, Urteil vom 11.12.1997, Rs. C-55/96 (Job Centre), Slg. 1997, I-7119 (7146 ff); EuGH, Urteil vom 12.2.1998, Rs. C-163/96 (Raso), Slg. 1998, I-553 (579 f); EuGH, Urteil vom 21.9.1999, Rs. C-67/96 (Albany), Slg. 1999, I-5751 (5879 ff); EuGH, Urteil vom 21.9.1999, Rs. C-219/97 (Bokken), Slg. 1999, I-6121 ff; EuGH, Urteil vom 21.9.1999, Rs. C-115-117/97 (Brentjens'), Slg. 1999, I-6025 ff; EuGH, Urteil vom 8.6.2000, Rs. C-258/98 (Carra), Slg. 2000, I-4217 (4236 ff); EuGH, Urteil vom 12.9.2000, Rs. C-180-184/98 (Pavlov), Slg. 2000, I-6451 (6516 ff); EuGH, Urteil vom 22.1.2002, Rs. C-218/00 (Cisal), Slg. 2002, I-691 (726 ff).
[4] EuGH, Urteil vom 16.3.2004, verb. Rs. C-264/01, C-306/01, C-354/01 und C-355/01 (AOK Bundesverband), noch nicht in der amtl. Slg. veröffentlicht; das Urteil ist auf der Website des EuGH (www.curia.eu.int) veröffentlicht; eine Ausnahme stellt insoweit das Urteil des EuGH in der Rechtssache Sodemare dar (17.6.1997, Rs. C-70/95, Slg. 1997, I-3395 (3422 ff)), aus dem sich jedoch nur in begrenztem Maße aussagekräftige Rückschlüsse für die wettbewerbsrechtliche Beurteilung des Verhältnisses der GKV zu den Leistungserbringern ableiten lassen; vgl. hierzu unten: 2. Kapitel, A., I., 2., b), bb), S. 85; das EuG befasste sich im März 2003 erstmals mit der Leistungsbeschaffung von Gesundheitssystemen unter wettbewerbsrechtlichen Gesichtspunkten und verneinte die Unternehmenseigenschaft des spanischen Gesundheitssystems: EuG, Urteil vom 4.3.2003, Rs. T-319/99 (FENIN)(nicht rechtskräftig), Slg. 2003, II-357 (374); vgl. hierzu: 2. Kapitel, A., I., 2., b), cc), S. 87.

Veranlassung des wettbewerbsrechtlich relevanten Verhaltens dar, da den Spitzenverbänden der Krankenkassen die Befugnis zur Festsetzung von Festbeträgen per Gesetz übertragen wurde. Als Anknüpfungspunkt für die Untersuchung dient dabei insbesondere die Rechtsprechung des EuGH zu den Pflichtversicherungsmonopolen verschiedener Sozialversicherungsträger[5] sowie zu den Festbeträgen nach § 35 SGB V. Dabei wird zu untersuchen sein, inwieweit sich aus der im Ergebnis teilweise divergierenden Rechtsprechung Rückschlüsse für das Leistungserbringungsrecht der GKV ziehen lassen[6].

Zum Vergleich wird die vorliegende Arbeit die wettbewerbsrechtlichen Grenzen entsprechender US-amerikanischer Kostensenkungsgesetze untersuchen und den rechtlichen Rahmenbestimmungen des EG-Vertrages gegenüberstellen. Auch in den USA sind im Zuge gesundheitspolitischer Finanzierungsprobleme diverse, überwiegend bundesstaatliche Kostensenkungsgesetze im Bereich des Arzneimittelwesens erlassen worden, die insbesondere das öffentlich-rechtliche Programm Medicaid zum Gegenstand hatten. Für die wettbewerbsrechtliche Beurteilung derartiger Kostensenkungsgesetze stellen sich auch in den USA im wesentlichen folgende zwei Fragen, die auch für die Anwendbarkeit der Wettbewerbsregeln des EG-Vertrages von entscheidender Bedeutung sind: zunächst ist zu beurteilen, ob Tätigkeiten im Bereich des Gesundheitswesens dem Anwendungsbereich marktorientierter Wettbewerbsbestimmungen nicht auf Grund sozialer Gesichtspunkte entzogen sind[7]. Von nicht minderer Bedeutung für die Beurteilung der Kostensenkungsgesetze ist die Tatsache, dass die hierin enthaltenen Wettbewerbsverstöße durch die Mitgliedstaaten der EU und die Bundesstaaten der USA veranlasst wurden; dabei stellt sich jeweils die Frage, unter welchen Voraussetzungen und mit welcher Folge eine Zurechnung eines Wettbewerbsverstoßes an staatliche Einheiten möglich ist, die eine höherrangige Wettbewerbsordnung zu beachten haben[8].

Die Arbeit gliedert sich in vier Kapitel. Vor dem Hintergrund der Situation auf dem Arzneimittelmarkt befasst sich das erste Kapitel mit einer einführenden Darstellung der für die Festbetragsfestsetzung zentralen Norm des § 35 SGB V und ordnet diese in das System des EG-Vertrages ein. Anschließend soll im zweiten Kapitel untersucht werden, ob die Festsetzung der Arzneimittelfestbeträge durch die Spitzenverbände der Krankenkassen als unternehmerische Tätigkeit anzusehen ist und somit dem Anwendungsbereich der Art. 81 ff EG

---

[5] S.o.: Fn. 3.
[6] In einem der deutschen Festbetragsfestsetzung vergleichbaren Sachverhalt hat das britische Competition Commission Appeals Tribunal ("CCAT") die Einkaufstätigkeiten des britischen Gesundheitssystems NHS als wirtschaftliche Tätigkeit qualifiziert und demzufolge die Unternehmenseigenschaft des staatlichen Dienstes bejaht; Bettercare Group Ltd v Director General of Fair Trading, case 1006/2/1/01, 1.8.2002; hierzu: Bright/Currie, ECLR (2003), S. 41 (43 ff).
[7] Vgl. hierzu: 2. Kapitel, S. 63.
[8] Vgl. hierzu: 3. Kapitel, S. 131.

unterfällt. Dabei ist der rechtliche Rahmen der Anwendbarkeit wettbewerbsrechtlicher Bestimmungen auf Tätigkeiten im Bereich des Gesundheitswesens mit der Situation in den USA zu vergleichen. Das dritte Kapitel beschäftigt sich mit der staatlichen Veranlassung eines Wettbewerbsverstoßes, wobei die Verantwortlichkeit zwischen den Spitzenverbänden der Krankenkassen und dem Gesetzgeber zu klären sein wird und insbesondere die wettbewerbsrechtliche Zulässigkeit des zwischenzeitlich geltenden § 35a SGB V zu untersuchen sein wird; ein erneuter Rückgriff auf die Situation in den USA in bezug auf die Behandlung der staatlichen Veranlassung eines Wettbewerbsverstoßes verdeutlicht neben den Parallelen in der Behandlung dieser Problematik den strengeren Standpunkt des EG-Vertrages. Abschließend wird im vierten Kapitel der Frage nachgegangen, ob ein etwaiger Wettbewerbsverstoß nach Art. 86 II EG zu rechtfertigen ist.

1. Kapitel: Das System der Festbetragsfestsetzung für Arzneimittel nach § 35 SGB V

Bevor die Vereinbarkeit der Arzneimittelfestbeträge mit den Wettbewerbsvorschriften des EG-Vertrages untersucht wird, soll die einschlägige Rechtsgrundlage des § 35 SGB V zunächst vor dem Hintergrund des Sozialversicherungsrechts der Bundesrepublik Deutschland dargestellt und in das System des europäischen Gemeinschaftsrechts eingeordnet werden. Zunächst soll in einem ersten Abschnitt (A.) die grundlegende Problematik der Anwendung wettbewerbsrechtlicher Prinzipien im Bereich des Gesundheitsrechts in einem Problemaufriss erläutert werden. Unter Berücksichtigung der Situation auf dem Arzneimittelmarkt stellt ein zweiter Abschnitt (B.) sodann den gesetzgeberischen Zweck, das Verfahren und die wirtschaftlichen Auswirkungen der Festbetragsfestsetzung auf die Arzneimittelindustrie dar und geht dabei auf die bisher vorliegende Rechtsprechung und das Festbetrags-Anpassungsgesetz (FBAG)[9] ein. Ein dritter Abschnitt (C.) dient der Einordnung der Arzneimittelfestbeträge in das System des EG-Vertrages. Dabei werden zunächst die Gesetzgebungskompetenzen zwischen der EG und den Mitgliedstaaten im Bereich der Arzneimittelversorgung geklärt, bevor die Auswirkungen des europäischen Binnenmarktrechts als Schranken der mitgliedstaatlichen Gestaltungsfreiheit im Bereich des Sozialversicherungsrechts dargestellt werden.

A. Ökonomische Wettbewerbstheorie und Gesundheitswesen

Das in Art. 3 lit.g) EG zum Ausdruck gekommene Bekenntnis der Europäischen Gemeinschaft zu einer marktwirtschaftlichen Grundordnung, in der wirtschaftliche Vorgänge durch das Mittel des Wettbewerbs gesteuert werden sollen[10], spiegelt die heutzutage nahezu allgemein anerkannte Prämisse wider, dass die Kräfte des Wettbewerbs in den meisten Wirtschaftssektoren die optimale Allokation knapper Ressourcen ermöglichen[11]. Mittels des Prozesses der Gewinnmaximierung werden Marktteilnehmer zu einem gegenseitigen Wettbewerb um eine limitierte Anzahl von Gütern und Geldmengen veranlasst. So zwingt die Existenz von Wettbewerbern die Anbieter von Waren und Dienstleistungen in einem funktionierenden Wettbewerbssystem dazu, auf der Ebene des Preises und der Qualität des Produktes miteinander zu konkurrieren,

---

[9] Gesetz zur Anpassung der Regelungen über die Festsetzung von Festbeträgen für Arzneimittel in der gesetzlichen Krankenversicherung (Festbetrags-Anpassungsgesetz-FBAG) vom 27.7.2001, BGBl. I, S. 1948.
[10] So: EuGH, Urteil vom 21.2.1973, Rs. 6/72 (Continental Can), Slg. 1973, S. 215 (245); ebenso die herrschende Ansicht in der Literatur: Grill, in: Lenz, Vorbem. Art 81-86, Rn. 2; Bunte in: Langen/Bunte, Einf. zum EG-Kartellrecht, Rn. 20 f; Schröter, in: v.d.Groeben/Thiesing/Ehlermann, Vorbem. Art. 85 bis 94, Rn. 9, 14.
[11] Schröter, in: v.d.Groeben/Thiesing/Ehlermann, Vorbem. Art. 85 bis 94, Rn. 14; Monti, in: 39 CMLR (2002), S. 1057 (1059 f).

was regelmäßig dem Verbraucher zugute kommt. Darüber hinaus soll die machtneutralisierende Funktion des Wettbewerbs den Aufbau endgültiger Machtpositionen verhindern, welche die Freiheit anderer Marktteilnehmer beschränken, indem sie die oben skizzierten Regeln des Wettbewerbs außer Kraft setzen[12]. Das Ziel des Kartellrechts ist es, diesen Wettbewerb in der Wirtschaftsordnung zu sichern[13].

Die Funktionsfähigkeit eines solchen Wettbewerbssystems ist indes von äußeren Faktoren abhängig, wobei insbesondere die umfassende Information der Verbraucher über die Preise und die Qualität der Produkte von hoher Bedeutung ist. So kann auf Grund mangelnder Transparenz in bezug auf die Preisgestaltung und die Produktqualität nicht in allen Wirtschaftssektoren von einem perfekt funktionierenden Wettbewerbssystem ausgegangen werden. Dabei wird insbesondere das Gesundheitswesen häufig als Beispiel für ein Marktversagen angeführt[14]. Ein solches Marktversagen ergibt sich zunächst aus einem Informationsdefizit des Patienten, der den Preis, die Qualität und die Effizienz einer medizinischen Ware oder Dienstleistung im Gegensatz zum Leistungserbringer häufig nur schwer einschätzen kann. Da ein Patient auf Grund des fehlenden Fachwissens regelmäßig nicht beurteilen kann, welche medizinische Behandlung zur Genesung erforderlich ist, wird dieser sich häufig auf die Empfehlung bzw. Verordnung medizinischer Fachkräfte verlassen. Dabei wirkt sich dieses Informationsdefizit selbst im Falle der Kenntnis der notwendigen Behandlung in Form einer fehlenden Preis- und Qualitätskontrolle erheblich auf das durch versicherungsrechtliche Bestimmungen ohnehin eingeschränkte Auswahlverfahren des Patienten aus[15]. Eine weitere Besonderheit des Waren- und Dienstleistungsaustauschs im Gesundheitswesen ergibt sich aus der Kostenübernahme durch staatliche Gesundheitssysteme oder Krankenversicherungen. So führt die Kostentragung Dritter häufig zu einem fehlenden Kostenbewusstsein der Patienten, was regelmäßig eine gesteigerte Nachfrage sowie eine Überversorgung der Patienten zur Folge hat (sog. moral hazard)[16]. Das fehlende Kostenbewusstsein des verordnenden Arztes und des Patienten spiegelt sich dabei insbesondere in einem eingeschränkten Preiswettbewerb auf dem Arzneimittelmarkt wider, was entscheidend zu einem hohen Preisniveau für

---

[12] Gassner, in: VSSR 2000, S. 121 (121); Nickless, S. 12.
[13] Gassner, in: VSSR 2000, S. 121 (121); Emmerich, Kartellrecht, S. 2.
[14] Vgl. zur Frage eines Marktversagens im Gesundheitswesen und den sich daraus ergebenden Konsequenzen für die Anwendbarkeit wettbewerbsrechtlicher Bestimmungen allgemein: aus der Sicht des EG-Rechts: Haverkate/Huster, S. 311 ff, Rn. 519 ff; Nickless, S. 9 ff; aus US-amerikanischer Sicht: Havighurst, 65 LAW & CONTEMP. PROBS. 55 (2002); Sage/Hammer, 65 LAW & CONTEMP. PROBS. 241 (2002).
[15] So auch: Heinze, in: Hauser/v.d. Schulenburg, S. 273 (278), der von dem weitgehenden Fehlen eines Qualitätswettbewerbs im Verhältnis der Leistungserbringer zu den Versicherten ausgeht.
[16] So der Gesetzentwurf der Regierungsfraktionen CDU/CSU und FDP zu § 35 SGB V, BT-Drucks. 11/2237, S. 138.

Arzneimittel beiträgt. Von besonderer Bedeutung ist nicht zuletzt auch die Berücksichtigung sozialer Gesichtspunkte im Gesundheitswesen, wie sie insbesondere im Solidaritätsprinzip des SGB V zum Ausdruck kommen. Da sich ein sozialer Ausgleich nach allgemeiner Ansicht indes nicht allein mittels einer Selbstregulierung des Marktes herstellen lässt[17], zeichnen sich die Märkte für Gesundheitsleistungen durch eine Vielzahl sozialpolitisch motivierter Regelungen aus.

Dabei hat der deutsche Gesetzgeber in den letzten Jahren insbesondere im Bereich der Arzneimittelversorgung diverse regulatorische Steuerungsinstrumente eingeführt, um die dargestellten Ineffizienzen durch Anreize zu kostensparendem Verhalten auf Seiten der Ärzte und Patienten zu beseitigen. Als Mittel zur Senkung der Arzneimittelausgaben in der gesetzlichen Krankenversicherung dienten neben den Festbeträgen nach § 35 SGB V insbesondere Rabatte, Arzneimittelrichtlinien, Arzneimittelbudgets, Zuzahlungsvorschriften, Positiv- bzw. Negativlisten sowie die im Jahre 2002 eingeführte Aut-idem Regelung und der am 1.1.2004 in Kraft getretene grundsätzliche Erstattungsausschluss nicht verschreibungspflichtiger Arzneimittel nach § 34 I SGB V[18]. Zielsetzung dieser Arbeit ist es nicht zu untersuchen, ob die Einführung der Arzneimittelfestbeträge geeignet ist, die oben geschilderten Marktmängel zu korrigieren. Gegenstand der vorliegenden Untersuchung ist es vielmehr, die Vorgaben des EG-Wettbewerbsrechts für Nachfragetätigkeiten der gesetzlichen Krankenversicherungen zu beurteilen. Es wird sich jedoch herausstellen, dass die oben geschilderten Besonderheiten der Gesundheitsmärkte für die Bewertung des § 35 SGB V anhand der Wettbewerbsvorschriften des EG-Vertrages von erheblicher Bedeutung sind. Dabei ist von der Prämisse auszugehen, dass „wettbewerbsrechtliches" und „soziales" Denken nicht zwingend in einem Gegensatz zueinander stehen, da der Sozialstaat das Marktversagen im Gesundheitswesen gerade durch staatliche Interventionen zu korrigieren beabsichtigt[19].

B. Die Rechtsgrundlage des § 35 SGB V

Die Preise für Arzneimittel werden in Deutschland nicht unmittelbar durch staatliche Maßnahmen festgesetzt. Eine mittelbare Regulierung der Arzneimittelpreise erfolgt vielmehr durch sog. Festbeträge nach § 35 SGB V, welche die Leistungspflicht der gesetzlichen Krankenversicherung gegenüber den Versicherten auf einen bestimmten Betrag begrenzen. Dabei stellt die

---

[17] Vgl. hierzu: Haverkate/Huster, S. 312, Rn. 522, die betonen, dass der Markt aus sich heraus keine Gerechtigkeit schafft, so dass es eines sozialen Ausgleichs bedarf, um den Bestand gleicher Freiheit aller zu garantieren; ähnlich: Hatzopoulos, in: 39 CMLR (2002), S. 683 (721).
[18] Vgl. hierzu im einzelnen: 1. Kapitel, B., III., 1., S. 12.
[19] So: Haverkate/Huster, S. 299, Rn. 483; ähnlich: Hänlein, in: NZS 2003, S. 617 (617).

Festbetragsregelung des § 35 SGB V ein wichtiges Instrument zur Sicherung der finanziellen Stabilität der GKV dar. Mittels einer Beschränkung des sozialversicherungsrechtlichen Sachleistungsanspruchs auf einen Betrag, der für eine zweckmäßige, wirtschaftliche und in der Qualität gesicherte Leistung als ausreichend angesehen wird, verfolgt die Regelung dabei das Ziel einer Begrenzung der Arzneimittelausgaben[20]. Die Begrenzung der Leistungspflicht der gesetzlichen Krankenkassen auf den Festbetrag soll dabei einen Preiswettbewerb unter den Anbietern von Arzneimitteln auslösen und so einer Überversorgung und Unwirtschaftlichkeit in der Arzneimittelversorgung entgegenwirken. Als Modifizierung des Sachleistungsprinzips nach § 2 SGB V entfaltet die Festbetragsfestsetzung nach § 35 SGB V unmittelbar ausschließlich sozialversicherungsrechtliche Wirkungen und hat daher, trotz wirtschaftlicher Auswirkungen auf die Arzneimittelindustrie, eine Regelung im SGB V erfahren.

I. Normentstehung

Mit dem Gesetz zur Strukturreform im Gesundheitswesen (GRG)[21] hat der Gesetzgeber zum 01.01.1989 die Festsetzung von Arzneimittelfestbeträgen eingeführt. Unter dem Druck steigender Kosten im Gesundheitswesen war es das Ziel des Gesetzes, eine umfassende Strukturreform der gesetzlichen Krankenversicherung einzuleiten, um die Beitragsstabilität dauerhaft gewährleisten zu können[22]. Die Einführung eines Festbetragssystems für Arznei-, Verband- und Hilfsmittel galt als ein Schwerpunkt des Reformvorhabens, das neben der Eingliederung des Rechts der gesetzlichen Krankenversicherung in das Sozialgesetzbuch eine Begrenzung der Leistungen der Krankenversicherung auf das medizinisch Notwendige bezweckte[23]. Die für die Festsetzung der Arzneimittelfestbeträge zentrale Norm des § 35 SGB V war bereits während des

---

[20] Dies betont auch die Europäische Kommission, die die Festsetzung von Höchstwerten oder Erstattungssätzen für Arzneimittel als hilfreiches Mittel zur Senkung der Arzneimittelausgaben ansieht (Mitteilung der Kommission der Europäischen Gemeinschaft über den Binnenmarkt für Arzneimittel, KOM (98) 588 endg., in: BR-Drucks. 991/98, S. 18 f.
[21] Sog. Gesundheits-Reformgesetz (GRG) vom 20.12.1988, BGBl. I, S. 2477 ff; vgl. zu den Zielen und den Regelungen des GRG im einzelnen: Rüfner, in: NJW 1989, S. 1001 ff; Gitter, in: SGb 1991, S. 85 ff.
[22] So der Gesetzentwurf der Regierungsfraktionen der CDU/CSU und FDP, BT-Drucks. 11/2237, S.1; laut AOK-Bundesverband wird in der BRD mit 10,8 Prozent des Bruttoinlandsprodukts (BIP) mehr als in jedem anderen Land in Europa für das Gesundheitswesen ausgegeben: http://www.aok-bv.de/politik/standpunkte/index_00327.html (Stand:15.9.2003); Leienbach (in: FS für von Maydell, S. 451 (453)) geht von 10,7 % bei einem EU-Durchschnitt von 8,5 % des BIP aus.
[23] Vgl. hierzu den Gesetzentwurf der Regierungsfraktionen der CDU/CSU und FDP, BT-Drucks. 11/2237, S.2, der die Einführung der Festbetragsregelungen der §§ 35 und 36 SGB V als eine Maßnahme zur Leistungsbegrenzung benennt; vgl. ferner den Bericht des Ausschusses für Arbeit und Sozialordnung (11.Ausschuss) zu dem Gesetzentwurf, wonach die Festbeträge nach Ansicht der CDU/CSU und FDP-Fraktion ein zentrales Element der Gesundheitsreform darstellen, BT-Drucks. 11/3480, S. 24.

Gesetzgebungsverfahrens Gegenstand kontroverser Diskussionen und wurde in der Folgezeit mehrfach geändert. Die Änderungen betrafen dabei insbesondere die Bildung von Festbetragsgruppen[24], den Ausschluss bestimmter Arzneimittel mit patentgeschützten Wirkstoffen[25], die Bekanntmachung[26] sowie die Kriterien[27] der Festbetragsfestsetzung.

Das System der Festbetragsfestsetzung nach § 35 SGB V, das sich inzwischen erheblichen verfassungsrechtlichen und kartellrechtlichen Bedenken insbesondere von Seiten des Bundessozialgerichts ausgesetzt sah, ließen diese Gesetzesänderungen jedoch zunächst unberührt. Nachdem erste gesetzgeberische Versuche[28], dieses System grundlegend zu ändern, im Jahre 1996 gescheitert waren, sah sich der Gesetzgeber im Jahre 2001 auf Grund zunehmender Zweifel an der Rechtmäßigkeit des Verfahrens der Festbetragsfestsetzung zum Handeln veranlasst. Durch das Festbetrags-Anpassungsgesetz (FBAG)[29] vom 27.7.2001 wurde § 35 SGB V zwischenzeitlich außer Kraft gesetzt und bis zum 31.12.2003 durch § 35a SGB V ersetzt[30]. Die Befugnis zur

---

[24] Vgl.: Gesundheitsstrukturgesetz (GSG) vom 21.12.1992, BGBl. I, S. 2266; eine Erleichterung der Gruppenbildung erfolgte durch die Neufassung des § 35 I 2 Nr.3 SGB V mit Wirkung ab dem 1.1.1993; ferner wurde hierdurch § 35 V 3 SGB V neu gefasst, § 35 IV SGB V wurde gestrichen, § 35 I 4 SGB V eingefügt.

[25] Vgl.: Siebtes Gesetz zur Änderung des Fünften Buches des Sozialgesetzbuches (7. SGB V-Änderungsgesetz) vom 28.10.1996, BGBl. I, S. 1558; hierdurch wurde mit Wirkung ab dem 1.1.1996 Absatz 1a in § 35 SGB V eingefügt; Arzneimitteln mit patentgeschützten Wirkstoffen, die nach dem 31.12.1995 zugelassen worden sind, wurden hierdurch von der Gruppenbildung nach § 35 I 2 Nr. 2 und 3 SGB V ausgeschlossen; durch das GKV-Modernisierungsgesetz (GMG) vom 14.11.2003 (BGBl. I, S. 2190 ff; gemäß Art. 37 I GMG größtenteils zum 1.1.2004 in Kraft) wurde § 35 Abs. 1a SGB V zum 1.1.2004 geändert; hiernach können für Arzneimittel mit patentgeschützten Wirkstoffen wieder Festbeträge eingeführt werden, wenn von dem Arzneimittel keine therapeutische Verbesserung zu erwarten ist.

[26] Vgl.: Zweites Gesetz zur Änderung des SGB V (2. SGB V-Änderungsgesetz) vom 20.12.1991, BGBl. I S. 2325; hierdurch wurde § 35 VII 1 mit Wirkung ab dem 1.1.1992 dahingehend geändert, dass eine Bekanntmachung der Festbeträge anstatt im BArbBl. im Bundesanzeiger erfolgt.

[27] Vgl.: GKV-Solidaritätsstärkungsgesetz (GKV-SolG) vom 19.12.1998, BGBl. I, S. 3853; hierdurch wurde § 35 V 2 und 3 SGB V mit Wirkung zum 1.1.1999 neu gefasst.

[28] Vgl. hierzu die Gesetzentwürfe der Fraktion der SPD vom 30.1.1996 zum Entwurf eines Zweiten Gesundheitsstrukturgesetzes (BT-Drucks. 13/3607, S.3) sowie der Fraktionen der CDU/CSU und FDP vom 30.1.1996 zum GKV-Weiterentwicklungsgesetz (BT-Drucks. 13/3608, S.3), die beide eine Übertragung der Festbetragsfestsetzung von den Spitzenverbänden der Krankenkassen auf das Bundesministerium für Gesundheit und Soziale Sicherung als Verordnungsgeber vorsahen, jedoch beide nicht Gesetz geworden sind.

[29] S.o.: Fn. 9; hierdurch wurde mit Wirkung ab dem 3.8.2001 Absatz 8 in § 35 SGB V eingefügt, nach dem die Absätze 1 bis 7 mit Ausnahme der Verweisung in § 36 III SGB V bis zum 31.12.2003 keine Anwendung fanden; § 35 V 3 SGB V wurde zudem gestrichen.

[30] Vgl. zum FBAG im einzelnen: 1. Kapitel, B.,VI., S. 31; zur wettbewerbsrechtlichen Beurteilung des Systems der Festbetragsfestsetzung nach § 35a SGB V: 3. Kapitel, A., I., 3., S. 156.

Festsetzungen von Festbeträgen wurde den Spitzenverbänden der Krankenkassen hierdurch entzogen und vorübergehend auf das Bundesministerium für Gesundheit übertragen. Seit dem 1.1.2004 gilt jedoch wieder das System der Festbetragsfestsetzung nach § 35 SGB V. Daneben sind durch das GKV-Modernisierungsgesetz (GMG)[31] zum 1.1.2004 Änderungen zur Höhe der Festbeträge[32] sowie Anpassungen an die geänderten Handelszuschläge der Arzneimittelpreisverordnung für verschreibungspflichtige Festbetragsarzneimittel[33] eingeführt worden.

II. Normzweck

1. Regelungsziel

Sinn und Zweck der Festbetragsfestsetzung nach § 35 SGB V ist es, die Ausgaben der Krankenkassen für Arzneimittel durch die Beschränkung auf das medizinisch Notwendige zu begrenzen, um damit die Beitragsstabilität in der GKV dauerhaft gewährleisten zu können[34]. Vor dem Hintergrund steigender Arzneimittelausgaben[35] soll dabei einer Überversorgung und Unwirtschaftlichkeit als Folge von Steuerungsmängeln im System der gesetzlichen Krankenversicherung entgegen gewirkt werden[36]. Steuerungsmängel im Bereich der Arzneimittelversorgung resultieren vor allem aus einem eingeschränkten Preiswettbewerb, einer geringen Markttransparenz sowie einem gering ausgeprägten Kostenbewusstsein der Verbraucher[37]. Dieses geringe Kostenbewusstsein folgt daraus, dass derjenige, der ein Arzneimittel zu sich nimmt, nämlich der Versicherte, nicht identisch ist mit demjenigen, der die Kosten zu tragen hat, nämlich die Krankenkasse. Mangels dieses Kostenbewusstseins resultiert aus einem höheren Marktpreis nicht wie regelmäßig ein Wettbewerbsnachteil, sondern, da ein höherer Preis regelmäßig eine bessere Qualität suggeriert, häufig sogar ein Wettbewerbsvorteil[38]. Gleichzeitig steht der höhere Bekanntheitsgrad ehemals patentierter Originalprodukte einem wirksamen Wettbewerb mit sog. Generika[39] entgegen. Diese Ineffizienzen sollen die Festbeträge beseitigen und damit die Ausgaben der GKV begrenzen, ohne

---

[31] GKV-Modernisierungsgesetz vom 14.11.2003 (BGBl. I, S. 2190 ff).
[32] § 35 V 5, 6 und 7 SGB V wurden durch das GMG eingeführt.
[33] § 35 VIII 2, 3, 4 und 5 SGB V wurden ebenfalls durch das GMG eingeführt.
[34] So der Gesetzentwurf der Regierungsfraktionen der CDU/CSU und FDP, BT-Drucks. 11/2237, S. 1, 138.
[35] Laut Gesetzentwurf der Regierungsfraktionen der CDU/CSU und FDP (BT-Drucks. 11/2237, S. 138) sind die Arzneimittelausgaben der GKV von 1970 bis 1986 von 4,2 Mrd. DM auf 17,6 Mrd. DM gestiegen.
[36] Hauck, in: Peters, § 35 SGB V, Rn. 26.
[37] So auch der Gesetzentwurf der Regierungsfraktionen der CDU/CSU und FDP, BT-Drucks. 11/2237, S. 138; sowie: Hauck, in: Peters, § 35 SGB V, Rn. 26; s.o.: 1. Kapitel, A., S. 5.
[38] Ähnlich: Schelp, in: NZS 1997, 155 (155).
[39] Dies sind wirkstoffgleiche regelmäßig preisgünstigere Nachahmerprodukte.

die Qualität der medizinischen Versorgung zu beeinträchtigen[40]. Für Versicherte sollen die Festbeträge den Anreiz bieten, die preisgünstigsten Arzneimittel in Anspruch zu nehmen, ohne ihren Anspruch auf das im Einzelfall medizinisch erforderliche Arzneimittel einzuschränken[41]. Damit soll der Wettbewerb unter den Anbietern von Arzneimitteln verstärkt werden[42], um die zum Teil erheblichen Preisspannen zwischen Originalprodukten und Nachahmerprodukten zu verringern. Damit führt die Festsetzung eines Festbetrages vor allem zu einem Anpassungsdruck der Preise für Originalprodukte an das Preisniveau des Festbetrages[43]. Die Festsetzung von Arzneimittelfestbeträgen stellt damit ein zentrales Instrument zur Kostensenkung in der gesetzlichen Krankenversicherung dar und dient damit letztendlich dem Ziel der Beitragsstabilität.

2. Systemkonzeption

Das gesetzgeberische Ziel einer Reduzierung der Arzneimittelausgaben in der GKV soll dabei insbesondere durch eine Beschränkung des sozialversicherungsrechtlichen Anspruchs nach § 31 I SGB V verwirklicht werden. Zwar haben Versicherte der gesetzlichen Krankenkassen nach § 31 I SGB V auch weiterhin grundsätzlich einen Anspruch auf Versorgung mit apothekenpflichtigen Arzneimitteln, soweit ein Arzneimittel nicht nach § 34 SGB V vom Leistungsumfang der GKV ausgeschlossen ist. Nach § 31 II SGB V trägt die Krankenkasse die Kosten für ein Arzneimittel, für das ein Festbetrag nach § 35 SGB V festgesetzt ist, jedoch nur noch bis zur Höhe des Festbetrages. Hiermit erfüllt die Krankenkasse gemäß § 12 II SGB V ihre Leistungspflicht gegenüber dem Versicherten. Die Begrenzung der Leistungspflicht auf den Festbetrag bewirkt, dass der den Festbetrag überschreitende Teil des Preises der Eigenverantwortung des Versicherten nach § 2 I 1 SGB V zuzurechnen ist und dieser damit die Mehrkosten zu tragen hat. Verordnet ein Arzt ein Arzneimittel, dessen Preis den Festbetrag überschreitet, so muss er den Versicherten auf die Pflicht zur Übernahme der Mehrkosten hinweisen[44]. Da der Erwerb von über dem Festbetrag liegenden Arzneimitteln auf Seiten der Versicherten eine finanzielle Belastung verursacht, konzentriert sich die Nachfrage regelmäßig auf solche Arzneimittel, die unterhalb des Festbetrages liegen und bei denen demzufolge abgesehen von der grundsätzlich erforderlichen Zuzahlung kein

---

[40] So der Gesetzentwurf der Regierungsfraktionen der CDU/CSU und FDP, BT-Drucks. 11/2237, S. 138 f.
[41] BT-Drucks. 11/2237, S. 175 (zu § 35 SGB V).
[42] BT-Drucks. 11/2237, S. 175 (zu § 35 SGB V); die Förderung generischer Arzneimittel ist auch ein auf der Ebene der EU verfolgtes Ziel; vgl.: Richtlinie 2001/83/EG des Europäischen Parlaments und des Rates vom 6.11.2001 zur Schaffung eines Gemeinschaftskodex für Humanarzneimittel, Erwägung 14, ABl. L 311 v. 28.11.2001, S. 67.
[43] S.u.: 1. Kapitel, B., II., 2., S. 11.
[44] Vgl.: § 73 V 2 SGB V.

Eigenanteil des Versicherten anfällt[45]. Über dem Festbetrag liegende Arzneimittel können daher nach erfolgter Festbetragsfestsetzung regelmäßig nur noch in geringerem Umfang abgesetzt werden[46].

Gerade diese Tatsache macht sich das System der Festbetragsfestsetzung zunutze, indem durch die Orientierung der Festbeträge an den Preisen von Generika ein Preissenkungsdruck auf die Hersteller der Originalprodukte ausgeübt wird[47]. Damit erzeugt die Festsetzung eines Festbetrages unterhalb des Preisniveaus eines Originalprodukts nach Patentablauf für die Arzneimittelhersteller den Druck, den Preis eines Originalpräparates an den Festbetrag anzupassen, um gegenüber wirkstoffgleichen Nachahmerprodukten wettbewerbsfähig zu sein. Der hierdurch initiierte Preiswettbewerb zwischen den Herstellern von Original- und Nachahmerprodukten soll damit das gesetzgeberische Ziel der Kostenersparnis verwirklichen. Die Festbetragsfestsetzung erzeugt damit zwar keine rechtlichen Bindungen für die Arzneimittelhersteller, führt aber über eine Begrenzung der Leistungspflicht der GKV zu einer faktischen Beeinflussung der Arzneimittelpreise.

III. Auswirkungen für die Arzneimittelhersteller

1. Das System der Arzneimittelversorgung in der gesetzlichen Krankenversicherung

Die Versorgung der in der gesetzlichen Krankenversicherung Versicherten ist wesentlich vom Sachleistungsprinzip des § 2 II SGB V geprägt. Danach sind die Krankenkassen verpflichtet, den Versicherten bei Krankheit die medizinisch notwendigen Leistungen in Form von Sach- und Dienstleistungen zur Verfügung zu stellen. Eine Kostenerstattung ist nach § 13 I SGB V bei Pflichtversicherten grundsätzlich ausgeschlossen. Zur Versorgung der Versicherten schließen die Krankenkassen nach § 2 II 2 SGB V Verträge mit den Leistungserbringern. Während die Krankenkassen ihren Versicherten gegenüber als Anbieter von Leistungen gegenüberstehen (sog. Versicherungsverhältnis), treten sie gegenüber den Leistungserbringern als Nachfrager von Produkten und Leistungen auf (sog. Leistungsbeschaffungsverhältnis). Sowohl

---

[45] Ehlers/Werner, in: Pharm. Ind. 2001, S. 362 (362); Koenig/Sander, in: NZS 2001, S. 617 (618).
[46] Ehlers/Werner, in: Pharm. Ind. 2001, S. 362 (362 f); Koenig/Sander, in: NZS 2001, S. 617 (618).
[47] Zwar ist § 35 V 3 SGB V, der Vorgaben hinsichtlich der Orientierung des Festbetrags enthielt, durch das FBAG vom 27.7.2001 (BGBl. I, S. 1948) mit Wirkung zum 3.8.2001 gestrichen worden; zweifelsohne orientieren sich die Festbeträge jedoch an den Preisen für Generika, deren Wettbewerbsfähigkeit gegenüber den Originalprodukten gestärkt werden soll; dies bestätigt auch § 35 V 2 1. Halbsatz SGB V, wonach sich die Festbeträge an möglichst preisgünstigen Versorgungsmöglichkeiten auszurichten haben.

gegenüber den Versicherten[48] als auch im Verhältnis zu den Leistungserbringern[49] sind die Krankenkassen dabei in öffentlich-rechtlicher Funktion tätig. Das Sachleistungsprinzip des § 2 II SGB V gilt auch im Bereich der Arzneimittelversorgung mit der Folge, dass die Krankenkassen als Käufer der Medikamente auftreten und diese den Versicherten zur Verfügung stellen[50]. Dabei gibt der Kassenarzt als Vertreter der Krankenkasse gegenüber der Apotheke durch die Aushändigung des Arzneimittelrezepts mittels des Versicherten eine Willenserklärung ab, die der Apotheker regelmäßig durch die Aushändigung des Medikaments an den Versicherten sogleich annimmt[51]. Die Festbeträge modifizieren das Sachleistungsprinzip damit nur dahingehend, dass die Krankenkassen lediglich bis zur Obergrenze des Festbetrages Vertragspartner des Apothekers bleiben und die darüber hinausgehenden Mehrkosten der Eigenverantwortung des Versicherten nach § 2 I 1 SGB V zuzurechnen sind[52]. Die Leistungserbringung der Krankenkassen erfolgt daher auch beim Vorliegen eines Arzneimittelfestbetrages nicht im Wege der Kostenerstattung nach § 13 SGB V[53]. Demzufolge sind es auch im Falle der Festbetragsfestsetzung die Krankenkassen und nicht die Versicherten selbst, welche Verträge mit den Leistungserbringern zur Versorgung ihrer Versicherten abschließen und somit als Nachfrager der Leistungen auftreten.

---

[48] Wigge, in: SDSRV 48 (2001), S. 79 (85); Haverkate, in: VSSR 1999, S. 177 (181).
[49] So die nunmehr wohl herrschende Ansicht nach der Klärung der Rechtswegfrage durch das Gesetz zur Reform der gesetzlichen Krankenversicherung ab dem Jahr 2000 (GKV-Gesundheitsreformgesetz 2000) vom 22.12.1999, BGBl. I, S. 2626: Giesen, in: GGW 2/2001, S. 19 (21); Henninger, in: Schulin, Bd. I, § 44, Rn. 21; die früher herrschende Ansicht ging von einem privatrechtlich ausgestalteten Rechtsverhältnis gegenüber den Leistungserbringern aus: GemS-OGB, Beschluss vom 10.4.1986, Rs. 1/85, in: BGHZ 97, 312 (316); GemS-OGB, Beschluss vom 29.10.1987, Rs. 1/86, in: NJW 1988, S. 2295 (2297); Hess, in: Kasseler Kommentar, § 129 SGB V, Rn. 9; Wigge, in: SDSRV 48 (2001), S. 79 (85).
[50] Schmidt, in: Peters, § 31 SGB V, Rn. 95; Hänlein, in: NZS 2003, 617 (619); Schelp, in: NZS 1997, S. 155 (155); OLG Düsseldorf, Urteil vom 27.7.1999, Az.: U (Kart) 33/98, in: Pharm. Ind. 1999, S. 704 (709).
[51] Schmidt, in: Peters, § 31 SGB V, Rn. 95; Knittel, in: Krauskopf, § 129 SGB V, Rn. 3; Neumann, in: Löwisch, S. 11 (20); BSG, Urteil vom 17.1.1996, Rs. 3 RK 26/94, in: BSGE 77, 194 (200); OLG Düsseldorf, Urteil vom 27.7.1999, Az.: U (Kart) 33/98, in: Pharm. Ind. 1999, S. 704 (709 f); so auch: BGH, Beschluss vom 25.11.2003, Rs. 4 StR 239/03, 2 a), noch nicht in der amtl. Sammlung veröffentlicht; hiernach ist der Kassenarzt als Vertreter der Krankenkasse ein mit öffentlich-rechtlicher Rechtsmacht "beliehener" Verwaltungsträger; dabei konkretisiert er das Rahmenrecht des einzelnen Versicherten auf medizinische Versorgung, muss dabei jedoch den materiellen (und formellen) Rahmen der kassenärztlichen Versorgung beachten (BGH, Beschluss vom 25.11.2003, Rs. 4 StR 239/03, 3 a)).
[52] OLG Düsseldorf, Urteil vom 27.7.1999, Az.: U (Kart) 33/98, in: Pharm. Ind. 1999, S. 704 (710).
[53] Schmidt, in: Peters, § 31 SGB V, Rn. 56; OLG Düsseldorf, Urteil vom 27.7.1999, Az.: U (Kart) 33/98 , in: Pharm. Ind. 1999, S. 704 (710).

Das SGB V versucht indes die Dreiteilung der Nachfrage in Konsum (Versicherte), Auswahlentscheidung (Vertragsärzte) und Bezahlung (Krankenkassen), welche in Verbindung mit dem Sachleistungsprinzip eine "normale" Marktsteuerung durch die Nachfrage erheblich einschränkt, durch das Wirtschaftlichkeitsgebot des § 12 SGB V auszugleichen[54]. Hiernach müssen die Leistungen der Krankenkassen ausreichend, zweckmäßig und wirtschaftlich sein ohne das Maß des Notwendigen zu überschreiten. Als Konkretisierung des Wirtschaftlichkeitsgebots nach § 12 SGB V hat der deutsche Gesetzgeber in den letzten Jahren eine Vielzahl regulierender Steuerungsinstrumente eingeführt, um eine Überversorgung sowie sonstige Unwirtschaftlichkeiten in der Arzneimittelversorgung zu beseitigen. Als Mittel dieser Kostensenkungspolitik dienten dabei insbesondere Arzneimittelrichtlinien[55], Arzneimittelbudgets[56], Zuzahlungsvorschriften[57], Herstellerabschläge[58], Negativlisten[59], die Aut-idem Regelung[60], die Festbeträge nach § 35 SGB V sowie der grundsätzliche Ausschluss nicht

---

[54] So: Wigge, in: SDSRV 48 (2001), S. 79 (81).
[55] Diese werden nach § 92 I 2 Nr. 6 SGB V vom Gemeinsamen Bundesausschuss erlassen und sollen dem Arzt gemäß § 92 II 1 SGB V einen Preisvergleich sowie die Auswahl therapiegerechter Verordnungsmengen ermöglichen; verschiedene Pharmaunternehmen haben gegen den hierin enthaltenen faktischen Verordnungsausschluss gerichtliche Schritte eingeleitet und sich vor allem auf einen Verstoß gegen das EG-Wettbewerbsrecht berufen; hierzu: OLG Hamburg, 19.10.2000, Az. 3 U 200/99, in: PharmaR 2002, S. 191 ff; OLG München, 20.1.2000, Az. U (K) 4428/99, in: NZS 2000, S. 457 ff.
[56] Nach § 84 I 1 a.F. SGB V wurde den Vertragsärzten hierdurch ein Budget als Obergrenze für die insgesamt veranlassten Arzneimittelausgaben vorgegeben und im Falle der Überschreitung mit einer Verringerung der Gesamtvergütung der Ärzte sanktioniert (sog. Kollektivregress); das Arzneimittelbudget wurde am 1.1.2002 durch ein Ausgabenvolumen sowie arztgruppenspezifische Richtgrößen ersetzt; § 84 I-VI SGB V wurde dazu durch das Gesetz zur Ablösung des Arznei- und Heilmittelbudgets (ABAG) vom 19.12.2001 geändert (BGBl. I, S. 3773).
[57] Nach § 31 III SGB V i.V.m. § 61 SGB V haben Patienten, die das 18. Lebensjahr vollendet haben, an die Arzneimittel abgebende Stelle Zuzahlungen in unterschiedlicher Höhe je nach Packungsgröße zu zahlen.
[58] Nach §§ 130, 130a SGB V haben die Arzneimittelhersteller den gesetzlichen Krankenkassen Rabatte in Höhe von 16% zu gewähren; hierzu: Gassner: Pharm. Ind. 2003, S. 1118 (1139 ff).
[59] Nach § 34 I 5 SGB V sind bestimmte verschreibungspflichtige Arzneimittel für volljährige Versicherte von der Erstattungsfähigkeit ausgeschlossen; die Einführung einer Positivliste, die die Negativliste ursprünglich ablösen sollte, ist derzeit nicht mehr vorgesehen; vielmehr wurde § 33a SGB V durch das GMG gestrichen; zur Positivliste allgemein: Werner, in: Pharm. Ind. 2002, S. 137 (140); Koenig/Sander, in: MedR 2001, S. 295 ff; Kaesbach, in: Pharm. Ind. 1999, S. 581 ff.
[60] Nach § 129 I Nr.1 SGB V werden Apotheker durch diese Regelung zur Abgabe preisgünstiger Arzneimittel verpflichtet, solange der Arzt nicht die Abgabe eines konkret verordneten Arzneimittels ausdrücklich angeordnet hat und eine Aut-idem Abgabe auf dem Verordnungsblatt ausdrücklich ausgeschlossen hat; diese Verpflichtung für Apotheker wurde durch das Arzneimittelausgaben-Begrenzungsgesetz (AABG) vom 15.2.2002 (BGBl. I, S. 684) eingeführt.

verschreibungspflichtiger Arzneimittel nach § 34 I 1-4 SGB V[61]. Mittels dieser Kostensenkungsmaßnahmen unternahm der Gesetzgeber dabei den Versuch, die oben geschilderten Auswirkungen eines eingeschränkten Preiswettbewerbs auf dem Arzneimittelmarkt zu korrigieren. Damit zeichnet sich die Arzneimittelversorgung in der GKV durch ein hohes Maß an staatlicher Regulierung aus. Zwar unterliegen die Arzneimittelhersteller keiner unmittelbaren staatlichen Preisbindung; sie werden jedoch durch staatliche Preisregulierungen gegenüber anderen an dem pharmazeutischen Markt Beteiligten mittelbar betroffen. Insbesondere das Beispiel der Festbeträge nach § 35 SGB V zeigt dabei deutlich, in welchem Umfang im Rahmen des Versicherungsverhältnisses getroffene Regelungen Auswirkungen auf das Leistungsbeschaffungsverhältnis haben können. Hierauf wird im folgenden näher einzugehen sein.

2. Die nachfragesteuernde Wirkung der Arzneimittelfestbeträge

Als Konkretisierung der Leistungspflicht der gesetzlichen Krankenversicherung (GKV) nach § 31 I SGB V entfalten Arzneimittelfestbeträge unmittelbare rechtliche Wirkungen ausschließlich im Verhältnis der gesetzlichen Krankenkasse zu den Versicherten. Weder den Herstellern noch den Großhändlern oder Apotheken sind durch die Festbeträge verbindliche Preise für den Arzneimittelverkauf vorgegeben. Den Arzneimittelherstellern ist es deshalb frei gestellt, für ihre Produkte über dem Festbetrag liegende Preise zu verlangen. Dennoch hat eine Festsetzung von Arzneimittelfestbeträgen erhebliche faktische Auswirkungen auf die Preisbildung von Arzneimitteln. Diese Auswirkungen resultieren aus der nachfragesteuernden Wirkung der Arzneimittelfestbeträge, da der GKV als Nachfrager eines Großteils der im Wirtschaftsverkehr befindlichen Arzneimittel eine marktbeherrschende Stellung zukommt. Das Nachfragemonopol der Krankenkassen ergibt sich dabei daraus, dass etwa 86,8% der Bevölkerung in der GKV gegen das Krankheitsrisiko versichert sind[62]. Im Fall der Arzneimittelfestbeträge hat sich der Gesetzgeber diese Abhängigkeit der Arzneimittelhersteller vom Absatzmarkt der GKV zunutze gemacht, um über eine Begrenzung des sozialversicherungsrechtlichen Anspruchs aus § 31 I SGB V einen Preissenkungsdruck auf die Hersteller von Originalprodukten

---

[61] Durch das GMG vom 14.11.2003 (BGBl. I, S. 2190 ff) wurden die Sätze 1 bis 4 in § 34 I SGB V eingefügt; hiernach sind nicht verschreibungspflichtige Arzneimittel von der Versorgung nach § 31 SGB V grundsätzlich ausgeschlossen, es sei denn das rezeptfreie Arzneimittel kann bei der Behandlung schwerwiegender Erkrankungen als Therapiestandard angesehen werden, wobei seit dem 31.3.2004 durch eine Liste des Gemeinsamen Bundesausschusses festgelegt wird, welche Arzneimittel hierzu zählen; eine weitere Ausnahme gilt für Kinder bis zum vollendeten 12. Lebensjahr und für Jugendliche mit Entwicklungsstörungen bis zum vollendeten 18. Lebensjahr; hierzu v.a. zur Verfassungsmäßigkeit der Norm: Gassner, in: Pharm. Ind. 2003, S. 1118 (1121 ff).

[62] So: Beske, S. 46; Steinmeyer, in: Marburger Gespräche zum Pharmarecht, S. 36 (36); Pitschas, in: Igl, S. 475 (475); Leienbach, in: FS für von Maydell, S. 451 (453) gehen von etwa 90% der Gesamtbevölkerung der BRD aus.

auszuüben[63]. Dabei führt die nachfragesteuernde Wirkung der Festbeträge zu einem Preissenkungsdruck, der in seinen Wirkungen einer Festsetzung von Höchstpreisen gleichkommen kann[64]. Preislich über dem Festbetrag angesiedelte Arzneimittel sind in der GKV auf Grund der finanziellen Mehrbelastung der Versicherten nur noch in geringerem Maße wettbewerbsfähig und sind allein in der privaten Krankenversicherung (PKV) noch in vollem Umfang erstattungsfähig.

Die tatsächliche Bedeutung der Arzneimittelfestbeträge zeigt sich darin, dass am 1.1.1999 für 364 Wirkstoffe der Gruppen nach § 35 I 2 Nr. 1 und 2 SGB V Festbeträge mit einem Umsatzvolumen von 14 Mrd. DM festgesetzt waren[65]. Für Arzneimittel mit pharmakologisch-therapeutischer Wirkung nach § 35 I 2 Nr. 3 SGB V wurden für 31 Wirkstoffkombinationen Festbeträge mit einem Marktanteil von 3,2 Mrd. DM festgesetzt[66]. Dies entspricht einem Anteil von 63 % am GKV- Verordnungsmarkt und hat bisher zu einem Einsparvolumen von insgesamt ca. 3 Mrd. DM geführt[67]. Im Ergebnis ist nicht zu bezweifeln, dass die Festsetzung von Arzneimittelfestbeträgen eine kollektive Preisbeeinflussung nicht nur tatsächlich bewirkt, sondern diese darüber hinaus gerade auch bezweckt, da die Festbeträge die Arzneimittelhersteller zu Preissenkungen veranlassen sollen.

IV. Normgehalt

1. Das Verfahren zur Festsetzung der Festbeträge

Die Festsetzung der Arzneimittelfestbeträge nach § 35 SGB V erfolgt in einem zweistufigen Verfahren. Im Rahmen der ersten Stufe bestimmt der Gemeinsame Bundesausschuss[68] in den Richtlinien nach § 92 I 2 Nr. 6 SGB V die Gruppen von Arzneimitteln, für die die Spitzenverbände der Krankenkassen Festbeträge

---

[63] Vgl. hierzu das Beispiel bei: Schulin, Patentschutz und Festbeträge für Arzneimittel, S. 23; hiernach sank die Anzahl der Verordnungen für ein Originalpräparat, für das der Preis oberhalb des Festbetrages belassen wurde, nach der Einführung der Festbeträge deutlich, was in einem Absinken in der Rangliste der Verordnungen von Platz 33 auf Platz 69 zum Ausdruck kommt; kritisch zu den Wirkungen der Festbeträge aus ökonomischer Sicht: Egler, in: Marburger Gespräche zum Pharmarecht, S. 53 ff.
[64] So: Schulin, Patentschutz und Festbeträge für Arzneimittel, S. 24; Ehlers/Werner, in: Pharm. Ind. 2001, S. 362 (363); Koenig/Sander, in: NZS 2001, S. 617 (618).
[65] Hauck, in: Peters, § 35 SGB V, Rn. 43.
[66] Hauck, in: Peters, § 35 SGB V, Rn. 43.
[67] Hauck, in: Peters, § 35 SGB V, Rn. 43; bei einem Ausgabenvolumen von 37,57 Mrd. DM für Arznei- und Verbandsmittel in der GKV kam allen Kostensenkungsmaßnahmen zusammen im Jahre 1999 ein Einspar-potential von 6,2 Mrd. DM zu; so: Beske, S. 128.
[68] Der Gemeinsame Bundesausschuss wurde zum 1.1.2004 durch das GKV-Modernisierungsgesetz (GMG) vom 14.11.2003 in § 91 SGB V eingeführt und ersetzt seitdem den Bundesausschuss der Ärzte und Krankenkassen (BÄK).

festsetzen[69]. Bei dieser Gruppenbildung sollen Arzneimittel mit denselben oder pharmakologisch-therapeutisch vergleichbaren Wirkstoffen sowie mit therapeutisch vergleichbarer Wirkung zusammengefasst werden[70]. Der Gemeinsame Bundesausschuss hat dabei zu gewährleisten, dass Therapiemöglichkeiten nicht eingeschränkt werden und medizinisch notwendige Verordnungsalternativen erhalten bleiben[71]. Dabei sind Arzneimittel mit patentgeschützten Wirkstoffen und neuartiger, therapeutisch verbesserter Wirkungsweise grundsätzlich nach § 35 I 4 SGB V von der Festbetragsfestsetzung ausgenommen; jedoch können seit der Änderung des § 35 Ia SGB V durch das GMG auch für Arzneimittel mit patentgeschützten Wirkstoffen Festbeträge festgesetzt werden. Neben der Bildung der Festbetragsgruppen hat der Gemeinsame Bundesausschuss nach § 35 I 5 SGB V zugleich die notwendigen rechnerischen mittleren Tages- oder Einzeldosen oder sonstigen geeigneten Vergleichsgrößen zu bestimmen. Sachverständige der medizinischen und pharmazeutischen Wissenschaft und Praxis, Arzneimittelhersteller und die Berufsvertretungen der Apotheker erhalten vor der Entscheidung des Gemeinsamen Bundesausschusses eine Gelegenheit zur Stellungnahme; die Stellungnahmen sind in die Entscheidung einzubeziehen[72]. Im Rahmen des zweiten Verfahrensschritts bestimmen die Spitzenverbände der Krankenkassen gemeinsam und einheitlich die Festbeträge für die in einer Gruppe enthaltenen Arzneimittel auf der Grundlage der vom Gemeinsamen Bundesausschuss festgelegten Vergleichsgrößen[73]. Vor der Beschlussfassung der Spitzenverbände nach § 213 II SGB V[74] sind die in § 35 II 1 SGB V genannten Sachverständigen zu den beabsichtigten Festbeträgen anzuhören[75]. Die im Rahmen der Anhörung geäußerten Stellungnahmen sind in diesen Beschluss einzubeziehen[76]. Das Verfahren der Festsetzung von Festbeträgen endet mit deren Bekanntgabe im Bundesanzeiger gemäß § 35 VII 1 SGB V.

2. Kriterien zur Festsetzung der Festbeträge

Die Regelung des § 35 V SGB V bestimmt ferner die Kriterien für die Festsetzung von Festbeträgen. Diese hat zunächst so zu erfolgen, dass eine ausreichende, zweckmäßige und wirtschaftliche sowie in der Qualität gesicherte Versorgung gewährleistet ist[77]. Dabei sollen die Festbeträge Wirtschaft-

---

[69] Vgl.: § 35 I 1 SGB V; die Zusammensetzung des Gemeinsamen Bundesausschusses ergibt sich aus § 91 I SGB V.
[70] Vgl.: § 35 I 2 1. Halbsatz SGB V.
[71] Vgl.: § 35 I 3 1. Halbsatz SGB V.
[72] Vgl.: § 35 II SGB V.
[73] Vgl.: § 35 III 1 SGB V; die Zusammensetzung der Spitzenverbände ergibt sich aus § 213 I SGB V.
[74] Vgl.: § 35 VI SGB V.
[75] Vgl.: § 35 III 3 SGB V.
[76] Vgl.: § 35 III 3 i.V.m. § 35 II 2 SGB V.
[77] Vgl.: § 35 V 1 SGB V.

lichkeitsreserven ausschöpfen, einen wirksamen Preiswettbewerb auslösen und haben sich deshalb an möglichst preisgünstigen Versorgungsmöglichkeiten auszurichten; gleichzeitig soll eine für die Therapie hinreichende Arzneimittelauswahl gewährleistet werden[78]. Die Festbeträge werden dabei anhand eines Preisvergleiches der am Markt für eine bestimmte Wirkstoffgruppe bzw. Therapie vorhandenen Arzneimittel bestimmt und liegen regelmäßig unter dem Preisniveau des Originalproduktes nach Patentablauf[79]. § 35 V 3 SGB V verpflichtet die Spitzenverbände dabei, zu einer mindestens jährlichen Überprüfung der Festbeträge mit der möglichen Folge ihrer Anpassung an eine geänderte Marktlage. Letztendlich sind die Kriterien der "ausreichenden, zweckmäßigen und wirtschaftlichen Qualitätssicherung" sehr weit formuliert und ermöglichen den Spitzenverbänden der Krankenkassen somit einen erheblichen Gestaltungsspielraum bei der Festbetragsfestsetzung[80].

3. Rechtsschutz

Schließlich enthält § 35 VII SGB V Regelungen zum Rechtsschutz gegen die Festbetragsfestsetzungen. Zunächst hat der Gesetzgeber neben dem Ausschluss der aufschiebenden Wirkung von Klagen gegen die Festbetragsfestsetzung auf die Durchführung eines Vorverfahrens verzichtet[81]. Zudem schließt § 35 VII 4 SGB V eine gesonderte Klage gegen die Gruppeneinteilung und die Festsetzung der Vergleichsgrößen nach Absatz 1 ausdrücklich aus. Die Rechtmäßigkeit der Teilschritte zur Findung der Festbeträge kann daher nur inzident im Rahmen einer Klage gegen die Festbetragsfestsetzung gerichtlich überprüft werden. Gegen die Festsetzung der Festbeträge ist nunmehr auch in bezug auf Rechtsstreitigkeiten mit kartellrechtlichem Gegenstand ausschließlich der Rechtsweg zu den Sozialgerichten gegeben. Durch die Änderungen der Vorschriften des § 69 SGB V, des § 51 II SGG und der §§ 87, 96 GWB durch das GKV-Gesundheitsreformgesetz 2000[82] hat der Gesetzgeber diesbezügliche Unklarheiten beseitigt[83]. Die Frage, ob es sich bei der Festsetzung der Festbeträge durch die Spitzenverbände um einen Verwaltungsakt in Form einer Allgemeinverfügung im Sinne des § 31 S.2 SGB X[84] oder um einen Akt der

---

[78] Vgl.: § 35 V 2 SGB V.
[79] Reich, in: Hart/Reich, S. 312, Rn. 191a.
[80] So auch OLG Düsseldorf, Urteil vom 27.7.1999, Az.: U (Kart) 36/98, in: PharmaR 1999, S. 283 (296); s.u.: 2. Kapitel, A., I., 2., a), aa), aaa), (1), S. 71.
[81] Vgl.: § 35 VII 2 und 3 SGB V.
[82] Gesetz zur Reform der gesetzlichen Krankenversicherung ab dem Jahr 2000 vom 22.12.1999, BGBl. I, S. 2626.
[83] Siehe hierzu unten: 1. Kapitel, B., VII., S. 32.
[84] So: Schneider, in: Schulin, Bd. I, § 20, Rn. 194; Hess, in: Kasseler Kommentar, § 35 SGB V, Rn. 11a, 15; Koenig/Sander, in: NZS 2001, S. 617 (622, Fn. 62); Wigge, in: SDSRV 48 (2001), S. 79 (82), der sich jedoch auf § 35 S.2 VwVfG bezieht; von einer Allgemeinverfügung geht auch der Bericht des Bundestagsausschusses für Arbeit und Sozialordnung

Rechtsetzung[85] handelt, kann vorliegend offen bleiben, da sie für die wettbewerbsrechtliche Beurteilung des § 35 SGB V ohne Bedeutung ist.

V. Normgeltung

Das Verfahren der Festbetragsfestsetzung nach § 35 SGB V war in den letzten Jahren nicht nur unter verfassungsrechtlichen[86], sondern in zunehmendem Maße auch unter kartellrechtlichen[87] Gesichtspunkten Gegenstand diverser deutscher

---

vom 24.11.1988 aus, der sich u.a. mit den Gesetzesentwürfen zum Gesundheits-Reformgesetz (GRG) befasst, BT-Drucks. 11/3480, S. 54.

[85] So: Bundessozialgericht, Vorlagebeschluss vom 14.6.1995, Az.: 3 RK 20/94, in: NZS 1995, 502 (508 f); Axer, Normsetzung der Exekutive in der Sozialversicherung, S. 134; hierzu auch: Schelp, in: NZS 1997, S. 155 (156, 162 f).

[86] Vgl. hierzu insbesondere: BVerfG, Urteil des Ersten Senats vom 17.12.2002, Rs. 1 BvL 28/95, in: DVBl 2003, S. 325 (327 ff); siehe zudem den entsprechenden Vorlagebeschluss des BSG, Vorlagebeschluss vom 14.6.1995, Az.: 3 RK 20/94, in: NZS 1995, S. 502 (503 ff); dies bestätigend: BSG, Revisionsurteil vom 31.8.2000, Az.: B 3 KR 11/98 R, in: Pharm. Ind. 2001, S. 464 ff; zur Beurteilung der Arzneimittelfestbeträge überwiegend unter verfassungsrechtlichen Gesichtspunkten erging folgende Rechtsprechung: SG Köln, Urteil vom 18.5.1992, Az.: S 19 Kr 317/90, in: Pharm. Ind. 1992, S. 1010 ff; SG Köln, Urteil vom 13.9.1993, Az.: S 19 Kr 73/91, in: Pharm. Ind. 1994, S. 881 ff; LSG NRW, Urteil vom 7.12.1993, Az.: L 6 (11) Kr 44/91, in: Pharm. Ind. 1994, S. 1043 ff; LSG NRW, Beschluss vom 12.10.1995, Az.: L 16 SKr 30/95; LSG NRW, Beschluss vom 26.10.1995, Az.: L 16 SKr 29/95; LSG NRW, Beschluss vom 14.11.1995, Az.: L 5 SKr 19/95, in: NZS 1996, S. 540 ff; LSG Rheinland-Pfalz, Beschluss vom 18.2.1998, Az.: L 5 EA-K 2/98; SG München, Beschluss vom 16.4.1998, Az.: S 18 KR 608/97 ER; LSG Niedersachsen, Beschluss vom 11.5.1998, Az.: L 4 KR 161/97 ER; Bayerisches LSG, Beschluss vom 5.8.1998, Az.: L 4 B 128/98 KR ER; LSG für das Saarland, Beschluss vom 18.8.1998, Az.: L 2 K 4/97 S; LSG NRW, Urteil vom 17.9.1998, Az.: L 16 Kr 180/96; SG München, Beschluss vom 9.11.1998, Az.: S 2 KR 53/98 ER; SG München, Beschluss vom 25.11.1998, Az.: S 18 KR 6/98 ER; SG Köln, Urteil vom 20.10.1999, S 19 KR 147/97 S; SG Köln, Urteil vom 2.11.1999, Az.: S 9 KR 83/96; LSG Berlin, Beschluss vom 17.12.1999, Az.: L 9 B 127/99 KR ER, in: NZS 2000, S. 510 ff; LG Düsseldorf, Urteil vom 17.4.2000, Az.: 34 O (Kart) 147/98; LSG Berlin, Beschluss vom 26.10.2000, Az.: L 9 B 97/00 KR ER, in: NZS 2001, S. 420 ff; vgl. aus Sicht der Literatur: Manhardt, Die Festbetragsregelung des Gesundheits-Reformgesetzes; Schelp, in: NZS 1997, S. 155 ff.

[87] Vgl. zur zivilrechtlichen Rechtsprechung: LG Düsseldorf, Urteil vom 6.1.1999, Az.: 34 O (Kart) 182/98, in: Pharm. Ind. 1999, S. 700 ff; OLG Düsseldorf, Urteil vom 27.7.1999, Az.: U (Kart) 33/98, in: Pharm. Ind. 1999, S. 704 ff; OLG Düsseldorf, Urteil vom 27.7.1999, Az.: U (Kart) 36/98, in: PharmaR 1999, S. 283 ff; OLG Düsseldorf, Vorlagebeschluss zum EuGH vom 18.5.2001, Az.: U (Kart) 28/00; BGH, Vorlagebeschluss zum EuGH vom 3.7.2001, Az.: KZR 31/99, in: WuW 2001, S. 1089 ff; BGH, Vorlagebeschluss zum EuGH vom 3.7.2001, Az.: KZR 32/99; zur kartellrechtlichen Problematik haben sich auch einige Sozialgerichte geäußert: LSG NRW, Beschluss vom 14.11.1995, Az.: L 5 SKr 19/95, in: NZS 1996, S. 540 ff; SG Berlin, Beschluss vom 28.6.2000, Az.: S 88 KR 1501/00; LSG NRW, Vorlagebeschluss zum EuGH vom 28.9.2000, Az.: L 5 KR 11/95, die Vorlagefragen sind abgedruckt bei: Sander, in: Pharm. Ind. 2001, S. 922 (927); LSG Berlin, Beschluss vom 26.10.2000, Az.: L 9 B 97/00 KR ER, in: NZS 2001, S. 420 ff; zur Festbetragsfestsetzung für

Gerichtsverfahren. Ansatzpunkt für die wettbewerbsrechtliche Beurteilung der Arzneimittelfestbeträge war dabei regelmäßig das gegenüber dem nationalen Recht vorrangige EG-Wettbewerbsrecht[88]. Da die Anwendbarkeit der europäischen Wettbewerbsregeln das Vorliegen einer unternehmerischen Tätigkeit voraussetzt, hatten sich die deutschen Gerichte dabei mit der Frage zu befassen, ob Tätigkeiten der gesetzlichen Krankenkassen dem Anwendungsbereich dieser Vorschriften nicht von vornherein wegen der sozialen Zielsetzung der GKV entzogen sind. Dabei stand die Unternehmenseigenschaft von Sozialversicherungsträgern in den letzten Jahren mehrfach im Mittelpunkt der Entscheidungen des EuGH[89].

1. Rechtsprechung des EuGH zu den Sozialversicherungsmonopolen

Die Frage, wie sich die EG-Wettbewerbsregeln auf Sachverhalte im Bereich des Sozialrechts auswirken, wurde in den ersten Jahrzehnten der Europäischen Wirtschaftsgemeinschaft kaum behandelt. Der Grund hierfür lag in den unterschiedlichen Zielen einer zunächst nahezu ausschließlich marktwirtschaftlich ausgerichteten Gemeinschaftsordnung einerseits und dem vom Solidaritätsgedanken getragenen Sozialrecht der Mitgliedstaaten andererseits. Zwar beinhalten soziale Regelungen immer auch ökonomische Auswirkungen, da die Umverteilung marktwerter Güter eine der Hauptaufgaben des Sozialrechts darstellt[90]. Dennoch zeigt sich ein deutlicher Gegensatz zwischen diesen Regelungszielen, da das Sozialrecht die wirtschaftlichen Verteilungsprozesse des Marktes und deren Wirkungen gerade zu korrigieren beabsichtigt[91]. Aus diesen Gründen erschien es lange Zeit als nicht angebracht, das Monopol der Sozialversicherungsträger an den Maßstäben des europäischen

---

Hilfsmittel nach § 36 SGB V zuvor bereits: OLG Düsseldorf, Urteil vom 28.8.1998, Az.: U (Kart) 19/98, in: EuZW 1999, S. 188 ff.

[88] Zur Beurteilung der Arzneimittelfestbeträge nach dem GWB s.u.: 1. Kapitel, B., VII., S. 32.

[89] EuGH, Urteil vom 17.2.1993, Rs. C-159, 160/91 (Poucet und Pistre), Slg. 1993, I-637 (669 f); EuGH, Urteil vom 16.11.1995, Rs. C-244/94 (Fédération française), Slg. 1995, I-4013 (4025 ff); EuGH, Urteil vom 11.12.1997, Rs. C-55/96 (Job Centre), Slg. 1997, I-7119 (7146 ff); EuGH, Urteil vom 12.2.1998, Rs. C-163/96 (Raso), Slg. 1998, I-553 (579 f); EuGH, Urteil vom 21.9.1999, Rs. C-67/96 (Albany), Slg. 1999, I-5751 (5879 ff); EuGH, Urteil vom 21.9.1999, Rs. C-219/97 (Bokken), Slg. 1999, I-6121 ff; EuGH, Urteil vom 21.9.1999, Rs. C-115-117/97 (Brentjens'), Slg. 1999, I-6025 ff; EuGH, Urteil vom 8.6.2000, Rs. C-258/98 (Carra), Slg. 2000, I-4217 (4236 ff); EuGH, Urteil vom 12.9.2000, Rs. C-180-184/98 (Pavlov), Slg. 2000, I-6451 (6516 ff); EuGH, Urteil vom 22.1.2002, Rs. C-218/00 (Cisal), Slg. 2002, I-691 (726 ff); zuletzt: EuGH, Urteil vom 16.3.2004, verb. Rs. C-264/01, C-306/01, C-354/01 und C-355/01 (AOK Bundesverband), Rn. 45 ff, noch nicht in der amtl. Slg. veröffentlicht; das EuG hat zuletzt ebenfalls zu dieser Frage Stellung genommen: EuG, Urteil vom 4.3.2003, Rs. T-319/99 (FENIN)(nicht rechtskräftig), Slg. 2003, II-357 (372 ff).

[90] Zacher, in: EuR 2002, S. 147 (154); Haverkate/Huster, S. 295 f, Rn. 477.

[91] Zacher, in: EuR 2002, S. 147 (154); Haverkate/Huster, S. 295 f, Rn. 477; S. 299, Rn. 483.

Wettbewerbsrechts zu messen. Erst im Jahre 1991 wertete der EuGH[92] die Arbeitsvermittlung von Führungskräften durch die Bundesanstalt für Arbeit als unternehmerische Tätigkeit im Sinne des Art. 86 I a.f. EGV (=Art. 82 I EG n.F.) und sah damit erstmals ein Sozialversicherungsmonopol als mit dem EG-Wettbewerbsrecht unvereinbar an. In den folgenden Jahren befasste sich der Gerichtshof in zahlreichen Fällen[93] mit der Anwendbarkeit des EG-Wettbewerbsrechts auf Sozialversicherungsträger. Dies geschah jedoch allein unter dem Gesichtspunkt des Anbietens von Versicherungsleistungen, nicht aber in bezug auf die Leistungsnachfrage bei Dritten[94].

2. Rechtsprechung deutscher Gerichte zu den Arzneimittelfestbeträgen

Im Rahmen von Gerichtsverfahren, in denen Arzneimittel- und Hilfsmittelhersteller gegen die Festbetragsregelungen der §§ 35 und 36 SGB V klagten, sahen sich seit Anfang der 1990er Jahre in zunehmendem Maße deutsche Gerichte mit der Frage konfrontiert, ob die gesetzlichen Krankenkassen bei der Nachfrage von Leistungen als Unternehmen im Sinne des EG-Wettbewerbsrechts anzusehen sind[95].

a) Der Vorlagebeschluss des Bundessozialgerichts aus dem Jahre 1995

Neben verfassungsrechtlichen Bedenken gegenüber § 35 SGB V äußerte dabei erstmals das Bundessozialgericht[96] im Jahre 1995 Zweifel hinsichtlich der Vereinbarkeit der Arzneimittelfestbeträge mit den Art. 81 ff EG. Eine Festbetragsfestsetzung könne eine preisregulierende Wirkung im Sinne eines dirigistischen Einriffs in den Marktablauf haben und den Krankenkassen die Bildung eines Preiskartells gestatten[97]. Dabei brachte das Bundessozialgericht zwar seine Zweifel hinsichtlich der Unternehmenseigenschaft der Krankenkassen zum Ausdruck, schloss eine Anwendung des EG-Wettbewerbsrechts auf den Fall der Festbetragsfestsetzung nach § 35 SGB V jedoch nicht von vornherein aus. Ein genereller Ausschluss der Anwendbarkeit der Art. 81 ff EG sei deswegen nicht zwingend anzunehmen, weil sich die bisherige

---

[92] EuGH, 23.4.1991, Rs. C-41/90 (Höfner und Elser), Slg. 1991, I-1979 (2018 f).
[93] S.o.: Fn. 3.
[94] Eine Ausnahme stellt insoweit das Urteil des EuGH in der Rechtssache Sodemare (17.6.1997, Rs. C-70/95, Slg. 1997, I-3395 (3422 ff)) dar, aus dem sich jedoch nur in begrenztem Maße aussagekräftige Rückschlüsse für den vorliegenden Fall ziehen lassen; vgl. hierzu im einzelnen unten: 2. Kapitel, A., I., 2., b), bb), S. 85.
[95] Diese Frage stellte sich zuletzt auch im Rahmen von Gerichtsverfahren gegen die Arzneimittelrichtlinien nach § 92 I 2 Nr.6 SGB V; vgl. hierzu insbesondere unter Angaben von Nachweisen zur Rechtsprechung: Sander, in: Pharm. Ind. 2001, S. 922 (927 f); sowie insbesondere: Hänlein/Kruse, in: NZS 2000, S. 165 (166); Eichenhofer, in: GGW 2001, S. 14 ff; Millarg, in: Pharm. Ind. 1999, S. 698 ff.
[96] BSG, Vorlagebeschluss vom 14.6.1995, Az.: 3 RK 20/94, in: NZS 1995, S. 502 (507 f).
[97] BSG, Vorlagebeschluss vom 14.6.1995, Az.: 3 RK 20/94, in: NZS 1995, S. 502 (504, 505).

Rechtsprechung des EuGH, in der dieser die Unternehmenseigenschaft einer gesetzlichen Krankenkasse verneint habe, auf den Fall eines Pflichtversicherungsmonopols einer gesetzlichen Krankenkasse bezogen habe[98]. Trotz dieser Zweifel kam es jedoch nicht zu einer Vorlage an den EuGH nach Art. 177 EGV a.F. (= Art. 234 EG n.F.), da das Bundessozialgericht die Klärung der innerstaatlichen Rechtslage als vorrangig ansah und die Rechtssache daher dem Bundesverfassungsgericht vorlegte[99].

b) Die Urteile des LG und des OLG Düsseldorf aus den Jahren 1998 und 1999

Nicht zuletzt wegen der kartellrechtlichen Bedenken des Bundessozialgerichts und der nicht abschließend durch den EuGH geklärten Rechtslage stieg in den darauf folgenden Jahren die Zahl der Gerichtsverfahren[100], in deren Rahmen die Vereinbarkeit der Arzneimittelfestbeträge mit dem EG-Wettbewerbsrecht angezweifelt wurde. Die missliche Situation einer doppelten Zuständigkeit der Zivilgerichte und der Sozialgerichte[101] erhöhte die Rechtsunsicherheiten zusätzlich, da die Annahme einer Unternehmenseigenschaft der Krankenkassen von den Gerichtsbarkeiten unterschiedlich beurteilt wurde. Während die Festbetragsfestsetzung für Arzneimittel von Seiten der Zivilgerichte[102] teilweise als nicht zu rechtfertigender Wettbewerbsverstoß beurteilt wurde, verneinten die Sozialgerichte[103] häufig schon mangels Unternehmenseigenschaft der Krankenkassen die Anwendbarkeit der Art. 81 ff EG.

Dabei war es das OLG Düsseldorf[104], das im Jahre 1998 erstmals die Unternehmenseigenschaft einer gesetzlichen Krankenkasse im Bereich der Nachfragetätigkeit ausdrücklich bejahte und die Festbetragfestsetzung für Hilfsmittel nach § 36 SGB V als mit dem EG-Wettbewerbsrecht unvereinbar

---

[98] BSG, Vorlagebeschluss vom 14.6.1995, Az.: 3 RK 20/94, in: NZS 1995, S. 502 (508).
[99] BSG, Vorlagebeschluss vom 14.6.1995, Az.: 3 RK 20/94, in: NZS 1995, S. 502 (508).
[100] Vgl. hierzu den Rechtsprechungsnachweis unter Fn. 87.
[101] Diese Situation ist inzwischen durch das GKV-Gesundheitsreformgesetz 2000 vom 22.12.1999 (BGBl. I, S. 2626) zugunsten einer ausschließlichen Zuständigkeit der Sozialgerichte geändert worden; s.o.: 1. Kapitel, B., VII., S. 32; hierzu: Giesen, in: GGW 2001, S. 19 (20 f); Knispel, in: NZS 2001, S. 466 ff.
[102] LG Düsseldorf, Urteil vom 6.1.1999, Az.: 34 O (Kart) 182/98, in: Pharm. Ind. 1999, S. 700 (702); OLG Düsseldorf, Urteil vom 27.7.1999, Az.: U (Kart) 33/98, in: Pharm. Ind. 1999, S. 704 (708); OLG Düsseldorf, Urteil vom 27.7.1999, Az.: U (Kart) 36/98, in: PharmaR 1999, S. 283 ff.
[103] LSG NRW, Beschluss vom 14.11.1995, Az.: L 5 SKr 19/95, in: NZS 1996, S. 540 (543 f); SG Berlin, Beschluss vom 28.6.2000, Az.: S 88 KR 1501/00; LSG Berlin, Beschluss vom 26.10.2000, Az.: L 9 B 97/00 KR ER, in: NZS 2001, S. 420 (421).
[104] OLG Düsseldorf, Urteil vom 28.8.1998, Az.: U (Kart) 19/98, in: EuZW 1999, S. 188 (189).

ansah. Zu diesem Ergebnis gelangte im Jahre 1999 das LG Düsseldorf[105] erstmals auch in bezug auf die Festbetragsfestsetzung für Arzneimittel nach § 35 SGB V. Diese Auffassung wurde vom OLG Düsseldorf[106] bestätigt, welches in dem Verfahren der Festbetragsfestsetzung nach § 35 SGB V einen Wettbewerbsverstoß nach Art. 81 I EG sah und den Unterlassungs- und Schadensersatzansprüchen eines Arzneimittelherstellers nach §§ 823 II, 1004 analog BGB sowie § 823 II BGB jeweils i.V.m. Art. 81 I EG stattgab. Das Gericht begründete das Vorliegen der Unternehmenseigenschaft der gesetzlichen Krankenkassen dabei insbesondere mit deren Nachfrageposition auf dem Arzneimittelmarkt und sah in der Festbetragsfestsetzung eine mittelbare Festsetzung von Ankaufspreisen im Sinne von Art. 81 I a) EG[107]. Dabei beanstandete das OLG Düsseldorf das Verfahren der Festbetragsfestsetzung nach § 35 SGB V insbesondere deshalb, weil eine preisregulierende Maßnahme einem Marktteilnehmer, nämlich dem Nachfrager der preislich zu bewertenden Leistungen, an die Hand gegeben werde, anstatt diese Entscheidung einer unabhängigen Institution wie der Bundesregierung anzuvertrauen[108]. Die Düsseldorfer Gerichte waren von der Unvereinbarkeit der Festbetragsregelungen mit dem EG-Wettbewerbsrecht derart überzeugt, dass sie eine Vorlage an den EuGH nach Art. 177 EGV a.F. (= Art. 234 EG n.F.) nicht in Betracht zogen. So lehnte der Senat des OLG Düsseldorfs im Verfahren gegen die Festbeträge nach § 35 SGB V eine Vorlage an den EuGH deshalb ab, "weil er die entscheidungserheblichen Auslegungsfragen zu den angewendeten Vorschriften des EG-Vertrages durch die bisher ergangene, zitierte Rechtsprechung des EuGH als schon hinreichend geklärt"[109] ansah.

c) Der Vorlagebeschluss des Landessozialgerichts Nordrhein-Westfalen aus dem Jahre 2000

In der Folgezeit blieben auch Versuche, die Vereinbarkeit der Arzneimittelfestbeträge mit dem EG-Wettbewerbsrecht durch den EuGH abschließend klären zu lassen, ohne Erfolg. So hatte das Landessozialgericht Nordrhein-Westfalen[110] die Klärung dieser Rechtsfrage durch den EuGH am 28.9.2000 durch den

---

[105] LG Düsseldorf, Urteil vom 6.1.1999, Az.: 34 O (Kart) 182/98, in: Pharm. Ind. 1999, S. 700 (702).
[106] OLG Düsseldorf, Urteil vom 27.7.1999, Az.: U (Kart) 33/98, in: Pharm. Ind. 1999, S. 704 (708, 713); OLG Düsseldorf, Urteil vom 27.7.1999, Az.: U (Kart) 36/98, in: PharmaR 1999, S. 283 ff.
[107] OLG Düsseldorf, Urteil vom 27.7.1999, Az.: U (Kart) 33/98, in: Pharm. Ind. 1999, S. 704 (709).
[108] OLG Düsseldorf, Urteil vom 27.7.1999, Az.: U (Kart) 33/98, in: Pharm. Ind. 1999, S. 704 (711).
[109] OLG Düsseldorf, Urteil vom 27.7.1999, Az.: U (Kart) 33/98, in: Pharm. Ind. 1999, S. 704 (712).
[110] LSG NRW, Beschluss vom 28.9.2000, Az.: L 5 KR 11/95, in: PharmaR 2002, S. 143 ff ; hierzu im einzelnen: Oppermann, in: Soziale Sicherheit 2001, S. 93 ff.

Vorlagebeschluss zwar eingeleitet, musste diesen jedoch wegen einer Klagerücknahme am 13.3.2001 aufheben. Anders als das OLG Düsseldorf ging das Landessozialgericht Nordrhein-Westfalen in dem Vorlagebeschluss nicht davon aus, dass sich die Vereinbarkeit der Festbeträge mit dem EG-Wettbewerbsrecht eindeutig aus der bisherigen Rechtsprechung des EuGH ergibt. Dabei maß das Gericht der Festbetragsfestsetzung weder den Zweck noch die Wirkung einer Wettbewerbsbeschränkung bei und verneinte das Vorliegen eines Eingriffs in den Marktablauf im Sinne der Bildung eines Preiskartells nach Art. 81 I a) EG [111]. Nach Ansicht des Gerichts sind die Ziele der Beitragsstabilität und der Funktionsfähigkeit der GKV vielmehr geeignet die Festbetragsregelung dem Anwendungsbereich des europäischen Wettbewerbsrechts gänzlich zu entziehen[112].

d) Die Vorlagebeschlüsse des OLG Düsseldorf und des BGH aus dem Jahre 2001

Auf Grund der abweichenden sozialgerichtlichen Entscheidungen sah sich das OLG Düsseldorf[113] in einem weiteren Verfahren am 18.5.2001 veranlasst, eine abschließende Klärung der Rechtsfrage durch den EuGH in die Wege zu leiten. Am 3.7.2001 fasste zudem auch der BGH[114] den Beschluss, die Frage der Vereinbarkeit der Festbetragfestsetzungen nach § 35 SGB V mit dem EG-Wettbewerbsrecht durch den EuGH klären zu lassen. Im Gegensatz zu den Vorlagebeschlüssen des Landessozialgerichts Nordrhein-Westfalen und des OLG Düsseldorf ist der Beschluss des BGH ergebnisoffen formuliert und stellt die Argumente für und gegen eine Anwendbarkeit der Art. 81, 82 EG ausgewogen dar[115]. Dabei geht der BGH zwar davon aus, dass die gesetzlichen Krankenkassen nach der bisherigen Rechtsprechung des EuGH als Unternehmen im Sinne der Art. 81, 82 EG anzusehen sind; er betont insoweit jedoch gleichzeitig Bedenken gegenüber einer Anwendung des EG-Wettbewerbsrechts, die sich daraus ergeben könnten, dass die zugrunde liegende Regelung dem System der sozialen Sicherheit zuzurechnen ist[116]. Desweiteren legte der BGH[117] dem EuGH die Frage vor, ob gemeinschaftsrechtliche Ansprüche auf Schadensersatz gegen die Spitzenverbände der Krankenkassen auch dann

---

[111] LSG NRW, Beschluss vom 28.9.2000, Az.: L 5 KR 11/95, in: PharmaR 2002, S. 143 (149).
[112] LSG NRW, Beschluss vom 28.9.2000, Az.: L 5 KR 11/95, in: PharmaR 2002, S. 143 (150).
[113] OLG Düsseldorf, Vorlagebeschluss zum EuGH v. 18.5.2001, Az.: U (Kart) 28/00.
[114] BGH, Vorlagebeschluss zum EuGH vom 3.7.2001, KZR 31/99, in: WuW 2001, S. 1089 ff; BGH, Vorlagebeschluss zum EuGH vom 3.7.2001, KZR 32/99.
[115] Axer, in: NZS 2002, S. 57 (59); Giesen, in GGW 2001, S. 19 (20).
[116] BGH, Vorlagebeschluss zum EuGH vom 3.7.2001, KZR 31/99, in: WuW 2001, S. 1089 (1093).
[117] BGH, Vorlagebeschluss zum EuGH vom 3.7.2001, KZR 31/99, in: WuW 2001, S. 1089 (1089).

bestehen, wenn diese bei der Festsetzung einer gesetzlichen Anordnung Folge leisten, auch wenn eine Verweigerung der Mitwirkung keine Sanktion zu ihren Lasten auslösen würde.

e) Das Urteil des Bundesverfassungsgerichts aus dem Jahre 2002

Auf der Grundlage des Vorlagebeschlusses des Bundessozialgerichts nach Art. 100 GG aus dem Jahre 1995 erklärte das Bundesverfassungsgericht die §§ 35, 36 SGB V am 17.12.2002 für verfassungsmäßig[118]. Das Gericht beurteilte die Verfahren zur Festsetzung von Festbeträgen ausschließlich unter verfassungsrechtlichen Gesichtspunkten und enthielt sich dabei einer wettbewerbsrechtlichen Beurteilung der oben genannten Rechtsgrundlagen. Die den Spitzenverbänden der Krankenkassen eingeräumte Befugnis, für Arzneimittel Festbeträge festzusetzen, verstößt nach der Ansicht des Gerichts nicht gegen Art. 12, Art. 20 und Art. 80 GG. Dabei sei der Schutzbereich der Berufsfreiheit der Pharmaunternehmen deshalb nicht berührt, weil die Kostenübernahme gegenüber den Versicherten im Rahmen der gesetzlichen Krankenversicherung geregelt werde und den Bestimmungen der §§ 35, 36 SGB V über die mittelbaren Folgen für die Hersteller und Leistungserbringer hinaus keine berufsregelnde Tendenz zukäme[119]. Zur Ablehnung einer solchen berufsregelnden Tendenz sah es das Bundesverfassungsgericht als ausreichend an, dass die Pharmaunternehmen die Möglichkeit hatten zu entscheiden, ob sie sich auf den eingeschränkten Markt außerhalb der GKV konzentrieren wollen oder ob sie bei einer insgesamt unveränderten Abnahmemenge durch ihre Preisgestaltung weiterhin konkurrenzfähig bleiben wollen[120]. Die Erstreckung des Preiswettbewerbs auf den Arzneimittelmarkt der GKV wurde damit lediglich als Folgewirkung der Festbeträge, nicht aber als eigenständiges Ziel des § 35 SGB V angesehen. Gerade dieses Argument ist jedoch, wie später noch zu verdeutlichen sein wird, nicht überzeugend.

3. Das Urteil des EuGH zu den Arzneimittelfestbeträgen

Auf Grund der Vorlageverfahren war der EuGH erstmals mit der Frage befasst, ob und gegebenenfalls in welchem Umfang die Stellung der gesetzlichen Krankenkassen als Nachfrager von Waren und Dienstleistungen im Gesundheitswesen mit dem EG-Wettbewerbsrecht vereinbar ist. In seiner Stellungnahme zu den Vorlageverfahren vertrat der Juristische Dienst der

---

[118] BVerfG, Urteil des Ersten Senats vom 17.12.2002, Rs. 1 BvL 28/95, in: DVBl 2003, S. 325 (326); hierzu vor dem Hintergrund der Neuerungen durch das GMG: Nitz/ Dierks, in: PharmaR 2004, 161 (161 ff).
[119] BVerfG, Urteil des Ersten Senats vom 17.12.2002, Rs. 1 BvL 28/95, in: DVBl 2003, S. 325 (327).
[120] BVerfG, Urteil des Ersten Senats vom 17.12.2002, Rs. 1 BvL 28/95, in: DVBl 2003, S. 325 (328).

Europäischen Kommission die Auffassung, die Festbetragsfestsetzungen für Arzneimittel seien mit den EG-Wettbewerbsregeln vereinbar[121]. Dabei wurde die Unternehmenseigenschaft der gesetzlichen Krankenkassen unter Hinweis auf eine fehlende Gewinnerzielungsabsicht verneint, da die Funktion der Spitzenverbände der Krankenkassen ausschließlich sozialer Art sei und auf dem Grundsatz der Solidarität beruhe[122]. Der Kauf von Arzneimitteln erfolge zur Erfüllung einer Aufgabe im öffentlichen Gesundheitswesen und sei damit nicht wirtschaftlicher Natur[123].

Hingegen lehnte der Generalanwalt Jacobs in seinen Schlussanträgen vom 22.5.2003 eine solche Argumentation ab und schlug dem EuGH vor, die Spitzenverbände der Krankenkassen als Unternehmensverbände im Sinne des Art. 81 I EG zu behandeln soweit sie Festbeträge nach § 35 SGB V festsetzen[124]. Dabei vertrat der Generalanwalt jedoch die Ansicht, dass die Spitzenverbände nicht gegen Art. 81 EG verstoßen, soweit die aus der Festbetragsfestsetzung resultierenden Wettbewerbsverstöße durch nationales Recht vorgeschrieben seien und damit nicht dem selbständigen Verhalten der Spitzenverbände zuzuschreiben seien. Es sei zudem die Aufgabe der nationalen Gerichte zu beurteilen, ob die Festsetzung der Festbeträge erforderlich sei, um die finanzielle Stabilität der GKV zu sichern. Im Falle der Annahme einer solchen im allgemeinen Interesse liegenden Aufgabenerfüllung komme eine Rechtfertigung nach Art. 86 II EG in Betracht, da die Festbetragsfestsetzung nicht unverhältnismäßig sei[125].

Der EuGH urteilte am 16.3.2004, dass Zusammenschlüsse von Krankenkassen wie der AOK Bundesverband keine Unternehmen oder Unternehmensvereinigungen im Sinne des Artikels 81 EG sind, wenn sie Festbeträge festsetzen, bis zu deren Erreichen die Krankenkassen die Kosten von Arzneimitteln übernehmen[126]. Damit folgte der EuGH den Schlussanträgen des Generalanwalts Jacobs nicht und sah das System der Festbetragfestsetzung nach § 35 SGB V als mit dem EG-Wettbewerbsrecht konform an. Dabei verwies der Gerichtshof vor allem auf seine Rechtsprechung in den Rechtssachen Poucet/Pistre[127] und

---

[121] Vgl. hierzu: FAZ vom 26.6.2002, Krankenkassen finden in Brüssel Gehör, S.14.
[122] Vgl. hierzu: FAZ vom 26.6.2002, Krankenkassen finden in Brüssel Gehör, S.14; die Europäische Kommission vertrat diese Ansicht bereits zuvor in der Rechtssache FENIN; siehe: EuG, Urteil vom 4.3.2003, Rs. T-319/99 (FENIN)(nicht rechtskräftig), Slg. 2003, II-357 (365 f).
[123] Vgl. hierzu: FAZ vom 26.6.2002, Krankenkassen finden in Brüssel Gehör, S.14.
[124] Siehe Rn. 106 der Schlussanträge des GA Jacobs vom 22.5.2003, verb. Rs. C-264/01, C-306/01, C-354/01 und C-355/01 (AOK Bundesverband), noch nicht in der amtl. Slg. veröffentlicht; diese sind auf der Website des EuGH (www.curia.eu.int) veröffentlicht.
[125] Wie vor, Rn. 95 f.
[126] EuGH, Urteil vom 16.3.2004, verb. Rs. C-264/01, C-306/01, C-354/01 und C-355/01 (AOK Bundesverband), Rn. 65, noch nicht in der amtl. Slg. veröffentlicht.
[127] EuGH, Urteil vom 17.2.1993, Rs. C-159, 160/91 (Poucet und Pistre), Slg. 1993, I-637 ff.

Cisal[128], um das Vorliegen einer wirtschaftlichen Tätigkeit zu verneinen. So verfolge eine Krankenkasse, die nur die Gesetze anwende und keine Einflussmöglichkeit auf die Höhe der Beiträge, die Verwendung der Mittel und die Bestimmung des Leistungsumfangs habe, einen rein sozialen Zweck[129]. Das Vorliegen einer wirtschaftlichen Tätigkeit sei zu verneinen, wenn eine auf dem Grundsatz der nationalen Solidarität beruhende Tätigkeit ohne Gewinnerzielungsabsicht ausgeübt werde und die Leistungen von Gesetz wegen sowie unabhängig von der Höhe der Beiträge erbracht würden[130]. Den erwähnten Urteilen stellte der Gerichtshof sodann die Entscheidungen in den Rechtssachen Fédération française[131] und Albany[132] gegenüber. In diesen Urteilen sei die Unternehmenseigenschaft der Sozialversicherungsträger angenommen worden, weil diese lediglich einen Teil der genannten Merkmale aufwiesen. Dabei betonte der EuGH insbesondere den Finanz- und Risikostrukturausgleich nach § 265 ff SGB V[133] sowie die Tatsache, dass die gesetzlichen Krankenkassen gesetzlich verpflichtet seien, ihren Mitgliedern unabhängig von der Beitragshöhe die gleichen Pflichtleistungen anzubieten[134]. Zudem folge auch aus der Tatsache, dass die gesetzlichen Krankenkassen weder untereinander noch mit privaten Einrichtungen hinsichtlich der Erbringung der gesetzlich vorgeschriebenen Pflichtleistungen konkurrierten, dass keine wirtschaftliche Tätigkeit vorliege[135]. Dabei gehöre auch die Festsetzung der Festbeträge durch die Kassenverbände zu den von den Krankenkassen wahrgenommenen Aufgaben sozialer Art, die ihnen das Gesetz auferlege[136]. Dies ergibt sich nach der Ansicht des Gerichtshofes daraus, dass die Kassenverbände mit der Festsetzung der Festbeträge einer ausführlich bestimmten Pflicht nachkommen, die ihnen § 35 SGB V im Zuge der Sicherung der sozialen Sicherheit auferlegt, wobei zugleich eine ministerielle Ersetzungsbefugnis vorliegt[137]. Das in bezug auf die Festbetragshöhe bestehende Ermessen der Kassenverbände wurde dabei nicht als ausreichend angesehen, um ein Eigeninteresse der Kassenverbände anzunehmen, da insoweit keine Konkurrenz zwischen den Krankenkassen bestehe[138]. Da der EuGH die Festsetzung der Arzneimittelfestbeträge nach § 35

---

[128] EuGH, Urteil vom 22.1.2002, Rs. C-218/00 (Cisal), Slg. 2002, I-691 (729 ff).
[129] EuGH, Urteil vom 16.3.2004, verb. Rs. C-264/01, C-306/01, C-354/01 und C-355/01 (AOK Bundesverband), Rn. 47, noch nicht in der amtl. Slg. veröffentlicht.
[130] Wie vor, Rn. 47.
[131] EuGH, Urteil vom 16.11.1995, Rs. C-244/94 (Fédération française), Slg. 1995, I-4013.
[132] EuGH, Urteil vom 21.9.1999, Rs. C-67/96 (Albany), Slg. 1999, I-5751 (5879 ff).
[133] EuGH, Urteil vom 16.3.2004, verb. Rs. C-264/01, C-306/01, C-354/01 und C-355/01 (AOK Bundesverband), Rn. 53, noch nicht in der amtl. Slg. veröffentlicht.
[134] Wie vor, Rn. 52.
[135] Wie vor, Rn. 54 f; a.A.: GA Jacobs, Schlussanträge vom 22.5.2003, verb. Rs. C-264/01, C-306/01, C-354/01 und C-355/01 (AOK Bundesverband), Rn. 37.
[136] EuGH, Urteil vom 16.3.2004, verb. Rs. C-264/01, C-306/01, C-354/01 und C-355/01 (AOK Bundesverband), Rn. 63, noch nicht in der amtl. Slg. veröffentlicht.
[137] Wie vor, Rn. 61.
[138] Wie vor, Rn. 62 f.

SGB V nicht als wirtschaftliche Tätigkeit ansah, erübrigte sich die Beantwortung der weiteren Vorlagefragen.

4. Bewertung des Urteils des EuGH und Ausblick

Obwohl der Gerichtshof sich damit im wesentlichen der Ansicht des EuG in der Rechtssache FENIN[139] anschloss, muss doch zumindest die relativ kurze Begründung als überraschend angesehen werden. So widersprach der EuGH nicht nur der Ansicht des Generalanwalts Jacobs[140], sondern wies zugleich die Auffassung mehrerer hochrangiger mitgliedstaatlicher Gerichte[141] sowie eine gefestigte Ansicht in der Literatur[142] in bezug auf die Unternehmenseigenschaft gesetzlicher Krankenversicherungen zurück. Andererseits vermag das Urteil eine gewisse Rechtssicherheit in bezug auf die EG-wettbewerbsrechtliche Beurteilung von Beschaffungstätigkeiten der GKV zu schaffen. Wie schon in der Rechtssache Altmark Trans[143] favorisierte der Gerichtshof dabei eine „Tatbestandslösung", indem er die Art. 81 f EG für nicht einschlägig hielt, während die Generalanwälte jeweils einer „Rechtfertigungslösung" über Art. 86 II EG den Vorzug gegeben hatten. Auf Grund der unmittelbaren Anwendbarkeit des Art. 81 EG können mitgliedstaatliche Gerichte Klagen, die auf einen Wettbewerbsverstoß durch gesetzliche Krankenkassen gerichtet sind, auf der Grundlage des Festbetragsurteils nunmehr abweisen[144]. Zu kritisieren ist daran, dass die Lösung des EuGH keine Einzelfallabwägung ermöglicht. Vor allem im Falle eines „schematischen" Rückgriffs auf das Festbetragsurteil durch die nationalen Gerichte kann dem Urteil im Ergebnis die Wirkung einer gerade

---

[139] EuG, Urteil vom 4.3.2003, Rs. T-319/99 (FENIN)(nicht rechtskräftig), Slg. 2003, II-357 (374).
[140] Siehe Rn. 106 der Schlussanträge des GA Jacobs vom 22.5.2003, verb. Rs. C-264/01, C-306/01, C-354/01 und C-355/01 (AOK Bundesverband), noch nicht in der amtl. Slg. veröffentlicht.
[141] OLG Düsseldorf, Urteil vom 27.7.1999, Az.: U (Kart) 33/98, in: Pharm. Ind. 1999, S. 704 (711); das britische Competition Commission Appeals Tribunal ("CCAT") hat die Einkaufstätigkeiten des NHS ebenfalls als wirtschaftliche Tätigkeit qualifiziert: Bettercare Group Ltd v Director General of Fair Trading, case 1006/2/1/01, 1.8.2002; auch das BSG schien in dem oben zitierten obiter dictum die Unternehmenseigenschaft einer gesetzlichen Krankenkasse zu bejahen: BSG, Vorlagebeschluss vom 14.6.1995, Az.: 3 RK 20/94, in: NZS 1995, S. 502 (508); demgegenüber war der Vorlagebeschluss des BGH ergebnisoffen formuliert: BGH, Vorlagebeschluss zum EuGH vom 3.7.2001, KZR 31/99, in: WuW 2001, S. 1089 (1093).
[142] Koenig/Sander, in: NZS 2001, S. 617 (618); dies, in: WuW 2000, S. 975 (977, 980); Hänlein/Kruse, in: NZS 2000, S. 165 (168, 174); Axer, in: NZS 2002, S. 57 (61); Gassner, in: VSSR 2000, S. 121 (138, 140); Eichenhofer, in: NZS 2001, S. 1 (5); a.A.: Steinmeyer, in: FS für Sandrock, S. 943 (950).
[143] EuGH, Urteil vom 24.7.2003, Rs. C-280/00 (Altmark Trans), Slg. 2003, I-7747 (7847).
[144] So auch: Krajewski, in: EWS 2004, S. 256 (264).

nicht existierenden Bereichsausnahme zukommen. Aus diesem Grunde wäre eine Lösung über Art. 86 II EG vorzugswürdig gewesen[145].

Ein Widerspruch tritt zudem bei einem Vergleich des Festbetragsurteils mit der bisherigen Rechtsprechung des EuGH zur Geltung der Grundfreiheiten im Rahmen der staatlichen Gesundheitssysteme[146] zutage[147]: während die Inanspruchnahme einer Gesundheitsleistung im Rahmen der Dienstleistungsfreiheit vom Gerichtshof als „wirtschaftlich" qualifiziert wird, stellt die Leistungsbeschaffung der GKV nach dem Festbetragsurteil keine wirtschaftliche Tätigkeit dar.

Zuzustimmen ist dem Gerichtshof zwar darin, dass im Falle einer weitgehenden gesetzlichen Bestimmung des Leistungsumfangs einer Pflichtversicherung auch die Einführung von Wettbewerbselementen nicht zwingend zur Annahme einer wirtschaftlichen Tätigkeit führt; jedoch sprechen, wie noch darzulegen sein wird, im Fall der Festbeträge nach § 35 SGB V die überwiegenden Argumente für die Annahme einer wirtschaftlichen Tätigkeit. Dabei verbleibt auf Grund des Einzelfallcharakters des Urteils im Unklaren, in welchem Umfang die Mitgliedstaaten solche Wettbewerbselemente einführen können, ohne den Beschränkungen des EG-Wettbewerbsrechts zu unterliegen. So sinkt das solidarische Niveau eines Krankenversicherungssystems in dem Maße, wie marktwirtschaftliche Elemente dieses System beeinflussen bzw. prägen[148]. Wenn die Mitgliedstaaten aber -wie gegenwärtig verstärkt- solche Wettbewerbselemente in den öffentlichen Gesundheitssystemen einführen, können allgemein gültige Rückschlüsse aus dem Festbetragsurteil allenfalls vorübergehend gezogen werden[149], weil der EuGH regelmäßig maßgeblich auf

---

[145] Ebenso: Haverkate/Huster, S. 305, Rn. 498; Berg, in: EuZW 2000, S. 170 (172); Giesen, Die Vorgaben des EG-Vertrages für das Internationale Sozialrecht, S. 131 (138); ders., in: ZESAR 2004, S. 151 (154); Gassner, in: Pharm. Ind. 2003, S. 1118 (1134); wohl auch: Jennert, in: WuW 2004, S. 37 (45); a.A. Bieback, in: EWS 1999, S. 361 (362); ders., in: RsDE Nr. 49, S. 1 (18).

[146] EuGH, Urteil vom 28.4.1998, Rs. C-158/96 (Kohll), Slg. 1998, I-1931 (1943); EuGH, Urteil vom 28.4.1998, Rs. C-120/95 (Decker), Slg. 1998, I-1831 (1881); EuGH, Urteil vom 12.7.2001, Rs. C-157/99 (Geraets-Smits/Peerbooms), Slg. 2001, I-5473 (5530 ff); EuGH, Urteil vom 13.5.2003, Rs. C-385/99 (Müller-Fauré), Slg. 2003, I-4509 (4556 ff).

[147] Im Ergebnis einen Widerspruch verneinend: Krajewski, in: EWS 2004, S. 256 (265); grundsätzlich zur Notwendigkeit eines „Gleichklangs" zwischen dem EG-Wettbewerbsrecht und den Grundfreiheiten: Haverkate/Huster, S. 355, Rn. 611; Mortelmans, in: 38 CMLR (2001), S. 613 (647); O'Loughlin, in: ECLR 2003, S. 62 (69); Pabst/Ricke, in: ZESAR 2004, S. 292 (295); Mühlenbruch/Schmidt, in: ZESAR 2004, S. 171 (173 f).

[148] Ebenso: Kingreen, in: MedR 2004, S. 188 (190).

[149] Ähnlich: Krajewski, in: EWS 2004, S. 256 (262, 265); Mühlenbruch/Schmidt, in: ZESAR 2004, S. 171 (172, 174); erwähnt seien in diesem Zusammenhang nur die gegenwärtig unter dem Begriff der „Kopfpauschale" in Deutschland diskutierten weitreichenden Reformmodelle, die erhebliche Strukturveränderungen des öffentlichen Gesundheitswesens mit sich bringen könnten; bei der Einführung eines solchen Modells wäre die Annahme der Unter-

das solidarische Niveau eines sozialen Sicherungssystems abstellt. Da dieser Erwägung auch im Festbetragsurteil eine tragende Bedeutung zukam, erscheint es im Zuge einer weitreichenden Reform des deutschen Gesundheitswesens nicht ausgeschlossen, dass eine Bewertung der Unternehmenseigenschaft der gesetzlichen Krankenkassen in Zukunft anders ausfallen könnte[150]. Aus diesem Grunde besteht für eine Untersuchung der Anwendbarkeit des EG-Wettbewerbsrechts im Bereich der Leistungsnachfrage der GKV weiterhin ein dringendes Bedürfnis. Dies gilt umso mehr, als der Gerichtshof bei der Bewertung eines Gesundheitssystems eines anderen Mitgliedstaates angesichts unterschiedlicher solidarischer Ausgestaltungen zu einem anderen Ergebnis als im Fall des § 35 SGB V kommen könnte.

Darüber hinaus können dem Festbetragsurteil wichtige Vorgaben für das System der Selbstverwaltung in der GKV entnommen werden. Die Tendenz des Gesetzgebers der Selbstverwaltung in noch stärkerem Maße als bisher die Aufgabe zu übertragen, den Leistungskatalog der GKV zu gestalten, ist nicht zuletzt im GMG wieder deutlich geworden. Nicht nur die Spitzenverbände der Krankenkassen, sondern vor allem der Gemeinsame Bundesausschuss legt in erheblichem Maße die Rahmenbedingungen für die Leistungserbringer fest. Maßgeblichen Einfluss auf die Arzneimittelversorgung in der GKV nimmt dieses Gremium etwa mittels der Arzneimittelrichtlinien nach § 92 I 2 Nr. 6 SGB V[151] oder im Rahmen der Ausnahmeliste zu § 34 I 1-4 SGB V. Obwohl diesen Einheiten grundsätzlich unterstellt werden kann, dass sie zur Sicherung der Funktionsfähigkeit der GKV und damit im öffentlichen Interesse handeln, steht dies ihrer Unternehmenseigenschaft nicht zwingend entgegen. So hat der Gerichtshof die Unternehmenseigenschaft der Kassenverbände im Festbetragsurteil nur unter dem Hinweis auf die seiner Ansicht nach weitgehende gesetzliche Bestimmung des Handlungsauftrages verneint. Auch insoweit besteht daher ein Bedürfnis das Urteil in die bisherige Rechtsprechung des Gerichtshofes einzuordnen, um feststellen zu können, unter welchen Voraussetzungen die Selbstverwaltung auch in Zukunft mit regulatorischen Aufgaben betraut werden kann, ohne den Beschränkungen des EG-Wettbewerbsrechts ausgesetzt zu sein.

In den folgenden Abschnitten wird damit nicht nur erörtert, ob das Urteil des EuGH zu den Festbeträgen nach § 35 SGB V zu überzeugen vermag. Zugleich wird zu untersuchen sein, in welchem Umfang dem Urteil eine über den

---

nehmenseigenschaft einer gesetzlichen Krankenkasse mangels solidarischer Elemente nur noch schwer ablehnbar; ebenso: Kingreen, in: MedR 2004, S. 188 (190 f).

[150] So auch: Krajewski, in: EWS 2004, S. 256 (265); Mühlenbruch/Schmidt, in: ZESAR 2004, S. 171 (172, 174).

[151] Vgl. hierzu insbesondere unter Angaben von Nachweisen zur Rechtsprechung: Sander, in: Pharm. Ind. 2001, S. 922 (927 f).

Einzelfall hinausgehende Bedeutung für die Arzneimittelversorgung der Mitgliedstaaten zukommt.

VI. Das System der Festbetragsfestsetzung nach dem sog. Festbetrags-Anpassungsgesetz (FBAG)

Neben den geschilderten wettbewerbsrechtlichen Bedenken deutscher Gerichte hatte auch die Stellungnahme der 10. Beschlussabteilung des Bundeskartellamts[152] vom 22.1.2001 eine zwischenzeitliche Änderung des Systems der Festbetragsfestsetzung veranlasst. In dieser Stellungnahme kündigte das Bundeskartellamt an, die Festsetzung von Festbeträgen entsprechend Art. 81 I EG i.V.m. § 32 GWB zu untersagen, falls die Spitzenverbände der Krankenkassen weitere Festbetragsfestsetzungen auf der Grundlage des § 35 SGB V vornehmen sollten[153]. Als die Spitzenverbände der Krankenkassen trotz dieser Bedenken des Bundeskartellamts am 12.3.2001 weitere Festbeträge festsetzten, sah sich das Bundesministerium für Gesundheit und Soziale Sicherung (BMGS) veranlasst, Verhandlungen mit den Beteiligten, einschließlich der pharmazeutischen Industrie, einzuleiten[154]. Die hieraus resultierenden und als "Festbetragskompromiss" bezeichneten Ergebnisse fanden ihren Niederschlag im sog. Festbetrags-Anpassungsgesetz (FBAG)[155] vom 27.7.2001. Durch das FBAG wurde § 35a SGB V erlassen, auf dessen Grundlage die Festbetragsfestsetzung für Arzneimittel bis zum 31.12.2003 durchgeführt wurde. Die Regelung des § 35 SGB V wurde damit bis zum 31.12.2003 durch § 35a SGB V ersetzt und ist erst seit dem 1.1.2004 wieder anwendbar[156]. Während dieses Zeitraums übertrug § 35a I 1 SGB V dem BMGS die Befugnis, durch Rechtsverordnung ohne Zustimmung des Bundesrates einmalig Festbeträge anzupassen (Nr.1) sowie in Ausnahmefällen neue Gruppen von Arzneimitteln zu bestimmen und für diese Festbeträge festzusetzen (Nr.2). Neben der Sicherung eines Einsparungspotentials von etwa 383,5 Mio. Euro

---

[152] Bundeskartellamt, Gesch.-Z. B 10-14/01; siehe hierzu: FAZ vom 29.1.2001, Bundeskartellamt hegt Bedenken gegen Festbeträge für Medikamente, S. 13 f.
[153] Koenig/Sander, in: NZS 2001, S. 617 (617); Ehlers/Werner, in: Pharm. Ind. 2001, S. 362 (363).
[154] Ehlers/Werner, in: Pharm. Ind. 2001, S. 362 (363).
[155] Gesetz zur Anpassung der Regelungen über die Festsetzung von Festbeträgen für Arzneimittel in der gesetzlichen Krankenversicherung vom 27.7.2001, BGBl. I, S. 1948; vgl. hierzu auch die Begründung im Gesetzentwurf der Bundesregierung vom 25.6.2001, BT-Drucks. 14/6408, S. 1 f; zu dem Entschließungsantrag der Fraktionen der SPD und BÜNDNIS 90/DIE GRÜNEN zum FBAG vom 4.7.2001: BT-Drucks. 14/6579, S. 1 ff; zum FBAG unter verfassungsrechtlichen Gesichtspunkten vgl.: Ehlers/Weizel, in Pharm. Ind. 2001, S. 930 ff.
[156] Dies stellt § 35 VIII SGB V klar, der die Unanwendbarkeit des § 35 I bis VII SGB V mit Ausnahme der Verweisung in § 36 III bis zum 31.12.2003 festlegt.

(750 Mio. DM)[157] zugunsten der GKV diente die Regelung insbesondere der Wahrung der Rechtsklarheit und Planungssicherheit aller Beteiligten in bezug auf die beim EuGH anhängigen Gerichtsverfahren[158]. Unter Berücksichtigung der zu erwartenden höchstrichterlichen Rechtsprechung sollte in der Zwischenzeit eine Verständigung über die ordnungspolitische Weiterentwicklung des Arzneimittelsektors herbeigeführt werden[159]. Obwohl das Verfahren der Festbetragsfestsetzung nach § 35a SGB V in der Zwischenzeit wieder durch das ursprüngliche Verfahren nach § 35 SGB V ersetzt worden ist, wird im folgenden teilweise hierauf zurückgegriffen, um dieses Verfahren als Alternative zur gegenwärtigen Rechtslage ebenfalls einer wettbewerbsrechtlichen Bewertung zuführen zu können[160].

VII. Beurteilung der Arzneimittelfestbeträge nach dem GWB

Da in zahlreichen Sachverhalten mangels Binnenmarktrelevanz nur das nationale Wettbewerbsrecht anwendbar ist und dieses nicht identisch ist mit dem EG-Wettbewerbsrecht, hat das GWB seine eigenständige Bedeutung neben den Art. 81 ff EG nicht verloren[161]. Dies rechtfertigt es neben der Frage der Rechtswegeröffnung einen kurzen Überblick über die materiell-rechtliche Beurteilung der Arzneimittelfestbeträge nach dem GWB zu geben.

Die in den Urteilen der ordentlichen Gerichte[162] und der Sozialgerichte[163] zum Ausdruck gekommene unterschiedliche Beurteilung der Arzneimittelfestbeträge veranschaulicht die mit einer zweifachen Rechtswegeröffnung verbundenen Rechtsunsicherheiten. Diese Divergenzen nahm der Gesetzgeber zum Anlass, um die doppelte Kontrolle kartellrechtlicher Streitigkeiten im Leistungserbringungsverhältnis einer abschließenden Regelung zuzuführen. Durch die Änderungen des § 69 SGB V, des § 51 II SGG und der §§ 87, 96 GWB durch das GKV-Gesundheitsreformgesetz 2000[164] hat der Gesetzgeber diesbezügliche

---

[157] Das Einsparpotential der Arzneimittelfestbeträge wurde von den Spitzenverbänden der Krankenkassen im März 2001 auf rund 650 Mio. DM jährlich geschätzt, während sich aus den Berechnungen des BMGS ein jährliches Einsparpotential von rund 750 Mio. DM ergibt; so die Beschlussempfehlung des Ausschusses für Gesundheit (14. Ausschuss) zum FBAG: BT-Drucks. 14/6567, S. 2.
[158] So die Begründung der Bundesregierung zum Gesetzesentwurf: BT-Drucks.14/6408, S. 1.
[159] So die Begründung der Bundesregierung zum Gesetzesentwurf: BT-Drucks.14/6408, S. 1.
[160] Soweit jedoch nicht ausdrücklich etwas Gegenteiliges angemerkt ist, beziehen sich die folgenden Ausführungen ausschließlich auf das System der Festbetragsfestsetzung nach § 35 SGB V.
[161] So auch: Pietzcker, in: FS für von Maydell, S. 531 (540); vgl. zur Reform des EG-Kartellverfahrensrechts und den sich daraus ergebenden Konsequenzen für die Mitgliedstaaten: Riley, in: ECLR 2003, S. 604 ff.
[162] S.o.: Fn. 87.
[163] S.o.: Fn. 86 und 87.
[164] Gesetz zur Reform der gesetzlichen Krankenversicherung ab dem Jahr 2000 vom 22.12.1999, BGBl. I, S. 2626; hierzu: Neumann, in: WuW 1999, S. 961 (963 ff).

Unklarheiten beseitigt. Damit sind kartellrechtliche Streitigkeiten zwischen Leistungserbringern und Krankenkassen sowie deren Verbänden nunmehr den ordentlichen Gerichten entzogen und ausschließlich den Sozialgerichten zugewiesen[165]. Uneinigkeit besteht in der Literatur hingegen darüber inwieweit diese Gesetzesänderungen auch materiell-rechtliche Wirkungen haben. So wird eine Bindung der Krankenkassen im Rahmen des Leistungserbringungsverhältnisses an das deutsche Wettbewerbsrecht in Teilen der Literatur verneint[166], teils aber auch mehr oder weniger deutlich bejaht[167].

Angesichts der eindeutigen Verneinung der Unternehmenseigenschaft der Krankenkassen und ihrer Verbände in der amtlichen Gesetzesbegründung zu § 69 SGB V[168] wird man der Regelung jedoch wohl einen materiell-rechtlichen Charakter zusprechen müssen. Demzufolge sind die Vorschriften des GWB im Leistungserbringungsverhältnis des SGB V nicht anwendbar. Dieser Anwendungsausschluss des GWB ist dabei nicht nur mit der bis zur Gesetzesänderung bestehenden Rechtsprechung unvereinbar[169], sondern ist auch aus anderen Gründen bedenklich. Zwar wird teilweise argumentiert, dass die im GWB enthaltenen Diskriminierungs- und Behinderungsverbote von öffentlich-

---

[165] Pietzcker, in: FS für von Maydell, S. 531 (542).
[166] Gassner, in: VSSR 2000, S. 121 (130 f); Pietzcker, in: FS für von Maydell, S. 531 (542, 544).
[167] Neumann, S. 144; wohl auch: Oppermann, in: Soziale Sicherheit 2001, S. 93 (97); Eichenhofer, in: NZS 2001, S. 1 (4 f).
[168] BT-Drucks. 14/1245, S. 68: "Die Krankenkassen und ihre Verbände erfüllen in diesen Beziehungen ihren öffentlich-rechtlichen Versorgungsauftrag und handeln nicht als Unternehmen im Sinne des Privatrechts einschließlich des Wettbewerbs- und Kartellrechts"; dies betont auch: Pietzcker, in: FS für von Maydell, S. 531 (542).
[169] Die Unternehmenseigenschaft einer gesetzlichen Krankenversicherung in bezug auf Nachfragetätigkeiten bejahend: BGH, Urteil vom 26.10.1961, Rs.: KZR 1/61 (Gummistrümpfe), BGHZ 36, 91 (93, 101, 104); BGH, Urteil vom 11.12.2001, Rs.: KZR 5/00, Rn. II., 1., in: WuW DE-R, 839 (841), S. 385 (387); teilweise betonte der BGH auch, dass die Krankenkassen Auswirkungen auf den Leistungswettbewerb zu berücksichtigen haben: BGH, Urteil vom 18.12.1981, Rs.: I ZR 34/80 (Brillenselbstabgabe), BGHZ 82, 375 (375, 397); auch Heinze bejaht das Vorliegen einer wirtschaftlichen Tätigkeit zumindest im Bereich des EG-Rechts: Heinze, in: SGb 2001, S. 157 (159): "Denn es kann überhaupt kein Zweifel daran bestehen, dass europaweit in allen Mitgliedstaaten der EU das Leistungserbringungsverhältnis als wirtschaftliche Betätigung im Sinne des EU-Vertrages zu qualifizieren ist, weil eben dieses Leistungserbringungsverhältnis – unabhängig von der zumeist öffentlichrechtlichen Ausgestaltung des Versicherungsverhältnisses – schlicht dem Privatrecht unterliegt"; zur Begründung ebenfalls auf die privatrechtlich ausgestalteten Rechtsbeziehungen des Leistungserbringungsverhältnisses verweisend: BGH, Urteil vom 26.10.1961, KZR 1/61 (Gummistrümpfe), BGHZ 36, 91 (93, 101, 104); die Unternehmenseigenschaft der Kassenärztlichen Bundesvereinigung in bezug auf Nachfragetätigkeiten bejahend: BGH, Urteil vom 22.7.1999, Rs. 13/97, Rn. II., 2., a); das BSG hat die Unternehmenseigenschaft einer Berufsgenossenschaft zuletzt abgelehnt ohne dem EuGH die Frage vorzulegen: BSG, Urteil v. 11.11.2003, Rs. B 2 U 16/03 R, in: BG 2004, S. 126 ff; hierzu: Giesen, in: ZESAR 2004, S. 151 ff.

rechtlichen Maßstäben wie der Ermessensausübung, den Grundrechten und dem Verhältnismäßigkeitsgrundsatz ersetzt werden könnten[170]. Jedoch wird auch zurecht darauf hingewiesen, dass die unterschiedliche kartellrechtliche Beurteilung der Arzneimittelfestbeträge ein Abbild divergierender Beurteilungsmaßstäbe der ordentlichen Gerichte und der Sozialgerichte darstellt[171]. Angesichts der Tendenz der Sozialgerichte die Besonderheiten des Gesundheitsmarktes verstärkt zu betonen, kann die Gesetzesänderung durchaus als Stärkung der Nachfragemacht der Krankenkassen bei einer gleichzeitigen Schwächung der Position der Leistungserbringer angesehen werden[172]. Dies gilt umso mehr, wenn die gesetzlichen Änderungen auch als Ausschluss der Anwendbarkeit des GWB verstanden werden, weil der Rechtsschutz der Leistungserbringer hierdurch erheblich beschränkt wird. Zwar ist es richtig, dass nur wenige staatliche Aktivitäten keine Auswirkungen auf die Wirtschaft und den Wettbewerb haben[173], so dass eine Anwendung des Wettbewerbsrechts ohne Berücksichtigung der Besonderheiten öffentlicher Aufgabenerfüllung als sachwidrig erscheint. Jedoch erscheint eine Berücksichtigung dieser Umstände im Einzelfall anhand bestehender Rechtsprechungsgrundsätze geeigneter, um zu einem Ausgleich entgegenstehender Interessen zu gelangen, als der kategorische Ausschluss jedweder kartellrechtlicher Grundsätze. So ist eine kartellrechtliche Überprüfung zumindest in Fällen angebracht, in denen Krankenkassen oder deren Verbände ihre Nachfragemacht gezielt ausnutzen und hierdurch Leistungserbringer vom Markt drängen. Die Tatsache, dass kartellrechtliche Beurteilungen nicht immer durch öffentlich-rechtliche Grundsätze ersetzt werden können, zeigt nicht zuletzt der begrenzte Umfang, in dem das BVerfG Arzneimittelherstellern Rechtsschutz gegen Erstattungsrestriktionen in der GKV gewährt hat[174].

---

[170] Pietzcker, in: FS für von Maydell, S. 531 (545, 547).
[171] Pietzcker, in: FS für von Maydell, S. 531 (541).
[172] So sind die Sozialgerichte etwa hinsichtlich des Erlasses einstweiliger Anordnungen sehr zurückhaltend; diese werden von den Sozialgerichten nur erlassen, wenn der Antragsteller geltend macht, in Existenznot zu geraten; so: Forstmann/Collatz, in: PharmaR 2000, S. 106 (109); zudem haben die Sozialgerichte teilweise bereits die Klagebefugnis von Arzneimittelherstellern in bezug auf die Arzneimittelfestbeträge verneint; so etwa die Vorinstanz zu: LSG NRW, Beschluss vom 28.9.2000, Az.: L 5 KR 11/95, in: PharmaR 2002, S. 143 (145); das LSG NRW bejaht jedoch in diesem Beschluss die Klagebefugnis.
[173] Pietzcker, in: FS für von Maydell, S. 531 (537).
[174] So sah das BVerfG den Schutzbereich der Berufsfreiheit der Arzneimittelhersteller in bezug auf die Festbeträge deshalb nicht als berührt an, weil die Kostenübernahme gegenüber den Versicherten im Rahmen der GKV geregelt werde und den Bestimmungen der §§ 35, 36 SGB V über die mittelbaren Folgen für die Hersteller und Leistungserbringer hinaus keine berufsregelnde Tendenz zukäme: BVerfG, Urteil des Ersten Senats vom 17.12.2002, Rs. 1 BvL 28/95, in: DVBl 2003, S. 325 (327); dem Umstand, dass diese „mittelbare" Folge jedoch der Gesetzeszweck war, maß das BVerfG keine Bedeutung zu.

VIII. Ergebnis

Die Festsetzung von Festbeträgen für Arzneimittel stellt ein wesentliches Instrument zur Senkung der Arzneimittelausgaben in der GKV dar. Dieses Ziel soll durch die Beschränkung des sozialversicherungsrechtlichen Sachleistungsanspruchs auf das durch den Festbetrag festgelegte Preisniveau erreicht werden. Der hierdurch erzeugte Preissenkungsdruck auf die Hersteller pharmazeutischer Originalprodukte soll die Wettbewerbsfähigkeit von Nachahmerprodukten gegenüber Originalprodukten stärken und damit zu einem erhöhten Preiswettbewerb auf dem Arzneimittelmarkt führen. In der Literatur weit verbreitete wettbewerbsrechtliche Bedenken gegen das Verfahren der Festbetragsfestsetzung nach § 35 SGB V hat der EuGH jedoch zuletzt zurückgewiesen. Diese Bedenken ergaben sich vor allem aus der Beteiligung eines Marktteilnehmers, nämlich des Nachfragers des preislich zu bewertenden Produktes, an einer indirekt preisregulierenden Maßnahme. In den folgenden Abschnitten wird im einzelnen zu untersuchen sein, ob dem Urteil des EuGH im Ergebnis zuzustimmen ist.

C. Die Stellung des § 35 SGB V im System des EG-Vertrages

Eine dogmatische Einordnung der Arzneimittelfestbeträge in das System des EG-Vertrages richtet sich wesentlich nach den Vorgaben des höherrangigen Gemeinschaftsrechts. Dabei bestimmt das vom EuGH[175] entwickelte und weitgehend anerkannte[176] Prinzip des Vorrangs des Gemeinschaftsrechts das Rangverhältnis zwischen gemeinschaftsrechtlichen und mitgliedstaatlichen Vorschriften. Im Falle einer Kollision zwischen einzelnen Vorschriften ist von einem Anwendungs- und Geltungsvorrang des europäischen Gemeinschaftsrechts gegenüber dem Recht der Mitgliedstaaten auszugehen. Allerdings muss auch das Gemeinschaftsrecht seinerseits rechtmäßig erlassen sein und sich damit im Rahmen der vertraglich festgelegten Gesetzgebungskompetenzen bewegen. Dieser gemeinschaftsrechtliche Grundsatz ist als Prinzip der begrenzten Einzelermächtigung in Art. 5 I EG primärrechtlich verankert und bestimmt damit maßgeblich die Aufteilung der Gesetzgebungskompetenzen zwischen der Gemeinschaft und den Mitgliedstaaten. Daneben konkretisiert das Subsidiaritätsprinzip des Art. 5 II EG das Kompetenzgefüge der Gemeinschaft, indem es eine zusätzliche Beschränkung für die Ausübung bestehender Kompetenzen normiert, ohne die Verteilung von Rechtsetzungszuständigkeiten an sich zu

---

[175] Vgl. hierzu: EuGH, Urteil vom 15.7.1964, Rs. 6/64 (Costa/ENEL), Slg. 1964, 1251 (1270); EuGH, Urteil vom 9.3.1978, Rs. 106/77 (Simmenthal), Slg. 1978, 629 (643 f).
[176] Vgl. hierzu: Everling, in: DVBl 1985, S. 1201 ff; Zuleeg, in: v.d.Groeben/Thiesing/ Ehlermann, Art. 1, Rn. 23 ff; v. Bogdandy/Nettesheim, in: Grabitz/Hilf, Art. 1, Rn. 32 ff; Oppermann, S. 228 ff, Rn. 615 ff.

regeln[177]. Dabei sind die Vorgaben des Gemeinschaftsrechts bei der Einordnung einer nationalen Regelung in das System des EG-Vertrages nicht nur bei der Bestimmung der mitgliedstaatlichen Gesetzgebungskompetenzen zu beachten (hierzu unter I.). In Form der wirtschaftlichen Grundfreiheiten und der Wettbewerbsvorschriften normiert das Gemeinschaftsrecht ebenfalls zwingend zu beachtende Grenzen mitgliedstaatlicher Gestaltungsmöglichkeiten (vgl. hierzu II.).

I. Gesetzgebungskompetenzen im Bereich der Arzneimittelversorgung

Bevor die Vorgaben des EG-Wettbewerbsrechts für die Festsetzung von Arzneimittelfestbeträgen näher untersucht werden, ist es erforderlich das Verhältnis der Gesetzgebungskompetenzen zwischen der EG und den Mitgliedstaaten im Bereich der Arzneimittelversorgung zu klären. Dies ergibt sich aus der Tatsache, dass der Gemeinschaft in den unterschiedlichsten Politikbereichen eine Kompetenz zum Erlass von Rechtsvorschriften zukommt, durch welche auf Grund des Vorrangs des Gemeinschaftsrechts verbindliche Vorgaben für die nationalen Rechtssysteme festgelegt werden können. Es stellt sich daher die Frage, ob und gegebenenfalls in welchem Umfang die Gemeinschaft befugt ist, durch den Erlass eigener, vorrangiger Rechtsvorschriften das System der Festbetragsfestsetzung für Arzneimittel nach § 35 SGB V zu beeinflussen. Dabei ist insbesondere zu untersuchen, in welchem Umfang die Gemeinschaft über eine Harmonisierungskompetenz im Bereich der Arzneimittelversorgung verfügt. So existiert in der Gemeinschaft bereits seit über 10 Jahren ein umfangreicher Rechtsrahmen für die Arzneimittelversorgung[178], der jedoch überwiegend die Arzneimittelsicherheit und nicht die Erstattung von Arzneimitteln durch staatliche Gesundheitssysteme oder Krankenversicherungen zum Gegenstand hat[179].

---

[177] Zuleeg, in: v.d.Groeben/Thiesing/Ehlermann, Art. 3b, Rn. 18; Everling, in: EuZW 2002, S. 357 (357); Müller-Graff, in: EuR, Beiheft 1/2002, S. 7 (33); zur Bedeutung des Subsidiaritätsprinzips im Sozialrecht: Heinze, in: FS für Everling, S. 433 (439 ff).

[178] Zu nennen ist in diesem Zusammenhang insbesondere der Gemeinschaftskodex, der diverse die Arzneimittelversorgung regelnde Richtlinien zusammengefasst und überarbeitet hat: Richtlinie 2001/83/EG des Europäischen Parlaments und des Rates vom 6.11.2001 zur Schaffung eines Gemeinschaftskodex für Humanarzneimittel, ABl. L 311 v. 28.11.2001, S. 67; weiterhin: Verordnung (EWG) 2309/93 vom 22.7.1993 zur Festlegung von Gemeinschaftsverfahren für die Genehmigung und Überwachung von Human- und Tierarzneimitteln und zur Schaffung einer Europäischen Agentur für die Beurteilung von Arzneimitteln, ABl. L 214 v. 21.8.1993, S. 1; Richtlinie 89/105/EWG des Rates vom 21.12.1988 betreffend die Transparenz von Maßnahmen zur Regelung der Preisfestsetzung bei Arzneimitteln für den menschlichen Gebrauch und ihre Einbeziehung in die staatlichen Krankenversicherungssysteme, Abl. Nr. L 40 v. 11.2.1989 (Transparenzrichtlinie); zur Entwicklung des Arzneimittelrechts der EG: Hanika, in: MedR 2000, S. 63 ff.

[179] Eine Ausnahme stellt insofern die Richtlinie 89/105/EWG (Transparenzrichtlinie) dar.

Da Erstattungsrestriktionen in der Arzneimittelversorgung primär den Umfang der Leistungspflicht der gesetzlichen Krankenkassen gegenüber den Versicherten konkretisieren, sind diese dem Sozialversicherungsrecht zuzurechnen. Gesetzgebungskompetenzen der EG könnten sich daher aus den Vorschriften des EG-Vertrages über die Sozialpolitik[180] und die Gesundheitspolitik ergeben, so dass der Umfang der betreffenden Vorschriften zunächst kurz darzustellen ist. Weiterhin kann sich eine Harmonisierungskompetenz der Gemeinschaft im Bereich der Arzneimittelversorgung im Einzelfall auch aus den Rechtsetzungsbefugnissen der Art. 40, 42, 94, 95 und 308 EG ergeben, wobei die Binnenmarktharmonisierungskompetenz des Art. 95 EG gerade im Bereich des Arzneimittelrechts von Bedeutung ist.

1. Die Aufteilung der Gesetzgebungskompetenzen zwischen der EG und den Mitgliedstaaten

In allen politischen Tätigkeitsbereichen der EG bestimmt zunächst das Prinzip der begrenzten Einzelermächtigung nach Art. 5 I EG die Aufteilung der Gesetzgebungskompetenzen zwischen der Gemeinschaft und den Mitgliedstaaten. Es besagt, dass die EG nur dann über Rechtsetzungskompetenzen verfügt, wenn der EG-Vertrag ausdrücklich eine Ermächtigung zum Tätigwerden der Gemeinschaftsorgane enthält, im übrigen aber die Regelungshoheit bei den Mitgliedstaaten verbleibt[181]. Dabei ist der Schluss von der Aufgabe auf die Befugnis nicht zulässig, und auch die Verfolgung eines Vertragsziels reicht nicht aus, um Aufgaben und Befugnisse der Gemeinschaft zu begründen[182]. Weiterhin begrenzt das Subsidiaritätsprinzip des Art. 5 II EG bestehende Zuständigkeiten der Gemeinschaft im Bereich konkurrierender Gesetzgebungsbefugnisse dahingehend, dass die Gemeinschaft nur insofern und insoweit tätig wird, als das Regelungsziel nicht ausreichend durch eine mitgliedstaatliche Maßnahme erreicht werden kann. Dem Subsidiaritätsprinzip kommt somit für die Gemeinschaftsorgane als Kompetenzausübungsschranke eine zuständigkeitsbegrenzende Funktion zu.

Dabei gestaltet sich die Zuordnung von Regelungszuständigkeiten im Verhältnis zwischen der EG und den Mitgliedstaaten gerade deshalb häufig als schwierig, weil die einzelnen Regelungsziele und -zuständigkeiten des Gemeinschaftsrechts teilweise rechtsgebietsübergreifend festgelegt sind. So weisen

---
[180] Die folgenden Ausführungen beziehen sich auf die Rechtslage vor dem Erlass der Europäischen Verfassung, so dass Tendenzen des Verfassungskonvents den Organen der EG die Befugnis zu verleihen, den Mitgliedstaaten Leitlinien für die Reform ihrer Sozialsysteme vorzugeben, nicht berücksichtigt werden konnten; vgl. hierzu: FAZ vom 11.7.2003, Die EU stellt in der Sozialpolitik den Fuß in die Tür, S.13.
[181] Zuleeg, in: v.d.Groeben/Thiesing/Ehlermann, Art. 3b, Rn. 2; Oppermann, Europarecht, Rn. 513, S. 197.
[182] Zuleeg, in: v.d.Groeben/Thiesing/Ehlermann, Art. 3b, Rn. 4; Art. 2, Rn. 6; so auch: BVerfG, Urteil vom 12.10.1993 (Maastricht-Urteil), in: DVBl 1993, S. 1254 (1261, 1265).

insbesondere die im Rahmen des Binnenmarktrechts der EG erlassenen Rechtsakte häufig Berührungspunkte zu anderen Politikbereichen der Gemeinschaft auf, so dass Fragen in bezug auf die Kompetenzverteilung zwischen der EG und ihren Mitgliedstaaten entstehen. Im Rahmen seiner Rechtsprechung zur Tabakwerberichtlinie aus dem Jahre 1998[183] sah sich der EuGH[184] daher veranlasst die Grenzen der Binnenmarktkompetenz des Art. 100a EGV a.F. (= Art. 95 EG n.F.) zu konkretisieren. Danach muss ein auf der Grundlage dieser Norm erlassener Rechtsakt den Zweck haben, die Voraussetzungen für das Funktionieren des Binnenmarktes zu verbessern, was nur dann der Fall ist, wenn die Maßnahme der Beseitigung eines bestehenden oder wahrscheinlichen Handelshindernisses dient[185]. Der EuGH begründete dieses Erfordernis mit dem Prinzip der begrenzten Einzelermächtigung, das verletzt sei, wenn der Zuständigkeit des Gemeinschaftsgesetzgebers keine Grenzen gesetzt sind, was insbesondere im Falle einer allgemeinen Kompetenz zur Regelung des Binnenmarktrechts der Fall sei[186]. Der Rechtsprechung des EuGH zur Tabakwerberichtlinie kommt somit eine entscheidende Bedeutung für die Klärung der Regelungszuständigkeiten zwischen der Gemeinschaft und den Mitgliedstaaten im Bereich des Binnenmarktrechts zu.

a) Gesetzgebungskompetenzen im Bereich der Gesundheitspolitik

Da in Art. 3 lit.p) EG der politische Grundsatz verankert wurde, dass die Gemeinschaft nur einen Beitrag zur Erreichung eines hohen Gesundheitsschutzniveaus leistet, sind die Kompetenzen der EG im Bereich der Gesundheitspolitik[187] begrenzt. Nach Art. 152 I und II EG "ergänzt" die Tätigkeit der Gemeinschaft die Politik der Mitgliedstaaten im Bereich des Gesundheitswesens und "fördert" die Zusammenarbeit zwischen diesen. Zudem betreffen diese

---

[183] Richtlinie 98/43/EG des Europäischen Parlaments und des Rates vom 6.7.1998 zur Angleichung der Rechts- und Verwaltungsvorschriften der Mitgliedstaaten über Werbung und Sponsoring zugunsten von Tabakerzeugnissen.

[184] EuGH, Urteil vom 5.10.2000, Rs. C-376/98 (Bundesrepublik Deutschland/Parlament und Rat), Slg. 2000, I-8419 (8498 ff); der EuGH hat dabei die Richtlinie 98/43/EG für nichtig erklärt; weitgehend bestätigend, jedoch die Richtlinie 2001/37/EG des Europäischen Parlaments und des Rates vom 5.6.2001 zur Angleichung der Rechts- und Verwaltungsvorschriften der Mitgliedstaaten über die Herstellung, die Aufmachung und den Verkauf von Tabakerzeugnissen (Tabakproduktrichtlinie) als gemeinschaftsrechtskonform betrachtend: EuGH, Urteil vom 10.12.2002, Rs. C-491/01 (British American Tobacco), Slg. 2002, I-11453 ff; allgemein zur Binnenmarktkompetenz: Görlitz, in: EuZW 2003, S. 485 ff; die neue Tabakwerberichtlinie 2003/33/EG ist an folgender Stelle abgedruckt: EuZW 2003, S. 493 ff.

[185] EuGH, Urteil vom 5.10.2000, Rs. C-376/98 (Bundesrepublik Deutschland/Parlament und Rat), Slg. 2000, I-8419 (8524, 8527); EuGH, Urteil vom 10.12.2002, Rs. C-491/01 (British American Tobacco), Slg. 2002, I-11453 (11574).

[186] EuGH, Urteil vom 5.10.2000, Rs. C-376/98 (Bundesrepublik Deutschland/Parlament und Rat), Slg. 2000, I-8419 (8524).

[187] Vgl. zur Gesundheitspolitik der Gemeinschaft: Hollmann/Schulz-Weidner, in: ZIAS 1998, S. 180 ff.

unterstützenden und ergänzenden Maßnahmen überwiegend den präventiven Bereich der Gesundheitsvorsorge, so dass normative Eingriffe in das Gesundheitswesen der einzelnen Mitgliedstaaten mit dem Ziel der Deregulierung ausgeschlossen sind[188]. Zwar verleiht Art. 152 IV EG der Gemeinschaft eine Kompetenz zum Erlass legislativer Maßnahmen in den Bereichen der Qualitätssicherung, des Veterinärwesens, des Pflanzenschutzes und der Gesundheitsförderung, wodurch auch die Systeme der Gesundheitsversorgung beeinflusst werden können; jedoch hat der EuGH[189] im Urteil zur Tabakwerberichtlinie ausdrücklich betont, dass der EG-Vertrag in Art. 129 IV EGV a.F. (= Art. 152 IV EG n.F.) jegliche Harmonisierung der Rechts- und Verwaltungsvorschriften der Mitgliedstaaten zum Schutz und zur Förderung der menschlichen Gesundheit ausschließt. Dabei sei es zwar durchaus möglich, dass auf der Grundlage der Harmonisierungsvorschriften des Binnenmarktrechts ergangene Rechtsakte Auswirkungen auf den Schutz der menschlichen Gesundheit haben könnten[190]. Die Binnenmarktkompetenz der Gemeinschaft könne jedoch nicht zu einer Umgehung des ausdrücklichen Ausschlusses jeglicher Harmonisierung gemäß Art. 129 IV EGV (= Art. 152 IV EG n.F.) herangezogen werden[191]. Bereits vor dem Urteil zur Tabakwerberichtlinie hat der Gerichtshof[192] wiederholt betont, dass das Gemeinschaftsrecht die Zuständigkeit der Mitgliedstaaten zur Gestaltung ihrer Systeme der sozialen Sicherheit grundsätzlich unberührt lässt. Den Ausschluss einer vollständigen Harmonisierungskompetenz der Gemeinschaft bestätigt zudem Art. 152 V 1 EG, da die Vorschrift die Verantwortung der Mitgliedstaaten für die Organisation des Gesundheitswesens und die medizinische Versorgung ausdrücklich betont. Zudem gewährt Art. 152 IV 1 c) EG der Gemeinschaft eine Gesetzgebungskompetenz für bestimmte Fördermaßnahmen nur „unter Ausschluß jeglicher

---

[188] Hollmann/Schulz-Weidner, in: ZIAS 1998, S. 180 (184 f); Becker, in: JZ 1997, S. 534 (539).
[189] EuGH, Urteil vom 5.10.2000, Rs. C-376/98 (Bundesrepublik Deutschland/Parlament und Rat), Slg. 2000, I-8419 (8522).
[190] EuGH, Urteil vom 5.10.2000, Rs. C-376/98 (Bundesrepublik Deutschland/Parlament und Rat), Slg. 2000, I-8419 (8522 f); EuGH, Urteil vom 10.12.2002, Rs. C-491/01 (British American Tobacco), Slg. 2002, I-11453 (11608).
[191] EuGH, Urteil vom 5.10.2000, Rs. C-376/98 (Bundesrepublik Deutschland/Parlament und Rat), Slg. 2000, I-8419 (8523); EuGH, Urteil vom 10.12.2002, Rs. C-491/01 (British American Tobacco), Slg. 2002, I-11453 (11608).
[192] EuGH, Urteil vom 6.3.1979, Rs. 100/78 (Rossi), Slg. 1979, S. 831 (844); EuGH, Urteil vom 7.2.1984, Rs. 238/82 (Duphar), Slg. 1984, S. 523 (540 f); EuGH, Urteil vom 17.2.1993, Rs. C-159, 160/91 (Poucet und Pistre), Slg. 1993, I-637 (667); EuGH, Urteil vom 26.3.1996, Rs. 238/94 (García), Slg. 1996, I-1673 (1687); EuGH, Urteil vom 17.6.1997, Rs. C-70/95 (Sodemare), Slg. 1997, I-3395 (3433); EuGH, Urteil vom 28.4.1998, Rs. C-158/96 (Kohll), Slg. 1998, I-1931 (1942 f); EuGH, Urteil vom 28.4.1998, Rs. C-120/95 (Decker), Slg. 1998, I-1831 (1880); EuGH, Urteil vom 12.7.2001, Rs. C-157/99 (Geraets-Smits/Peerbooms), Slg. 2001, I-5473 (5526); EuGH, Urteil vom 22.1.2002, Rs. C-218/00 (Cisal), Slg. 2002, I-691 (729); EuGH, Urteil vom 13.5.2003, Rs. C-385/99 (Müller-Fauré), Slg. 2003, I-4509 (4574); EuGH, Urteil vom 11.12.2003, Rs. C-322/01 (DocMorris), in: ApoR 2004, S. 162 (171).

Harmonisierung der Rechts- und Verwaltungsvorschriften der Mitgliedstaaten". Auch auf der Grundlage des Art. 42 EG kann keine vollständige Harmonisierung der Gesundheitssysteme erfolgen, da es sich um eine Koordinierungsvorschrift handelt, die die mitgliedstaatlichen Systeme der sozialen Sicherheit grundsätzlich unberührt lässt[193]. Die Vorschriften des EG-Vertrages über die Gesundheitspolitik verleihen der Gemeinschaft daher keine Kompetenz zur Angleichung der mitgliedstaatlichen Systeme der Gesundheitsfürsorge[194].

b) Gesetzgebungskompetenzen im Bereich des Arzneimittelrechts

Obwohl die Gemeinschaft nicht über eine ausdrückliche Gesetzgebungskompetenz im Bereich des Arzneimittelrechts verfügt, hat sich im Zuge der europäischen Integration ein sekundärrechtlicher Rechtsrahmen für den Arzneimittelverkehr innerhalb der EG entwickelt[195]. Diese Rechtsakte wurden auf der Grundlage der Gesetzgebungskompetenz des Art. 95 EG erlassen und dienen damit der Beseitigung von Handelshemmnissen. Dabei kann insbesondere die Transparenzrichtlinie, die formelle Vorgaben für Preisfestsetzungen und Erstattungsrestriktionen in der Arzneimittelversorgung staatlicher Krankenversicherungssysteme enthält, als Beginn einer verstärkten Integration im Bereich des Arzneimittelrechts angesehen werden. Die Richtlinien und Verordnungen in diesem Bereich basieren auf den Gesetzgebungskompetenzen aus anderen EG-Politikbereichen und können der Gemeinschaft als Sekundärrecht nach dem Prinzip der begrenzten Einzelermächtigung keine Kompetenz zur Ausgestaltung der Systeme der Gesundheitsvorsorge verleihen. Die bereits erlassenen sekundärrechtlichen Bestimmungen betreffen abgesehen von der Transparenzrichtlinie zudem nicht die Kostenerstattung für Arzneimittel und die Preisbildung erstattungsfähiger Arzneimittel, sondern vor allem die Herstellung und das Verfahren zur Zulassung von Arzneimitteln sowie die Information der Verbraucher und die Arzneimittelsicherheit[196]. Dies schließt indes nicht aus, dass ein auf der Grundlage des Art. 95 EG ergangener Rechtsakt Auswirkungen auf das Sozialversicherungsrecht und die hierin integrierte Arzneimittelversorgung der Mitgliedstaaten haben kann[197]. Jedoch spricht die gefestigte Rechtsprechung des EuGH[198] zumindest insoweit gegen eine

---

[193] So: EuGH, Urteil vom 15.1.1986, Rs. 41/84 (Pinna), Slg. 1986, S. 1 (24 f); EuGH, Urteil vom 27.9.1988, Rs. 313/86 (Lenoir), Slg. 1988, S. 5391 (5423); Scheuer, in: Lenz, Art. 42, Rn. 6; Becker, in: Schwarze, Art. 42, Rn. 12.
[194] So auch: Hollmann/Schulz-Weidner, in: ZIAS 98, S. 180 (185); Becker, in: JZ 1997, S. 534 (539); Schroeder, in: EuZW 2001, S. 489 (492 f); Wägenbaur, in: EuZW 2001, S. 450 (450).
[195] S.o.: Fn. 178.
[196] So auch: Hanika, in: MedR 2000, S. 63 (63).
[197] In diesem Sinne: EuGH, Urteil vom 5.10.2000, Rs. C-376/98 (Bundesrepublik Deutschland/Parlament und Rat), Slg. 2000, I-8419 (8522 f).
[198] EuGH, Urteil vom 6.3.1979, Rs. 100/78 (Rossi), Slg. 1979, S. 831 (844); EuGH, Urteil vom 7.2.1984, Rs. 238/82 (Duphar), Slg. 1984, S. 523 (540 f); EuGH, Urteil vom 17.2.1993,

vollständige Harmonisierung des Arzneimittelrechts, als die Erstattung von Arzneimitteln in staatlichen Gesundheitssystemen betroffen ist[199].

c) Gesetzgebungskompetenzen im Bereich des Sozialrechts

Die Regelungskompetenzen der Gemeinschaft auf dem Gebiet des Sozialrechts waren bereits nach der Konzeption des ursprünglichen EWG-Vertrages gering und wurden erst im Laufe der Jahre erweitert[200]. Diese Zurückhaltung der Gründungsmitglieder der EWG, die Gemeinschaft im Bereich des Sozialrechts mit Kompetenzen auszustatten, begründete sich in der Annahme, dass eine sozialpolitische Union eine zwangsläufige Folge der wirtschaftlichen Entwicklung sei[201]. Obwohl auf den Druck der französischen Verhandlungsdelegation hin bereits im Gründungsvertrag neben der Betonung sozialer Ziele der Gemeinschaft ein Kapitel über die Sozialpolitik geschaffen worden war[202], wurde das Sozialrecht im wesentlichen in der Autonomie des nationalen Gesetzgebers belassen. Mangels Kompetenzzuweisung zugunsten der Gemeinschaft kam den sozialpolitischen Vorschriften der Art. 117 f EGV a.F.[203] zunächst nur eine Bedeutung bei der Auslegung anderer Vertragsvorschriften sowie zur Förderung der mitgliedstaatlichen Zusammenarbeit im Bereich des Sozialrechts zu[204].

Rs. C-159, 160/91 (Poucet und Pistre), Slg. 1993, I-637 (667); EuGH, Urteil vom 26.3.1996, Rs. 238/94 (García), Slg. 1996, I-1673 (1687); EuGH, Urteil vom 17.6.1997, Rs. C-70/95 (Sodemare), Slg. 1997, I-3395 (3433); EuGH, Urteil vom 28.4.1998, Rs. C-158/96 (Kohll), Slg. 1998, I-1931 (1942 f); EuGH, Urteil vom 28.4.1998, Rs. C-120/95 (Decker), Slg. 1998, I-1831 (1880); EuGH, Urteil vom 12.7.2001, Rs. C-157/99 (Geraets-Smits/Peerbooms), Slg. 2001, I-5473 (5526 f); EuGH, Urteil vom 22.1.2002, Rs. C-218/00 (Cisal), Slg. 2002, I-691 (729); EuGH, Urteil vom 13.5.2003, Rs. C-385/99 (Müller-Fauré), Slg. 2003, I-4509 (4574); EuGH, Urteil vom 11.12.2003, Rs. C-322/01 (DocMorris), in: ApoR 2004, S. 162 (171).
[199] So auch: Kozianka/Millarg, in: PharmaR 2000, S. 204 (207); die Transparenzrichtlinie stellt zwar eine gemeinschaftsrechtliche Regelung auf diesem Gebiet dar; sie regelt jedoch allein formale Anforderungen an Preisfestsetzungen und bestimmte Erstattungsrestriktionen ohne den Mitgliedstaaten dabei Vorgaben in materieller Hinsicht zu machen; hierzu: 1. Kapitel, C., II., 3., S. 60.
[200] Vgl. zur Entwicklung der Sozialpolitik der Gemeinschaft: Zacher, in EuR 2002, S. 147 ff; Joussen, in: ZIAS 2000, S. 191 ff; Graser, in: ZIAS 2000, S. 336 ff; Heinze, in: FS für Söllner, S. 423 ff; Steinmeyer, in: VSSR 1996, S. 49 ff; Kliemann; generell zum Sozialstaatsprinzip und den Wirkungen des EGV auf das Recht der GKV: Kingreen, Sozialstaatsprinzip im europäischen Verfassungsverbund; zum Rangverhältnis der Sozialpolitik zur Wirtschaftspolitik der EG: Joussen, in: ZIAS 2000, S. 191 ff; zur Rechtsangleichung durch das EG-Recht im Bereich des Arbeitsrechts: Franzen, in: ZEuP 1995, S. 796 ff.
[201] Heinze, in: FS für Söllner, S. 423 (423); ders., in: SGb 2001, S. 157 (157); Lenze, in: NZS, S. 313 (314).
[202] Joussen, in: ZIAS 2000, S. 191 (192).
[203] Die Artikel 117 bis 120 EGV sind durch die Artikel 136 bis 143 EG ersetzt worden.
[204] Joussen, in: ZIAS 2000, S. 191 (201); Franzen, in: ZEuP 1995, S. 796 (797); Hailbronner, in: FS für Grabitz, S. 125 (130); hinsichtlich Art. 117 EGV a.F.: EuGH, Urteil vom

Dennoch entstand insbesondere auf der Grundlage der Art. 51, 100 sowie 235 EGV a.F. (= Art. 42, 94 und 308 EG n.F.) ein umfassender sekundärrechtlicher Rechtsrahmen vorwiegend in den Bereichen der Geschlechtergleichbehandlung, der Freizügigkeit der Arbeitnehmer sowie des Arbeitsschutzes[205]. Im Bereich der Arzneimittelversorgung kommt den auf der Grundlage der Art. 51, 235 EGV a.F. (= Art. 42, 308 EG n.F.) erlassenen Verordnungen (EWG) 1408/71[206] und 574/72[207] jedoch keine Bedeutung zu, da diese lediglich eine Koordinierung der mitgliedstaatlichen Systeme der sozialen Sicherheit im Zuge der Durchsetzung der Arbeitnehmerfreizügigkeit bezweckten. Erst das durch den Amsterdamer Vertrag in den EG-Vertrag integrierte Maastrichter Protokoll über die Sozialpolitik aus dem Jahre 1991 begründete eine umfassende Rechtsetzungskompetenz der Gemeinschaft auf dem Gebiet des Sozialrechts[208]. Zwar verfügt diese nunmehr über eine Zuständigkeit zum Erlass von Mindestvorschriften für die soziale Sicherheit und den sozialen Schutz der Arbeitnehmer gemäß Art. 137 III, II EG. Jedoch beinhaltet dies keine Kompetenz der Gemeinschaft zur Harmonisierung der Rechts- und Verwaltungsvorschriften der Mitgliedstaaten im Bereich der sozialen Sicherheit sowie zur Errichtung eigener Gesundheitssysteme[209]. Demzufolge lässt das Gemeinschaftsrecht nach gefestigter Rechtsprechung des EuGH[210] und nach der herrschenden Auffassung in der

---

18.2.1993, Rs. C-72, 73/91 (Solman Neptun), Slg. 1993, I-887 (935 f); bezüglich Art. 118 II EGV a.F.: EuGH, Urteil vom 9.7.1987, Rs. 281, 283-285, 287/85 (Wanderarbeitnehmer aus Drittstaaten), Slg. 1987, 3203 (3250); anders aber hinsichtlich der Befugnisse aus Art. 118a EGV a.F. (=Art. 138 EG n.F.): EuGH, Urteil vom 12.11.1996, Rs. C-84/94 (Großbritannien/Rat), Slg. 1996, I-5755 (5802 ff).
[205] Hierzu im einzelnen: Franzen, in: ZEuP 1995, S. 796 (807 ff).
[206] VO (EWG) 1408/71 vom 14.6.1971, ABl. L 1971, 149/2.
[207] VO (EWG) 547/72 vom 21.3.1972, ABl. L 1972, 74/1.
[208] Heinze, in: FS für Söllner, S. 423 (429); ders., in: EWS 2000, S. 526 (528); Graser, in: ZIAS 2000, S. 336 (345); Bieback, in: RsDE Nr. 49, S. 1 (5); die durch die Einheitliche Europäische Akte 1986 eingeführte Rechtsetzungskompetenz der Gemeinschaft aus Art. 118a EGV a.f. kann als erste ausschließlich sozialpolitisch motivierte Kompetenz angesehen werden, betraf jedoch allein die Sicherheit und Gesundheit der Arbeitnehmer; hierzu: Franzen, in: ZEuP 1995, S. 796 (816).
[209] EuGH, Urteil vom 12.7.2001, Rs. C-157/99 (Geraets-Smits/Peerbooms), Slg. 2001, I-5473 (5526 f); Steinmeyer, in: VSSR 1996, S. 49 (52); Becker, in: JZ 1997, S. 534 (539); Mäder, in: NZS 1995, S. 433 (434); Rolfs, in: SGb 1998, S. 202 (202); Bieback, in: RsDE Nr. 49, S. 1 (5); Schulz-Weidner, in: Ebsen, S. 57 (57).
[210] EuGH, Urteil vom 6.3.1979, Rs. 100/78 (Rossi), Slg. 1979, S. 831 (844); EuGH, Urteil vom 7.2.1984, Rs. 238/82 (Duphar), Slg. 1984, S. 523 (540 f); EuGH, Urteil vom 17.2.1993, Rs. C-159, 160/91 (Poucet und Pistre), Slg. 1993, I-637 (667); EuGH, Urteil vom 26.3.1996, Rs. 238/94 (García), Slg. 1996, I-1673 (1687); EuGH, Urteil vom 17.6.1997, Rs. C-70/95 (Sodemare), Slg. 1997, I-3395 (3433); EuGH, Urteil vom 28.4.1998, Rs. C-158/96 (Kohll), Slg. 1998, I-1931 (1942 f); EuGH, Urteil vom 28.4.1998, Rs. C-120/95 (Decker), Slg. 1998, I-1831 (1880); EuGH, Urteil vom 12.7.2001, Rs. C-157/99 (Geraets-Smits/Peerbooms), Slg. 2001, I-5473 (5526); EuGH, Urteil vom 22.1.2002, Rs. C-218/00 (Cisal), Slg. 2002, I-691 (729); EuGH, Urteil vom 13.5.2003, Rs. C-385/99 (Müller-Fauré), Slg. 2003, I-4509 (4574); EuGH, Urteil vom 11.12.2003, Rs. C-322/01 (DocMorris), in: ApoR 2004, S. 162 (171).

Literatur[211] die Zuständigkeit der Mitgliedstaaten zur Gestaltung ihrer Systeme der sozialen Sicherheit grundsätzlich unberührt.

Bereits die Konzeption der Regelungszuständigkeit aus Art. 137 II EG als reiner Mindestschutz[212] spricht gegen einen umfassenden Harmonisierungsauftrag zugunsten des Gemeinschaftsgesetzgebers. Zudem "unterstützt" und "ergänzt" die Gemeinschaft die Tätigkeit der Mitgliedstaaten im Bereich der Sozialpolitik lediglich. Die Autonomie der Mitgliedstaaten bei der Ausgestaltung der Systeme der sozialen Sicherheit wird zudem in Art. 137 V EG zusätzlich insofern betont, als diesen das Recht vorbehalten bleibt, strengere Schutzmaßnahmen beizubehalten oder zu erlassen, soweit diese mit dem Vertrag vereinbar sind. Zudem spricht auch die Konzeption der sozialen Grundrechte[213] der im Dezember 2000 in Nizza feierlich proklamierten Charta der Grundrechte der EU[214] gegen einen Harmonisierungsauftrag zugunsten der Gemeinschaft im Bereich der sozialen Sicherungssysteme. Zwar war die Charta von vornherein nicht als bindender Bestandteil des EG-Vertrages konzipiert, so dass ihr derzeit kein rechtsverbindlicher Charakter zukommt[215]; jedoch kann die Charta die weitere Entwicklung des Gemeinschaftsrechts durch die in ihr getroffenen Sachaussagen insofern beeinflussen, als letztere bei der Auslegung des Gemeinschaftsrechts berücksichtigt werden können[216]. Insbesondere die sozialen Grundrechte aus Art. 34 (Soziale Sicherheit und Unterstützung) sowie aus Art. 35 (Gesundheitsschutz) der Grundrechtecharta betonen jedoch den mitgliedstaatlichen Gestaltungsspielraum im Bereich des Sozialrechts, indem die Grundrechte nur nach Maßgabe der "einzelstaatlichen Rechtsvorschriften und Gepflogenheiten" gewährt werden. Dabei finden die Maßgaben des Gemeinschaftsrechts nur im Rahmen des Art. 34 eine ausdrückliche Erwähnung. Hinzuweisen bleibt zudem darauf, dass auch im Bereich der Sozialpolitik der

---

[211] Axer, in: NZS 2002, S. 57 (60); Koenig/Engelmann/Steiner, in: MedR 2002, S. 221 (222); Everling, in: EuZW 2002, S. 357 (361); Bieback, in: RsDE Nr. 49, S. 1 (5); Hirsch, in: MedR 2000, S. 586 (588); Schulz-Weidner, in: Ebsen, S. 57 (57); Giesen, Die Vorgaben des EG-Vertrages für das Internationale Sozialrecht, S. 18; ders., Sozialversicherungsmonopol und EG-Vertrag, S. 111; Rolfs, in: SGb 1998, S. 202 (202); Becker, in: JZ 1997, S. 534 (539); Isensee, in: VSSR 1996, S. 169 (175 ff); Lenze, in: NZS 1996, S. 313 (314 f); anders wohl: Joussen, in: ZIAS 2000, S. 191 (195, 208 f), der davon ausgeht, dass die EG als eigenständige Gestalterin der Sozialpolitik aufgerufen ist die dazugehörigen Ziele selbst zu verwirklichen und eine Gleichwertigkeit der Kompetenzen der EG zu denen der Mitgliedstaaten im Bereich des Sozialrechts als vertretbar ansieht.
[212] So auch: Giesen, Die Vorgaben des EG-Vertrages für das Internationale Sozialrecht (S. 20) zu Art. 2 des Maastrichter Sozialprotokolls, der in Art. 137 EG übernommen wurde.
[213] Vgl.: Art. 27-35 der EU-Grundrechtecharta.
[214] ABl. EG Nr. 364 v. 18.12.2000, S. 1.
[215] Schwarze, in: EuZW 2001, S. 517 (517); Callies, in: EuZW 2001, S. 261 (267).
[216] Schwarze, in: EuZW 2001, S. 517 (517 f); Callies, in: EuZW 2001, S. 261 (267); dabei ist die Grundrechtecharta bereits von mehreren Generalanwälten zur Auslegung von Gemeinschaftsrecht insbesondere auch hinsichtlich der Arbeitszeitrichtlinie 93/104/EG herangezogen worden; so: Schwarze, a.a.O, S. 518.

Gemeinschaft die Grenzen des Subsidiaritätsprinzips des Art. 5 II EG Anwendung finden. Aus diesen Gründen kann nicht angenommen werden, dass das ursprüngliche Konzept des EG-Vertrages, wonach dem Gemeinschaftsgesetzgeber im Bereich des Sozialrechts lediglich eine Koordinierungsfunktion zukommt, durch das Maastrichter Sozialprotokoll zugunsten eines Harmonisierungsauftrags aufgegeben werden sollte. Die Regelungszuständigkeit für die Systeme der sozialen Sicherung soll damit auch weiterhin grundsätzlich den Mitgliedstaaten zukommen.

d) Ergebnis

Weder die Vorschriften des EG-Vertrages über die Gesundheits- und die Sozialpolitik noch die Bestimmungen zum Arzneimittelrecht verleihen der Gemeinschaft somit eine Kompetenz zur Angleichung der mitgliedstaatlichen Rechts- und Verwaltungsvorschriften im Bereich der Arzneimittelversorgung. Vielmehr steht es den Mitgliedstaaten nach dem EG-Vertrag grundsätzlich frei, wie sie ihre Systeme der sozialen Sicherheit gestalten. Zwar können gemeinschaftsrechtliche Bestimmungen mit Berührungspunkten zum Sozialversicherungsrecht insbesondere auf der Grundlage der Art. 40, 42, 94, 95 137 und 308 EG erlassen werden; jedoch ist die Begründung von Regelungszuständigkeiten der EG durch das Prinzip der begrenzten Einzelermächtigung begrenzt. Zugleich kommt dem Subsidiaritätsprinzip die Funktion einer Kompetenzausübungsschranke zu. Im Urteil zur sog. "Tabakwerberichtlinie"[217] hat der EuGH die Bedeutung des Prinzips der begrenzten Einzelermächtigung für die Binnenmarktkompetenz des Art. 95 EG konkretisiert, indem er eine allgemeine Kompetenz der EG zur Regelung des Binnenmarktes als mit diesem Prinzip unvereinbar ansah. Mangels ausdrücklicher Zuweisung einer Harmonisierungskompetenz sowie auf Grund der dargestellten Vorbehalte im Rahmen rechtsgebietsübergreifender Regelungszuständigkeiten sind die Möglichkeiten der Gemeinschaft mittels eigener Rechtsvorschriften Einfluss auf die Arzneimittelfestbeträge nach § 35 SGB V zu nehmen damit als gering anzusehen. Bei der Ausgestaltung der Systeme der sozialen Sicherheit haben die Mitgliedstaaten indes die zwingenden Vorgaben des EG-Vertrages in Form der wirtschaftlichen Grundfreiheiten und der Wettbewerbsvorschriften zu beachten, worauf weiter unten[218] näher einzugehen sein wird.

2. Die Ausgestaltung der Arzneimittelversorgung in den Mitgliedstaaten der EG

Die Sozialversicherungssysteme aller EG-Mitgliedstaaten basieren zunächst auf dem Gedanken der Umverteilung von den Leistungsstärkeren und weniger

---

[217] Vgl. EuGH, Urteil vom 5.10.2000, Rs. C-376/98 (Bundesrepublik Deutschland/Parlament und Rat), Slg. 2000, I-8419 (8524).
[218] S.u.: 1.Kapitel, C., II., S. 46.

Bedürftigen auf die Leistungsschwächeren und verstärkt Bedürftigen[219]. Zwar wird in allen Mitgliedstaaten die Krankenversorgung dabei als eine Aufgabe des staatlichen Verantwortungsbereichs angesehen mit der Folge, dass die Kosten einer Krankenbehandlung ganz oder zum Teil von dem jeweiligen Gesundheitsversorgungssystem übernommen werden[220]. Jedoch existieren auf Grund des weiten Gestaltungsspielraums der Mitgliedstaaten zur Ausgestaltung ihrer Sozialleistungssysteme in der EG unterschiedliche Systeme der Gesundheitsfürsorge. Während Sozialleistungen in einigen Mitgliedstaaten in Form eines staatlichen Gesundheitsdienstes erbracht werden und überwiegend durch Steuern finanziert werden (etwa in Großbritannien, Dänemark, Finnland, Griechenland, Italien, Irland, Portugal, Schweden und Spanien[221]), wird die Versorgung der Bevölkerung im Gesundheitssektor in anderen Mitgliedstaaten (etwa in Deutschland, Österreich, Frankreich, Belgien, Luxemburg und den Niederlanden[222]) im wesentlichen durch beitragsfinanzierte öffentlich-rechtliche Krankenversicherungen sichergestellt[223]. Erhebliche Unterschiede ergeben sich jedoch nicht nur hinsichtlich der Art der Finanzierung, sondern auch bezüglich der Kostenübernahme mittels Sachleistungssystemen (etwa in Deutschland, Österreich und den Niederlanden[224]) oder Kostenerstattungssystemen (in Frankreich, Belgien und Luxemburg[225]). Dabei werden im EU-Durchschnitt 8,5% des Bruttoinlandsproduktes für die Gesundheitsversorgung ausgegeben,

---

[219] Leienbach, in: FS für von Maydell, S. 451 (452); vgl. zu den verschiedenen Gesundheitssystemen in der EU und den USA: Beske/Drabinski/Zöllner, S. 53 ff; vgl. v.a. zur EU: Mäder, in: Sozialer Fortschritt 2002, S. 146 ff; Europäische Kommission, Generaldirektion Beschäftigung und Soziales, "Soziale Sicherheit in den Mitgliedstaaten der EU und im Europäischen Wirtschaftsraum", Stand 1. Januar 2001, MISSOC 2001-Gegenseitiges Informationssystem zur sozialen Sicherheit; sowie das Dokument des Europäischen Parlaments "Das Gesundheitswesen in der EU", Generaldirektion Wissenschaft, SACO 101, 11-1998 (Reihe Volksgesundheit und Verbraucherschutz): http://www.europarl.eu.int/workingpapers/saco/101/default_de.htm?textMode=on#intro (Stand: 3.10.03).
[220] Reich, in: Hart/Reich, S. 295.
[221] Europäische Kommission, a.a.O., S. 55, 113; Leienbach, in: FS für von Maydell, S. 451 (452); Reich, in: Hart/Reich, S. 296 f, Rn. 175 ff; Hatzopoulos, in: 39 CMLR (2002), S. 683 (684, Rn. 5); zum National Health Service (NHS) in Großbritannien: Bright/Currie, ECLR (2003), S. 41 (41).
[222] Europäische Kommission, a.a.O., S. 52, 110; Leienbach, in: FS für von Maydell, S. 451 (453); Reich, in: Hart/ Reich, S. 298 ff, Rn. 178 ff; Borchert, in: DOK 1991, S. 118 (122); Hatzopoulos, in: 39 CMLR (2002), S. 683 (684, Rn. 5).
[223] Auch die zehn neuen EU-Mitgliedstaaten haben ihr Gesundheitssystem auf ein Krankenversicherungsmodell umgestellt; so: Leienbach, in: FS für von Maydell, S. 451 (456).
[224] Europäische Kommission, a.a.O., S. 126, 128; Leienbach, in: FS für von Maydell, S. 451 (453); Reich, in: Hart/ Reich, S. 298 f, Rn. 178 f.
[225] Europäische Kommission, a.a.O., S. 127 f; Leienbach, in: FS für von Maydell, S. 451 (453); Reich, in: Hart/Reich, S. 299 f, Rn. 180 f; Hirsch, in: MedR 2000, S. 586 (588); Hatzopoulos, in: 39 CMLR (2002), S. 683 (684, Rn. 5).

wobei Deutschland einen Anteil von 10,7% und Großbritannien lediglich einen Anteil von 6,8% des BIP aufweist[226].

Infolge dieser Systemunterschiede unterscheiden sich die Gesundheitssysteme der Mitgliedstaaten auch hinsichtlich der Absatzsteuerung und der Preisbildung für Arzneimittel zum Teil erheblich[227]. So existierten im Jahre 2001 sog. Negativlisten, durch welche bestimmte Arzneimittel von der Leistungspflicht des Sozialleistungsträgers ausgeschlossen werden, in Deutschland, Spanien, Schweden und Großbritannien[228]. Zum gleichen Zeitpunkt griffen alle Mitgliedstaaten außer Deutschland und Großbritannien[229] auf das Steuerungsinstrument einer sog. Positivliste zurück. Auch im Bereich der direkten Preisbeeinflussung reichte das Spektrum im Jahre 1990 von einer Festsetzung der Arzneimittelpreise durch die Arzneimittelhersteller nach freiem Ermessen (so etwa in Deutschland[230]) bis zu einer Regulierung durch Behörden (in Frankreich, Großbritannien und Italien[231]). Der deutschen Regelung entsprechende Festbeträge existieren auch in den Niederlanden, Belgien, Schweden, Dänemark und Spanien[232]. Politische Bestrebungen zur Einführung von Arzneimittelfestbeträgen existieren auch in Frankreich[233] und Großbritannien[234]. Dabei dürfte die Tatsache, dass die Bundesrepublik Deutschland das einzige Land in der EG ist, in dem die Preise für Arzneimittel frei durch die Hersteller festgesetzt werden können, bei der Beurteilung der Festbeträge durch den EuGH zumindest eine Rolle gespielt haben.

II. Grenzen mitgliedstaatlicher Gestaltungsfreiheit

Allein die Aufteilung der Rechtsetzungskompetenzen zwischen der Gemeinschaft und den Mitgliedstaaten ermöglicht indes noch keine abschließende Beurteilung der Geltung des Gemeinschaftsrechts im Bereich des Sozialversicherungsrechts. Da die Gemeinschaft über eine umfassende Kompetenz zur

---

[226] Leienbach, in: FS für von Maydell, S. 451 (453).
[227] Generell hierzu: Panos Kanavos, "Overview of Pharmaceutical Pricing and Reimbursement Regulation in Europe": http://pharmacos.eudra.org/F3/g10/docs/synthesis.pdf (Stand: 10.2.04).
[228] Kanavos, a.a.O., S. 14, table 3; hiezu auch: Reich, in: Hart/Reich, S. 306 ff, Rn. 185 ff.
[229] Kanavos, a.a.O., S. 14, table 3; Borchert, in: DOK 1991, S. 118 (122); Reich, in: Hart/Reich, S. 303 f, Rn. 183 f.
[230] Nach Kanavos (a.a.O., S. 4, table 1) war die BRD im Jahre 2001 der einzige EG-Mitgliedstaat, der eine Preisbildungsfreiheit für neu zugelassene Arzneimittel vorsah.
[231] Borchert, in: DOK 1991, S. 118 (121).
[232] Egler, in: Marburger Gespräche zum Pharmarecht, S. 53 (53); Bieback, in: EWS 1999, S. 361 (368).
[233] Ärzte Zeitung, 30.9.2002; siehe unter: http://www.aerztezeitung.de (Stand: 13.4.04).
[234] Ärzte Zeitung, 14.7.2000; siehe unter: http://www.aerztezeitung.de (Stand: 13.4.04); generell zu Kostensenkungsmaßnahmen im Rahmen des NHS: Lockhart-Miriams, in: PharmaR 2000, S. 113 ff.

Errichtung eines europäischen Binnenmarkts verfügt, steht den Sozialsystemen der Mitgliedstaaten eine einheitliche europäische Wirtschaftsordnung gegenüber. Nach Art. 2 EG stellt die Errichtung eines Gemeinsamen Marktes eine wesentliche Aufgabe der Gemeinschaft dar, die insbesondere durch die wirtschaftlichen Grundfreiheiten[235] und das EG-Wettbewerbsrecht[236] zu verwirklichen ist. Am Beispiel des EuGH Urteils zu den Arzneimittelfestbeträgen wird im folgenden untersucht, in welchem Umfang die Mitgliedstaaten bei der Gestaltung ihrer Sozialleistungssysteme die Vorgaben dieser Bestimmungen zu beachten haben. Im Falle einer Kollision zwischen dem mitgliedstaatlichen Sozialrecht und dem europäischen Wirtschaftsrecht ist dabei von einem Anwendungs- und Geltungsvorrang zugunsten des Gemeinschaftsrechts auszugehen[237]. Das Vorliegen eines solchen Kollisionsfalls kann jedoch überhaupt nur dann in Betracht kommen, wenn das europäische Wirtschaftsrecht seinerseits Anwendung findet. Wegen der ökonomischen Ausrichtung des europäischen Binnenmarktrechts erfordert dessen Anwendung zunächst zwingend die Ausübung oder Regulierung einer wirtschaftlichen Tätigkeit, was der EuGH für den Fall der Festbeträge verneint hat. Zwar sind damit weder die wirtschaftlichen Grundfreiheiten noch die europäischen Wettbewerbsvorschriften primär auf Sachverhalte im Bereich des Sozialrechts ausgerichtet; jedoch steht der Anwendung dieser Bestimmungen dann nichts entgegen, wenn die Ausübung einer Tätigkeit neben sozialen im Einzelfall auch wirtschaftliche Züge aufweist.

Der EuGH[238] hat mehrfach betont, dass die Mitgliedstaaten bei der Gestaltung ihrer Systeme der sozialen Sicherheit die Grundsätze des freien Waren- und Dienstleistungsverkehrs nach Art. 28 ff und 49 ff EG zu beachten haben. Zudem hat der Gerichtshof in zahlreichen Fällen[239] in bezug auf das Verhalten von

---

[235] So: Art. 3 I lit.c) EG.
[236] So: Art. 3 I lit.g) EG.
[237] S.o.: 1. Kapitel, C., S. 35.
[238] EuGH, Urteil vom 7.2.1984, Rs. 238/82 (Duphar), Slg. 1984, S. 523 (541); EuGH, Urteil vom 28.4.1998, Rs. C-158/96 (Kohll), Slg. 1998, I-1931 (1943); EuGH, Urteil vom 28.4.1998, Rs. C-120/95 (Decker), Slg. 1998, I-1831 (1881); EuGH, Urteil vom 12.7.2001, Rs. C-157/99 (Geraets-Smits/Peerbooms), Slg. 2001, I-5473 (5527); EuGH, Urteil vom 13.5.2003, Rs. C-385/99 (Müller-Fauré), Slg. 2003, I-4509 (4556); zur Vereinbarkeit von Genehmigungsvorbehalten für die Inanspruchnahme medizinischer Dienstleistungen in anderen Mitgliedstaaten im Rahmen der Beihilfe: EuGH, Urteil vom 18.3.2004, Rs. C-08/02 (Leichtle), noch nicht in der amtl. Slg. veröffentlicht; vgl. auch die Mitteilung 86/C 310/08 der Kommission vom 4.12.1986 zur Frage der Vereinbarkeit der von den Mitgliedstaaten auf dem Gebiet der Arzneimittel-Preiskontrolle und der -Kostenerstattung getroffenen Maßnahmen mit Artikel 30 EWG-Vertrag, ABl. Nr. C 310 vom 4.12.1986, S. 7.
[239] EuGH, Urteil vom 23.4.1991, Rs. C-41/90 (Höfner und Elser), Slg. 1991, I-1979 (2016 ff); EuGH, Urteil vom 17.2.1993, Rs. C-159, 160/91 (Poucet und Pistre), Slg. 1993, I-637 (669 f); EuGH, Urteil vom 16.11.1995, Rs. C-244/94 (Fédération française), Slg. 1995, I-4013 (4025 ff); EuGH, Urteil vom 11.12.1997, Rs. C-55/96 (Job Centre), Slg. 1997, I-7119 (7146 ff); EuGH, Urteil vom 12.2.1998, Rs. C-163/96 (Raso), Slg. 1998, I-553 (579 f);

Sozialversicherungen geprüft, ob die Voraussetzungen der Art. 81 f EG erfüllt waren, wodurch das Vorliegen einer Bereichsausnahme für das Sozialversicherungsrecht implizit verneint wurde[240]. Andererseits hat der Gerichtshof jedoch auch wiederholt betont[241], dass das Gemeinschaftsrecht die Zuständigkeit der Mitgliedstaaten zur Gestaltung ihrer Systeme der sozialen Sicherheit grundsätzlich unberührt lässt. Fraglich ist damit, wie sich diese Aussagen miteinander vereinbaren lassen. Zumindest kann aus dem Urteil des EuGH zu den Festbeträgen nach § 35 SGB V geschlossen werden, dass eine vollumfängliche Anwendung des EG-Wettbewerbsrechts in diesem Bereich grundsätzlich nicht anzunehmen ist. Andererseits lässt sich eine Bereichsausnahme nur schwer mit der zuvor zitierten Erwägung des Gerichtshofs und der wiederholten Prüfung der Voraussetzungen des Unternehmensbegriffs im Bereich des Sozialversicherungsrechts vereinigen. Am Beispiel der Festbetragsfestsetzung für Arzneimittel nach § 35 SGB V soll daher im folgenden untersucht werden, in welchem Umfang die mitgliedstaatlichen Systeme der sozialen Sicherheit die Vorgaben des EG-Wettbewerbsrechts zu beachten haben. Zuvor soll jedoch kurz dargestellt werden, aus welchen Gründen sich die wissenschaftliche Debatte ebenso wie die Vorlagefragen der deutschen Gerichte

---

EuGH, Urteil vom 21.9.1999, Rs. C-67/96 (Albany), Slg. 1999, I-5751 (5879 ff); EuGH, Urteil vom 8.6.2000, Rs. C-258/98 (Carra), Slg. 2000, I-4217 (4236 ff); EuGH, Urteil vom 12.9.2000, Rs. C-180-184/98 (Pavlov), Slg. 2000, I-6451 (6516 ff); EuGH, Urteil vom 22.1.2002, Rs. C-218/00 (Cisal), Slg. 2002, I-691 (726 ff); EuGH, Urteil vom 16.3.2004, verb. Rs. C-264/01, C-306/01, C-354/01 und C-355/01 (AOK Bundesverband), Rn. 45 ff, noch nicht in der amtl. Slg. veröffentlicht; das EuG hat zuletzt ebenfalls zu dieser Frage Stellung genommen: EuG, Urteil vom 4.3.2003, Rs. T-319/99 (FENIN)(nicht rechtskräftig), Slg. 2003, II-357 (372 ff).
[240] So auch: Koenig/Engelmann/Steiner, in: MedR 2002, S. 221 (223); Axer, in: NZS 2002, S. 57 (60); Hänlein/Kruse, in: NZS 2000, S. 165 (167); Gassner, in: VSSR 2000, S. 121 (131); ders., in: Pharm. Ind. 2003, S. 1118 (1131 f); Berg, in: EuZW 2000, S. 170 (171); Giesen, Die Vorgaben des EG-Vertrages für das internationale Sozialrecht, S. 114; Kozianka/Millarg, in: PharmaR 2000, S. 204 (205); wohl auch: Slot, in: ECLR 2003, S. 580 (582); eine Bereichsausnahme auf der Grundlage der Rechtsprechung des EuGH in den Rechtssachen Albany (Urteil vom 21.9.1999, Rs. C-67/96, Slg. 1999, I-5879 ff), Bokken (Urteil vom 21.9.1999, Rs. C-219/97, Slg. 1999, I-6121 ff) und Brentjens' (Urteil vom 21.9.1999, Rs. C-115-117/97, Slg. 1999, I-6025 ff) kann allein für das Tarifvertragsrecht angenommen werden; s.u.: 2. Kapitel, I., 1., S. 64.
[241] EuGH, Urteil vom 6.3.1979, Rs. 100/78 (Rossi), Slg. 1979, S. 831 (844); EuGH, Urteil vom 7.2.1984, Rs. 238/82 (Duphar), Slg. 1984, S. 523 (540 f); EuGH, Urteil vom 17.2.1993, Rs. C-159, 160/91 (Poucet und Pistre), Slg. 1993, I-637 (667); EuGH, Urteil vom 26.3.1996, Rs. 238/94 (García), Slg. 1996, I-1673 (1687); EuGH, Urteil vom 17.6.1997, Rs. C-70/95 (Sodemare), Slg. 1997, I-3395 (3433); EuGH, Urteil vom 28.4.1998, Rs. C-158/96 (Kohll), Slg. 1998, I-1931 (1942 f); EuGH, Urteil vom 28.4.1998, Rs. C-120/95 (Decker), Slg. 1998, I-1831 (1880); EuGH, Urteil vom 12.7.2001, Rs. C-157/99 (Geraets-Smits/Peerbooms), Slg. 2001, I-5473 (5526); EuGH, Urteil vom 22.1.2002, Rs. C-218/00 (Cisal), Slg. 2002, I-691 (729); EuGH, Urteil vom 13.5.2003, Rs. C-385/99 (Müller-Fauré), Slg. 2003, I-4509 (4574); ähnlich: EuGH, Urteil vom 11.12.2003, Rs. C-322/01 (DocMorris), in: ApoR 2004, S. 162 (171).

auf die Vereinbarkeit des § 35 SGB V mit dem EG-Wettbewerbsrecht beschränken.

1. Die wirtschaftlichen Grundfreiheiten

Neben den europäischen Wettbewerbsregeln haben die Mitgliedstaaten bei der Gestaltung ihrer Systeme der sozialen Sicherheit auch die Vorgaben der wirtschaftlichen Grundfreiheiten des EG-Vertrages zu beachten. Diese richten sich gegen Beschränkungen einer grenzüberschreitenden, wirtschaftlichen Handlungsfreiheit und sind dabei primär auf Maßnahmen von Seiten der Mitgliedstaaten ausgerichtet[242]. Im Falle des Vorliegens einer wirtschaftlichen Tätigkeit entfalten die Grundsätze der Warenverkehrs- und der Dienstleistungsfreiheit nach Art. 28 f sowie 49 EG als subjektive Rechte dabei eine unmittelbare Wirkung in den Mitgliedstaaten[243]. Dabei hat der EuGH häufig Maßnahmen der Mitgliedstaaten die Arzneimittelversorgung betreffend an den Grundsätzen der Warenverkehrsfreiheit gemessen[244]. So hat der Gerichtshof etwa die Warenverkehrsfreiheit herangezogen, um das Versandhandelsverbot nach § 43 I 1 AMG für zugelassene, nicht verschreibungspflichtige Arzneimittel nebst dem entsprechenden Werbeverbot für den Versand nach § 8 I HWG für ungültig zu erklären[245]. Die Rechtssache Kohlpharma[246] betraf hingegen die Vereinbarkeit einer deutschen Genehmigung für das Inverkehrbringen eines aus Italien importierten Arzneimittels mit der Warenverkehrsfreiheit. Darüber hinaus stand in einer Reihe von Fällen der Genehmigungsvorbehalt einer gesetzlichen Krankenversicherung als Voraussetzung für die Erstattung ausländischer Waren und Dienstleistungen auf dem Prüfstand der Art. 28 ff und 49 ff EG[247]. Entscheidungen der Krankenkassen unterliegen damit ebenso wie solche des Gemeinsamen Bundesausschusses nach § 91 SGB V dem Anwendungsbereich der Art. 28 ff EG, da beide Institutionen einen Teil der mittelbaren Staatsverwaltung darstellen[248]. Auch wenn sich aus

---

[242] Müller-Graff, in: EuR, Beiheft 1/2002, S. 7 (34, 41); Everling, in: FS für Mestmäcker, S. 365 (374).
[243] Müller-Graff, in: EuR, Beiheft 1/2002, S. 7 (38 f).
[244] So zuletzt: EuGH, Urteil vom 1.4.2004, Rs. C-112/02 (Kohlpharma), noch nicht in der amtl. Slg. veröffentlicht; EuGH, Urteil vom 11.12.2003, Rs. C-322/01 (DocMorris), in: ApoR 2004, S. 162 ff; bereits zuvor: EuGH, Urteil vom 7.2.1984, Rs. 238/82 (Duphar), Slg. 1984, S. 523 (542); allgemein zur Bedeutung der Grundfreiheiten im Bereich der Arzneimittelversorgung: Schickert, in: PharmaR 2004, S. 47 (48 ff); Dettling, in: PharmaR 2004, S. 66 ff.
[245] EuGH, Urteil vom 11.12.2003, Rs. C-322/01 (DocMorris), in: ApoR 2004, S. 162 (174).
[246] EuGH, Urteil vom 1.4.2004, Rs. C-112/02 (Kohlpharma), noch nicht in der amtl. Slg. veröffentlicht.
[247] EuGH, Urteil vom 28.4.1998, Rs. C-158/96 (Kohll), Slg. 1998, I-1931 (1943); EuGH, Urteil vom 28.4.1998, Rs. C-120/95 (Decker), Slg. 1998, I-1831 (1881); EuGH, Urteil vom 12.7.2001, Rs. C-157/99 (Geraets-Smits/Peerbooms), Slg. 2001, I-5473 (5530 ff); EuGH, Urteil vom 13.5.2003, Rs. C-385/99 (Müller-Fauré), Slg. 2003, I-4509 (4556 ff).
[248] So auch: Schickert, in: PharmaR 2004, S. 47 (48).

diesen Urteilen Rückschlüsse für die Geltung des Territorialprinzips der §§ 16 ff SGB V ziehen lassen, sind sie für die Bewertung des im Rahmen dieser Arbeit in Frage stehenden Selbstverwaltungsrechts der GKV von nur begrenzter Bedeutung.

Für den Fall der Arzneimittelfestbeträge aufschlussreich ist indes vor allem die Rechtssache Duphar, die Restriktionen der Arzneimittelerstattung im niederländischen System der gesetzlichen Krankenversicherung zum Gegenstand hatte. In diesem Fall hat der EuGH erstmals eine mitgliedstaatliche Erstattungsrestriktion an den Grundsätzen der Warenverkehrsfreiheit des EG-Vertrages gemessen und die Maßnahme unter bestimmten Voraussetzungen als mit dieser Regelung vereinbar angesehen[249]. Dabei hat der Gerichtshof erstmals verbindliche Kriterien für Regelungen im Bereich der Arzneimittelversorgung entwickelt, welche später in gesetzlicher Form in der Transparenzrichtlinie[250] übernommen worden sind. Obwohl die Rechtssache Duphar nicht die Einführung von Arzneimittelfestbeträgen, sondern eine Negativliste betraf, hat der EuGH hierin unmissverständlich klargestellt, dass Beschränkungen der Arzneimittelerstattung in der GKV an den Vorgaben der gemeinschaftsrechtlichen Grundfreiheiten zu messen sind. Jedoch gelten Erstattungsrestriktionen, wie etwa die Festbeträge, regelmäßig unterschiedslos für importierte wie inländische Arzneimittel, so dass eine Maßnahme gleicher Wirkung auf Grund der Keck-Rechtsprechung des EuGH[251] häufig ausscheiden wird[252]. Da der Gerichtshof einen Verstoß gegen Art. 28 f EG in der Rechtssache Duphar zudem ablehnte und formelle Kriterien für Erstattungsrestriktionen zwischenzeitlich in Form der Transparenzrichtlinie niedergelegt worden waren, wurde in der Folgezeit vorwiegend das EG-Wettbewerbsrecht bemüht, um diverse Pflichtversicherungsmonopole von Sozialversicherungen einer gerichtlichen Überprüfung zuzuführen.

Dies liegt jedoch vor allem an dem Verhältnis der Art. 28 ff EG zu den Art. 81 ff EG. So wird das EG-Wettbewerbsrecht als vorrangige Spezialregelung gegenüber den wirtschaftlichen Grundfreiheiten angesehen, sofern ein Sachverhalt mit Berührungspunkten zu den wettbewerbsrechtlichen Bestimmungen

---

[249] EuGH, Urteil vom 7.2.1984, Rs. 238/82 (Duphar), Slg. 1984, S. 523 (542); vgl. zur Bedeutung des Urteils für die Arzneimittelfestbeträge im einzelnen: 2. Kapitel, A., I., 2., b), aa), S. 84.
[250] Richtlinie 89/105/EWG des Rates vom 21.12.1988 betreffend die Transparenz von Maßnahmen zur Regelung der Preisfestsetzung bei Arzneimitteln für den menschlichen Gebrauch und ihre Einbeziehung in die staatlichen Krankenversicherungssysteme, Abl. Nr. L 40 v. 11.2.1989; vgl. zur Anwendbarkeit der Transparenzrichtlinie auf die Festbeträge: Maassen, in: Gesellschaft für Rechtspolitik Trier, S. 145 (163); hierzu näher: 1. Kapitel, C., II., 3., S. 60.
[251] EuGH, Urteil vom 24.11.1993, Rs. C-267/91, C-268/91 (Keck und Mithouard), Slg. 1993, I- 6097 (6131).
[252] So auch: Schickert, in: PharmaR 2004, S. 47 (49).

des EG-Vertrages vorliegt[253]. Ein solches Vorrangverhältnis ist auch für die Beurteilung der Arzneimittelfestbeträge anzunehmen. Als Ansatzpunkt für die rechtliche Kritik an dem System der Festbetragsfestsetzung nach § 35 SGB V dient vor allem die Tatsache, dass die GKV als Nachfrager mittelbar an der Preisfindung eines Arzneimittels beteiligt wird. Dabei erfüllt die Beteiligung eines Nachfragers an der Preisbildung eines Produktes regelmäßig den Tatbestand der mittelbaren Festsetzung von Ankaufspreisen nach Art. 81 I a) EG, falls die beteiligte Einheit als Unternehmen anzusehen ist. Im Mittelpunkt stehen damit die kartellbedingten und nicht die einfuhrbedingten Auswirkungen der gesetzlich veranlassten Maßnahme. So ergeben sich rechtliche Bedenken gegen die Festbeträge vor allem aus dem Verfahren der Festbetragsfestsetzung. Die Bedenken beziehen sich damit auf das System der Selbstverwaltung in der GKV, so dass die EG-Wettbewerbsvorschriften bei der Beurteilung der Arzneimittelfestbeträge als vorrangige Sonderregeln gegenüber den Grundfreiheiten anzusehen sind. Daher beschränken sich die folgenden Ausführungen auf das EG-Wettbewerbsrecht. Es ist jedoch darauf hinzuweisen, dass der EuGH bei der Anwendung dieser Bestimmungen regelmäßig zu vergleichbaren Ergebnissen kam, was nicht zuletzt auf den Grundsatz der einheitlichen Auslegung des Gemeinschaftsrechts und die identische Zielsetzung der Normenkomplexe zurückzuführen ist[254].

2. Die Wettbewerbsvorschriften des EG-Vertrages

Als weitere Schranke des europäischen Gemeinschaftsrechts begrenzen die Wettbewerbsregeln des EG-Vertrages die Handlungsfreiheiten von Unternehmen und Mitgliedstaaten. Es stellt sich daher die Frage, unter welchen Voraussetzungen die Spitzenverbände der Krankenkassen bei regulatorischen Tätigkeiten gegen die Vorschriften des EG-Wettbewerbsrechts verstoßen können. Der Bundesrepublik Deutschland kann daneben ein Verstoß gegen Art. 10 II, Art. 3 I lit.g) EG i.V.m. Art. 81, 82 EG sowie gegen Art. 86 I EG i.V.m. Art. 81, 82 EG zur Last fallen, sofern die Wirksamkeit der für die Unternehmen

---

[253] EuGH, Urteil vom 27.9.1988, Rs. 65/86 (Bayer), Slg. 1988, S. 5249 (5285); Roth, in: FS für Everling, S. 1231 (1242 ff); Müller-Graff, in: v.d.Groeben/Thiesing/Ehlermann, Art. 30, Rn. 307; ders., in: EuR, Beiheft 1/2002, S. 7 (42); bei rein staatlichen Preisregulierungen scheinen demgegenüber nach der Rechtsprechung des EuGH die wettbewerbsbeschränkenden hinter den einfuhrbeschränkenden Wirkungen einer Maßnahme zurückzutreten; so: Schwarze, Der Staat als Adressat des Europäischen Wettbewerbsrechts, S. 69 (84) unter Verweis auf folgende Urteile des EuGH: EuGH, Urteil vom 10.1.1985, Rs. 229/83 (Leclerc/Au blé vert), Slg. 1985, S. 1 (33); EuGH, Urteil vom 29.1.1985, Rs. 231/83 (Cullet/Leclerc), Slg. 1985, S. 305 (320).
[254] So auch: Haverkate/Huster, S. 355, Rn. 611; Mortelmans, in: 38 CMLR (2001), S. 613 (647); dies bestätigt auch das Wouters Urteil (EuGH, Urteil vom 19.2.2002, Rs. C-309/99 (Wouters), Slg. 2002, I-1577), in dem die gleiche Rechtfertigung im Rahmen der Grundfreiheiten und des EG-Wettbewerbsrechts herangezogen wird; so auch: O'Loughlin, in: ECLR 2003, S. 62 (69).

geltenden Wettbewerbsregeln durch Regelungen im Bereich des SGB V nachteilig beeinträchtigt wird.

a) Das System unverfälschten Wettbewerbs im EG-Vertrag

Die Tätigkeit der Gemeinschaft im Sinne des Art. 2 EG umfasst nach Art. 3 lit.g) EG ein System, das den Wettbewerb innerhalb des Binnenmarktes vor Verfälschungen schützt. Die europäischen Wettbewerbsregeln sind mit diesem System eines unverfälschten Wettbewerbs, welches eines der grundlegenden Ziele des EG-Vertrages darstellt[255], identisch[256]. Damit bekennt sich die Europäische Gemeinschaft zu einer marktwirtschaftlichen Grundordnung, in der wirtschaftliche Vorgänge durch das Mittel des Wettbewerbs gesteuert werden sollen[257]. Dabei enthält der Vertrag an keiner Stelle eine explizite Wettbewerbsdefinition, an Hand derer der wettbewerbliche Zustand des Gemeinsamen Marktes zu messen wäre. Eine Konkretisierung dieses Systems unverfälschten Wettbewerbs ergibt sich dabei vor allem aus einer Interpretation der Urteile des Gerichtshofs, welcher im Wege der Auslegung der Wettbewerbsregeln den sachlichen Anwendungsbereich sowie den Adressatenkreis der Kartell- und Missbrauchsverbote nach Art. 81, 82 EG näher bestimmt[258]. Eine entscheidende Bedeutung für diese Auslegung kommt dabei naturgemäß dem Zweck der Wettbewerbsregeln im System des EG-Vertrages zu. Vor dem Hintergrund der Aufgabe der Gemeinschaft nach Art. 2, Art. 3 lit.g) EG verfolgen die Wettbewerbsregeln insbesondere den Zweck, den vom Vertrag konstituierten, grundsätzlich wettbewerblich organisierten Binnenmarkt gegen private Beschränkungen zu schützen[259]. Nicht willkürliche staatliche oder private Eingriffe in die Marktprozesse sollen dabei grundsätzlich über die Entwicklung des europäischen Binnenmarkts entscheiden, sondern der autonome herrschaftsfreie Koordinationsprozess des Wettbewerbs[260]. Den Wettbewerbsverboten der Art. 81 und 82 EG liegt dabei die Erwägung zugrunde, dass private

---

[255] EuGH, Urteil vom 21.2.1973, Rs. 6/72 (Continental Can), Slg. 1973, S. 215 (244, 246); EuGH, 7.2.1985, Rs. 240/83 (Procureur de la République/Association de Défense), Slg. 1985, S. 531 (548 ff).
[256] EuGH, Urteil vom 13.7.1966, Rs. 32/65 (Italien/Rat und Kommission), Slg. 1966, S. 457 (483); EuGH, Urteil vom 21.2.1973, Rs. 6/72 (Continental Can), Slg. 1973, S. 215 (244 f); EuGH, Urteil vom 13.2.1979, Rs. 85/76 (Hoffmann-La Roche/Kommission), Slg. 1979, S. 461 (552 f).
[257] Bunte in: Langen/Bunte, Einf. zum EG-Kartellrecht, Rn. 20 f; Everling, in: FS für Mestmäcker, S. 365 (369, 377).
[258] Hierzu: Everling, in: FS für Mestmäcker, S. 365 (377 ff).
[259] EuGH, Urteil vom 21.2.1973, Rs. 6/72 (Continental Can), Slg. 1973, S. 215 (252 ff); EuGH, Urteil vom 16.11. 1977, Rs. 13/77 (GB-INNO-BM/ ATAB), Slg. 1977, S. 2115 (2145 ff); EuGH, Urteil vom 13.2.1979, Rs. 85/76 (Hoffmann-La Roche/Kommission), Slg. 1979, S. 461 (552 f); Emmerich, in: Immenga/Mestmäcker, Art. 85 Abs.1, A., Rn. 4; Monti, in: 39 CMLR (2002), S. 1057 (1059).
[260] Emmerich, in: Immenga/Mestmäcker, Art. 85 Abs.1, A., Rn. 6; ders, Kartellrecht, S. 370; Schröter, in: v.d.Groeben/Thiesing/Ehlermann, Vorbem. zu den Artikeln 85 bis 94, Rn. 10.

Wettbewerbsbeschränkungen dieselben Wirkungen haben können, wie die vom Vertrag gerade abgeschafften staatlichen Handelsschranken[261]. Der Abbau von Handelsschranken zwischen den Mitgliedstaaten soll nicht durch das Verhalten von Unternehmen unterlaufen werden, die insbesondere durch Preisabsprachen oder die Aufteilung von Märkten ihrerseits Handelshindernisse errichten können. Dabei ist dem Ziel der Errichtung eines europäischen Binnenmarkts bei der Auslegung und Anwendung der Wettbewerbsregeln in größtmöglichem Umfang Rechnung zu tragen.

Der Schutzzweck der Wettbewerbsregeln beschränkt sich dabei nicht nur auf die Sicherung der individuellen wirtschaftlichen Freiheit von Unternehmen, sondern garantiert, da es sich um eine Grundentscheidung des Vertrages handelt, zugleich die Freiheit des Wettbewerbs als Institution[262]. Dabei kann der Schutz des Wettbewerbs zwar im Einzelfall gegenüber anderen Erwägungen zurücktreten, ohne jedoch als Institution zur Disposition des Gemeinschaftsgesetzgebers zu stehen. Demzufolge verdeutlicht neben der Möglichkeit der Gruppenfreistellung nach Art. 81 III EG vor allem die Rechtfertigungsmöglichkeit nach Art. 86 II EG, dass es kein Wettbewerbsverbot ohne Ausnahmen gibt. Die Verbote des Art. 81 I und 82 EG entfalten dabei nach der ständigen Rechtsprechung des EuGH[263] unmittelbare Wirkung für und gegen jedes Unternehmen und begründen zudem subjektive Rechte, welche die Gerichte der Mitgliedstaaten zu wahren haben.

b) Adressaten der Art. 81 ff EG

Bereits der Aufbau und die Konzeption des EG-Vertrages lassen in bezug auf die Adressaten der Wettbewerbsregeln eine klare Zweiteilung erkennen. Während sich die im folgenden näher zu untersuchenden Vorschriften des ersten Abschnitts (Art. 81 bis 86 EG) schon ihrer Überschrift nach primär an "Unternehmen" wenden, richten sich die Bestimmungen des zweiten Abschnitts (Art. 87 bis 89 EG) gegen staatliche Interventionen in Form eines grundsätzlichen Beihilfeverbots. Sowohl das Kartellverbot des Art. 81 EG als auch das Missbrauchsverbot des Art. 82 EG richten sich dabei nicht nur nach

---

[261] Emmerich, in: Immenga/Mestmäcker, Art. 85 Abs.1, A., Rn. 6.
[262] Schröter, in: v.d.Groeben/Thiesing/Ehlermann, Vorbem. zu den Artikeln 85-94, Rn. 13 f; Monti, in: 39 CMLR (2002), S. 1057 (1059 f).
[263] EuGH, Urteil vom 30.1.1974, Rs. 127/73 (BRT I), Slg. 1974, S. 51 (62); EuGH, Urteil vom 9.3.1978, Rs. 106/77 (Simmenthal), Slg. 1978, S. 629 (643 f); EuGH, Urteil vom 19.6.1990, Rs. C-213/89 (Factortame), Slg. 1990, I-2433 (2473); EuGH, Urteil vom 8.6.2000, Rs. C-258/98 (Carra), Slg. 2000, I-4217 (4238); EuGH, Urteil vom 20.9.2001, Rs. C-453/99 (Courage Ltd/ Bernard Crehan), in: EuR 2002, S. 216 (219); vgl. hierzu aus der Literatur: Schröter/Delsaux, in: v.d.Groeben/Thiesing/Ehlermann, Vorbem. zu den Artikeln 85 bis 89, Rn. 59; Schmidt, in: Immenga/Mestmäcker, Art. 85 Abs. 2, Rn. 76; Gleiss/Hirsch, Einl. B., Rn. 21; Grill, in: Lenz, Vorbem. Art. 81-86, Rn. 9; Koenig/Sander, in: NZS 2001, S. 617 (620 f).

ihrer gemeinsamen Überschrift, sondern auch nach ihrem Wortlaut zunächst ausschließlich an Unternehmen, welchen durch Art. 81 I EG Unternehmensvereinigungen gleich gestellt werden. Dabei sind die Art. 81 f EG unmittelbar gleichermaßen auf private wie auf öffentliche Unternehmen anwendbar, sofern die fragliche Einheit eine wirtschaftliche Tätigkeit ausübt. Damit binden die Wettbewerbsverbote der Art. 81 f EG einen Mitgliedstaat dann unmittelbar, wenn dieser in Form eines öffentlichen Unternehmens handelt und im Einzelfall Güter und Dienstleistungen auf dem Markt anbietet[264]. Demgegenüber unterliegt ein hoheitliches Handeln der Mitgliedstaaten nicht dem unmittelbaren Anwendungsbereich der Art. 81 f EG. Im Falle hoheitlichen Handelns unterliegen die Mitgliedstaaten jedoch nach Art. 86 I EG sowie gemäß Art. 10 II, 3 I lit.g) EG unter bestimmten Voraussetzungen ebenfalls den Bindungen der Art. 81 f EG. Inwieweit sich die Art. 81 ff EG dabei an Unternehmen einerseits und an die Mitgliedstaaten andererseits richten, ist im folgenden in einem Überblick näher zu erläutern.

aa) Unternehmen

Mangels Legaldefinition des Unternehmensbegriffes im EG-Vertrag wird der Anwendungsbereich der Art. 81 f EG wesentlich vom Europäischen Gerichtshof durch die Auslegung dieses Begriffs bestimmt. Der EuGH[265] geht dabei in Übereinstimmung mit der herrschenden Ansicht in der Literatur[266] von einem

---

[264] EuGH, Urteil vom 30.1.1985, Rs. 123/83 (BNIC/Clair), Slg. 1985, S. 391 (423); EuGH, Urteil vom 16.6.1987, Rs. 118/85 (Kommission/Italien), Slg. 1987, S. 2599 (2621); Emmerich, in: Immenga/Mestmäcker, Art. 85 Abs.1, A., Rn. 27; Schröter, in: v.d.Groeben/ Thiesing/Ehlermann, Vorbem. zu den Artikeln 85 bis 89, Rn. 16; Mestmäcker, in: RabelsZ 52 (1988), S. 526 (537); Hochbaum, in: v.d.Groeben/Thiesing/Ehlermann, Art. 90, Rn. 1; Gassner, in: VSSR 2000, S. 121 (134); Oppermann, Europarecht, S. 402, Rn. 1050.
[265] EuGH, Urteil vom 23.4.1991, Rs. C-41/90 (Höfner und Elser), Slg. 1991, I-1979 (2016); EuGH, Urteil vom 17.2.1993, Rs. C-159, 160/91 (Poucet und Pistre), Slg. 1993, I-637 (669); EuGH, Urteil vom 16.11.1995, Rs. C-244/94 (Fédération française), Slg. 1995, I-4013 (4028); EuGH, Urteil vom 11.12.1997, Rs. C-55/96 (Job Centre), Slg. 1997, I-7119 (7147); EuGH, Urteil vom 12.9.2000, Rs. C-180-184/98 (Pavlov), Slg. 2000, I-6451 (6520); EuGH, Urteil vom 25.10.2001, Rs. C-475/99 (Ambulanz Glöckner), Slg. 2001, I-8089 (8145); EuGH, Urteil vom 19.2.2002, Rs. C-309/99 (Wouters), Slg. 2002, I-1577 (1676); ebenso das EuG: EuG, Urteil vom 4.3.2003, Rs. T-319/99 (FENIN)(nicht rechtskräftig), Slg. 2003, II-357 (372 f); die Kommission geht ebenfalls von einem funktionalen Unternehmensbegriff aus: Komm., 15.9.1989, ABl. EG 1989 Nr. L 284/36, Rn. 41 (ARD); Komm., 27.10.1992, ABl. EG 1992 Nr. L 326/31, Rn. 35 f (Fußball-WM 1990); Komm., 11.6.1993, ABl. EG 1993 Nr. L 179/23, Rn. 31 (EBU/Eurovision); Komm. 13.7.1994, ABl. EG 1994 Nr. L 24/1, Rn. 45 (Karton); Komm., 27.7.1994, ABl. EG Nr. L 239/14, 29, Rn. 44 (PVC); Komm., 30.1.1995, ABl. EG Nr. L 122/37, 46 Rn. 32 (COAPI).
[266] Emmerich, in: Immenga/Mestmäcker, Art. 85 Abs. 1, A., Rn 14 f, 27 ff; ders., Kartellrecht, S. 385; Schröter, in: v.d.Groeben/Thiesing/Ehlermann, Vorbem. zu den Artikeln 85 bis 89, Rn 21 f; Stockenhuber, in: Grabitz/Hilf, Art. 81, Rn. 51; Slot, in: FS für Everling, S. 1413 (1415); Mestmäcker, in: RabelsZ 52 (1988), S. 526 (536); ders., in: FS für Börner, S. 277 (278 f); Gleiss/Hirsch, Art. 85 (1), Rn. 9; Gassner, in: VSSR 2000, S. 121 (134).

funktionalen Unternehmensbegriff aus, nach dem jede eine wirtschaftliche Tätigkeit ausübende Einheit unabhängig von ihrer Rechtsform und der Art ihrer Finanzierung als Unternehmen zu qualifizieren ist. Maßgeblich ist damit nicht die Eigenschaft eines Unternehmensträgers oder seine Organisation, sondern das Vorliegen einer jeweils für den konkreten Fall zu ermittelnden Marktteilnahme. Das Bestehen einer wirtschaftlichen Tätigkeit stellt dabei das entscheidende Kriterium zur Begründung einer Unternehmenseigenschaft dar und ist damit zugleich eine notwendige Voraussetzung einer Anwendung der Kartell- und Missbrauchsverbote der Art. 81 sowie 82 EG.

Da die Art. 81 f EG nicht zwischen privaten und öffentlichen Unternehmen unterscheiden, sind diese Bestimmungen auch auf öffentliche Unternehmen anwendbar, wenn die fragliche Einheit eine wirtschaftliche Tätigkeit ausübt[267]. Dies folgt einerseits aus Art. 86 I EG, wonach die Mitgliedstaaten verpflichtet sind, in bezug auf öffentliche Unternehmen und auf Unternehmen, denen besondere oder ausschließliche Rechte gewährt werden, keine dem EG-Vertrag widersprechenden Maßnahmen zu treffen oder beizubehalten[268]. Diese Regelung wäre sinnlos, wenn das wettbewerbswidrige Verhalten öffentlicher Unternehmen selbst nicht in den Anwendungsbereich der Art. 81 f EG fiele[269]. Für eine Bindung öffentlicher Unternehmen an die Wettbewerbsverbote der Art. 81 f EG spricht zudem, dass es anderenfalls zur Disposition der Mitgliedstaaten stünde, durch die Ausgestaltung der Rechtsform eines Unternehmens den Geltungsumfang der Art. 81 f EG zu bestimmen. Diese könnten bestimmte Unternehmen durch die öffentlich-rechtliche Ausgestaltung von Leistungsbeziehungen einer Kontrolle durch die europäischen Wettbewerbsregeln entziehen. Ob eine Tätigkeit unternehmerischen Charakter aufweist und damit dem Anwendungsbereich der europäischen Wettbewerbsverbote unterliegt, ist jedoch auf Grund des Erfordernisses der einheitlichen Anwendung und Geltung des Gemeinschaftsrechts anhand gemeinschaftsrechtlicher Kriterien zu beurteilen[270].

---

[267] EuGH, Urteil vom 30.1.1985, Rs. 123/83 (BNIC/Clair), Slg. 1985, S. 391 (423); EuGH, Urteil vom 16.6.1987, Rs. 118/85 (Kommission/Italien), Slg. 1987, S. 2599 (2622); Emmerich, in: Immenga/Mestmäcker, Art. 85 Abs.1, A., Rn. 27; Schröter, in: v.d.Groeben/ Thiesing/Ehlermann, Vorbem. zu den Artikeln 85 bis 89, Rn. 16; Mestmäcker, in: RabelsZ 52 (1988), S. 526 (537); Hochbaum, in: v.d.Groeben/Thiesing/Ehlermann, Art. 90, Rn. 1; Gassner, in: VSSR 2000, S. 121 (134); Oppermann, Europarecht, S. 402, Rn. 1050.
[268] Für eine solche Klarstellungsfunktion des Art. 86 I EG auch: Hochbaum, in: v.d.Groeben/ Thiesing/Ehlermann, Art. 90, Rn. 4; Bach, S. 30; s.u.: 3. Kapitel, A., I., 2., a), S. 148.
[269] So auch: Emmerich, in: Immenga/Mestmäcker, Art. 85 Abs.1, A., Rn. 27.
[270] EuGH, Urteil vom 14.7.1977, Rs.9,10/77 (Bavaria Fluggesellschaft und Germanair/ Eurocontrol), Slg. 1977, S. 1517 (1525); EuGH, Urteil vom 16.6.1987, Rs. 118/85 (Kommission/Italien), Slg. 1987, S. 2599 (2622); EuGH, Urteil vom 27.10.1993, Rs. C-92/91 (Taillandier), Slg. 1993, I-5383 (5403); EuGH, Urteil vom 19.1.1994, Rs. C-364/92 (SAT/ Eurocontrol), Slg. 1994, I-43, (63 f); Schröter, in: v.d.Groeben/Thiesing/ Ehlermann, Vorbem. zu den Artikeln 85 bis 89, Rn. 34; Gassner, in: VSSR 2000, S. 121 (135); Burgi, in: EuR 1997, S. 261 (265).

bb) Mitgliedstaaten

Einem System unverfälschten Wettbewerbs drohen indes nicht nur Gefahren von Seiten privater und öffentlicher Unternehmen, sondern ebenfalls durch hoheitliche Maßnahmen der Mitgliedstaaten, die durch regulierende Eingriffe wie gesetzliche Preisfestsetzungen oder Marktaufteilungen den Gemeinsamen Markt beeinträchtigen können. Zwar fallen hoheitliche Tätigkeiten, insbesondere solche des parlamentarischen Gesetzgebers, mangels wirtschaftlicher Betätigung nicht in den unmittelbaren Anwendungsbereich der Art. 81 und 82 EG[271]; jedoch bezieht Art. 86 I EG hoheitliche Tätigkeiten in den Anwendungsbereich der Art. 81 f EG ein, sofern öffentliche oder solche Unternehmen betroffen sind, denen ein Mitgliedstaat besondere oder ausschließliche Rechte gewährt. Als mitgliedstaatliche Maßnahmen im Sinne des Art. 86 I EG sind dabei auch Gesetzgebungsakte anzusehen[272].

Zudem wird die Geltung der europäischen Wettbewerbsregeln auch über Art. 10 II, 3 I lit.g) EG i.V.m. Art. 81 f EG auf hoheitliche Tätigkeiten der Mitgliedstaaten erstreckt. Hiernach ist es den Mitgliedstaaten untersagt, Maßnahmen, und zwar auch in Form von Gesetzen oder Verordnungen, zu treffen oder aufrecht zu erhalten, welche die praktische Wirksamkeit der für die Unternehmen geltenden Wettbewerbsregeln aufheben könnten[273]. Dies ist nach der Rechtsprechung des EuGH insbesondere dann anzunehmen, wenn ein Mitgliedstaat gegen Art. 81 EG verstoßende Kartellabsprachen oder missbräuchliche Verhaltensweisen nach Art. 82 EG vorschreibt, erleichtert, in deren Auswirkungen verstärkt[274] oder die Entscheidung für die Einführung

---

[271] EuGH, 17.11.1993, Rs. C-2/91 (Meng), Slg. 1993, I-5751 (5797); EuGH, Urteil vom 17.11.1993, Rs. C-185/91 (Reiff), Slg. 1993, I-5801 (5847); vgl. hierzu aus der Literatur: Emmerich, in: Immenga/Mestmäcker, Art. 85 Abs.1, A., Rn. 30; Schröter, in: v.d.Groeben/ Thiesing/Ehlermann, Vorbem. zu den Artikeln 85 bis 89, Rn. 33; Koenig/Sander, in: NZS 2001, S. 617 (619); Gassner, in: VSSR 2000, S. 121 (135); Everling, in: FS für Mestmäcker, S. 365 (374).

[272] EuGH, Urteil vom 13.12.1991, Rs. C-18/88 (RTT/INNO), Slg. 1991, I-5941 (5980); EuGH, Urteil vom 19.5.1993, Rs. C-320/91 (Corbeau), Slg. 1993, I-2533 (2565, 2570).

[273] EuGH, Urteil vom 16.11. 1977, Rs. 13/77 (GB-INNO-BM/ ATAB), Slg. 1977, S. 2115 (2145); EuGH, Urteil vom 10.1.1985, Rs. 229/83 (Leclerc/Au blé vert), Slg. 1985, S. 1 (31); EuGH, Urteil vom 1.10.1987, Rs. 311/85 (Vlaamse Reisbureaus) Slg. 1987, S. 3801 (3826); EuGH, Urteil vom 21.9.1988, Rs. 267/86 (Van Eycke), Slg. 1988, S. 4769 (4791); EuGH, Urteil vom 17.11.1993, Rs. C-185/91 (Reiff), Slg. 1993, I-5801 (5847); EuGH, Urteil vom 11.12.1997, Rs. C-55/96 (Job Centre), Slg., 1997, I-7119 (7148 f); EuGH, Urteil vom 9.9.2003, Rs. C-198/01 (CIF/Autorità Garante), in: EuZW 2003, S. 728 (730); hierzu: Clarich/Lübbig, in: EuZW 2003, S. 733 f.

[274] EuGH, Urteil vom 30.4.1986, Rs. 209-213/84 (Asjes), Slg. 1986, S. 1425 (1471); EuGH, Urteil vom 1.10.1987, Rs. 311/85 (Vlaamse Reisbureaus) Slg. 1987, S. 3801 (3826); EuGH, Urteil vom 21.9.1988, Rs. 267/86 (Van Eycke), Slg. 1988, S. 4769 (4791 f); EuGH, Urteil vom 17.11.1993, Rs. C-185/91 (Reiff), Slg. 1993, I-5801 (5847); EuGH, Urteil vom 17.11.1993, Rs. C-185/91 (Reiff), Slg. 1993, I-5801 (5847); EuGH, Urteil vom 18.6.1998,

wettbewerbswidriger Verhaltensweisen auf Unternehmen überträgt[275]. Dabei scheidet eine Verantwortlichkeit eines Mitgliedstaates für einen wettbewerbswidriges Verhalten nach Art. 10 II, 3 I lit.g) EG i.V.m. Art. 81 f EG jedoch dann aus, wenn der Staat einer Einheit ein bestimmtes Verhalten bindend vorschreibt[276]. Mangels einer Entscheidungsfreiheit der handelnden Einheit wird in diesem Fall von den Vertretern des sog. Akzessorietätsgrundsatzes das Vorliegen eines erforderlichen unternehmerischen Wettbewerbsverstoßes verneint[277]. Für die Annahme eines Akzessorietätsverhältnisses in dem Sinne, dass die mitgliedstaatliche Maßnahme sich auf ein Unternehmen beziehen muss, um einen Verstoß gegen Art. 10 II, 3 I lit.g) EG i.V.m. Art. 81 f EG darzustellen, spricht schon der Wortlaut und die Systematik der Vertragsvorschriften. Letztere Bestimmungen untersagen es den Mitgliedstaaten nämlich nur den Wettbewerbsvorschriften entgegenstehende Maßnahmen zu treffen, was eine Anwendbarkeit der Art. 81 f EG voraussetzt. Eine andere Sichtweise läuft darauf hinaus mitgliedstaatliche Maßnahmen an die Stelle unternehmerischen Handelns zu setzten und missachtet damit vor allem die Schlüsselfunktion des Unternehmensbegriffs für die Anwendbarkeit der Wettbewerbsvorschriften. Dies würde zu einer grundlegenden Veränderung der Systematik der Art. 81 f EG führen, deren primäre unternehmerische Zielrichtung auf Grund des Wortlauts und der Überschrift der Vorschriften nicht in Frage gestellt werden kann. Die Tatsache, dass eine gesetzliche Regelung dann einer Kontrolle durch die Wettbewerbsvorschriften des EG-Vertrages entzogen ist, wenn sie sich nicht auf die Tätigkeit eines Unternehmens bezieht, birgt jedoch die Gefahr einer Umgehung der Wettbewerbsvorschriften in sich. Da ein Marktteilnehmer für ein Verhalten, das ihm durch zwingende staatliche Gesetze vorgeschrieben wurde, nicht verantwortlich ist, besteht die Gefahr, dass

---

Rs. C-35/96 (Kommission/Italien), Slg. 1998, I-3851 (3899); EuGH, Urteil vom 9.9.2003, Rs. C-198/01 (CIF/Autorità Garante), in: EuZW 2003, S. 728 (731).

[275] EuGH, Urteil vom 21.9.1988, Rs. 267/86 (Van Eycke), Slg. 1988, S. 4769 (4791); EuGH, Urteil vom 9.9.2003, Rs. C-198/01 (CIF/Autorità Garante), in: EuZW 2003, S. 728 (731).

[276] EuGH, Urteil vom 30.1.1985, Rs. 123/83 (BNIC/Clair), Slg. 1985, S. 391 (423); EuGH, Urteil vom 20.3.1985, Rs. 41/83 (BT), Slg. 1985, S. 873 (885); EuGH, Urteil vom 11.11.1997, Rs. C-359, 379/95 P (Ladbroke), Slg. 1997, I-6265 (6312 f); ebenso die herrschende Ansicht in der Literatur: Mestmäcker, RabelsZ 52 (1988), S. 526 (551 f); Emmerich, Kartellrecht, S. 372; Schwarze, Der Staat als Adressat des Europäischen Wettbewerbsrechts, S. 69 (92); Grill, in: Lenz, Vorbem. Art. 81-86, Rn. 38.

[277] Die Vertreter des sog. Akzessorietätsgrundsatzes betrachten die wettbewerbsschädlichen Wirkungen eines mitgliedstaatlichen Handelns für eine mitgliedstaatliche Verantwortlichkeit nach Art. 10 II, 3 I lit.g) EG als nicht ausreichend und sehen es vielmehr als erforderlich an, dass sich die staatliche Maßnahme auf einen unternehmerischen Wettbewerbsverstoß bezieht; so: Mestmäcker, in: RabelsZ 52 (1988), S. 526 (551); Niemeyer, in: WuW 1994, S. 721 (727); Schwarze, Der Staat als Adressat des Europäischen Wettbewerbsrechts, S. 69 (92, 95); wohl auch: Fox, WuW 1988, S. 1008; Faull & Nikpay, Rn. 5.05, S. 275 f; a.A.: Ehricke, in: WuW 1991, S. 183 (190); Möschel, in: NJW 1994, S. 1709 (1709); GA Léger, Schlussanträge v. 10.7.2001, Rs. C-35/99 (Arduino), Slg. 2002, I-1529 (1550); siehe hierzu unten: 3. Kapitel, A., I., 1., b), S. 143.

der Gesetzgeber die Wirkungen verbotener Kartelle und Missbräuche anstatt durch unternehmerisches Handeln in Form von Gesetzen manifestiert[278]. Dieser Umgehungsproblematik kann indes durch eine konsequente Anwendung der Grundfreiheiten Rechnung getragen werden[279]. Um wettbewerbsschädliche Auswirkungen eines Zusammenwirkens zwischen Unternehmen und den Mitgliedstaaten zu vermeiden, bewertet der EuGH zudem die reine Umwandlung kartellrechtlicher Absprachen zwischen privaten Wirtschaftsteilnehmern in eine gesetzliche Regelung als Verstoß gegen die Art. 10 II, 3 I lit.g) EG i.V.m. Art. 81 f EG, da hierin eine Verstärkung des Verstoßes zu sehen sei[280]. Damit ist eine staatliche Regelung einer Kontrolle durch das EG-Wettbewerbsrecht nach Art. 10 II, 3 lit.g) EG nur dann entzogen, wenn sie sich nicht auf das wettbewerbswidrige Verhalten eines Unternehmens bezieht, wobei regelmäßig das Verbleiben eines Entscheidungsspielraums auf Seiten der von der Regulierung betroffenen Einheit maßgeblich ist.

cc) Ergebnis

Dem Unternehmensbegriff der Art. 81 f EG kommt damit in mehrfacher Weise eine bedeutende Abgrenzungsfunktion zu. Er bestimmt nicht nur den Anwendungsbereich der Art. 81 f EG in bezug auf private Unternehmen, sondern markiert zugleich die Trennlinie zwischen unternehmerischem und hoheitlichem Handeln der Mitgliedstaaten mit wettbewerbsrechtlicher Relevanz im Rahmen der Art. 10 II, 3 lit.g) EG[281]. Dabei kommt dem Unternehmensbegriff der Art. 81 f EG auch im Falle des hoheitlichen Handelns eines Mitgliedstaates eine Schlüsselfunktion zu, da sich die staatliche Maßnahme auf ein "Unternehmen" beziehen muss, um dem Anwendungsbereich der EG-Wettbewerbsregeln zu unterliegen. In bezug auf die wettbewerbsrechtliche Beurteilung der Festbetragsfestsetzungen nach § 35 sowie § 35a SGB V erlangt der Unternehmensbegriff damit in dreifacher Hinsicht eine Bedeutung: zur Beurteilung der Eröffnung des Anwendungsbereichs der Art. 81 ff EG in bezug auf das Verhalten der Spitzenverbände der gesetzlichen Krankenkassen; zur Bewertung einer mitgliedstaatlichen Veranlassung der Festbetragsfestsetzung in Form des § 35 SGB V; sowie zur Beurteilung der Befugnis des BMGS nach § 35a SGB V durch Rechtsverordnung Festbeträge anzupassen und festzusetzen.

---

[278] So auch: Giesen, in: SDSRV48 (2001), S. 123 (125).
[279] S.u.: 3. Kapitel, A., I., 1., b), S. 143.
[280] EuGH, Urteil vom 30.4.1986, Rs. 209-213/84 (Asjes), Slg. 1986, S. 1425 (1471); EuGH, Urteil vom 1.10.1987, Rs. 311/85 (Vlaamse Reisbureaus), Slg. 1985, S. 3801 (3826); EuGH, Urteil vom 30.1.1985, Rs. 123/83 (BNIC/Clair), Slg. 1985, S. 391 (423); EuGH, Urteil vom 11.4.1989, Rs. 66/86 (Saeed Flugreisen), Slg. 1989, S. 803 (851 f).
[281] Zur Bedeutung des Unternehmensbegriffs im Rahmen des Art. 86 I EG: 3. Kapitel, A., I., 2., S. 147.

c) Die Rechtfertigungsmöglichkeit des Art. 86 II EG

Sofern die Spitzenverbände der Krankenkassen bei der Festsetzung der Arzneimittelfestbeträge als Unternehmen bzw. als Unternehmensvereinigung mit einer Aufgabe von allgemeinem wirtschaftlichem Interesse betraut sind und ihnen eine Wettbewerbsbeschränkung nach Art. 81 f EG vorzuwerfen ist, stellt sich die Frage, ob dieses Verhalten gerechtfertigt ist. Als Rechtfertigungsmöglichkeit kommt dabei die Vorschrift des Art. 86 II 1 EG in Betracht. Hiernach gelten die Vorschriften des EG-Vertrages für Unternehmen, die mit Dienstleistungen von allgemeinem wirtschaftlichem Interesse betraut sind, nur insoweit, als die Anwendung dieser Vorschriften nicht die Erfüllung der ihnen übertragenen besonderen Aufgabe rechtlich oder tatsächlich verhindert. Dabei ist jedoch zu beachten, dass die Entwicklung des Handelsverkehrs nach Art. 86 II 2 EG nicht in einem Ausmaß beeinträchtigt werden darf, das dem Interesse der Gemeinschaft zuwiderläuft. Im Rahmen des Art. 86 II 2 EG erfolgt daher eine Abwägung zwischen nationalen und gemeinschaftsrechtlichen Interessen, die der Struktur nach einer Verhältnismäßigkeitsprüfung entspricht[282]. Als Ausdruck eines Kompromisses zwischen dem Vertragsziel eines unverfälschten Wettbewerbs nach Art. 3 lit.g) EG und der wirtschaftspolitischen Gestaltungskompetenz der Mitgliedstaaten werden durch Art. 86 II EG damit in engen Grenzen Ausnahmen von den Wettbewerbsregeln des EG-Vertrages zugelassen[283].

Eine extensive Auslegung der Ausnahmevorschrift des Art. 86 II 1 EG birgt dabei insbesondere die Gefahr einer zu nachgiebigen Anwendung der Kartell- und Missbrauchsverbote der Art. 81 und 82 EG in sich. Hierdurch könnte das Verhältnis zwischen Regel und Ausnahme im Bereich des Wettbewerbsrechts verzerrt werden und somit das Vertragsziel der Errichtung eines Systems unverfälschten Wettbewerbs nach Art. 3 lit.g) EG gefährdet werden. Diese Gefahr besteht insbesondere auf Grund der Ansammlung zahlreicher unbestimmter Rechtsbegriffe sowie der weitreichenden Rechtsfolge der Vorschrift, welche eine Befreiung von den Vorschriften des EG-Vertrages, insbesondere von den Wettbewerbsregeln vorsieht[284]. In Anbetracht dieser Tatsache hat der EuGH[285] die Anwendung des Art. 86 II EG in seiner bisherigen

---

[282] Hänlein/Kruse, in: NZS 2000, S. 165 (171); Oppermann, Europarecht, S. 404, Rn. 1057; Burgi, in: EuR 1997, S. 261 (277).
[283] Jung, in: Callies/Ruffert, Art. 86, Rn. 34; Dohms, in: Wiedemann, § 35 Rn. 273; Jungbluth, in: Langen/Bunte, Art. 86, Rn. 3.
[284] Die Rechtsfolge des Art. 86 II 1 EG statuiert nach einer Auffassung in der Literatur keine Bereichsausnahme für die Erfüllung öffentlicher Aufgaben: Weiß, in: EuR 2003, S. 165 (184); Burgi, in: EuR 1997, S. 261 (277); Ehricke, in: EuZW 1998, S. 741 (745, 746); Jungbluth, in: Langen/Bunte, Art. 86, Rn. 36; a.A. wohl: Jung, in: Callies/Ruffert, Art. 86, Rn. 34, 41; Hochbaum, in: v.d.Groeben/Thiesing/Ehlermann, Art. 90, Rn. 49.
[285] EuGH, Urteil vom 27.3.1974, Rs. 127/73 (BRT II/SABAM), Slg. 1974, S. 313 (318); EuGH, Urteil vom 23.10.1997, Rs. C-157/94 (Kommission/Niederlande), Slg. 1997, I-5699

Rechtsprechung als ultima ratio angesehen und äußerst restriktiv gehandhabt. Jedoch stellt sich gerade im Fall des Handelns eines Sozialversicherungsträgers die Frage, inwieweit die soziale Veranlassung einer Tätigkeit einen etwaigen Wettbewerbsverstoß rechtfertigen kann.

3. Die Transparenzrichtlinie

Als weitere Schranke des Gemeinschaftsrechts begrenzt die Transparenzrichtlinie[286] die mitgliedstaatlichen Gestaltungsfreiheiten in bezug auf die Arzneimittelversorgung in staatlichen Krankenversicherungssystemen. Die durch das Duphar Urteil des EuGH[287] veranlasste Richtlinie soll die Transparenz mitgliedstaatlicher Erstattungsrestriktionen gewährleisten und damit gleichzeitig klären, ob eine Beschränkung des Leistungsumfangs staatlicher Krankenversicherungssysteme als Maßnahme gleicher Wirkung im Sinne des Art. 28 EG anzusehen ist[288]. Dabei verpflichtet die Richtlinie die Mitgliedstaaten jedoch nur, betroffenen Unternehmen bestimmte Verfahrensrechte einzuräumen, normiert darüber hinaus jedoch keine inhaltlichen Anforderungen an die Erstattungsrestriktionen[289]. So sieht die Richtlinie etwa beim Erlass einer Positivliste ein Antragsrecht auf Aufnahme in die Liste, einen Anspruch auf eine behördliche Entscheidung innerhalb von 90 Tagen ab Antragstellung und eine auf objektiven und überprüfbaren Kriterien beruhende Begründung sowie eine Rechtsbehelfsbelehrung vor[290]. Sofern einem Unternehmen die Verfahrensrechte der Richtlinie gewährt werden, sind die Anforderungen der Richtlinie erfüllt[291]. Da die Transparenzrichtlinie die Gestaltungsmöglichkeiten des deutschen Gesetzgebers in inhaltlicher Hinsicht nicht beschränkt und zudem auch keine Verfahrensrechte in bezug auf

---

(5778); EuGH, Urteil vom 23.10.1997, Rs. C-159/94 (Kommission/Frankreich), Slg. 1997, I-5815 (5834); ebenso das EuG, Urteil vom 27.2.1997, Rs. T-106/95 (FFSA/Kommission), Slg. 1997, II-233 (281); in diesem Sinne ebenfalls die überwiegende Ansicht in der Literatur: Hochbaum, in: v.d.Groeben/Thiesing/Ehlermann, Art. 90, Rn. 49; Dohms, in: Wiedemann, § 35, Rn. 274; von Burchard, in: Schwarze, Art. 86, Rn. 61; Jungbluth, in: Langen/Bunte, Art. 86, Rn. 36; Ehricke, in: EuZW 1998, S. 741 (744).

[286] Richtlinie 89/105/EWG des Rates vom 21.12.1988 betreffend die Transparenz von Maßnahmen zur Regelung der Preisfestsetzung bei Arzneimitteln für den menschlichen Gebrauch und ihre Einbeziehung in die staatlichen Krankenversicherungssysteme, Abl. Nr. L 40 v. 11.2.1989; hierzu auch: Maassen, in: Gesellschaft für Sozialpolitik Trier, S. 145 (163); Schickert, in: PharmaR 2004, S. 47 (47 f); sowie: EuGH, Urteil vom 12.6.2003, Rs. C-229/00 (Kommission/Finnland), noch nicht in der amtl. Slg veröffentlicht.

[287] EuGH, Urteil vom 7.2.1984, Rs. 238/82 (Duphar), Slg. 1984, S. 523 ff.

[288] So die 6. Begründungserwägung der Richtlinie, Abl. Nr. L 40 v. 11.2.1989.

[289] So auch: Schickert, in: PharmaR 2004, S. 47 (48), der darauf verweist, dass hierfür laut Kommissionsvorschlag (KOM (86) 765) beim Erlass der Richtlinie keine Mehrheit bestanden habe.

[290] Siehe Art. 6 und 7 der Transparenzrichtlinie; entsprechende Rechte bestehen für Negativlisten und andere staatliche Preiskontrollen.

[291] Schickert, in: PharmaR 2004, S. 47 (48).

Arzneimittelfestbeträge vorsieht, ist ihre Bedeutung für die Vorschrift des § 35 SGB V gering.

4. Ergebnis

Neben den privaten und öffentlichen Unternehmen haben auch die Mitgliedstaaten im Bereich ihrer Sozialgesetzgebung grundsätzlich die Vorschriften des europäischen Wettbewerbsrechts zu beachten. Eine zentrale Funktion kommt dabei dem Unternehmensbegriff der Art. 81 ff EG zu. Die Abgrenzungsfunktion dieses Begriffes schließt nicht-kommerzielle und damit zugleich hoheitliche Tätigkeiten aus dem direkten Anwendungsbereich der in Art. 81 f EG niedergelegten Kartell- und Missbrauchsverbote aus. Jedoch unterliegen die Mitgliedstaaten beim Erlass hoheitlicher Maßnahmen nach Art. 86 I EG sowie gemäß Art. 10 II, 3 I lit.g) EG unter bestimmten Voraussetzungen ebenfalls den Bindungen der Art. 81 f EG. Dabei ist der Unternehmensbegriff der Art. 81 f EG auch im Rahmen dieser Bestimmungen anwendbar. Uneinigkeit besteht hingegen in der Literatur darüber, ob ein Mitgliedstaat seine eigene Verantwortung durch den Ausschluss unternehmerischer Entscheidungsspielräume verhindern kann[292].

III. Ergebnis

Mangels Harmonisierungskompetenz der Gemeinschaft lassen die Vorschriften des EG-Vertrages die Zuständigkeit der Mitgliedstaaten zur Gestaltung ihrer Systeme der sozialen Sicherheit grundsätzlich unberührt. Bei der Ausgestaltung der Systeme der sozialen Sicherheit haben die Mitgliedstaaten jedoch die zwingenden Vorgaben des EG-Vertrages in Form der wirtschaftlichen Grundfreiheiten und der Wettbewerbsvorschriften zu beachten. In bezug auf die Beteiligung eines Nachfragers an der Preisfindung eines Produktes stellen die EG-Wettbewerbsregeln dabei die spezielleren Regelungen gegenüber den wirtschaftlichen Grundfreiheiten dar. Im Bereich des Sozialrechts stellt sich dabei regelmäßig die Frage, ob Sozialversicherungsträger eine wirtschaftliche Tätigkeit ausüben. Erst im Falle der damit verbundenen Eröffnung des Anwendungsbereichs des EG-Wettbewerbsrechts stellt sich die Frage, ob das Verhalten auf Grund sozialer Motive nach Art. 86 II EG gerechtfertigt ist.

D. Zusammenfassung und Ausblick

Nachdem damit geklärt ist, dass das mitgliedstaatliche Sozialversicherungsrecht den Vorgaben des EG-Wettbewerbsrechts grundsätzlich nicht entzogen ist, ist die Frage zu beantworten, in welchem Umfang die soziale Funktion der

---

[292] So das Ergebnis der sog. Akzessorietätstheorie; s.u.: 3. Kapitel, A., I., 1., b), S. 143 (zu Art. 10 II, 3 I lit.g) EG i.V.m. 81 f EG); sowie 3. Kapitel, A., I., 2., b), cc), S. 152 (zu Art. 86 I EG i.V.m. Art. 81 f EG).

gesetzlichen Krankenversicherung im Rahmen einer wettbewerbsrechtlichen Beurteilung zu berücksichtigen ist. Dabei kann die Kostensenkungsmaßnahme des § 35 SGB V als Beispiel für eine sozialrechtliche Regelung angesehen werden, die als unternehmerische Absprache in einem rein marktwirtschaftlich geprägten Wirtschaftssektor dem Verbot von Preiskartellen nach Art. 81 I a) EG unterfallen würde. So gibt insbesondere die Tatsache, dass eine preisregulierende Maßnahme einem Marktteilnehmer, nämlich dem Nachfrager der preislich zu bewertenden Leistung, an die Hand gegeben wird, Anlass zu erheblichen wettbewerbsrechtlichen Bedenken. Im Mittelpunkt der folgenden Ausführungen steht damit die Frage, inwieweit sich eine uneingeschränkte Anwendung der an marktwirtschaftlichen Zielen ausgerichteten EG-Wettbewerbsregeln mit der sozialen Funktion der gesetzlichen Krankenkassen in Einklang bringen lässt.

Eine Beurteilung der Vereinbarkeit der Arzneimittelfestbeträge mit dem EG-Wettbewerbsrecht gliedert sich dabei in drei Kernfragen: Zunächst ist zu untersuchen, ob die Entscheidung des EuGH zutreffend ist, dass die Spitzenverbände der Krankenkassen bei der Festsetzung der Festbeträge nicht unternehmerisch handeln[293]. Im Falle des Vorliegens einer unternehmerischen Tätigkeit, stellt sich die Frage, ob der deutsche Gesetzgeber durch den Erlass der §§ 35, 35a SGB V die Festbetragsfestsetzungen durch die Spitzenverbände vorgeschrieben, erleichtert oder in ihren Wirkungen verstärkt hat[294]. Darüber hinaus stellt die Rechtfertigungsmöglichkeit des Art. 86 II EG ein mögliches Korrektiv zur Beurteilung der Arzneimittelfestbeträge dar, falls die Spitzenverbände der Krankenkassen mit einer Dienstleistung von allgemeinem wirtschaftlichen Interesse betraut sein sollten[295].

---

[293] Vgl. hierzu die Ausführungen im 2. Kapitel, A., S. 64.
[294] Vgl. hierzu die Ausführungen im 3. Kapitel, A., S. 133.
[295] Vgl. hierzu die Ausführungen im 4. Kapitel, S. 209.

2. Kapitel: Die Schranken des Wettbewerbsrechts für die Nachfragetätigkeit gesetzlicher Krankenversicherungen

In den letzten Jahren ist vor allem die Vereinbarkeit des Pflichtversicherungsmonopols verschiedener Sozialversicherungen mit dem EG-Wettbewerbsrecht in das Blickfeld der Rechtsanwendung durch den EuGH[296] gerückt. Demgegenüber kann die Anwendbarkeit der Art. 81 ff EG im Bereich der Leistungsbeschaffung durch die mitgliedstaatlichen Sozialversicherungssysteme nur in begrenztem Umfang als abschließend geklärt angesehen werden. Mit dem Verfahren der Festsetzung von Arzneimittelfestbeträgen unterlag die Nachfragetätigkeit der GKV erstmals einer wettbewerbsrechtlichen Kontrolle durch den EuGH[297]. Anhand des Beispiels des § 35 SGB V befasst sich der folgende Abschnitt[298] zunächst mit der Frage, in welchem Umfang gesetzliche Krankenkassen im Rahmen der Leistungsbeschaffung die Vorgaben des EG-Wettbewerbsrechts zu beachten haben.

In einem zweiten Abschnitt[299] werden die entsprechenden Kostensenkungsgesetze US-amerikanischer Bundesstaaten dargestellt. So sind auch in den USA im Zuge gesundheitspolitischer Finanzierungsprobleme diverse Kostensenkungsgesetze im Bereich der Arzneimittelversorgung erlassen worden, die insbesondere das öffentlich-rechtliche Programm Medicaid zum Gegenstand hatten[300]. Für die wettbewerbsrechtliche Beurteilung dieser Maßnahmen stellt sich auch in den USA die Frage, ob Tätigkeiten im Bereich des Gesundheitswesens auf Grund einer sozialen Aufgabenerfüllung dem Anwendungsbereich marktorientierter Wettbewerbsregeln entzogen sein sollten. Demzufolge ist die Problematik des Aufeinandertreffens sozialpolitischer und

---

[296] EuGH, Urteil vom 23.4.1991, Rs. C-41/90 (Höfner und Elser), Slg. 1991, I-1979 (2016 ff); EuGH, Urteil vom 17.2.1993, Rs. C-159, 160/91 (Poucet und Pistre), Slg. 1993, I-637 (669 f); EuGH, Urteil vom 16.11.1995, Rs. C-244/94 (Fédération française), Slg. 1995, I-4013 (4025 ff); EuGH, Urteil vom 11.12.1997, Rs. C-55/96 (Job Centre), Slg. 1997, I-7119 (7146 ff); EuGH, Urteil vom 12.2.1998, Rs. C-163/96 (Raso), Slg. 1998, I-553 (579 f); EuGH, Urteil vom 21.9.1999, Rs. C-67/96 (Albany), Slg. 1999, I-5751 (5879 ff); EuGH, Urteil vom 21.9.1999, Rs. C-219/97 (Bokken), Slg. 1999, I-6121 ff; EuGH, Urteil vom 21.9.1999, Rs. C-115-117/97 (Brentjens'), Slg. 1999, I-6025 ff; EuGH, Urteil vom 8.6.2000, Rs. C-258/98 (Carra), Slg. 2000, I-4217 (4236 ff); EuGH, Urteil vom 12.9.2000, Rs. C-180-184/98 (Pavlov), Slg. 2000, I-6451 (6516 ff); EuGH, Urteil vom 22.1.2002, Rs. C-218/00 (Cisal), Slg. 2002, I-691 (726 ff).
[297] EuGH, Urteil vom 16.3.2004, verb. Rs. C-264/01, C-306/01, C-354/01 und C-355/01 (AOK Bundesverband), noch nicht in der amtl. Slg. veröffentlicht; zuvor bereits mit jedoch begrenzter Aussagekraft: EuGH, Urteil vom 17.6.1997, Rs. C-70/95 (Sodemare), Slg. 1997, I-3395 (3422 ff); vgl. auch: EuG, Urteil vom 4.3.2003, Rs. T-319/99 (FENIN) (nicht rechtskräftig), Slg. 2003, II-357 (372 ff); vgl. zu diesen Urteilen: 2. Kapitel, A., I., 2., b), S. 84.
[298] S.u.: 2. Kapitel, A., S. 64.
[299] S.u.: 2. Kapitel, B., S. 111.
[300] Vgl. etwa: Act to Establish Fairer Pricing for Prescription Drugs, 2000 Me. Legis. Ch. 786 (S.P.1026) (L.D.2599) (sog. "Maine Rx").

wettbewerbspolitischer Ziele auch im Gesundheitswesen der USA von besonderer Aktualität.

A. Die Vorgaben der Art. 81, 82 EG für Kostensenkungsmaßnahmen in der Arzneimittelversorgung

I. Die Anwendbarkeit der Art. 81, 82 EG auf das Verfahren der Festbetragsfestsetzung nach § 35 SGB V

Nach Art. 81 I EG sind Vereinbarungen zwischen Unternehmen und Unternehmensvereinigungen sowie aufeinander abgestimmte Verhaltensweisen mit dem Gemeinsamen Markt unvereinbar, wenn sie geeignet sind den Handel zwischen den Mitgliedstaaten zu beeinträchtigen und eine Verhinderung, Einschränkung oder Verfälschung des Wettbewerbs bezwecken oder bewirken. Zudem untersagt Art. 82 EG die missbräuchliche Ausnutzung einer marktbeherrschenden Stellung auf dem Gemeinsamen Markt durch ein oder mehrere Unternehmen im Falle einer zwischenstaatlichen Handelsbeeinträchtigung. Die Bestimmungen der Art. 81, 82 und 86 EG richten sich damit sowohl auf Grund ihrer systematischen Stellung im Abschnitt der Wettbewerbsregeln des EG-Vertrages über "Vorschriften für Unternehmen" als auch nach ihrem Wortlaut ausschließlich an Unternehmen. Diesen gleich gestellt sind für den Geltungsbereich des Art. 81 EG darüber hinaus Unternehmensvereinigungen. Die Anwendbarkeit des europäischen Wettbewerbsrechts hängt damit maßgeblich davon ab, ob die gesetzlichen Krankenkassen als "Unternehmen" bzw. deren Spitzenverbände im Rahmen der Festbetragsfestsetzung als "Unternehmensvereinigung" anzusehen sind. Bevor auf die Voraussetzungen des Unternehmensbegriffs und die damit verbundene Abgrenzungsfunktion im einzelnen eingegangen wird, ist in einer Vorfrage zu klären, ob der EG-Vertrag nicht eine Bereichsausnahme für das Sozialversicherungsrecht vorsieht.

1. Keine Bereichsausnahme für das Sozialversicherungsrecht

Für eine solche Bereichsausnahme könnte angeführt werden, dass der EG-Vertrag in Art. 2 EG sowie in Art. 3 I lit.j) EG die Förderung eines hohen Maßes an sozialem Schutz zu einem Ziel der Gemeinschaft erhebt. Jedoch kann eine reine Zielbestimmung eine Bereichsausnahme nicht begründen. So ist das EG-Wettbewerbsrecht nach der Ansicht des EuGH nur dort nicht anwendbar, wo der EG-Vertrag dies ausdrücklich anordnet[301]. Einen Anwendungsausschluss statuiert der Vertrag jedoch nur in den Bereichen der Landwirtschaft in Form von Art. 36 I EG und des militärischen Beschaffungswesens nach Art. 296 I lit.b) EG. Für das Sozialversicherungsrecht existiert eine solche

---

[301] EuGH, Urteil vom 30.4.1986, Rs. 209-213/84 (Asjes), Slg. 1986, S. 1425 (1465).

Bereichsausnahme jedoch nicht[302]. Zudem hat der EuGH in den letzten Jahren wiederholt betont, dass die Mitgliedstaaten bei der Ausgestaltung ihrer Sozialversicherungssysteme die Grundsätze des freien Waren- und Dienstleistungsverkehrs nach Art. 28 ff und 49 ff EG zu beachten haben[303]. Zwar steht dies der Annahme einer Bereichsausnahme für das Sozialversicherungsrecht in bezug auf das EG-Wettbewerbsrecht nicht zwingend entgegen; jedoch kann diese Rechtsprechung zumindest als Indiz dafür angesehen werden, dass das Sozialversicherungsrecht ebenfalls nicht kategorisch von den Wettbewerbsregeln des EG-Vertrages freigestellt sein soll[304].

Fraglich ist jedoch, ob aus der Rechtsprechung des Gerichtshofes zu den Betriebsrentenfonds[305] eine generelle Bereichsausnahme für das Sozialversicherungsrecht abzuleiten ist. So hat der EuGH in der Rechtssache Albany die Ansicht vertreten, dass im Rahmen eines Tarifvertrages zwischen den Sozialpartnern im Hinblick auf die Ziele des EG-Vertrages getroffene Verträge „aufgrund ihrer Art und ihres Gegenstandes nicht unter Artikel 85 Absatz 1 des Vertrages [= Art. 81 I EG n.F.] fallen"[306]. Zudem hat der EuGH diese Rechtsprechung nachfolgend nicht nur bestätigt, sondern auch auf tarifvertragliche Vereinbarungen im Bereich des Krankenversicherungsrechts übertragen[307]. Jedoch führt dies nicht zu einem generellen Ausschluss der Anwendbarkeit der Art. 81 ff EG im Bereich des Sozialversicherungsrechts. So hat der EuGH in nachfolgenden Entscheidungen klargestellt, dass das Vorliegen tarifvertraglicher Verhandlungen zwischen Arbeitnehmern und Arbeitgebern

---

[302] Dabei betonte der EuGH ausdrücklich, dass für die Versicherungswirtschaft keine Bereichsausnahme besteht: EuGH, Urteil vom 27.1.1987, Rs. 45/85 (Verband der Sachversicherer), Slg. 1987, S. 405 (451).
[303] EuGH, Urteil vom 7.2.1984, Rs. 238/82 (Duphar), Slg. 1984, 523 (541); EuGH, Urteil vom 28.4.1998, Rs. C-158/96 (Kohll), Slg. 1998, I-1931 (1943); EuGH, Urteil vom 28.4.1998, Rs. C-120/95 (Decker), Slg. 1998, I-1831 (1881); EuGH, Urteil vom 12.7.2001, Rs. C-157/99 (Geraets-Smits/Peerbooms), Slg. 2001, I-5473 (5527); EuGH, Urteil vom 13.5.2003, Rs. C-385/99 (Müller-Fauré), Slg. 2003, I-4509 (4556).
[304] Zur gleichen Zielsetzung der wirtschaftlichen Grundfreiheiten und des EG-Wettbewerbsrechts: Haverkate/Huster, S. 355, Rn. 611; Mortelmans, in: 38 CMLR (2001), S. 613 (647); O'Loughlin, in: ECLR 2003, S. 62 (69); dies bestätigt auch das Wouters Urteil (EuGH, Urteil vom 19.2.2002, Rs. C-309/99 (Wouters), Slg. 2002, I-1577), in dem die gleiche Rechtfertigung im Rahmen der Grundfreiheiten und im EG-Wettbewerbsrecht herangezogen wird.
[305] EuGH, Urteil vom 21.9.1999, Rs. C-67/96 (Albany), Slg. 1999, I-5751 ff; EuGH, Urteil vom 21.9.1999, Rs. C-219/97 (Bokken), Slg. 1999, I-6121 ff; EuGH, Urteil vom 21.9.1999, Rs. C-115-117/97 (Brentjens'), Slg. 1999, I-6025 ff; da die Entscheidungsgründe der drei Urteile weitgehend wörtlich übereinstimmen, wird im folgenden allein auf das Urteil in der Rechtssache Albany bezug genommen.
[306] EuGH, Urteil vom 21.9.1999, Rs. C-67/96 (Albany), Slg. 1999, I-5751 (5882); siehe ausführlich zu der Frage, ob aus dem Urteil eine Bereichsausnahme für das Tarifvertragsrecht abzuleiten ist: Neumann, S. 136 f; Engelmann, S. 73 ff; Boni/Manzini, in: World Competition, 24 (2), S. 239 ff; Berg, in: EuZW 2000, S. 170 ff.
[307] EuGH, Urteil vom 21.9.2000, Rs. C-222/98 (Van der Woude), Slg. 2000, I-7111 (7140 f).

eine Voraussetzung für den Ausschluss der Anwendung des Art. 81 EG ist[308]. Dabei ergibt sich eine Beschränkung der Rechtsprechung auf tarifvertragliche Regelungen bereits aus den Erwägungen des Gerichtshofes und des Generalanwalts Jacobs. Letzterer betonte ausdrücklich, dass die Freistellungsmöglichkeit des Art. 81 III EG nicht dazu geeignet sei, den Konflikt zwischen Art. 81 I EG und Art. 137 ff EG zu lösen[309]. So würden Tarifverträge regelmäßig gegen das Kartellverbot verstoßen, da Art. 81 III EG mangels Aufzählung sozialpolitischer Ziele keine Freistellungsmöglichkeit vorsieht. Dies liefe auf ein generelles Verbot tarifvertraglicher Vereinbarungen hinaus, was dem in Art. 137 ff EG zum Ausdruck gekommenen Willen des Gemeinschaftsgesetzgebers jedoch widerspreche[310]. Darüber hinaus hat der EuGH[311] bereits vor diesen Entscheidungen in bezug auf die Stellung von Sozialversicherungen wiederholt geprüft, ob die Voraussetzungen der Wettbewerbsverbote des EG-Vertrages erfüllt waren und damit implizit das Vorliegen einer Bereichsausnahme für das Sozialversicherungsrecht verneint[312]. In späteren Entscheidungen hat der Gerichtshof dies erneut bestätigt, indem er die Unternehmenseigenschaft verschiedener Sozialversicherungsträger eingehend untersuchte[313].

---

[308] EuGH, Urteil vom 12.9.2000, Rs. C-180-184/98 (Pavlov), Slg. 2000, I-6451 (6519); EuGH, Urteil vom 21.9.2000, Rs. C-222/98 (Van der Woude), Slg. 2000, I-7111 (7140); so auch: Boni/Manzini, in: World Competition, 24 (2), S. 239 (242).
[309] GA Jacobs, Schlussanträge v. 28.1.1999, Rs. C-67/96 (Albany), Rs. C-115-117/97 (Brentjens'), Rs. C-219/97 (Bokken), Slg. 1999, I-5751 (5796 f).
[310] EuGH, Urteil vom 21.9.1999, Rs. C-67/96 (Albany), Slg. 1999, I-5751 (5882).
[311] EuGH, Urteil vom 23.4.1991, Rs. C-41/90 (Höfner und Elser), Slg. 1991, I-1979 (2016 ff); EuGH, Urteil vom 17.2.1993, Rs. C-159, 160/91 (Poucet und Pistre), Slg. 1993, I-637 (669 f); EuGH, Urteil vom 16.11.1995, Rs. C-244/94 (Fédération française), Slg. 1995, I-4013 (4025 ff); EuGH, Urteil vom 11.12.1997, Rs. C-55/96 (Job Centre), Slg. 1997, I-7119 (7146 ff); EuGH, Urteil vom 12.2.1998, Rs. C-163/96 (Raso), Slg. 1998, I-553 (579 f); nach den Ausführungen zu einer Bereichsausnahme für das Tarifvertragsrecht, war es dabei umso erstaunlicher, dass der EuGH auch in der Rechtssache Albany das Vorliegen der Voraussetzungen des Unternehmensbegriffs prüfte und die Unternehmenseigenschaft des Betriebsrentenfonds im Ergebnis annahm: EuGH, Urteil vom 21.9.1999, Rs. C-67/96 (Albany), Slg. 1999, I-5751 (5885 ff, 5889).
[312] So auch: Kunze/Kreikebohm, in: NZS 2003, S. 62 (63); Hänlein/Kruse, in: NZS 2000, S. 165 (167); einen generellen Ausnahmebereich für das Sozialversicherungsrecht verneinen ebenfalls: Koenig/Engelmann/Steiner, in: MedR 2002, S. 221 (223); Axer, in: NZS 2002, S. 57 (60); Koenig/Sander, in: WuW 2000, S. 975 (980); Neumann, S. 96; Gassner, in: VSSR 2000, S. 121 (131); ders., in: Pharm. Ind. 2003, S. 1118 (1131 f); Berg, in: EuZW 2000, S. 170 (171); wohl auch: Slot, in: ECLR 2003, S. 580 (582).
[313] EuGH, Urteil vom 8.6.2000, Rs. C-258/98 (Carra), Slg. 2000, I-4217 (4236 ff); EuGH, Urteil vom 12.9.2000, Rs. C-180-184/98 (Pavlov), Slg. 2000, I-6451 (6520 f); EuGH, Urteil vom 22.1.2002, Rs. C-218/00 (Cisal), Slg. 2002, I-691 (726 ff); EuGH, Urteil vom 16.3.2004, verb. Rs. C-264/01, C-306/01, C-354/01 und C-355/01 (AOK Bundesverband), Rn. 46 ff, noch nicht in der amtl. Slg. veröffentlicht; ebenso: EuG, Urteil vom 4.3.2003, Rs. T-319/99 (FENIN)(nicht rechtskräftig), Slg. 2003, II-357 (372 ff).

Allein in dem Fall, dass eine Regelung im Bereich des Sozialversicherungsrechts auf der Basis einer tarifvertraglichen Vereinbarung zwischen den Sozialpartnern getroffen wird, kann somit eine Bereichsausnahme nach der Rechtsprechung des EuGH in Betracht kommen. Eine generelle Bereichsausnahme des Sozialversicherungsrechts vom EG-Wettbewerbsrecht ist hingegen abzulehnen. Da die Festbetragsfestsetzungen nach §§ 35, 35a SGB V nicht auf einer tarifvertraglichen Vereinbarung beruhen, sind die Regelungen einer Kontrolle durch das EG-Wettbewerbsrecht nicht von vornherein entzogen[314].

2. Die Spitzenverbände der gesetzlichen Krankenkassen als Unternehmensvereinigungen i.S.d. Art. 81 I EG

Art. 81 I EG erfasst seinem Wortlaut nach Vereinbarungen zwischen Unternehmen, Beschlüsse von Unternehmensvereinigungen sowie aufeinander abgestimmte Verhaltensweisen. Bei einer Unternehmensvereinigung handelt es sich um einen beliebig strukturierten Zusammenschluss mehrerer Unternehmen, dessen Zweck unter anderem darin besteht die wirtschaftlichen Interessen seiner Mitglieder wahrzunehmen[315]. Die Rechtsform, Organisation sowie der Sitz des Zusammenschlusses sind dabei unerheblich, so dass insbesondere ein privatrechtlicher sowie öffentlich-rechtlicher Verband regelmäßig als Unternehmensvereinigung anzusehen ist[316]. Da Art. 81 I EG sowohl für Unternehmen wie für Unternehmensvereinigungen gilt, kommt der Abgrenzung zwischen den beiden Einheiten in der Praxis keine besondere Bedeutung zu[317]. Im Rahmen des Kartellverbots kann damit dahin stehen, ob die Spitzenverbände der Krankenkassen ihrerseits als Unternehmen im Sinne der Vorschrift anzusehen sind, da sie nach der oben dargestellten Definition als Unternehmensvereinigungen anzusehen sind, wenn die Krankenkassen als Unternehmen zu qualifizieren sind. Zu untersuchen ist daher, ob den Krankenkassen im Rahmen der Nachfrage von Leistungen im Gesundheitswesen die Eigenschaft eines Unternehmens zukommt. Dabei sollen die Merkmale des Unternehmensbegriffs zunächst in einem ersten Abschnitt dargestellt werden (a.), bevor in einem zweiten Abschnitt zu untersuchen ist, ob die Beschaffung von Waren und Dienstleistungen durch die Krankenkassen für die Versicherten als

---

[314] Ebenso: EuGH, Urteil vom 16.3.2004, verb. Rs. C-264/01, C-306/01, C-354/01 und C-355/01 (AOK Bundesverband), Rn. 46 ff, noch nicht in der amtl. Slg. veröffentlicht.
[315] EuGH, Urteil vom 15.5.1975, Rs. 71/74 (Frubo), Slg. 1975, S. 563 (583); Emmerich, in: Immenga/Mestmäcker, Art. 85 Abs.1, A., Rn. 36; ders., Kartellrecht, S. 387; Weiß, in: Callies/Ruffert, Art. 81, Rn. 48; Schröter, in: v.d.Groeben/Thiesing/Ehlermann, Vorbem. zu den Artikeln 85 bis 89, Rn. 16.
[316] EuGH, Urteil vom 30.1.1985, Rs. 123/83 (BNIC/Clair), Slg. 1985, S. 391 (423 f); Emmerich, Kartellrecht, S. 387; Weiß, in: Callies/Ruffert, Art. 81, Rn. 48.
[317] Brinker, in: Schwarze, Art. 81, Rn. 23; Grill, in: Lenz, Vorbem. Art. 81-86, Rn. 37; jedoch erlangt die Unterscheidung im Rahmen des Art. 82 EG eine Bedeutung, da dieser sich ausschließlich an Unternehmen und nicht an Unternehmensvereinigungen richtet; so wohl: EuGH, Urteil vom 19.2.2002, Rs. C-309/99 (Wouters), Slg. 2002, I-1577 (1692).

unternehmerische Tätigkeit anzusehen ist (b.). Ein dritter Abschnitt (c) befasst sich sodann im Detail mit dem Urteil des EuGH zu den Festbeträgen nach § 35 SGB V.

a) Der Unternehmensbegriff der Art. 81 f EG

Da sich die Art. 81 f EG sowohl ihrer Überschrift als auch ihrem Wortlaut nach ausschließlich an Unternehmen richten, hängt der Anwendungsbereich der Art. 81 f EG wesentlich von einer engen oder weiten Definition des Begriffes „Unternehmen" ab. Mangels Legaldefinition des Unternehmensbegriffs im EG-Vertrag bestimmt der EuGH damit im Wege der Auslegung dieses Begriffes den Anwendungsbereich des EG-Wettbewerbsrechts. Der Gerichtshof[318] geht dabei ebenso wie die Verwaltungspraxis[319] und die herrschende Ansicht in der Literatur[320] von einem funktionalen Unternehmensbegriff aus, nach dem jede eine wirtschaftliche Tätigkeit ausübende Einheit unabhängig von ihrer Rechtsform und der Art ihrer Finanzierung als Unternehmen zu qualifizieren ist. Maßgeblich ist damit nicht die Eigenschaft eines Unternehmensträgers oder seine Organisation, sondern das Vorliegen einer jeweils für den konkreten Fall zu ermittelnden Marktteilnahme. Demnach ist die Unternehmenseigenschaft einer Einheit im konkreten Einzelfall zu ermitteln, so dass die Tätigkeit einer Organisation oder Person in einem Fall unternehmerischen Charakter aufweisen kann, in einem anderen Fall hingegen nicht[321].

---

[318] Ständige Rechtsprechung: EuGH, Urteil vom 23.4.1991, Rs. C-41/90 (Höfner und Elser), Slg. 1991, I-1979 (2016); EuGH, Urteil vom 17.2.1993, Rs. C-159, 160/91 (Poucet und Pistre), Slg. 1993, I-637 (669); EuGH, Urteil vom 16.11.1995, Rs. C-244/94 (Fédération française), Slg. 1995, I-4013 (4028); EuGH, Urteil vom 11.12.1997, Rs. C-55/96 (Job Centre), Slg. 1997, I-7119 (7147); EuGH, Urteil vom 18.6.1998, Rs. C-35/96 (Kommission/ Italien), Slg. 1998, I-3851 (3895 f); EuGH, Urteil vom 21.9.1999, Rs. C-67/96 (Albany), Slg. 1999, I-5751 (5886); EuGH, Urteil vom 12.9.2000, Rs. C-180-184/98 (Pavlov), Slg. 2000, I-6451 (6520); EuGH, Urteil vom 25.10.2001, Rs. C-475/99 (Ambulanz Glöckner), Slg. 2001, I-8089 (8145); EuGH, Urteil vom 19.2.2002, Rs. C-309/99 (Wouters), Slg. 2002, I-1577 (1676); EuGH, Urteil vom 16.3.2004, verb. Rs. C-264/01, C-306/01, C-354/01 und C-355/01 (AOK Bundesverband), Rn. 46, noch nicht in der amtl. Slg. veröffentlicht; ebenso: EuG, Urteil vom 4.3.2003, Rs. T-319/99 (FENIN)(nicht rechtskräftig), Slg. 2003, II-357 (372 f).
[319] Komm., 15.9.1989, ABl. EG 1989 Nr. L 284/36, Rn. 41 (ARD); Komm., 27.10.1992, ABl. EG 1992 Nr. L 326/31, Rn. 35 f (Fußball-WM 1990); Komm., 11.6.1993, ABl. EG 1993 Nr. L 179/23, Rn. 31 (EBU/Eurovision); Komm. 13.7.1994, ABl. EG 1994 Nr. L 24/1, Rn. 45 (Karton); Komm., 27.7.1994, ABl. EG Nr. L 239/14, 29, Rn. 44 (PVC); Komm., 30.1.1995, ABl. EG Nr. L 122/37, 46 Rn. 32 (COAPI).
[320] Emmerich, in: Immenga/Mestmäcker, Art. 85 Abs. 1, A., Rn. 14 f, 27 ff; ders., Kartellrecht, S. 385; Schröter, in: v.d.Groeben/Thiesing/Ehlermann, Vorbem. zu den Artikeln 85 bis 89, Rn 21 f; Stockenhuber, in: Grabitz/ Hilf, Art. 81, Rn. 51; Grill, in: Lenz, Vorbem. Art. 81-86, Rn 32; Slot, in: FS für Everling, S. 1413 (1415); Mestmäcker, in: RabelsZ 52 (1988), S. 526 (536); ders., in: FS für Börner, S. 277 (278 f); Gleiss/Hirsch, Art. 85 (1), Rn. 9; Gassner, in: VSSR 2000, S. 121 (134).
[321] Brinker, in: Schwarze, Art. 81, Rn. 23.

Da die Wahl der Rechtsform für die Annahme einer Unternehmenseigenschaft unerheblich ist, sind die Art. 81 f EG unmittelbar gleichermaßen auf private wie auf öffentliche Unternehmen anwendbar, sofern die fragliche Einheit eine wirtschaftliche Tätigkeit ausübt[322]. Damit binden die Wettbewerbsverbote der Art. 81 f EG einen Mitgliedstaat dann unmittelbar, wenn dieser in Form eines öffentlichen Unternehmens handelt und im Einzelfall Güter und Dienstleistungen auf dem Markt anbietet. Dies ergibt sich einerseits aus der Tatsache, dass die Art. 81 f EG nicht zwischen privaten und öffentlichen Unternehmen unterscheiden. Andererseits stellt die Vorschrift des Art. 86 I EG klar, dass öffentliche und mit ausschließlichen oder besonderen Rechten ausgestattete Unternehmen den Vorschriften des EG-Vertrages und insbesondere dem EG-Wettbewerbsrecht unterworfen sind[323]. Zudem kann es nicht zur Disposition der Mitgliedstaaten gestellt werden, durch die Gestaltung der Rechtsform eines Unternehmens den Geltungsumfang des EG-Wettbewerbsrechts zu bestimmen. Die Geltung des Gemeinschaftsrechts ist vielmehr anhand gemeinschaftsrechtlicher Kriterien zu beurteilen, um eine einheitliche Rechtsanwendung zu gewährleisten[324]. Demzufolge steht die Tatsache, dass die Krankenkassen nach deutschem Recht als Körperschaften des öffentlichen Rechts organisiert sind ihrer Unternehmenseigenschaft nach den Art. 81 f EG nicht entgegen.

aa) Wirtschaftliche Tätigkeit

Maßgebliches Kriterium für die Annahme einer Unternehmenseigenschaft ist damit das Vorliegen einer wirtschaftlichen Tätigkeit. Nach der Rechtsprechung des EuGH ist hierunter das Anbieten von Gütern und Dienstleistungen auf einem bestimmten Markt zu verstehen[325]. Eine Gewinnerzielungsabsicht wird

---

[322] EuGH, Urteil vom 30.1.1985, Rs. 123/83 (BNIC/Clair), Slg. 1985, S. 391 (423); EuGH, Urteil vom 16.6.1987, Rs. 118/85 (Kommission/Italien), Slg. 1987, S. 2599 (2622); Emmerich, in: Immenga/Mestmäcker, Art. 85 Abs.1, A., Rn. 27; Schröter, in: v.d.Groeben/ Thiesing/Ehlermann, Vorbem. zu den Artikeln 85 bis 89, Rn. 16; Mestmäcker, in: RabelsZ 52 (1988), S. 526 (537); Hochbaum, in: v.d.Groeben/Thiesing/Ehlermann, Art. 90, Rn. 1; Gassner, in: VSSR 2000, S. 121 (134); Oppermann, Europarecht, S. 402, Rn. 1050; s.o.: 1. Kapitel, C., II., 2., b), aa), S. 54.
[323] Hochbaum, in: v.d.Groeben/Thiesing/Ehlermann, Art. 90, Rn. 4; Bach, S. 30; Weiß, in: Callies/Ruffert, Art. 81, Rn. 35; s.o.: 1. Kapitel, C., II., 2., b), aa), S. 54.
[324] EuGH, Urteil vom 14.7.1977, Rs.9,10/77 (Bavaria Fluggesellschaft und Germanair/ Eurocontrol), Slg. 1977, S. 1517 (1525); EuGH, Urteil vom 16.6.1987, Rs. 118/85 (Kommission/Italien), Slg. 1987, S. 2599 (2622); EuGH, Urteil vom 27.10.1993, Rs. C-92/91 (Taillandier), Slg. 1993, I-5383 (5403); EuGH, Urteil vom 19.1.1994, Rs. C-364/92 (SAT/ Eurocontrol), Slg. 1994, I-43, (63 f); Schröter, in: v.d.Groeben/Thiesing/ Ehlermann, Vorbem. zu den Artikeln 85 bis 89, Rn. 34; Gassner, in: VSSR 2000, S. 121 (135); Burgi, in: EuR 1997, S. 261 (265).
[325] EuGH, Urteil vom 18.6.1998, Rs. C-35/96 (Kommission/Italien), Slg. 1998, I-3851 (3895 f); EuGH, Urteil vom 25.10.2001, Rs. C-475/99 (Ambulanz Glöckner), Slg. 2001, I-8089 (8145); EuGH, Urteil vom 19.2.2002, Rs. C-309/99 (Wouters), Slg. 2002, I-1577 (1676).

dabei zwar häufig vorliegen, ist jedoch nicht zwingend erforderlich[326]. Das Vorliegen einer wirtschaftlichen Tätigkeit richtet sich maßgeblich nach dem wirtschaftlichen Zusammenhang, in dem die Einheit tätig ist, den von deren Entscheidung erfassten Waren und Dienstleistungen sowie nach der Struktur und den tatsächlichen Verhältnissen des betreffenden Marktes[327]. Dabei sprechen folgende Indizien nach der Rechtsprechung des EuGH für die Annahme einer wirtschaftlichen Tätigkeit: erstens die Tatsache, dass eine Leistung in potentieller Konkurrenz zu entgeltlich angebotenen Leistungen steht, obwohl die in Frage stehende Leistung selbst nicht gegen Entgelt angeboten werden muss[328]; als zweites maßgebliches Kriterium für das Vorliegen einer wirtschaftlichen Tätigkeit wird zudem häufig auf das Bestehen einer Entscheidungsfreiheit der handelnden Einheit abgestellt, die ihr Marktverhalten autonom bestimmen können muss[329]. Wirtschaftlicher Art sind daher selbständige Tätigkeiten, die eine Marktteilnahme vorbereiten oder abschließen, wobei es gleichgültig ist, in welchem Wirtschaftssektor sie erbracht werden[330]. Allein der soziale Zweck eines Versicherungssystems ist aus diesem Grunde nach der Rechtsprechung des EuGH nicht ausreichend, um eine Einstufung einer Tätigkeit als wirtschaftliche Tätigkeit auszuschließen[331]. Somit entscheidet der EuGH anhand der Umstände des Einzelfalls, ob der handelnden Einheit im konkreten Fall eine Unternehmenseigenschaft zukommt.

Obwohl der Unternehmensbegriff damit grundsätzlich weit ausgelegt wird, werden durch die Begrenzung auf wirtschaftliche Tätigkeiten drei Lebensbereiche aus dem Anwendungsbereich des EG-Wettbewerbsrechts ausgeklammert[332]. Hierbei handelt es sich um hoheitliche Tätigkeiten, den privaten Endverbrauch sowie tarifvertragliche Vereinbarungen. Auf diese Abgrenzungsfunktion des Unternehmensbegriffs ist im folgenden in einem ersten Schritt

---

[326] EuGH, Urteil vom 16.11.1995, Rs. C-244/94 (Fédération française), Slg. 1995, I-4013 (4030); Brinker, in: Schwarze, Art. 81, Rn. 24; Schröter, in: v.d.Groeben/Thiesing/ Ehlermann, Vorbem. zu den Artikeln 85 bis 89, Rn. 22.
[327] EuGH, Urteil vom 12.9.2000, Rs. C-180-184/98 (Pavlov), Slg. 2000, I-6451 (6524).
[328] EuGH, Urteil vom 16.11.1995, Rs. C-244/94 (Fédération française), Slg. 1995, I-4013 (4029).
[329] EuGH, Urteil vom 11.11.1997, Rs. C-359, 379/95 P (Ladbroke), Slg. 1997, I-6265 (6313); EuGH, Urteil vom 17.2.1993, Rs. C-159, 160/91 (Poucet und Pistre), Slg. 1993, I-637 (669); Weiß, in: Callies/Ruffert, Art. 81, Rn. 38; Brinker, in: Schwarze, Art. 81, Rn. 26; Schröter, in: v.d.Groeben/Thiesing/Ehlermann, Vorbem. zu den Artikeln 85 bis 89, Rn. 22, 34; s.u.: 2. Kapitel, A., I., 2., a), aa), aaa), (1), S. 71.
[330] Schröter, in: v.d.Groeben/Thiesing/Ehlermann, Vorbem. zu d. Artikeln 85 bis 89, Rn. 22.
[331] EuGH, Urteil vom 22.1.2002, Rs. C-218/00 (Cisal), Slg. 2002, I-691 (731); GA Jacobs, Rn. 26 der Schlussanträge vom 22.5.2003, verb. Rs. C-264/01, C-306/01, C-354/01 und C-355/01 (AOK Bundesverband), noch nicht in der amtl. Slg. veröffentlicht; Weiß, in: Callies/ Ruffert, Art. 81, Rn. 36.
[332] Zu dieser Abgrenzungsfunktion des Unternehmensbegriffs auch: Emmerich, in: Immenga/ Mestmäcker, Art. 85 Abs. 1, A., Rn. 21; ders., Kartellrecht, S. 386; Gassner, in: VSSR 2000, S. 121 (135).

einzugehen (aaa). Sodann ist in einem zweiten Schritt zu untersuchen, ob sich aus der Rechtsprechung des EuGH ableiten lässt, dass auch auf dem Solidaritätsprinzip basierende Systeme der sozialen Sicherheit unter bestimmten Umständen keine wirtschaftliche Tätigkeit ausüben (bbb.).

aaa) Die Abgrenzungsfunktionen des Unternehmensbegriffs

Während der Umfang der Bereichsausnahme für Tarifverträge oben[333] bereits erörtert wurde, soll im folgenden untersucht werden, unter welchen Voraussetzungen das Vorliegen einer wirtschaftlichen Tätigkeit zu verneinen ist, weil das in Frage stehende Verhalten als hoheitliche Maßnahme oder privater Endverbrauch zu qualifizieren ist.

(1) Hoheitliche Tätigkeiten

Die oben dargestellte weite Definition des Unternehmensbegriffs dient vor allem der Unterscheidung zwischen wirtschaftlicher und hoheitlicher Tätigkeit staatlicher Einrichtungen[334]. So besteht in der Literatur und der Rechtsprechung zunächst Einigkeit dahingehend, dass hoheitliches Handeln eines Mitgliedstaates und seiner Untergliederungen nicht dem unmittelbaren Anwendungsbereich der Art. 81 und 82 EG unterliegt[335]. Im Falle hoheitlichen Handelns unterliegen die Mitgliedstaaten jedoch unter den Voraussetzungen des Art. 86 I EG sowie der Art. 10 II, 3 I lit.g) EG mittelbar den Bindungen der Art. 81 f EG. Uneinigkeit besteht jedoch darüber, unter welchen Voraussetzungen von einer hoheitlichen Tätigkeit auszugehen ist. Dabei gestaltet sich insbesondere die Abgrenzung zwischen hoheitlichen und wirtschaftlichen Tätigkeiten von mit besonderen öffentlichen Aufgaben betrauten Einheiten häufig als schwierig. Als maßgebliches Abgrenzungskriterium wird dabei oft das Vorliegen einer Entscheidungsfreiheit angesehen. Allein falls der handelnden Einheit eine

---

[333] S.o.: 2. Kapitel, A., I., 1., S. 64.
[334] Ähnlich: Jennert, in: WuW 2004, S. 37 (43).
[335] EuGH, Urteil vom 19.2.2002, Rs. C-309/99 (Wouters), Slg. 2002, I-1577 (1678); EuGH, Urteil vom 18.3.1997, Rs. C-343/95 (Diego Cali), Slg. 1997, I-1547 (1588 f); EuGH, Urteil vom 14.12.1995, Rs. C-387/93 (Banchero), Slg. 1995 I-4663 (4698); EuGH, Urteil vom 19.1.1994, Rs. C-364/92 (SAT/Eurocontrol), Slg. 1994, I-43, (63 f); EuGH, 17.11.1993, Rs. C-2/91 (Meng), Slg. 1993, I-5751 (5797); EuGH, Urteil vom 17.11.1993, Rs. C-185/91 (Reiff), Slg. 1993, I-5801 (5847); EuGH, Urteil vom 4.5.1988, Rs. 30/87 (Bodson/Pompes funèbres), Slg. 1988, S. 2479 (2516); so auch die ganz herrschende Meinung in der Literatur: Emmerich, in: Immenga/Mestmäcker, Art. 85 Abs.1, A., Rn. 30; Schröter, in: v.d.Groeben/Thiesing/Ehlermann, Vorbem. zu den Artikeln 85 bis 89, Rn. 33; Schwarze, Der Staat als Adressat des Europäischen Wettbewerbs-rechts, S. 69 (71, 80); Koenig/Sander, in: NZS 2001, S. 617 (619); Gassner, in: VSSR 2000, S. 121 (135); Koenig/Kühling, in: ZHR 166 (2002), S. 656 (664); Burgi, in: EuR 1997, S. 261 (265); Weiß, in: EuR 2003, S.165 (167); von Burchard, in: Schwarze, Art. 86, Rn. 15; Jung, in: Callies/Ruffert, Art. 86, Rn. 11; Winterstein, in: ECLR 1999, S. 324 (326 f).

autonome Handlungs- und Gestaltungsfreiheit zukomme, könne von einer autonomen Entscheidung eines Unternehmens ausgegangen werden[336]. Demgegenüber wird ein wettbewerbswidriges Verhalten dem Staat zugeordnet und eine Anwendung der Art. 81 f EG abgelehnt, wenn es durch nationale Rechtsvorschriften derart bestimmt ist, dass keine eigenen Entscheidungsmöglichkeiten der handelnden Einheit mehr bestehen. Als hoheitliche Tätigkeiten hat der EuGH dabei etwa die Erhebung von Gebühren für die Überwachung des Luftraums[337] und die Organisation eines Beerdigungsdienstes durch eine Gemeinde angesehen[338].

Fraglich ist damit, ob die Spitzenverbände der Krankenkassen bei der Festsetzung der Arzneimittelfestbeträge nach § 35 SGB V hoheitlich handeln. Sofern sie als Teil der Staatsverwaltung originär staatliche Aufgaben wahrnehmen, wäre die Festsetzung der Festbeträge nicht als wirtschaftliche Tätigkeit zu qualifizieren, so dass ein unternehmerischer Wettbewerbsverstoß nach Art. 81 f EG ausscheiden würde. Damit ist das Verfahren der Festbetragsfestsetzung daraufhin zu untersuchen, ob es den Spitzenverbänden der Krankenkassen einen ausreichenden Entscheidungsspielraum belässt, um deren Entscheidungen als unternehmerisches Handeln qualifizieren zu können. Im Rahmen der Rechtsprechung zur staatlichen Verantwortlichkeit für Wettbewerbsverstöße nach Art. 10 II, 3 I lit.g) EG i.V.m. Art. 81 f EG führte der EuGH regelmäßig die Existenz staatlicher Kontrollmöglichkeiten sowie Genehmigungs- und Selbstentscheidungsvorbehalte gegen das Vorliegen einer unternehmerischen Entscheidungsfreiheit an[339]. Zugleich wertete der Gerichtshof die Verfolgung von Allgemeininteressen als Indiz für eine Wahrnehmung staatlicher Aufgaben[340]. Jedoch schließt die Existenz einer gesetzlichen Ermächtigung zur Vornahme eines bestimmten Verhaltens nicht aus, dass die ermächtigte Einheit eine wirtschaftliche Tätigkeit ausübt[341]. Dabei wird in der Literatur das Vorliegen eines Entscheidungsspielraums bereits dann angenommen, wenn die fragliche Einheit trotz hoheitlicher Vorgaben die Möglichkeit hat, eigene wirtschaftliche Interessen in die Entscheidung

---

[336] EuGH, Urteil vom 11.11.1997, Rs. C-359, 379/95 (Ladbroke), Slg. 1997, I-6265 (6313); EuGH, Urteil vom 17.2.1993, Rs. C-159, 160/91 (Poucet und Pistre), Slg. 1993, I-637 (669); Brinker, in: Schwarze, Art. 81, Rn. 26; Schröter, in: v.d.Groeben/Thiesing/Ehlermann, Vorbem. zu den Artikeln 85 bis 89, Rn. 22, 34; Engelmann, S. 68 f.
[337] EuGH, Urteil vom 19.1.1994, Rs. C-364/92 (SAT/Eurocontrol), Slg. 1994, I-43, (63 f).
[338] EuGH, Urteil vom 4.5.1988, Rs. 30/87 (Bodson/Pompes funèbres), Slg. 1988, S. 2479 (2516).
[339] EuGH, Urteil vom 17.11.1993, Rs. C-185/91 (Reiff), Slg. 1993, I-5801 (5849); EuGH, Urteil vom 19.2.2002, Rs. C-35/99 (Arduino), Slg. 2002, I-1529 (1573).
[340] EuGH, Urteil vom 17.11.1993, Rs. C-185/91 (Reiff), Slg. 1993, I-5801 (5849); EuGH, Urteil vom 18.6.1998, Rs. C-35/96 (Kommission/Italien), Slg. 1998, I-3851 (3898 f); EuGH, Urteil vom 19.2.2002, Rs. C-35/99 (Arduino), Slg. 2002, I-1529 (1572).
[341] Gleiss/Hirsch, Art. 85 (1), Rn. 24; BGH, Vorlagebeschluss zum EuGH vom 3.7.2001, KZR 31/99, in: WuW 2001, S. 1089 (1098).

einfließen zu lassen[342]. Im Falle des Handelns einer Unternehmensvereinigung wird dabei auf die Interessen der Mitglieder abzustellen sein.

Auf der ersten Verfahrensstufe der Festbetragsfestsetzung nach § 35 SGB V kann nicht von einem autonomen Handeln der Spitzenverbände der Krankenkassen ausgegangen werden. So bestimmt der Gemeinsame Bundesausschuss in den Richtlinien nach § 92 I 2 Nr. 6 SGB V die Gruppen von Arzneimitteln, für die die Spitzenverbände der Krankenkassen Festbeträge festsetzen[343] und legt zugleich die notwendigen rechnerischen mittleren Tages- oder Einzeldosen oder sonstigen geeigneten Vergleichsgrößen fest[344]. Erst in einem zweiten Verfahrensschritt bestimmen die Spitzenverbände die Festbeträge für die in einer Gruppe enthaltenen Arzneimittel auf der Grundlage der vom Gemeinsamen Bundesausschuss festgelegten Vergleichsgrößen[345]. Das Entschließungsermessen der Spitzenverbände ist dabei erheblich dadurch eingeschränkt, dass diese der Rechtsaufsicht des BMGS unterliegen, das nach § 35 VI SGB V i.V.m. § 213 III 1 SGB V bei unterlassener Festsetzung eine eigene Sachentscheidung im Einvernehmen mit dem Bundeswirtschaftsminister treffen kann. Bereits auf Grund des nicht existierenden Entschließungsermessens und den detaillierten Vorgaben des Gesetzes wurde eine Entscheidungsautonomie der Kassenverbände vom EuGH verneint und ein unternehmerischer Wettbewerbsverstoß damit konsequent abgelehnt[346].

Eine solche Ansicht übersieht jedoch, dass die Spitzenverbände der Krankenkassen im Rahmen der zweiten Stufe des Verfahrens der Festbetragsfestsetzung über erhebliche Gestaltungsspielräume in bezug auf die Höhe der Festbeträge verfügen[347]. Das Vorliegen eines solchen Gestaltungsspielraums ergibt sich vor allem aus dem unbestimmten Rechtsbegriff der "ausreichenden, zweckmäßigen und wirtschaftlichen Qualitätssicherung", welcher erhebliche Interpretationsmöglichkeiten in sich birgt[348]. Zudem können

---

[342] Engelmann, S. 69; auf ein überwiegendes öffentliches Interesse abstellend: Schepel, in: 39 CMLR (2002), S. 31 (50); ähnlich: Jennert, in: WuW 2004, S. 37 (46), der allein im Fall der Ausübung staatlichen Zwangs eine wirtschaftliche Tätigkeit verneint.
[343] Vgl.: § 35 I 1 SGB V.
[344] Vgl.: § 35 I 5 SGB V.
[345] Vgl.: § 35 III 1 SGB V.
[346] EuGH, Urteil vom 16.3.2004, verb. Rs. C-264/01, C-306/01, C-354/01 und C-355/01 (AOK Bundesverband), Rn. 61, noch nicht in der amtl. Slg. veröffentlicht; ebenso: Hänlein/ Kruse, in: NZS 2000, S. 165 (174); Bieback, in: EWS 1999, S. 361 (368); Ebsen, in: Igl, S. 298 (312); Reich, in: Igl, S. 449 (465).
[347] So auch: OLG Düsseldorf, Urteil vom 27.7.1999, Az.: U (Kart) 36/98, in: PharmaR 1999, S. 283 (296); OLG Düsseldorf, Urteil vom 27.7.1999, Az.: U (Kart) 33/98, in: Pharm. Ind. 1999, S. 704 (711); Axer, in: NZS 2002, S. 57 (63); Koenig/Sander, in: NZS 2001, S. 617 (619); dies, in: Marburger Gespräche zum Pharmarecht, S. 67 (71); a.A.: BGH, Vorlagebeschluss zum EuGH vom 3.7.2001, KZR 31/99, in: WuW 2001, S. 1089 (1098).
[348] So auch: OLG Düsseldorf, Urteil vom 27.7.1999, Az.: U (Kart) 36/98, in: PharmaR 1999, S. 283 (296); Engelmann, S. 81.

die wirtschaftlichen Interessen der GKV insbesondere im Rahmen der Bestimmung der Festbetragshöhe eine erhebliche Bedeutung erlangen. So haben die Spitzenverbände ein Interesse daran, die Festbeträge so niedrig wie möglich festzusetzen, da finanzielle Eigenmittel der gesetzlichen Krankenkassen direkt von der Entscheidung betroffen sind. Desto niedriger die Festbeträge sind, umso weniger Mittel werden durch die Versorgung der Versicherten mit Arzneimitteln in Anspruch genommen. Dies versetzt die GKV in die Lage, diese Reserven für einen Wettbewerb mit der PKV einzusetzen[349], auch wenn ein solcher Wettbewerb angesichts einer weitgehenden Pflichtmitgliedschaft nur in begrenztem Maße existiert. Daher kann entgegen der Ansicht des EuGH[350] nicht ausgeschlossen werden, dass die Kassenverbände ihre Gestaltungsspielräume in bezug auf die Festbetragshöhe einseitig dazu nutzen, um die Verwaltungskosten der GKV zu senken ohne etwa innovations- oder gesundheitspolitische Erwägungen in die Entscheidung einfließen zu lassen[351]. Zwar handeln die Kassenverbände bei der Festbetragsfestsetzung solange im öffentlichen Interesse, wie sie zur Kostensenkung in der GKV beitragen; jedoch kann dies nicht dazu führen, dass ausschließlich fiskalpolitische Interessen Berücksichtigung finden und andere Auswirkungen der Entscheidung vollständig vernachlässigt werden. Die Gefahr der Verfolgung kassenspezifischer Eigeninteressen erhöht sich dabei dadurch, dass den Spitzenverbänden der Krankenkassen keine Verpflichtung auferlegt ist, gegenüber den Arzneimittelherstellern darzulegen, aus welchen Gründen sie etwaigen Stellungnahmen der Pharmaverbände nicht gefolgt sind. Zudem sind auch die Möglichkeiten eines effektiven Rechtsschutzes gegen die Festbetragsfestsetzungen auf Grund der Interpretationsspielräume der Spitzenverbände in bezug auf den Begriff der "ausreichenden, zweckmäßigen und wirtschaftlichen Qualitätssicherung" erheblich eingeschränkt.

Dabei steht der Grundsatz des effet utile des Gemeinschaftsrechts einer weiten Interpretation hoheitlicher Tätigkeiten im Sinne der oben dargestellten Ansicht entgegen. So kann nicht davon ausgegangen werden, dass allein der Ausschluss

---

[349] So auch der GA Jacobs, Rn. 55 der Schlussanträge vom 22.5.2003, verb. Rs. C-264/01, C-306/01, C-354/01 und C-355/01 (AOK Bundesverband), noch nicht in der amtl. Slg. veröffentlicht.
[350] EuGH, Urteil vom 16.3.2004, verb. Rs. C-264/01, C-306/01, C-354/01 und C-355/01 (AOK Bundesverband), Rn. 63, noch nicht in der amtl. Slg. veröffentlicht.
[351] Ähnlich: Axer, in: NZS 2002, S. 57 (63); Koenig/Sander, in: WuW 2000, S. 975 (981); Engelmann, S. 81; GA Jacobs, Rn. 55 der Schlussanträge vom 22.5.2003, verb. Rs. C-264/01, C-306/01, C-354/01 und C-355/01 (AOK Bundesverband), noch nicht in der amtl. Slg. veröffentlicht; die für die Verfolgung von Gemeinwohlinteressen erforderliche Unabhängigkeit ist nach der Rechtsprechung des EuGH insbesondere bei Gremien gegeben, in denen alle Marktteilnehmer des Wirtschaftssektors vertreten sind: EuGH, Urteil vom 30.1.1985, Rs. 123/83 (BNIC/Clair), Slg. 1985, S. 391 (423); EuGH, Urteil vom 9.6.1994, Rs. C-153/93 (Delta), Slg. 1994, I-2517 (2529 ff); EuGH, Urteil vom 17.11.1993, Rs. C-185/91 (Reiff), Slg. 1993, I-5801 (5847 f); hierzu näher unten: 3. Kapitel, A., I., 3., S. 156.

eines Entschließungsermessens einer öffentlich-rechtlichen Körperschaft dazu führt, dass deren Tätigkeit als hoheitliche Tätigkeit zu qualifizieren ist. Der Umfang der Herausnahme hoheitlicher Tätigkeiten aus dem Anwendungsbereich der Art. 81 f EG ist vielmehr als Ausnahme eng zu interpretieren, so dass nur im Falle des Ausschlusses jeglichen Entschließungs- und Gestaltungsermessens einer Einheit von einer solchen Ausnahme auszugehen ist[352]. Anderenfalls könnten wirtschaftliche Eigeninteressen öffentlich-rechtlicher Körperschaften durch eine staatliche Betrauung den Vorgaben des EG-Wettbewerbsrechts entzogen werden. Dies ist jedoch mit der Klarstellungsfunktion des Art. 86 I EG nicht zu vereinbaren[353], wonach das Handeln öffentlicher und mit öffentlichen Aufgaben betrauter Unternehmen gerade dem EG-Wettbewerbsrecht unterworfen sein soll. Demnach ist das Handeln der Spitzenverbände der Krankenkassen im Rahmen des § 35 SGB V entgegen der Ansicht des EuGH[354] nicht als hoheitliche Tätigkeit dem Anwendungsbereich der Art. 81 f EG entzogen. Ein anderes Ergebnis ergab sich jedoch im Rahmen der zwischenzeitlich gültigen Regelung des § 35a SGB V. Da die Festbeträge im Rahmen dieses Verfahrens ausschließlich durch eine Rechtsverordnung festgesetzt wurden, war den Spitzenverbänden hier jegliche Entscheidungsbefugnis genommen worden. Mangels Entscheidungsautonomie der Spitzenverbände handelte es sich bei dem Verfahren nach § 35a SGB V um eine rein hoheitliche Maßnahme, die dem direkten Anwendungsbereich der Art. 81 f EG entzogen war[355]. Dasselbe gilt für den grundsätzlichen Ausschluss nicht verschreibungspflichtiger Arzneimittel aus der Erstattungsfähigkeit nach § 34 I SGB V. Auch in diesem Fall handelt es sich um eine hoheitliche Maßnahme, die per Gesetz erfolgt, und daher dem Anwendungsbereich des EG-Wettbewerbsrechts entzogen ist.

---

[352] Für das Erfordernis eines Ausschlusses jeglichen Entscheidungs- und Gestaltungsermessens spricht auch die folgende Entscheidung: EuGH, Urteil vom 18.6.1998, Rs. C-35/96 (Kommission/Italien), Slg. 1998, I-3851 (3900 f); obwohl der EuGH ausdrücklich feststellte, dass der italienische Gesetzgeber den Nationalen Rat der Zollspediteure zum Erlass der Gebührenordnung gezwungen hatte, wurde eine Verletzung des Umgehungsverbots nach Art. 10 II, 3 I lit.g) EG i.V.m. Art. 81 f EG durch den italienischen Gesetzgeber angenommen und damit das Vorliegen einer rein hoheitlichen Maßnahme indirekt verneint, da sich die staatliche Maßnahme im Rahmen dieser Vorschriften auf das Verhalten eines Unternehmens beziehen muss; s.u.: 3. Kapitel, A., I., 1., a), cc), S. 138; 3. Kapitel, A., I., 1., b), S. 143; für das Erfordernis eines Ausschlusses jeglichen Entscheidungs- und Gestaltungsermessens auch: Koenig/Sander, in: Marburger Gespräche zum Pharmarecht, S. 67 (71); Engelmann, S. 81; Bieback, in: RsDE Nr. 49, S. 1 (17).
[353] Hochbaum, in: v.d.Groeben/Thiesing/Ehlermann, Art. 90, Rn. 4; Bach, S. 30; Weiß, in: Callies/Ruffert, Art. 81, Rn. 35; s.o.: 1. Kapitel, C., II., 2., b), aa), S. 54.
[354] EuGH, Urteil vom 16.3.2004, verb. Rs. C-264/01, C-306/01, C-354/01 und C-355/01 (AOK Bundesverband), Rn. 61, noch nicht in der amtl. Slg. veröffentlicht.
[355] Vgl. zur staatlichen Verantwortlichkeit: 3. Kapitel, A., I., S. 134.

(2) Privater Endverbrauch

Neben hoheitlichen Tätigkeiten ist auch der private Endverbrauch mangels wirtschaftlicher Betätigung dem Anwendungsbereich des EG-Wettbewerbsrechts entzogen[356]. Dabei wird in der Literatur teilweise die Ansicht vertreten, dass die Bedarfsdeckung durch staatliche Einrichtungen zur Erfüllung einer hoheitlichen Aufgabe dem privaten Endverbrauch gleichzustellen sei und mithin ebenfalls keine wirtschaftliche Tätigkeit darstelle[357]. Als Marktteilnehmer ist die öffentliche Hand jedoch dann anzusehen, wenn sie Leistungen beschafft, um sie weiter zu verteilen[358]. Damit kommt eine Gleichstellung eines staatlichen mit dem privaten Endverbrauch von vornherein nicht in Betracht, wenn eine staatliche Einrichtung ausschließlich als Mittler für Dritte tätig wird. Von einer eigenen Bedarfsdeckung kann im Bereich der Leistungserbringung in der GKV nicht ausgegangen werden. Zwar stehen die gesetzlichen Krankenkassen auf Grund des Sachleistungsprinzips den Leistungserbringern als Nachfrager gegenüber; jedoch verbrauchen die Krankenkassen die Leistungen nicht selbst, sondern treten vielmehr als Mittler zwischen den Leistungserbringern und den Versicherten auf, womit sie gleichzeitig ihren Versorgungsauftrag gegenüber ihren Mitgliedern erfüllen[359]. Die Nachfrage von Waren und Dienstleistungen durch die GKV kann damit dem privaten Endverbrauch nicht gleichgestellt werden und ist dem Anwendungsbereich des EG-Wettbewerbsrechts daher nicht entzogen.

bbb) Die Bedeutung des Solidaritätsprinzips in der Rechtsprechung des EuGH

In dem Urteil zu den Festbeträgen begründete der EuGH die Ablehnung der Unternehmenseigenschaft der Spitzenverbände der Krankenkassen im Wesentlichen damit, dass es sich bei dem deutschen System der GKV um ein solidarisch ausgeprägtes Sozialversicherungssystem handelt[360]. Da der Gerichtshof in der ihm üblichen Weise in erheblichem Maße auf seine frühere Rechtsprechung Rückgriff nahm[361], soll diese Rechtsprechung zunächst analysiert werden, um das Festbetragsurteil später in dieses System einordnen zu

---

[356] Schröter, in: v.d.Groeben/Thiesing/Ehlermann, Vorbem. zu den Artikeln 85 bis 89, Rn. 24; Gleiss/Hirsch, Art. 85 (1), Rn. 18; Weiß, in: Callies/Ruffert, Art. 81, Rn. 31; Emmerich, Kartellrecht, S. 386.
[357] Bieback, in: EWS 1999, S. 361 (365); Ebsen, in: Igl, S. 298 (309); a.A.: Schröter, in: v.d.Groeben/Thiesing/Ehlermann, Vorbem. zu den Artikeln 85 bis 89, Rn. 24; Gleiss/Hirsch, Art. 85 (1), Rn. 38.
[358] Hochbaum, in: v.d.Groeben/Thiesing/Ehlermann, Art. 90, Rn. 14; Emmerich, in: Immenga/Mestmäcker, Art. 85 Abs.1, A., Rn. 22; Bieback, in: EWS 1999, S. 361 (365 f).
[359] Ebsen, in: Igl, S. 298 (310); Engelmann, S. 79.
[360] EuGH, Urteil vom 16.3.2004, verb. Rs. C-264/01, C-306/01, C-354/01 und C-355/01 (AOK Bundesverband), Rn. 51, 63, noch nicht in der amtl. Slg. veröffentlicht.
[361] Zur Methodik des Gerichtshofes zuletzt: Dederichs, in: EuR 2004, S. 345 (347).

können. Dabei wird insbesondere zu untersuchen sein, unter welchen Voraussetzungen der EuGH davon ausgeht, dass auf dem Solidaritätsprinzip basierende Systeme der sozialen Sicherheit keine wirtschaftliche Tätigkeit ausüben. Aus den oben dargelegten Erwägungen zum Vorrang des Gemeinschaftsrechts[362] ergibt sich zunächst, dass aus der Kompetenz der Mitgliedstaaten zur Ausgestaltung ihrer Systeme der sozialen Sicherung, nicht auf einen Ausschluss der Anwendbarkeit des EG-Wettbewerbsrechts geschlossen werden kann[363]. Zudem ist auch allein der soziale Zweck eines Versicherungssystems nicht ausreichend, um den wirtschaftlichen Charakter einer Tätigkeit auszuschließen[364]; jedoch hat der Gerichtshof den sozialen Zweck verschiedener Systeme der sozialen Sicherheit beim Hinzutreten weiterer Voraussetzungen wiederholt hervorgehoben, um das Vorliegen einer wirtschaftlichen Tätigkeit im Einzelfall zu verneinen.

(1) Das Urteil in der Rechtssache Höfner und Elser

Den Ausgangspunkt der Rechtsprechung des Gerichtshofs zu den Systemen der sozialen Sicherung stellt das Urteil in der Rechtssache Höfner und Elser aus dem Jahre 1991 dar. Der EuGH hatte dabei über das Arbeitsvermittlungsmonopol der deutschen Bundesanstalt für Arbeit nach § 3 AFG zu befinden und ging ohne die soziale Zweckbestimmung der Bundesanstalt zu erwähnen von einer Unternehmenseigenschaft der öffentlich-rechtlichen Einrichtung aus[365]. Als maßgebliches Kriterium für die Annahme einer wirtschaftlichen Tätigkeit wurde dabei darauf abgestellt, dass die Arbeitsvermittlung nicht immer von öffentlichen Einrichtungen betrieben worden ist und nicht notwendig von solchen Einrichtungen betrieben werden muss[366]. Obwohl dem Urteil auf Grund der Besonderheiten des Einzelfalls nur in begrenztem Umfang eine Aussagekraft beigemessen werden kann, stellt es doch den Ausgangspunkt der

---

[362] S.o.: 1. Kapitel, C., II., S. 46.
[363] Explizit die Anwendbarkeit des Gemeinschaftsrechts betonend: EuGH, Urteil vom 13.5.2003, Rs. C-385/99 (Müller-Fauré), Slg. 2003, I-4509 (4556); bereits zuvor hat der EuGH wiederholt betont, dass die Mitgliedstaaten bei der Gestaltung ihrer Systeme der sozialen Sicherheit die Grundsätze des freien Waren- und Dienstleistungsverkehrs zu beachten haben: EuGH, Urteil vom 7.2.1984, Rs. 238/82 (Duphar), Slg. 1984, 523 (541); EuGH, Urteil vom 28.4.1998, Rs. C-158/96 (Kohll), Slg. 1998, I-1931 (1943); EuGH, Urteil vom 28.4.1998, Rs. C-120/95 (Decker), Slg. 1998, I-1831 (1881); EuGH, Urteil vom 12.7.2001, Rs. C-157/99 (Geraets-Smits/Peerbooms), Slg. 2001, I-5473 (5527); abzulehnen ist daher die Argumentation von Ebsen, der aus dieser Befugnis der Mitgliedstaaten ableitet, dass das Gemeinschaftsrecht nicht so ausgelegt werden dürfe, „dass es faktisch die nationalen Systeme in eine bestimmte Richtung drängte"; so: Ebsen, in: Igl, S. 298 (312).
[364] EuGH, Urteil vom 22.1.2002, Rs. C-218/00 (Cisal), Slg. 2002, I-691 (731); ebenso: GA Jacobs, Rn. 26 der Schlussanträge vom 22.5.2003, verb. Rs. C-264/01, C-306/01, C-354/01 und C-355/01 (AOK Bundesverband), noch nicht in der amtl. Slg. veröffentlicht; Weiß, in: Callies/Ruffert, Art. 81, Rn. 36.
[365] EuGH, Urteil vom 23.4.1991, Rs. C-41/90 (Höfner und Elser), Slg. 1991, I-1979 (2017).
[366] Wie vor, S. 2016.

Rechtsprechung des Gerichtshofs zur Anwendung des Unternehmensbegriffs auf öffentliche Einrichtungen dar.

(2) Das Urteil in der Rechtssache Poucet und Pistre

In der Rechtssache Poucet und Pistre aus dem Jahre 1994 betonte der EuGH sodann erstmals den sozialen Zweck einer Sozialversicherung, um die Frage der Anwendbarkeit des EG-Wettbewerbsrechts zu verneinen. Obwohl auch die in Frage stehende französische Kranken- und Rentenversicherung nicht immer von öffentlichen Einrichtungen betrieben worden war und nicht notwendig von diesen betrieben werden musste, verneinte der Gerichtshof in diesem Fall das Vorliegen einer wirtschaftlichen Tätigkeit[367]. Die Krankenkassen und Rentenversicherungssysteme erfüllten nach der Ansicht des Gerichtshofs eine Aufgabe von ausschließlich sozialem Charakter, da ihre Tätigkeit auf dem Grundsatz der Solidarität beruhte und ohne Gewinnerzielungsabsicht ausgeübt wurde[368]. Dabei wurde eine Versicherungspflicht für die Selbständigen nichtlandwirtschaftlicher Berufe als unerlässlich angesehen, um die Anwendung des Solidaritätsgrundsatzes sowie das finanzielle Gleichgewicht dieser Systeme zu gewährleisten. Der Solidaritätsgrundsatz des Krankenversicherungssystems kam dabei darin zum Ausdruck, dass allen Mitgliedern unabhängig von ihrer Vermögenslage und ihrem Gesundheitszustand Versicherungsschutz gewährt wurde, wobei sich die Beiträge nach Maßgabe der Einkünfte berechneten und keinen Einfluss auf den Leistungsumfang hatten[369]. Eine Einkommensumverteilung fand zudem dadurch statt, dass sozial bedürftige Personen von der Beitragspflicht freigestellt waren.

Zugleich betonte der EuGH, dass die Verwaltung der Systeme den Krankenkassen kraft Gesetzes zugewiesen worden war und ihre Tätigkeit der staatlichen Kontrolle unterlag[370]. Die Wahrnehmung der Aufgabe stelle damit eine reine Gesetzesanwendung dar, wobei die Krankenkassen keine Möglichkeit hätten auf die Höhe der Beiträge, die Verwendung der Mittel oder die Bestimmung des Leistungsumfangs Einfluss zu nehmen[371]. Obwohl der Gerichtshof den sozialen Zweck auch im Rahmen von Art. 90 II EGV a.F (= Art. 86 II EG n.F.) hätte berücksichtigen können, verneinte er bereits die Anwendung des EG-Wettbewerbsrechts mangels Unternehmenseigenschaft der Sozialversicherungen. Der Annahme einer wirtschaftlichen Tätigkeit stand dabei

---

[367] EuGH, Urteil vom 17.2.1993, Rs. C-159, 160/91 (Poucet und Pistre), Slg. 1993, I-637 (670).
[368] Wie vor, S. 670.
[369] Wie vor, S. 668.
[370] Wie vor, S. 669.
[371] Wie vor, S. 669.

insbesondere entgegen, dass die Leistungen von Gesetzes wegen und unabhängig von der Höhe der Beiträge erbracht wurden[372].

(3) Das Urteil in der Rechtssache Fédération française

Demgegenüber wurde die Unternehmenseigenschaft einer französischen freiwilligen Zusatzrentenversicherung für die Selbständigen landwirtschaftlicher Berufe nur ein Jahr später vom EuGH bejaht. Wesentlicher Unterschied zu der Rechtssache Poucet und Pistre war dabei, dass das Rentenversicherungssystem in diesem Fall auf einer freiwilligen Mitgliedschaft beruhte und nach dem Kapitalisierungsprinzip arbeitete[373]. Da die von dem System erbrachten Leistungen sich ausschließlich nach der Höhe der eingezahlten Beiträge bemesse, stehe das System im Wettbewerb mit Lebensversicherungen und übe daher eine wirtschaftliche Tätigkeit aus[374]. Dem stand nach der Ansicht des Gerichtshofs auch nicht entgegen, dass die Zusatzrentenversicherung keine Gewinnerzielungsabsicht verfolgte und Elemente der Solidarität aufwies. Zwar konkretisierte sich der Solidaritätsgrundsatz darin, dass die Beiträge vom Versicherungsrisiko unabhängig waren und für den Krankheitsfall eine Freistellung von der Beitragszahlung möglich war[375]. Jedoch waren die Merkmale der Solidarität im Gegensatz zu der Entscheidung Poucet und Pistre aus zwei Gründen weniger stark ausgeprägt: einerseits war die Höhe der Beiträge nicht einkommensabhängig, so dass keine Einkommensumverteilung stattfand; andererseits betonte der Gerichtshof ausdrücklich, dass die Solidarität äußerst begrenzt sei, da das Versicherungssystem auf Freiwilligkeit beruhte[376]. So könne ein Landwirt, der seine Grundversicherung ergänzen wolle, durch die Wahlmöglichkeit zwischen verschiedenen Versicherungen die für ihn günstigere Finanzanlage auswählen.

Die Entscheidung verdeutlicht dabei eindrucksvoll die Funktionalität des Unternehmensbegriffs, da der EuGH das Vorliegen einer wirtschaftlichen Tätigkeit nicht an den rechtlichen Status der in Frage stehenden Einrichtung knüpft, sondern vielmehr untersucht, welche Funktion die Einrichtung im Einzelfall wahrnimmt. So kann ein Rentenversicherungssystem je nach den Umständen des Einzelfalls in einem Fall als Unternehmen im Sinne des EG-Wettbewerbsrechts qualifiziert werden, in einem anderen hingegen nicht. Ein wesentliches Merkmal für das Vorliegen eines auf dem Solidaritätsprinzip basierenden Systems der sozialen Sicherheit stellt dabei neben der Einkommensumverteilung vor allem die Pflichtmitgliedschaft dar.

---

[372] Wie vor, S. 670.
[373] EuGH, Urteil vom 16.11.1995, Rs. C-244/94 (Fédération française), Slg. 1995, I-4013 (4030).
[374] Wie vor, S. 4028 f.
[375] Wie vor, S. 4029.
[376] Wie vor, S. 4029.

(4) Das Urteil in der Rechtssache Albany

In der Rechtssache Albany bejahte der EuGH jedoch die Unternehmenseigenschaft eines niederländischen Betriebsrentenfonds, obwohl die niederländische Regierung eine Pflichtmitgliedschaft in dem System vorgeschrieben hatte. Dabei stellte der Gerichtshof, wie schon in der Rechtssache Fédération française darauf ab, dass der Betriebsrentenfonds nach dem Kapitalisierungsprinzip arbeitete und die Höhe der Beiträge und Leistungen selbst bestimmen konnte[377]. Da die Höhe der gewährten Leistungen von den Erträgen der Anlagen abhinge, übe der Betriebsrentenfonds eine Tätigkeit im Wettbewerb zu anderen Versicherungsgesellschaften aus und sei mithin als Unternehmen im Sinne des EG-Wettbewerbsrechts zu qualifizieren[378]. Neben dem Fehlen einer Gewinnerzielungsabsicht wurden dabei erneut auch verschiedene Solidaritätsgesichtspunkte nicht als ausreichend angesehen, um das Vorliegen einer wirtschaftlichen Tätigkeit auszuschließen[379]. Die soziale Zielsetzung des Fonds in Form einer gesundheitsunabhängigen Beitrittsmöglichkeit und einer Beitragsfreistellung im Falle sozialen Bedarfs wurde vom EuGH vielmehr ausdrücklich als mögliche Rechtfertigung für das Pflichtversicherungsmonopol angeführt und im Rahmen des Art. 90 II EGV a.F. (= Art. 86 II EG n.F.) gewürdigt. Die Unternehmenseigenschaft des Fonds vermochten diese Gesichtspunkte trotz des Vorliegens einer Pflichtmitgliedschaft indes nicht zu verhindern.

Dabei kam der Entscheidung in der Rechtssache Albany in zweifacher Hinsicht eine Klarstellungsfunktion zu: einerseits betonte der EuGH, dass die Existenz einer Pflichtmitgliedschaft in Ermangelung einkommensumverteilender Strukturen des Systems nicht ausreichend ist, um der Tätigkeit einer Sozialversicherung ihren wirtschaftlichen Charakter zu nehmen; zweitens wurde erstmals auf der Ebene der Rechtfertigung nach Art. 86 II EG eine umfassende Bewertung solidarischer Merkmale einer Sozialversicherung vorgenommen.

(5) Das Urteil in der Rechtssache Pavlov

Im Jahre 2000 befasste sich der EuGH erneut mit der Unternehmenseigenschaft eines niederländischen Rentenfonds. Dabei qualifizierte er einen mit der Verwaltung eines Zusatzrentensystems betrauten Rentenfonds, den eine Standesvertretung eines freien Berufes eingerichtet hatte und für den eine staatlich angeordnete Pflichtmitgliedschaft bestand, als Unternehmen im Sinne des EG-Wettbewerbsrechts. Erneut befand der Gerichtshof, dass eine fehlende Gewinnerzielungsabsicht sowie Elemente der Solidarität trotz des Vorliegens einer Pflichtmitgliedschaft nicht ausreichend sind, um das Vorliegen einer

---

[377] EuGH, Urteil vom 21.9.1999, Rs. C-67/96 (Albany), Slg. 1999, I-5751 (5887).
[378] Wie vor, S. 5888 f.
[379] Wie vor, S. 5888.

wirtschaftlichen Tätigkeit auszuschließen[380]. Zur Begründung verwies der Gerichtshof darauf, dass der Fachärzte-Fonds ebenso wie der Betriebsrentenfonds in der Rechtssache Albany die Höhe der Beiträge und Leistungen selbst bestimme und nach dem Kapitalisierungsprinzip arbeite[381]. Da die Höhe der Leistungen damit von den Erträgen der getätigten Anlagen abhing, übte der Fonds eine wirtschaftliche Tätigkeit im Wettbewerb mit Versicherungsunternehmen aus und war daher als Unternehmen zu qualifizieren.

(6) Das Urteil in der Rechtssache Cisal

In der Rechtssache Cisal verneinte der EuGH dagegen die Unternehmenseigenschaft einer italienischen Unfallversicherungsanstalt, da deren Tätigkeit keinen wirtschaftlichen Charakter aufwies. Zwar reiche die Erfüllung eines sozialen Zwecks durch ein Versicherungssystem als solche nicht aus, um das Vorliegen einer wirtschaftlichen Tätigkeit auszuschließen, jedoch sei die Versicherung gegen Arbeitsunfälle und Berufskrankheiten eine Aufgabe rein sozialer Natur, so dass ein unternehmerisches Handeln ausscheide[382]. Dabei betonte der Gerichtshof wie schon in der Rechtssache Poucet und Pistre, dass das Versicherungssystem auf dem Grundsatz der Solidarität beruhe und die Verwaltung des Systems der Einrichtung gesetzlich übertragen worden sei[383]. Das Solidaritätsprinzip konkretisiere sich in der Pflichtmitgliedschaft und der Tatsache, dass der Leistungsumfang nicht proportional zu den entrichteten Beiträgen stünde[384]. So richte sich die Höhe der Beiträge nicht streng proportional nach dem versicherten Risiko, da sich die Beiträge nach der Höhe der Einkünfte berechneten[385]. Damit führte der Gerichtshof erneut die Funktion der Einkommensumverteilung einer Sozialversicherung an, um das Vorliegen solidarischer Merkmale zu begründen, welche einer wirtschaftlichen Tätigkeit entgegenstanden. Zugleich betonte der EuGH die Bedeutung des staatlichen Einflusses auf die Sozialversicherung. So sei die Unfallversicherungsanstalt gesetzlich geschaffen worden und unterliege einer staatlichen Kontrolle, wobei auch die Höhe der Leistungen und Beiträge gesetzlich festgesetzt würden[386].

ccc) Auswertung der Rechtsprechung

Spätestens nach dem Urteil in der Rechtssache Cisal kann es als gefestigte Rechtsprechung des EuGH angesehen werden, dass auf dem Solidaritätsprinzip basierende Sozialversicherungen unter bestimmten Voraussetzungen mangels

---

[380] EuGH, Urteil vom 12.9.2000, Rs. C-180-184/98 (Pavlov), Slg. 2000, I-6451 (6531).
[381] Wie vor, S. 6530.
[382] EuGH, Urteil vom 22.1.2002, Rs. C-218/00 (Cisal), Slg. 2002, I-691 (732).
[383] Wie vor, S. 732.
[384] Wie vor, S. 732.
[385] Wie vor, S. 731.
[386] Wie vor, S. 732.

Unternehmenseigenschaft dem Anwendungsbereich der Art. 81 f EG entzogen sind[387]. Dabei hat der Gerichtshof im Laufe der Jahre Kriterien entwickelt mittels derer sich die solidarische Ausrichtung eines Versicherungssystems bestimmen lässt[388]. In der Rechtssache Poucet und Pistre betonte der Gerichtshof dabei die folgenden fünf Elemente, um die soziale Zweckbestimmung eines Kranken- und Rentenversicherungssystems zu begründen[389]: so wurde der Krankenversicherungsschutz zunächst allen Mitgliedern unabhängig von ihrem Gesundheitszustand gewährt, ohne dass dieser Auswirkungen auf die Beitragshöhe hatte (Element 1); dabei konkretisierte sich der Solidaritätsgrundsatz dadurch, dass die Beiträge proportional zum Einkommen bemessen wurden, während die Versicherungsleistungen für alle Mitglieder gleich waren (Element 2); zudem waren bestimmte Personen auf Grund ihrer sozialen Situation von der Beitragszahlung ganz befreit (Element 3); von Bedeutung war nach der Ansicht des Gerichtshofs auch die Tatsache, dass die Renten der im Ruhestand befindlichen Arbeitnehmer durch die von den erwerbstätigen Arbeitnehmern geleisteten Beiträge finanziert wurden (Element 4); weiterhin äußerte sich eine Solidarität zwischen den Systemen der sozialen Sicherheit dadurch, dass die Systeme, die Überschüsse erwirtschafteten, sich an der Finanzierung der Systeme mit finanziellen Schwierigkeiten beteiligten. (Element 5). Als wesentliches Merkmal des Solidaritätsprinzips schien indes die Einkommensumverteilung zwischen wohlhabenden und sozial bedürftigen Personen der Annahme einer wirtschaftlichen Tätigkeit entgegenzustehen[390]. Dabei ließ der Gerichtshof jedoch offen, inwieweit die einzelnen Elemente konstitutiv für die Annahme eines auf dem Solidaritätsprinzip basierenden Sozialversicherungssystems sind.

Die bisherige Rechtsprechung des EuGH legt zudem nahe, dass ein auf diesen Elementen der Solidarität basierendes System der sozialen Sicherung auf einer Pflichtmitgliedschaft sowie auf detaillierten gesetzgeberischen Vorgaben beruhen muss, um aus dem Anwendungsbereich der Art. 81 f EG herauszufallen[391]. So verdeutlicht die Zusammenschau der Urteile Poucet und

---

[387] Gassner spricht insoweit von „"sozialen" Negativkriterien", die das Vorliegen einer hoheitlichen Tätigkeit surrogieren: ders., in: VSSR 2000, S. 121 (140).
[388] Siehe zu diesen Kriterien auch: Nickless, S. 21 f; Pieters/Van den Bogaert, S. 18; Winterstein, in: ECLR 1999, S. 324 (328 f); Verschueren, in: SGb 2001, S. 356 (362); Hatzopoulos, in: 39 CMLR (2002), S. 683 (711 f).
[389] EuGH, Urteil vom 17.2.1993, Rs. C-159, 160/91 (Poucet und Pistre), Slg. 1993, I-637 (668); diese Kriterien wurden später vom EuGH überwiegend bestätigt: EuGH, Urteil vom 16.11.1995, Rs. C-244/94 (Fédération française), Slg. 1995, I-4013 (4028).
[390] EuGH, Urteil vom 17.2.1993, Rs. C-159, 160/91 (Poucet und Pistre), Slg. 1993, I-637 (668).
[391] Dies betonte der EuGH später ausdrücklich: EuGH, Urteil vom 16.11.1995, Rs. C-244/94 (Fédération française), Slg. 1995, I-4013 (4028); ähnlich: EuGH, Urteil vom 16.3.2004, verb. Rs. C-264/01, C-306/01, C-354/01 und C-355/01 (AOK Bundesverband), Rn. 50, 61, noch nicht in der amtl. Slg. veröffentlicht; so auch: Pieters/Van den Bogaert, S. 19; Verschueren,

Pistre, Fédération française und Cisal, dass der EuGH bisher nur dann von einer solidarischen Ausgestaltung von Sozialversicherungssystemen ausging, wenn die Mitgliedschaft für eine bestimmte Personengruppe obligatorisch war[392]. In der Rechtssache Albany hat der Gerichtshof jedoch klargestellt, dass das Vorliegen einer Pflichtmitgliedschaft allein nicht ausreicht, um die Unternehmenseigenschaft einer Sozialversicherung auszuschließen. Von einem solidarisch ausgestalteten System der sozialen Sicherung, das keine wirtschaftliche Tätigkeit ausübt und daher keine Unternehmenseigenschaft besitzt, ist nach der Rechtsprechung des EuGH nur dann auszugehen, wenn folgende Voraussetzungen kumulativ vorliegen: es muss sich um ein System der sozialen Sicherung handeln, das sich durch eine Pflichtmitgliedschaft sowie eine Unabhängigkeit der Leistung von einkommensabhängigen Beiträgen und Gesundheitsrisiken auszeichnet; zugleich müssen die Aufgaben und Befugnisse des Systems durch bindende staatliche Vorgaben bestimmt sein[393].

bb) Zwischenergebnis

Aus der bisherigen Rechtsprechung lässt sich die Tendenz ableiten, dass der Gerichtshof bezüglich der Anwendung des EG-Wettbewerbsrechts auf solidarisch geprägte Tätigkeiten sozialer Sicherungssysteme Zurückhaltung übt. Im Bereich des Handelns von Sozialversicherungsträgern wird das Vorliegen einer wirtschaftlichen Tätigkeit damit häufig dann ausscheiden, wenn neben einer Versicherungspflicht auch eine Einkommensumverteilung staatlich angeordnet und determiniert ist. Von Bedeutung ist dabei, dass die erörterten Entscheidungen des EuGH bis zu dem Festbetragsurteil nicht das deutsche System der GKV zum Gegenstand hatten und zudem immer die Beziehungen einer Versicherung zu ihren Mitgliedern und nicht die Rolle einer gesetzlichen Krankenversicherung als Nachfrager betrafen. Fraglich ist daher, inwieweit sich

---

in: SGb 2001, S. 356 (362); Weiß, in: Callies/Ruffert, Art. 81, Rn. 36; Hatzopoulos, in: 39 CMLR (2002), S. 683 (711).
[392] So in den Rechtssachen: EuGH, Urteil vom 17.2.1993, Rs. C-159, 160/91 (Poucet und Pistre), Slg. 1993, I-637 (670) und EuGH, Urteil vom 22.1.2002, Rs. C-218/00 (Cisal), Slg. 2002, I-691 (732); anders hingegen das Ergebnis in einem auf Freiwilligkeit beruhenden Krankenversicherungssystem: EuGH, Urteil vom 16.11.1995, Rs. C-244/94 (Fédération française), Slg. 1995, I-4013 (4030).
[393] So auch: Pieters/Van den Bogaert, S. 19; Weiß, in: Callies/Ruffert, Art. 81, Rn. 37; der GA Jacobs stellt dabei zudem darauf ab, ob die in Frage stehende Tätigkeit nicht auch von privaten Unternehmen betrieben werden könnte, da nur in dem Fall, dass eine bestimmte Tätigkeit von einer öffentlich-rechtlichen Einrichtung betrieben werden müsse, kein Bedürfnis für eine Anwendung des EG-Wettbewerbsrechts bestehe: GA Jacobs, Rn. 27, 32 der Schlussanträge vom 22.5.2003, verb. Rs. C-264/01, C-306/01, C-354/01 und C-355/01 (AOK Bundesverband), noch nicht in der amtl. Slg. veröffentlicht; ähnlich: EuGH, Urteil vom 23.4.1991, Rs. C-41/90 (Höfner und Elser), Slg. 1991, I-1979 (2016); vor allem den Aspekt der gesetzlichen Vorgabe betonend: EuGH, Urteil vom 16.3.2004, verb. Rs. C-264/01, C-306/01, C-354/01 und C-355/01 (AOK Bundesverband), Rn. 61, noch nicht in der amtl. Slg. veröffentlicht.

die Rechtsprechung des EuGH einerseits auf das deutsche System der gesetzlichen Krankenversicherung und andererseits auf das Verhältnis der GKV zu den Leistungserbringern übertragen lässt.

b) Leistungsbeschaffung der gesetzlichen Krankenkassen

Im folgenden Abschnitt soll untersucht werden, inwieweit sich die Rechtsprechung des EuGH zu den Sozialversicherungsmonopolen auf die Nachfragetätigkeit der deutschen GKV übertragen lässt. Bevor im Einzelnen auf das Festbetragsurteil einzugehen ist (c), soll zunächst erörtert werden inwieweit der EuGH und das EuG in ihrer bisherigen Rechtsprechung bereits Stellung zur Unternehmenseigenschaft eines Sozialversicherungsträgers im Bereich der Leistungsnachfrage genommen haben. Dabei ist zunächst auf die Urteile Duphar und Sodemare des EuGH einzugehen. Abschließend wird das Urteil des EuG in der Rechtssache FENIN erörtert.

aa) Das Urteil des EuGH in der Rechtssache Duphar

Die Rechtssache Duphar betraf die Vereinbarkeit einer Negativliste der niederländischen Pflichtkrankenversicherung mit dem Gemeinschaftsrecht. Zwar untersuchte der Gerichtshof die Regelung ausführlich nur unter dem Gesichtspunkt der Warenverkehrsfreiheit und befand die Negativliste unter bestimmten Voraussetzungen als mit Art. 30 EWGV a.F. (= Art. 28 EG n.F.) vereinbar[394]. Jedoch beantwortete der EuGH die Vorlagefrage nach der Vereinbarkeit der Regelung mit Art. 3 I lit.f) EWGV i.V.m. Art. 85 und 86 EWGV (= Art. 3 I lit.g) EG i.V.m. Art. 81 und 82 EG n.F.) mit dem Verweis, dass „die Artikel 85 und 86 EWG-Vertrag zu den Wettbewerbsregeln „für Unternehmen" gehören"[395]. Zwar lehnte der Gerichtshof damit eine Anwendung des EG-Wettbewerbsrechts auf die von der niederländischen Regierung erlassene Negativliste ab; er ließ dabei jedoch offen, ob dies in der hoheitlichen Einführung der Regelung oder der solidarischen Ausgestaltung des Versicherungssystems begründet lag. Jedoch spricht bereits die kurze Begründung dafür, dass der EuGH die Anwendung des EG-Wettbewerbsrechts auf Grund eines rein hoheitlichen Handelns ausschloss. So wurde die Beteiligung der Krankenversicherungen an der Einführung der Negativliste vom EuGH überhaupt nicht näher bewertet[396]. Zudem hat der Gerichtshof in den Fällen, in denen er das Solidaritätsprinzip zur Begründung des Ausschlusses

---

[394] EuGH, Urteil vom 7.2.1984, Rs. 238/82 (Duphar), Slg. 1984, S. 523 (542).
[395] Wie vor, S. 544.
[396] Anders stellt sich die Situation indes in bezug auf das Verfahren zur Festsetzung der Arzneimittelfestbeträge nach § 35 SGB V dar, da den Spitzenverbänden der Krankenkassen hier eine wesentliche Funktion bei der Festsetzung der Höhe der Festbeträge zukommt, so dass das Vorliegen einer rein hoheitlichen Tätigkeit hier ausgeschlossen ist; s.o.: 2. Kapitel, A., I., 2., a), aa), aaa), (1), S. 71.

wirtschaftlicher Tätigkeiten anführte, jeweils eine ausführliche Bewertung des Sozialversicherungssystems vorgenommen[397]. Ferner wurde die Rechtssache Duphar in nachfolgenden Entscheidungen nie als Präzedenzfall für ein an solidarischen Grundsätzen ausgerichtetes Krankenversicherungssystem herangezogen. Aus dem Urteil lassen sich daher nur in begrenztem Umfang Rückschlüsse für die Frage ziehen, unter welchen Voraussetzungen solidarische Strukturelemente der Annahme einer Unternehmenseigenschaft gesetzlicher Krankenversicherungen im Bereich der Leistungsbeschaffung entgegenstehen.

bb) Das Urteil des EuGH in der Rechtssache Sodemare

Im Jahre 1997 war der EuGH in der Rechtssache Sodemare[398] erneut mit der Leistungsbeschaffung einer Sozialversicherung befasst. Ein italienisches Gericht hatte dem Gerichtshof in diesem Fall die Frage vorgelegt, ob die Bestimmung eines regionalen Gesetzes, wonach nur gemeinnützig organisierte Betreiber von Altersheimen zur Leistungserbringung zugelassen werden sollten, mit Art. 82 EG vereinbar ist. In seinen Schlussanträgen verwies der Generalanwalt Fennelly in bezug auf die Anwendung der Grundfreiheiten darauf, dass „das Bestehen von durch die Mitgliedstaaten geschaffenen Systemen der sozialen Sicherheit als solches keine wirtschaftliche Tätigkeit"[399] darstelle. Daher könne die Verfolgung sozialer Ziele auf der Grundlage der Solidarität den Mitgliedstaaten Anlass geben, „private Wirtschaftsteilnehmer von Vorhaben fernzuhalten, die sie im Rahmen ihrer Systeme der sozialen Sicherheit durchführen"[400]. Dabei betonte der Generalanwalt jedoch ausdrücklich, dass die Beziehungen zwischen den Leistungserbringern und den Systemen der sozialen Sicherheit wirtschaftlichen Charakter haben könnten[401]. So verlange das Gemeinschaftsrecht, dass „solche Systeme die Normen des Vertrages in dem Maße beachten, in dem sie die wirtschaftliche Tätigkeit anderer Personen auf eine Weise berühren, die für die Erreichung ihrer sozialen Ziele nicht notwendig ist"[402]. Daher müssten die „Mitgliedstaaten, wenn sie private Wirtschaftsteilnehmer in ihre Systeme der sozialen Sicherheit einbeziehen, . . . , grundsätzlich die Vorschriften des Vertrages u.a. über die Niederlassungsfreiheit beachten"[403]. In dem vorliegenden Fall sah der Generalanwalt die Vorschriften des EG-Vertrages daher als anwendbar an und sprach sich damit gegen eine Gesamtbetrachtung der Tätigkeit von Systemen der sozialen Sicherheit aus. So

---

[397] So in den Rechtssachen: EuGH, Urteil vom 22.1.2002, Rs. C-218/00 (Cisal), Slg. 2002, I-691 (729 ff); EuGH, Urteil vom 17.2.1993, Rs. C-159, 160/91 (Poucet und Pistre), Slg. 1993, I-637 (668 f).
[398] EuGH, Urteil vom 17.6.1997, Rs. C-70/95 (Sodemare), Slg. 1997, I-3395 (3437 f).
[399] GA Fennelly, Schlussanträge vom 6.2.1997, Rs. C-70/95 (Sodemare), Slg. 1997, I-3395 (3409).
[400] Wie vor, S. 3410.
[401] Wie vor, S. 3410.
[402] Wie vor, S. 3410.
[403] Wie vor, S. 3410.

soll ein solches System, das in bezug auf das Versicherungsverhältnis am Solidaritätsgrundsatz ausgerichtet ist, nicht zwingend auch im Bereich des Leistungserbringungsrechts wegen seiner solidarischen Zweckbestimmung dem Anwendungsbereich des EG-Wettbewerbsrechts entzogen sein. Nach der Ansicht des Generalanwalts würde das Leistungserbringungsrecht der gesetzlichen Krankenversicherung damit grundsätzlich in den Anwendungsbereich des EG-Vertrages fallen. Dabei wird auf diese Trennung des Versicherungsverhältnisses von dem Leistungserbringungsverhältnis weiter unten noch näher einzugehen sein[404].

Im Gegensatz zu den Schlussanträgen des Generalanwalts ist die Aussagekraft des Urteils für die Bewertung der Unternehmenseigenschaft gesetzlicher Krankenkassen im Bereich der Leistungsnachfrage jedoch begrenzt. So hat der EuGH sich zwar ausführlich mit der Vereinbarkeit des italienischen Gesetzes mit den Grundfreiheiten befasst, dabei jedoch seine Ausführungen zur Anwendbarkeit des EG-Wettbewerbsrechts kurz gefasst. Dabei beschränkte der Gerichtshof sich auf die Aussage, dass der italienische Gesetzgeber keine wettbewerbswidrigen Absprachen vorschreibe, erleichtere oder in ihren Auswirkungen verstärke[405] und bezog sich mit dieser Formulierung auf die einschlägige Rechtsprechung zur mitgliedstaatlichen Verantwortlichkeit nach Art. 10 II, 3 I lit.g) EG i.V.m. Art. 81 f EG[406]. Zudem erlaube nichts den Schluss, dass die italienische Regelung den Unternehmen, die zum Vertragsabschluss zugelassen sind, eine beherrschende Stellung einräume, wobei auch eine kollektive Marktbeherrschung ausgeschlossen sei[407]. Dies mag mit der Formulierung der Vorlagefrage durch das italienische Gericht zusammenhängen, welches den Gerichtshof lediglich zur Vereinbarkeit der Regelung mit den Art. 3 I lit.f), 85, 86 EGV a.F. i.V.m. Art. 90 a.F. EGV (= Art. 3 I lit.g), 81, 82 EG n.F. i.V.m. Art. 86 EG n.F.) befragte. Da sich der Gerichtshof in der Rechtssache Sodemare jedoch nicht im einzelnen mit den Voraussetzungen des Unternehmensbegriffs befasste, ist die Aussagekraft des Urteils für die wettbewerbsrechtliche Beurteilung der Leistungsbeschaffung in der GKV gering[408].

---

[404] S.u.: 2. Kapitel, A., I., 2., b), dd), S. 88.
[405] EuGH, Urteil vom 17.6.1997, Rs. C-70/95 (Sodemare), Slg. 1997, I-3395 (3437).
[406] EuGH, Urteil vom 30.4.1986, Rs. 209-213/84 (Asjes), Slg. 1986, S. 1425 (1471); EuGH, Urteil vom 1.10.1987, Rs. 311/85 (Vlaamse Reisbureaus) Slg. 1987, S. 3801 (3826); EuGH, Urteil vom 21.9.1988, Rs. 267/86 (Van Eycke), Slg. 1988, S. 4769 (4791 f); EuGH, Urteil vom 17.11.1993, Rs. C-185/91 (Reiff), Slg. 1993, I-5801 (5847); EuGH, Urteil vom 18.6.1998, Rs. C-35/96 (Kommission/Italien), Slg. 1998, I-3851 (3899); s.u.: 3. Kapitel, A., I., 1., S. 135.
[407] EuGH, Urteil vom 17.6.1997, Rs. C-70/95 (Sodemare), Slg. 1997, I-3395 (3438).
[408] Ähnlich: Knispel, in: GGW 2/2002, S. 7 (10); Giesen, Die Vorgaben des EG-Vertrages für das Internationale Sozialrecht, S. 119 f, 122; Axer, in: NZS 2002, S. 57 (61, Fn. 66); a.A.: Kunze/Kreikebohm, in: NZS 2003, S. 62 (65); Hänlein/Kruse, in: NZS 2000, S. 165 (168); Gassner, in: VSSR 2000, S. 121 (138 f), die davon ausgehen, dass der EuGH vom Vorliegen

cc) Das Urteil des EuG in der Rechtssache FENIN

Eine weitaus höhere Aussagekraft in bezug auf die Unternehmenseigenschaft gesetzlicher Gesundheitssysteme im Bereich der Leistungsnachfrage kommt indes einem Urteil des EuG aus dem Jahre 2003 zu. In der Rechtssache FENIN lehnte das Gericht Erster Instanz die Unternehmenseigenschaft von Einrichtungen ab, die das spanische Gesundheitssystem SNS verwalten. Kläger war ein Verband, in dem die meisten der Unternehmen, die in Spanien medizinische Erzeugnisse für Krankenhäuser vertreiben, zusammengeschlossen sind. Der Verband beanstandete bei der Kommission den Missbrauch einer marktbeherrschenden Stellung durch die das Gesundheitssystem verwaltenden Einrichtungen, die Zahlungsrückstände gegenüber den Verbandsmitgliedern regelmäßig mit erheblichen Verspätungen beglichen. Die Kommission lehnte jedoch die Unternehmenseigenschaft der Einrichtungen ab, woraufhin der Verband Klage bei dem Gericht Erster Instanz erhob, welches die Ansicht der Kommission bestätigte. Ohne dabei näher auf den Umfang solidarischer Elemente des spanischen Gesundheitssystems einzugehen, verneinte das Gericht den wirtschaftlichen Charakter der Leistungsbeschaffung des Gesundheitssystems, da dieses durch Sozialversicherungsbeiträge finanziert wurde und unentgeltlich Dienstleistungen an seine Mitglieder erbrachte[409]. Das EuG lehnte damit indirekt das Argument des klagenden Verbandes ab, wonach solidarische Gesichtspunkte eines Gesundheitssystems dann unerheblich seien, wenn Materialeinkäufe eines solchen Systems in Frage stünden, da von Dritten keine Opfer im Namen des Solidaritätsgrundsatzes erwartet werden könnten[410]. So argumentierte der klagende Verband, dass die Rechtsprechung des EuGH in der Rechtssache Poucet und Pistre auf den vorliegenden Fall der Leistungsbeschaffung staatlicher Gesundheitssysteme nicht übertragbar sei, da in diesem Verhältnis der Grundsatz der Solidarität keine Bedeutung habe. Auf Grund der Funktionalität des Unternehmensbegriffs sei nicht die Art der Einrichtung, sondern die Art der Tätigkeit für die Bestimmung der Unternehmenseigenschaft entscheidend, so dass die Lösung in der Rechtssache Poucet und Pistre nicht auf alle Tätigkeiten der in Frage stehenden Einrichtung anwendbar sei[411].

---

einer unternehmerischen Tätigkeit ohne weitere Ausführungen ausgegangen sei; hiergegen spricht jedoch, dass der EuGH die Voraussetzungen des Unternehmensbegriffs im Bereich des Sozialversicherungsrechts regelmäßig detailliert prüft und im Gegensatz zum Generalanwalt zur Frage des Vorliegens einer wirtschaftlichen Tätigkeit keine Stellung bezogen hat; ebenfalls a.A.: Bieback, in: EWS 1999, S. 361 (366), der aus den kurzen Ausführungen des Gerichtshofs die Schlussfolgerung zieht, dass der EuGH den Bereich des Sozialversicherungsrechts aus dem Geltungsbereich des EG-Wettbewerbsrechts herausnehmen wollte, was sich jedoch ebenfalls nicht aus den kurzen Erwägungen ableiten lässt.

[409] EuG, Urteil vom 4.3.2003, Rs. T-319/99 (FENIN)(nicht rechtskräftig), Slg. 2003, II-357 (374).
[410] Wie vor, S. 368.
[411] Wie vor, S. 366.

Das EuG lehnte diese Trennung des Leistungsverhältnisses vom Versicherungsverhältnis indes mit der Begründung ab, dass die Einkaufs- und Verkaufstätigkeiten eines Gesundheitssystems als Einheit zu betrachten seien. Der Begriff der wirtschaftlichen Tätigkeit sei nicht durch die Einkaufstätigkeit als solche, sondern durch das Anbieten von Waren und Dienstleistungen gekennzeichnet[412]. Deshalb bestimme der wirtschaftliche oder nichtwirtschaftliche Charakter der späteren Verwendung des erworbenen Produkts zwangsläufig den Charakter der Einkaufstätigkeit[413]. Sofern eine Einrichtung ein Erzeugnis einkaufe, um es im Rahmen einer rein sozialen Tätigkeit zu verwenden, stelle auch der Beschaffungsvorgang keine wirtschaftliche Tätigkeit dar, so dass die Einrichtung auch im Rahmen der Leistungsnachfrage nicht als Unternehmen tätig werde[414]. Obwohl das Gericht das Vorliegen einer „erhebliche[n] Wirtschaftsmacht" bejahte, „die gegebenenfalls zu einem Nachfragemonopol führen kann"[415], sprach es sich damit ebenso wie die Kommission gegen eine Trennung des Beschaffungsvorgangs vom Verwendungsvorgang aus. Die soziale Verwendung der Erzeugnisse hatte daher den Ausschluss der Unternehmenseigenschaft der Einrichtungen auch im Bereich der Leistungsbeschaffung zur Folge[416].

dd) Die Festsetzung von Arzneimittelfestbeträgen als wirtschaftliche Tätigkeit

Für die Frage, ob die Leistungsbeschaffung der deutschen gesetzlichen Krankenkassen als wirtschaftliche Tätigkeit im Sinne des EG-Wettbewerbsrechts anzusehen ist, ist die Rechtsprechung des EuGH in den Rechtssachen Duphar und Sodemare wenig aufschlussreich. So enthalten beide Urteile nur sehr begrenzte Aussagen zum EG-Wettbewerbsrecht. Nicht zuletzt angesichts des Rückgriffs des Gerichtshofes im Festbetragsurteil auf die Entscheidungen Poucet/Pistre und Cisal[417] ist jedoch fraglich, ob diese Urteile den Fall der Festbetragsfestsetzung nach § 35 SGB V präjudizieren. Dies setzt jedoch einerseits voraus, dass die deutsche GKV die in den Fällen Poucet/Pistre und Cisal geschaffenen Kriterien der Solidarität in Form einer Pflichtmitgliedschaft

---

[412] Wie vor, S. 372; unter Bezugnahme auf: EuGH, Urteil vom 18.6.1998, Rs. C-35/96 (Kommission/Italien), Slg. 1998, I-3851 ff.
[413] EuG, Urteil vom 4.3.2003, Rs. T-319/99 (FENIN)(nicht rechtskräftig), Slg. 2003, II-357 (373).
[414] Wie vor, S. 373.
[415] Wie vor, S. 373.
[416] Anders die Entscheidung des britischen Competition Commission Appeals Tribunal ("CCAT"), das in dem Bettercare Urteil die Einkaufstätigkeiten des NHS als wirtschaftliche Tätigkeit qualifizierte und demzufolge die Unternehmenseigenschaft des Dienstes bejahte; Bettercare Group Ltd v Director General of Fair Trading, case 1006/2/1/01, 1.8.2002; hierzu: Bright/Currie, ECLR (2003), S. 41 (43 ff).
[417] EuGH, Urteil vom 16.3.2004, verb. Rs. C-264/01, C-306/01, C-354/01 und C-355/01 (AOK Bundesverband), Rn. 55, noch nicht in der amtl. Slg. veröffentlicht.

mit Einkommensumverteilung erfüllt (aaa.). Zudem scheidet eine Übertragung der im Bereich des Versicherungsverhältnisses gewonnen Ergebnisse des EuGH auf die Leistungsbeschaffung in der GKV aus, wenn die Tätigkeiten in diesen Bereichen strukturell so unterschiedlich sind, dass eine Gleichstellung nicht gerechtfertigt wäre. Daher ist in einem zweiten Schritt zu prüfen, ob sich die solidarischen Elemente der GKV auch im Bereich der Leistungsbeschaffung widerspiegeln (bbb.).

aaa) Die Struktur der deutschen gesetzlichen Krankenversicherung

Das deutsche GKV-System weist zunächst einige Gemeinsamkeiten mit den Sozialversicherungssystemen in den Rechtssachen Poucet/Pistre und Cisal auf. Dabei sprechen insbesondere folgende Merkmale dafür, dass die deutsche GKV die in der Rechtssache Poucet/Pistre geschaffenen Kriterien einer Solidargemeinschaft erfüllt. So ist die GKV nach § 5 SGB V als Pflichtversicherung konzipiert, deren Finanzierung nach dem Umlageprinzip erfolgt (§ 220 SGB V). Dabei werden die im Vordergrund stehenden Leistungen der Krankenbehandlung unabhängig von der Höhe der Beiträge gewährt. Vielmehr richten sich die Beiträge ausschließlich nach der wirtschaftlichen Leistungsfähigkeit der Mitglieder (§§ 3 S.2, 241 SGB V), was einen Ausgleich zwischen den Versicherten nach sozialen Gesichtspunkten garantiert. Individuelle Gesundheitsrisiken bleiben dabei unberücksichtigt, da die Aufnahme in die GKV unabhängig vom Gesundheitszustand des Antragstellers erfolgt, wobei der Gesundheitszustand zudem keinen Einfluss auf die Beitragshöhe hat. Das Vorliegen einer Solidargemeinschaft zeigt sich darüber hinaus in einem Familienlastenausgleich in Form einer beitragsfreien Familienversicherung nach §§ 3 S.3, 10 SGB V sowie einem kassenartinternen (§§ 265, 265a SGB V) und kassenartübergreifenden (§§ 266, 267 ff SGB V) Finanzausgleich[418].

Gegen die Vergleichbarkeit der deutschen GKV mit dem in der Rechtssache Poucet/Pistre in Frage stehenden Sozialversicherungssystem spricht jedoch, dass die Höhe der Festbeträge im Rahmen des § 35 SGB V nicht gesetzlich festgelegt wird[419]. Vielmehr erfolgt die Festbetragsfestsetzung nach § 35 III SGB V durch die Spitzenverbände der Krankenkassen, die dabei über erhebliche Gestaltungsmöglichkeiten in bezug auf die Höhe der Festbeträge verfügen[420].

---

[418] Dies betont auch der Gerichtshof: EuGH, Urteil vom 16.3.2004, verb. Rs. C-264/01, C-306/01, C-354/01 und C-355/01 (AOK Bundesverband), Rn. 53, noch nicht in der amtl. Slg. veröffentlicht.
[419] Diesen Ermessensspielraum der Kassenverbände ebenfalls betonend, aber dennoch von einer Vergleichbarkeit der Systeme ausgehend: EuGH, Urteil vom 16.3.2004, verb. Rs. C-264/01, C-306/01, C-354/01 und C-355/01 (AOK Bundesverband), Rn. 62, noch nicht in der amtl. Slg. veröffentlicht.
[420] So auch: OLG Düsseldorf, Urteil vom 27.7.1999, Az.: U (Kart) 36/98, in: PharmaR 1999, S. 283 (296); OLG Düsseldorf, Urteil vom 27.7.1999, Az.: U (Kart) 33/98, in: Pharm. Ind. 1999, S. 704 (711); Axer, in: NZS 2002, S. 57 (63); Koenig/Sander, in: NZS 2001, S. 617

Auch wenn der Leistungsumfang der GKV in der Arzneimittelversorgung weitgehend gesetzlich festgelegt wird, obliegt doch die Festlegung der Höhe der Festbeträge, wie der EuGH zutreffend feststellt[421], den Spitzenverbänden der Krankenkassen. Gerade hierin liegt aber ein gravierender Unterschied zu der Rechtssache Poucet/Pistre, in der auch die Leistungshöhe gesetzlich vorgegeben war[422]. Dasselbe gilt für den Fall Cisal, auf den der EuGH seine Argumentation im Festbetragsurteil ebenfalls in erheblichem Maße stützt[423]. Beide Fälle unterscheiden sich von der Festbetragsfestsetzung nach § 35 SGB V damit dadurch maßgeblich, dass eine Selbstverwaltungskörperschaft an der Verwaltung, nicht aber am Erlass der Maßnahme beteiligt war.

Für eine Unternehmenseigenschaft spricht zudem, dass die deutschen Krankenkassen auf Grund der Einräumung weitgehender Kassenwahlrechte der Mitglieder nach §§ 173 f SGB V untereinander um die Mitgliedschaft der Versicherten konkurrieren[424]. Dabei findet grundsätzlich ein Wettbewerb in bezug auf die Beitragshöhe, den Leistungsumfang und den Service statt[425]. So spricht insbesondere die Tatsache, dass die gesetzlichen Krankenkassen in bezug auf die Beitragshöhe um Mitglieder konkurrieren trotz des Vorliegens eines Risikostruktur- und Finanzausgleichs für die Annahme einer wirtschaftlichen Tätigkeit[426]. Weiterhin stehen die Krankenkassen in einem Wettbewerb mit privaten Krankenversicherungen um die Mitgliedschaft freiwillig Versicherter und um solche Personen, die sich von einer Versicherungspflicht befreien lassen können.

---

(619); a.A.: EuGH, Urteil vom 16.3.2004, verb. Rs. C-264/01, C-306/01, C-354/01 und C-355/01 (AOK Bundesverband), Rn. 52, 61, noch nicht in der amtl. Slg. veröffentlicht; BGH, Vorlagebeschluss zum EuGH vom 3.7.2001, KZR 31/99, in: WuW 2001, S. 1089 (1098); s.o.: 2. Kapitel, A., I., 2., a), aa), aaa), (1), S. 71.

[421] EuGH, Urteil vom 16.3.2004, verb. Rs. C-264/01, C-306/01, C-354/01 und C-355/01 (AOK Bundesverband), Rn. 62, noch nicht in der amtl. Slg. veröffentlicht.

[422] Der EuGH betonte in der Rechtssache Poucet/Pistre ausdrücklich, dass die „Kassen bei der Wahrnehmung ihrer Aufgaben die Gesetze [anwenden]" und daher keine Möglichkeit hätten, „auf die Höhe der Beiträge, die Verwendung der Mittel oder die Bestimmung des Leistungsumfangs Einfluß zu nehmen"; so: EuGH, Urteil vom 17.2.1993, Rs. C-159, 160/91 (Poucet und Pistre), Slg. 1993, I-637 (669).

[423] EuGH, Urteil vom 22.1.2002, Rs. C-218/00 (Cisal), Slg. 2002, I-691 (732), Rn. 43: „Zweitens ergibt sich aus den Akten, dass die Tätigkeit des INAIL, dem die Verwaltung des streitigen Systems gesetzlich übertragen wurde, staatlicher Aufsicht unterworfen ist und dass die Höhe der Leistungen sowie der Beiträge letztlich staatlich festgesetzt ist. Zum einen ist die Höhe der Leistungen gesetzlich festgelegt....".

[424] Hierzu: Hänlein, in: NZS 2003, S. 617 (619); Slot, in: ECLR 2003, S. 580 (582); hierzu im Detail: 2. Kapitel, A., I., 2., c), cc), S. 97.

[425] Vgl. hierzu etwa die Website: http//www.billigekrankenkassen.de/leistungsvergleiche/leistungs.html (Stand: 14.4.2004).

[426] Ebenso: GA Jacobs, Rn. 38 der Schlussanträge vom 22.5.2003, verb. Rs. C-264/01, C-306/01, C-354/01 und C-355/01 (AOK Bundesverband), noch nicht in der amtl. Slg. veröffentlicht; BGH, Vorlagebeschluss zum EuGH vom 3.7.2001, KZR 31/99, in: WuW 2001, S. 1089 (1094); a.A.: Knispel, in: GGW 2/2002, S. 7 (9).

Dabei sind trotz weitgehender gesetzlicher Vorgaben auch im Bereich der Arzneimittelversorgung Wettbewerbselemente im SGB V vorhanden[427]. Dies wird insbesondere an Zusatzleistungen deutlich, für die die gesetzlichen Krankenkassen Werbung betreiben. Ein weiteres Wettbewerbselement in der Arzneimittelversorgung zeigt sich darin, dass es den gesetzlichen Krankenkassen nach dem GMG auch erlaubt ist, zusammen mit privaten Krankenversicherungen Zusatzversicherungen anzubieten. Angesichts des grundsätzlichen Ausschlusses nicht verschreibungspflichtiger Arzneimittel aus der Erstattungsfähigkeit nach § 34 I SGB V kann hierfür in erheblichem Maße ein Bedarf entstehen, der für Kooperationen zwischen gesetzlichen und privaten Krankenversicherungen genutzt werden kann. Zumindest in den Bereichen, in denen ein solcher Wettbewerb entgegen der Ansicht des EuGH besteht, wird sich ein an marktwirtschaftlichen Gesichtspunkten ausgerichtetes Verhalten häufig nicht vermeiden lassen. Ein Zurücktreten solidarischer Motive ist in diesen Bereichen daher durchaus denkbar.

Bereits aus diesen Gründen erscheint es als fraglich, ob das deutsche GKV-System in einem Maße solidarisch ausgeprägt ist, dass das Vorliegen einer wirtschaftliche Tätigkeit im Sinne des EG-Wettbewerbsrechts ausgeschlossen werden kann. Dennoch soll im folgenden untersucht werden, ob im Falle der Annahme eines ausreichenden Solidaritätsniveaus eine Übertragung der Rechtsprechung des EuGH aus den Rechtssachen Poucet/Pistre und Cisal auf das Leistungsbeschaffungswesen in der GKV gerechtfertigt wäre. Im Rahmen der Erörterung des Festbetragsurteils ist sodann im Detail darauf einzugehen, ob die Festbetragfestsetzung eine Aufgabe rein sozialer Art darstellt.

bbb) Die Gesamtbetrachtung von Systemen der sozialen Sicherheit

Zu der Frage, ob sich die solidarische Ausgestaltung des Versicherungsverhältnisses zwangsläufig auf das Leistungserbringungsverhältnis überträgt, existieren unterschiedliche Ansichten. Während die herrschende Ansicht in der Literatur unter Berufung auf die Funktionalität des Unternehmensbegriffs eine solche Gesamtbetrachtung ablehnt[428], sprach sich

---

[427] A.A.: EuGH, Urteil vom 16.3.2004, verb. Rs. C-264/01, C-306/01, C-354/01 und C-355/01 (AOK Bundesverband), Rn. 54, noch nicht in der amtl. Slg. veröffentlicht; vgl. hierzu im Detail unten: 2. Kapitel, A., I., 2., c), cc), S. 97.
[428] Kingreen, in: MedR 2004, S. 188 (195); Gassner, in: VSSR 2000, S. 121 (140); ders., in: Pharm. Ind. 2003, S. 1118 (1133); Kunze/Kreikebohm, in: NZS 2003, S. 62 (64 f); Koenig/Sander, in: WuW 2000, S. 975 (981); Grill, in: Lenz, Vorbem. Art. 81-86, Rn. 34; Hänlein/Kruse, in: NZS 2000, S. 165 (168); Berg, in: PharmaR 1999, S. 276 (280); Engelmann, S. 72; Helios, in: EuZW 2003, S. 288 (288); so wohl auch: GA Fennelly, Schlussanträge vom 6.2.1997, Rs. C-70/95 (Sodemare), Slg. 1997, I-3395 (3410); a.A.: Rebscher, in: FS für von Maydell, S. 549 (557); auch Heinze bejaht das Vorliegen einer wirtschaftlichen Tätigkeit zumindest im Leistungserbringungsverhältnis: Heinze, in: SGb 2001, S. 157 (159): "Denn es kann überhaupt kein Zweifel daran bestehen, dass europaweit

neben dem EuG[429] und der Europäischen Kommission[430] auch der Generalanwalt Jacobs[431] für eine einheitliche Bewertung der Tätigkeiten von Sozialversicherungen aus. Dabei wird die Trennung der Leistungsbeschaffung vom Versicherungsverhältnis als wirklichkeitsfremd angesehen, da die Bereitstellung sozialer Dienstleistungen ohne deren Einkauf in einem Sozialversicherungssystem nicht möglich sei[432]. Gegen eine solche Gesamtbetrachtung wird von Seiten der herrschenden Ansicht in der Literatur angeführt, dass die Leistungsbeschaffung nicht in den Kernbereich der vom Solidaritätsprinzip beeinflussten sozialen Sicherungssysteme falle[433]. Im Fall der Festbetragsfestsetzungen könne auch angesichts der von den Festbeträgen ausgehenden Beeinflussung der Arzneimittelpreise das Vorliegen einer wirtschaftlichen Tätigkeit kaum bestritten werden[434].

Unter Zugrundelegung des funktionalen Unternehmensbegriffs des EG-Wettbewerbsrechts ist zunächst davon auszugehen, dass das Vorliegen einer wirtschaftlichen Tätigkeit im Einzelfall funktions- und marktbezogen je nach Tätigkeitsbereich und betroffenem Markt zu beurteilen ist[435]. Daher kann das Verhalten einer Einheit hinsichtlich eines Teils ihrer Tätigkeit als unternehmerisch zu qualifizieren sein, während ein anderer Teil mangels wirtschaftlicher Betätigung dem Anwendungsbereich des EG-Wettbewerbs-

---

in allen Mitgliedstaaten der EU das Leistungserbringungsverhältnis als wirtschaftliche Betätigung im Sinne des EU-Vertrages zu qualifizieren ist, weil eben dieses Leistungserbringungsverhältnis – unabhängig von der zumeist öffentlichrechtlichen Ausgestaltung des Versicherungsverhältnisses – schlicht dem Privatrecht unterliegt"; zugleich geht Heinze in bezug auf die deutsche Unfallversicherung aber davon aus, dass eine Trennung des Leistungsverhältnisses vom Versicherungsverhältnis wirklichkeitsfremde Ergebnisse zur Folge hat: Heinze, in: FS für Gitter, S. 355 (366).
[429] EuG, Urteil vom 4.3.2003, Rs. T-319/99 (FENIN)(nicht rechtskräftig), Slg. 2003, II-357 (373); dabei stellte das EuG allein auf die Verwendung der Leistung ab; ähnlich: Ebsen, in: Igl, S. 298 (312).
[430] Vgl. hierzu: Rn. 45 der Schlussanträge des GA Jacobs vom 22.5.2003, verb. Rs. C-264/01, C-306/01, C-354/01 und C-355/01 (AOK Bundesverband), noch nicht in der amtl. Slg. veröffentlicht; sowie: EuG, Urteil vom 4.3.2003, Rs. T-319/99 (FENIN)(nicht rechtskräftig), Slg. 2003, II-357 (372), Rn. 33.
[431] GA Jacobs, Rn. 44-46 der Schlussanträge vom 22.5.2003, verb. Rs. C-264/01, C-306/01, C-354/01 und C-355/01 (AOK Bundesverband), noch nicht in der amtl. Slg. veröffentlicht.
[432] So die Ansicht der Europäischen Kommission in der Rechtssache FENIN; siehe: EuG, Urteil vom 4.3.2003, Rs. T-319/99 (FENIN)(nicht rechtskräftig), Slg. 2003, II-357 (372), Rn. 33; ebenso: GA Jacobs, Rn. 45 der Schlussanträge vom 22.5.2003, verb. Rs. C-264/01, C-306/01, C-354/01 und C-355/01 (AOK Bundesverband), noch nicht in der amtl. Slg. veröffentlicht.
[433] Koenig/Sander, in: WuW 2000, S. 975 (981); Helios, in: EuZW 2003, S. 288 (288).
[434] Koenig/Sander, in: WuW 2000, S. 975 (981).
[435] Dabei deutet nichts darauf hin, dass der funktionale Unternehmensbegriff im Bereich des Sozialversicherungsrechts nicht anwendbar wäre; so auch: Koenig/Sander, in: WuW 2000, S. 975 (981); Gassner, in: VSSR 2000, S. 121 (140); Vogel, in: NZS 1999, S. 375 (377); Giesen, Die Vorgaben des EG-Vertrages für das Internationale Sozialrecht, S. 114.

rechts entzogen sein kann[436]. Aus diesem Grunde ist es nicht ausgeschlossen, dass die Beziehungen der gesetzlichen Krankenkassen zu den Leistungserbringern anders zu bewerten sind als ihr Verhältnis zu den Versicherten. Hierfür spricht insbesondere, dass die solidarischen Elemente des Versicherungsverhältnisses in Form einer Pflichtversicherung mit Einkommensumverteilung im Rahmen des Beschaffungsverhältnisses keine prägende Bedeutung haben[437]. Zwar hat auch die Festbetragsfestsetzung durch das Ziel der Kostensenkung einen solidarischen Charakter; jedoch findet bei der Beschaffung von Arzneimitteln durch die Krankenkassen keine Umverteilung von Einkünften statt. Das Primärziel des § 35 SGB V in Form der Senkung der Arzneimittelpreise ist damit ökonomischer und nicht solidarischer Natur[438]. Weiterhin sind die gesetzlichen Krankenkassen als Marktteilnehmer anzusehen, weil sie ihre Leistungspflicht gegenüber den Versicherten in Form von Sachleistungen erfüllen[439], so dass auf dem einschlägigen Markt eine Nachfrage erforderlich ist. Für das Vorliegen einer Marktteilnahme spricht zudem, dass die gesetzlichen Krankenkassen im Rahmen der Leistungsbeschaffung in Konkurrenz zu privaten Krankenversicherungen stehen. In der Literatur wird dabei bereits aus der Stellung der GKV als Nachfrager von Waren und Dienstleistungen die Schlussfolgerung gezogen, dass die Leistungsbeschaffung keine rein soziale Tätigkeit ist[440]. Demnach wären die gesetzlichen Krankenkassen im Bereich des Beschaffungswesens als Unternehmen im Sinne des EG-Wettbewerbsrechts anzusehen, solange ihr Nachfrageverhalten nicht vollumfänglich gesetzlich determiniert ist. Letzteres ist indes im Rahmen der Festbetragsfestsetzung nach § 35 SGB V aus den oben dargestellten Gründen[441] zu verneinen.

Demgegenüber könnte für eine Gesamtbetrachtung angeführt werden, dass eine Trennung des Leistungsverhältnisses vom Versicherungsverhältnis wirklichkeitsfremde Ergebnisse zur Folge hätte[442]. So kann die Beschaffungstätigkeit der gesetzlichen Krankenkassen grundsätzlich nicht auf einen rein marktwirtschaftlichen Vorgang ohne jede soziale Komponente reduziert werden.

---

[436] Brinker, in: Schwarze, Art. 81, Rn. 23; Bieback, in: EWS 1999, S. 361 (362); GA Jacobs, Rn. 45 der Schlussanträge vom 22.5.2003, verb. Rs. C-264/01, C-306/01, C-354/01 und C-355/01 (AOK Bundesverband), noch nicht in der amtl. Slg. veröffentlicht.
[437] So auch: Knispel, in: GGW 2/2002, S. 7 (10); Koenig/Sander, in: WuW 2000, S. 975 (981); Gassner, in: VSSR 2000, S. 121 (138).
[438] Eine Parallele liegt insofern zur Rechtslage im US-amerikanischen Recht vor, wo Tätigkeiten der Versicherungen von den Antitrust-Gesetzen des Bundes nur freigestellt sind, wenn das konkrete Geschäft „risikoverteilender Natur" ist; s.u.: 2. Kapitel, B., I., 1., S. 116.
[439] S.o.: 1. Kapitel, B., III., 1., S. 12.
[440] So: Knispel, in: GGW 2/2002, S. 7 (10); Koenig/Sander, in: WuW 2000, S. 975 (981).
[441] S.o.: 2. Kapitel, A., I., 2., a), aa), aaa), (1), S. 71.
[442] So für die deutsche Unfallversicherung: Heinze, in: FS für Gitter, S. 355 (369); jedoch sieht Heinze Tätigkeiten der GKV im Leistungserbringungsverhältnis als wirtschaftliche Tätigkeit an: Heinze, in: SGb 2001, S. 157 (159).

Schließlich erfüllen die Krankenkassen durch die Leistungsbeschaffung die ihr gesetzlich übertragene Aufgabe der solidarischen Versicherung, indem sie den Versicherten den Zugang zu den Leistungen Dritter ermöglichen[443]. Im Rahmen des Verfahrens der Festbetragsfestsetzung nach § 35 SGB V wird die Nachfragestellung der GKV jedoch bewusst eingesetzt, um ökonomische Ziele zu erreichen, die über den sozialen Innenbereich der GKV hinausgehen. So ist es das gesetzgeberische Ziel der Festbeträge einen Preissenkungsdruck auf die Arzneimittelhersteller auszuüben[444], um die Funktionsfähigkeit der GKV nachhaltig sichern zu können. Damit wird der soziale Charakter des GKV-Systems bewusst mit einem ökonomischen Druck verbunden, welcher gerade die beabsichtigten Wirkungen auf dem Markt in Form einer Senkung der Arzneimittelpreise bewirken soll[445]. Zwar lässt sich die soziale Veranlassung der Regelung nicht leugnen, jedoch bewirkt insbesondere die zielgerichtete Beeinflussung der Arzneimittelpreise, dass die Festsetzung der Festbeträge nach § 35 SGB V entgegen der Ansicht des EuGH[446] als wirtschaftliche Tätigkeit zu qualifizieren ist[447].

---

[443] Eichenhofer, in: NZS 2001, S. 1 (5); Steinmeyer, in: FS für Sandrock, S. 943 (950).
[444] So der Gesetzentwurf der Regierungsfraktionen der CDU/CSU und FDP, BT-Drucks. 11/2237, S. 138 f, 175.
[445] Dies betonen auch: Helios, in: EuZW 2003, S. 288 (288); Berg, in: PharmaR 1999, S. 276 (280); Axer, in: NZS 2002, S. 57 (62).
[446] EuGH, Urteil vom 16.3.2004, verb. Rs. C-264/01, C-306/01, C-354/01 und C-355/01 (AOK Bundes-verband), Rn. 64 f, noch nicht in der amtl. Slg. veröffentlicht; ebenso: Steinmeyer, in: FS für Sandrock, S. 943 (950); Rebscher, in: FS für von Maydell, S. 549 (557 f); wohl auch: Bieback, in: EWS 1999, S. 361 (365 f).
[447] So im Ergebnis auch: OLG Düsseldorf, Urteil vom 27.7.1999, Az.: U (Kart) 33/98, in: Pharm. Ind. 1999, S. 704 (712); GA Jacobs, Schlussanträge vom 22.5.2003, verb. Rs. C-264/01, C-306/01, C-354/01 und C-355/01 (AOK Bundesverband), Rn. 37; Koenig/Sander, in: NZS 2001, S. 617 (618); dies, in: WuW 2000, S. 975 (977, 980); Berg, in: PharmaR 1999, S. 276 (276); Hänlein/Kruse, in: NZS 2000, S. 165 (168, 174); Axer, in: NZS 2002, S. 57 (61); Gassner, in: VSSR 2000, S. 121 (138, 140); Eichenhofer, in: NZS 2001, S. 1 (5); Kozianka/Millarg, in: PharmaR 2000, S. 204 (205); Kingreen, S. 555 ff; ders., in: MedR 2004, S. 188 (195); wohl auch: Heinze, in: SGb 2001, S. 157 (159): "Denn es kann überhaupt kein Zweifel daran bestehen, dass europaweit in allen Mitgliedstaaten der EU das Leistungserbringungsverhältnis als wirtschaftliche Betätigung im Sinne des EU-Vertrages zu qualifizieren ist, weil eben dieses Leistungserbringungsverhältnis – unabhängig von der zumeist öffentlichrechtlichen Ausgestaltung des Versicherungsverhältnisses – schlicht dem Privatrecht unterliegt"; in diesem Sinne auch die Ausführungen des britischen Competition Commission Appeals Tribunal ("CCAT"), das in dem Bettercare Urteil die Einkaufstätigkeiten des britischen Gesundheitssystems NHS als wirtschaftliche Tätigkeit qualifizierte; Bettercare Group Ltd v Director General of Fair Trading, case 1006/2/1/01, 1.8.2002, Rn. 199 ("...the supply of residential care or nursing services by what appear to be some thousands of independent providers to NHS trusts and local authorities all over the United Kingdom is in a real sense 'big business'. That business is worth several billion pounds a year.").

ee) Ergebnis

Damit lässt sich festhalten, dass die solidarischen Elemente im Leistungserbringungsrecht der GKV nicht in einem Maße ausgeprägt sind, dass sich die Leistungsnachfrage der GKV als nichtwirtschaftliche Tätigkeit qualifizieren ließe. Dies ergibt sich daraus, dass im Rahmen der Leistungsbeschaffung keine Einkommensumverteilung stattfindet und die gesetzlichen Krankenkassen im Wettbewerb zu privaten Krankenversicherungen am Beschaffungsmarkt auftreten. Aus der konsequenten Anwendung des funktionalen Unternehmensbegriffs folgt damit, dass die Urteile Poucet/Pistre sowie Cisal den Fall der Festbetragsfestsetzung nach § 35 SGB V nicht präjudizieren[448]. Zwar weist das deutsche System der gesetzlichen Krankenversicherung teilweise vergleichbare Solidaritätsmerkmale wie das in der Entscheidung Poucet/Pistre in Frage stehende französische Sozialversicherungssystem auf; jedoch lassen sich die vom EuGH im Rahmen des Versicherungsverhältnisses gewonnenen Ergebnisse nicht ohne weiteres auf die Tätigkeit der Leistungsbeschaffung übertragen. Der Auffassung des EuGH, wonach die Festsetzung von Festbeträgen nicht als wirtschaftliche Tätigkeit anzusehen ist, kann jedoch auch aus anderen Gründen nicht gefolgt werden. Hierauf ist im folgenden Abschnitt näher einzugehen.

c) Das Urteil des EuGH zu den Arzneimittelfestbeträgen

Die obigen Ausführungen haben bereits deutlich gemacht, dass die überwiegenden Gründe gegen eine Gesamtbetrachtung sprechen, so dass die Urteile des EuGH zu den Pflichtversicherungsmonopolen nicht ohne weiteres auf das Leistungserbringungsverhältnis in der GKV übertragen werden können. Dennoch hat der EuGH in dem Urteil zu den Festbeträgen nach § 35 SGB V maßgeblich auf seine Rechtsprechung in den Rechtssachen Poucet/Pistre[449] und Cisal[450] abgestellt, um das Vorliegen einer wirtschaftlichen Tätigkeit zu verneinen. Diesen Urteilen stellte der Gerichtshof die Entscheidungen in den Rechtssachen Fédération française[451] und Albany[452] gegenüber, in denen die Unternehmenseigenschaft von Sozialversicherungsträgern angenommen wurde, weil diese lediglich in beschränktem Umfang solidarische Merkmale aufwiesen. Die tragenden Argumente dieser Entscheidung des Gerichtshofes sollen im folgenden Abschnitt im Einzelnen analysiert und im Ergebnis widerlegt werden.

---

[448] So auch: Berg, in: PharmaR 1999, S. 276 (280); a.A.: EuGH, Urteil vom 16.3.2004, verb. Rs. C-264/01, C-306/01, C-354/01 und C-355/01 (AOK Bundesverband), Rn. 55, noch nicht in der amtl. Slg. veröffentlicht.
[449] EuGH, Urteil vom 17.2.1993, Rs. C-159, 160/91 (Poucet und Pistre), Slg. 1993, I-637.
[450] EuGH, Urteil vom 22.1.2002, Rs. C-218/00 (Cisal), Slg. 2002, I-691 (729 ff).
[451] EuGH, Urteil vom 16.11.1995, Rs. C-244/94 (Fédération française), Slg. 1995, I-4013.
[452] EuGH, Urteil vom 21.9.1999, Rs. C-67/96 (Albany), Slg. 1999, I-5751 (5879 ff).

aa) Der Rückgriff auf die bisherige Rechtsprechung

Wie oben bereits dargelegt wurde[453], ist der Rückgriff des EuGH auf seine bisherige Rechtsprechung aus zweierlei Gründen nicht schlüssig. Zum einen betrafen alle Urteile, die Rückschlüsse auf das Vorliegen einer wirtschaftlichen Tätigkeit im Bereich der sozialen Sicherungssysteme zulassen, ausschließlich das Versicherungsverhältnis. Im Rahmen der wettbewerbsrechtlichen Bewertung einer Versicherungspflicht treten solidarische Elemente jedoch in höherem Maße zutage als im Leistungserbringungsverhältnis. Eine Gesamtbetrachtung erscheint zumindest dann nicht zwingend, wenn ein Sozialversicherungsträger sich seine bedeutende Nachfragestellung, wie im Fall der Festbetragsfestsetzung, gezielt zunutze macht[454]. Zum zweiten ist auch der Rückgriff auf die Urteile in den Rechtssachen Poucet/Pistre und Cisal nicht zwingend, da in beiden Fällen, im Gegensatz zur Festbetragsfestsetzung, die Höhe des Leistungsumfangs gesetzlich bestimmt war[455].

bb) Entscheidungsspielraum der Spitzenverbände der Krankenkassen

Der EuGH stützt sein Urteil zudem darauf, dass eine Krankenkasse, die nur die Gesetze anwende und keine Einflussmöglichkeit auf die Höhe der Beiträge, die Verwendung der Mittel und die Bestimmung des Leistungsumfangs habe, einen rein sozialen Zweck verfolge[456]. Bereits zuvor hatte der Gerichtshof wiederholt betont, dass das Bestehen einer Entscheidungsfreiheit der handelnden Einheit eine Voraussetzung für die Annahme einer wirtschaftlichen Tätigkeit ist[457]. Jedoch vermag das Argument des EuGH, ein solcher Entscheidungsspielraum existiere bei der Festbetragsfestsetzung nicht, nicht zu überzeugen. So bestehen im Rahmen der Festbetragsfestsetzung nach § 35 SGB V erhebliche Entscheidungsspielräume der Spitzenverbände der Krankenkassen[458]. Ermessensspielräume eröffnen sich, wie der EuGH zutreffend darlegt[459], vor allem hinsichtlich der Höhe der Festbeträge, wodurch sich der GKV in erheblichem Maße die Möglichkeit bietet, eigene wirtschaftliche Interessen in eine staatlich legitimierte Maßnahme einfließen zu lassen. Zur Vermeidung von Interessenskonflikten sollte es für die Annahme einer Entscheidungsfreiheit

---

[453] S.o.: 2. Kapitel, A., I., 2., b), dd), aaa), S. 89; 2. Kapitel, A., I., 2., b), dd), bbb), S. 91.
[454] S.o.: 2. Kapitel, A., I., 2., b), dd), bbb), S. 91.
[455] S.o.: 2. Kapitel, A., I., 2., b), dd), aaa), S. 89.
[456] EuGH, Urteil vom 16.3.2004, verb. Rs. C-264/01, C-306/01, C-354/01 und C-355/01 (AOK Bundesverband), Rn. 47, noch nicht in der amtl. Slg. veröffentlicht.
[457] EuGH, Urteil vom 11.11.1997, Rs. C-359, 379/95 P (Ladbroke), Slg. 1997, I-6265 (6313); EuGH, Urteil vom 17.2.1993, Rs. C-159, 160/91 (Poucet und Pistre), Slg. 1993, I-637 (669); hierzu auch: Weiß, in: Callies/Ruffert, Art. 81, Rn. 38; Brinker, in: Schwarze, Art. 81, Rn. 26.
[458] S.o.: 2. Kapitel, A., I., 2., a), aa), aaa), (1), S. 71.
[459] EuGH, Urteil vom 16.3.2004, verb. Rs. C-264/01, C-306/01, C-354/01 und C-355/01 (AOK Bundesverband), Rn. 62, noch nicht in der amtl. Slg. veröffentlicht.

einer Selbstverwaltungskörperschaft als ausreichend angesehen werden, wenn ein weitgehender Gestaltungsspielraum existiert, ohne dass notwendigerweise auch ein Entschließungsermessen gegeben sein muss[460].

cc) Wettbewerb in der GKV sowie zwischen der GKV und der PKV

Auch das Argument des EuGH, die gesetzlichen Krankenkassen würden weder miteinander noch mit privaten Einrichtungen im Bereich der Arzneimittelversorgung konkurrieren[461], vermag nicht zu überzeugen[462]. Zwar ist es durchaus richtig, dass das Bestehen eines wirksamen Wettbewerbs als Voraussetzung für die Anwendbarkeit der Art. 81 f EG angesehen werden kann[463]. Im Rahmen der Arzneimittelversorgung in der GKV ist der Wettbewerb auch erheblich eingeschränkt, da der Leistungsumfang weitgehend gesetzlich vorgegeben ist und die Festbetragsfestsetzung nach § 35 SGB V einheitlich erfolgt. Jedoch existiert ein Wettbewerb nicht nur hinsichtlich des Beitragsumfangs, sondern vor allem auch hinsichtlich des Leistungsniveaus[464]. Dies machen vor allem mögliche Zusatzleistungen und Zusatzversicherungen deutlich. So werben die gesetzlichen Krankenkassen mit Zusatzleistungen, was etwa Preis- und Leistungsvergleiche im Internet veranschaulichen[465]. Auch wenn es sich hierbei im wesentlichen um Marketinginstrumente handeln mag,

---

[460] In diesem Sinne auch: OLG Düsseldorf, Urteil vom 27.7.1999, Az.: U (Kart) 36/98, in: PharmaR 1999, S. 283 (296); OLG Düsseldorf, Urteil vom 27.7.1999, Az.: U (Kart) 33/98, in: Pharm. Ind. 1999, S. 704 (711); Axer, in: NZS 2002, S. 57 (63); Koenig/Sander, in: NZS 2001, S. 617 (619); dies., in: Marburger Gespräche zum Pharmarecht, S. 67 (71); Engelmann, S. 81; Bieback, in: RsDE Nr. 49, S. 1 (17); a.A.: BGH, Vorlagebeschluss zum EuGH vom 3.7.2001, KZR 31/99, in: WuW 2001, S. 1089 (1098); für das Erfordernis eines Ausschlusses jeglichen Entscheidungs- und Gestaltungsermessens spricht auch die folgende Entscheidung: EuGH, Urteil vom 18.6.1998, Rs. C-35/96 (Kommission/Italien), Slg. 1998, I-3851 (3900 f); obwohl der EuGH ausdrücklich feststellte, dass der italienische Gesetzgeber den Nationalen Rat der Zollspediteure zum Erlass der Gebührenordnung gezwungen hatte, wurde eine Verletzung des Umgehungsverbots nach Art. 10 II, 3 I lit.g) EG i.V.m. Art. 81 f EG durch den italienischen Gesetzgeber angenommen und damit das Vorliegen einer rein hoheitlichen Maßnahme indirekt verneint, da sich die staatliche Maßnahme im Rahmen dieser Vorschriften auf das Verhalten eines Unternehmens beziehen muss; vgl. auch: 2. Kapitel, A., I., 2., a), aa), aaa), (1), S. 71; zur parallelen Problematik im US-amerikanischen Recht; s.u.: 3. Kapitel, B., II., 2., b), S. 192.
[461] EuGH, Urteil vom 16.3.2004, verb. Rs. C-264/01, C-306/01, C-354/01 und C-355/01 (AOK Bundesverband), Rn. 54, noch nicht in der amtl. Slg. veröffentlicht.
[462] So auch: GA Jacobs, Schlussanträge vom 22.5.2003, verb. Rs. C-264/01, C-306/01, C-354/01 und C-355/01 (AOK Bundesverband), Rn. 37 ff, noch nicht in der amtl. Slg. veröffentlicht; Slot, in: ECLR 2003, S. 580 (582 f); wohl auch: Hänlein, in: NZS 2003, S. 617 (620); Gassner, in: Pharm. Ind. 2003, S. 1118 (1133).
[463] EuGH, Urteil vom 25.10.1977, Rs. 26/76 (Metro/Saba I), Slg. 1977, S. 1875 (1905); Everling, in: WuW 1990, S. 993 (1008); Steinmeyer, in: FS für Sandrock, S. 943 (951 f).
[464] S.o.: 2. Kapitel, A., I., 2., b), dd), aaa), S. 89.
[465] Vgl. hierzu etwa die Webseite: http://www.billigekrankenkassen.de/leistungsvergleiche/leistungs.html (Stand: 14.4.2004).

macht dies doch deutlich, in welchem Umfang Wettbewerbselemente in der GKV existieren, da solche Werbemaßnahmen anderenfalls unnötig wären. Auch verbleiben den gesetzlichen Krankenkassen tatsächlich Gestaltungsspielräume im Bereich freiwilliger Zusatzleistungen, welche u.a. alternative Heilmethoden, Naturheilverfahren oder bestimmte Vorsorgemaßnahmen betreffen.

Durch das GMG wurden diese Wettbewerbselemente noch verstärkt. So können die gesetzlichen Krankenkassen ihren Mitgliedern neben den Pflichtleistungen auch Zusatztarife und Bonusmodelle anbieten. Es können etwa Boni für die Teilnahme an Hausarztmodellen[466] oder an einer integrierten Versorgung[467] vergeben werden. Bei freiwillig Versicherten verfügen die gesetzlichen Krankenkassen über noch weitergehende Gestaltungsmöglichkeiten beim Leistungskatalog. So können in diesen Bereichen Beitragsrückerstattungen oder Selbstbehalte angeboten werden, um der PKV gegenüber konkurrenzfähig zu sein. Diese Elemente schwächen ebenso wie Wahltarife das solidarische Niveau einer Sozialversicherung, weil sie marktwirtschaftliches Denken beim Patienten honorieren und zugleich ein Umgehen der solidarischen Finanzierung ermöglichen[468]. Im Fall der Erreichung der Versicherungspflichtgrenze kann daher kein Zweifel daran bestehen, dass zwischen der GKV und der PKV eine Konkurrenz um Versicherte besteht.

Ein Wettbewerbselement in der Arzneimittelversorgung innerhalb der GKV zeigt sich vor allem darin, dass es den gesetzlichen Krankenkassen nach dem GMG auch erlaubt ist, zusammen mit privaten Krankenversicherungen Zusatzversicherungen anzubieten[469]. Gegenstand solcher Zusatzversicherungen können Sehhilfen, Zahnersatz, die Kosten von Naturheilverfahren, Reiseimpfungen, der Auslandskrankenversicherungsschutz oder die Chefarztbehandlung sein. Von den Zusatzversicherungen wird daher ein weitgehender Bereich der Versorgung abgedeckt. Dieser Gestaltungsspielraum kann von den einzelnen gesetzlichen Krankenkassen als Instrument genutzt werden, um Versicherte durch günstige und qualitativ hochwertige Zusatzangebote an sich zu binden. Angesichts des grundsätzlichen Ausschlusses nicht verschreibungspflichtiger Arzneimittel aus der Erstattungsfähigkeit nach § 34 I SGB V kann auch im Rahmen der Arzneimittelversorgung ein erheblicher Bedarf für eine Zusatzversicherung entstehen. Jedoch kann gerade dann, wenn die gesetzlichen

---

[466] Die sog. „hausarztzentrierte Versorgung" ist in § 73 b SGB V geregelt.
[467] Die sog. „integrierte Versorgung" nach § 140 a ff SGB V bietet nach der Novellierung durch das GMG Freiräume für eigenständige Einzelverträge; ebenso: Mühlenbruch/Schmidt, in: ZESAR 2004, S. 171 (172).
[468] Ähnlich: Kingreen, in: MedR 2004, S. 188 (190).
[469] Vgl. hierzu: Gesetzentwurf der Fraktionen der SPD, CDU/CSU und BÜNDNIS 90/DIE GRÜNEN zum GMG, BT-Drucks. 15/1525, S. 370 f (zu Nummer 136; § 194 Abs. 1a).

Krankenkassen mit Alternativ- oder Zusatzangeboten an den „Kunden" herantreten von einem Wettbewerb innerhalb der GKV ausgegangen werden[470]. Zudem hat die Zentrale zur Bekämpfung unlauteren Wettbewerbs e.v. im Jahr 2003 mehrfach die Tendenz der Krankenkassen festgestellt, hohe Beitragssätze mit irreführenden Aussagen zu „schönen"[471]. Die Existenz eines Wettbewerbs innerhalb der GKV wird dabei sogar zum gesetzgeberischen Ziel des GMG erhoben. So wird in dem Gesetzesentwurf unter anderem betont, dass das GMG „die solidarische Wettbewerbsordnung" weiterentwickeln soll[472]. Auch das Wissenschaftliche Institut der AOK (WidO) geht davon aus, dass der Risikostrukturausgleich das „zentrale begleitende Element zum Wettbewerb der gesetzlichen Krankenkassen" sei[473]. Das Argument des EuGH, dass weder innerhalb der GKV noch zwischen der GKV und der PKV ein Wettbewerb existiere, vermag aus diesen Gründen nicht zu überzeugen. Zwar ist der Wettbewerb innerhalb der GKV zweifelsohne durch vielfältige Regulierungen eingeschränkt; jedoch ist auch ein regulierter Wettbewerb ein Wettbewerb, der angesichts der zitierten Zielsetzung des GMG nicht auf eine Konkurrenz bei der Wahrnehmung von Verwaltungszuständigkeiten reduziert werden kann[474]. Die Anwendung des Wettbewerbsrechts kann daher zwar im Hinblick auf bestimmte solidarisch ausgeprägte Verhaltensweisen, nicht aber generell mit dem Argument abgelehnt werden, innerhalb der GKV bestehe kein Wettbewerb[475].

dd) Beabsichtigte Wirkungen auf das Leistungserbringungsverhältnis

Es überzeugt zudem nicht, dass der EuGH das deutsche GKV-System allein auf der Grundlage der dargestellten „Solidaritätskriterien" bewertet, ohne dabei die Auswirkungen der Festbeträge auf Dritte in die Bewertung mit einfließen zu lassen. So steht eine Beurteilung der wirtschaftlichen Auswirkungen auf Dritte regelmäßig im Mittelpunkt kartellrechtlicher Bewertungen[476]. Eine solche

---

[470] So auch: Reich, in: Igl, S. 449 (463); im Ergebnis ebenso: Gassner, in: Pharm. Ind. 2003, S. 1118 (1133); Slot, in: ECLR 2003, S. 580 (582 f); teilweise wurde vor dem Erlass des GMG darauf abgestellt, dass zumindest dann, wenn weitere Reformgesetze die Wettbewerbselemente im Rahmen der GKV etwa durch die Einführung von Grund- und Wahlleistungsmodellen weiter verstärken, der EuGH das Vorliegen einer wirtschaftlichen Tätigkeit nicht mehr unter dem Hinweis auf einen fehlenden Wettbewerb innerhalb der GKV verneinen könne: Rebscher, in: FS für von Maydell, S. 549 (557); Hänlein, in: NZS 2003, S. 617 (620); Riedel, in: EuZW 2004, S. 245 (245).
[471] So die Informationen der Wettbewerbszentrale in: PharmaR 2004, Heft 4, S. III.
[472] So der Gesetzentwurf der Fraktionen der SPD, CDU/CSU und BÜNDNIS 90/DIE GRÜNEN zum GMG, BT-Drucks. 15/1525, S. 1; eine verstärkte Einführung von Wettbewerbselementen in der GKV prognostiziert auch: Rebscher, in: FS für von Maydell, S. 549 (550 f).
[473] So: Klose/Schellschmidt, S. 39.
[474] So: Kingreen, in: MedR 2004, S. 188 (189).
[475] Kingreen, in: MedR 2004, S. 188 (190).
[476] Hierzu: Emmerich, Kartellrecht, S. 391 f.

Folgenabschätzung unterblieb im Rahmen des Festbetragsurteils jedoch gänzlich. Zwar ließe sich argumentieren, dass im Rahmen des Tatbestandsmerkmals des Unternehmensbegriffs keine solche Folgenabwägung erfolgen könne. Jedoch ist dies angesichts der Funktionalität des Unternehmensbegriffs nicht zwingend richtig. Vor allem darf eine solche Argumentation jedoch nicht dazu führen, dass Auswirkungen auf Dritte aus der kartellrechtlichen Bewertung vollständig ausgeklammert werden. Dabei zeigt das Festbetragsurteil die Nachteile einer „Lösung" über einen weit oder eng gefassten Unternehmensbegriff umso deutlicher, als Auswirkungen auf die Arzneimittelhersteller gerade das Primärziel des § 35 SGB V sind[477]. Auch das zu Recht anerkannte Ziel der finanziellen Stabilität solidarisch ausgeprägter Versicherungssysteme vermag nicht jede Maßnahme zu rechtfertigen. Anstelle einer graduellen Bewertung des solidarischen Niveaus eines solchen Systems sollte der Gerichtshof vielmehr in eine Abwägung dieses Ziels mit den konkret durch eine Maßnahme verursachten Wirkungen eintreten[478]. Im Gegensatz zum Wettbewerbsrecht berücksichtigt der EuGH die Wirkungen einer Maßnahme im Rahmen der Warenverkehrs- und Dienstleistungsfreiheit sehr genau. Als Beispiel hierfür kann insbesondere die Rechtsprechung zu den Genehmigungsvorbehalten gesetzlicher Krankenversicherungen in bezug auf Auslandsbehandlungen angeführt werden[479]. In diesen Fällen erfolgte jeweils eine Abwägung zwischen dem Ziel der Erhaltung der finanziellen Stabilität des sozialen Sicherungssystems und den Folgen für die Mobilität der Versicherten. Eine vergleichbare Abwägung wäre auch im Rahmen der Wettbewerbregeln geboten. Wettbewerbsschädliche Auswirkungen einer Maßnahme sollten dabei im Rahmen der Anwendung des Art. 86 II EG gegen die jeweilige Zielsetzung abgewogen werden. Durch diese Vorschrift soll das legitime Interesse der Mitgliedstaaten am Einsatz bestimmter Unternehmen als Instrument der Wirtschafts- und Sozialpolitik mit dem Interesse der Gemeinschaft an einer Beachtung der Wettbewerbsregeln in Einklang gebracht werden[480]. Dabei enthält Art. 86 II EG ein klares Regel-Ausnahme-Verhältnis in

---

[477] Siehe: BT-Drucks. 11/2237, S. 175 (zu § 35 SGB V) wonach die Festbeträge für Versicherten den Anreiz bieten sollen, die preisgünstigsten Arzneimittel in Anspruch zu nehmen.

[478] Ähnlich: Jennert (in: WuW 2004, S. 37 (45)), der die Gefahr sieht, dass durch eine restriktive Interpretation des Begriffs der wirtschaftlichen Tätigkeit weite Tätigkeitsbereiche pauschal vom Geltungsbereich des EG-Wettbewerbsrechts ausgenommen werden könnten; eine solche Gefahr besteht im Bereich des Sozialversicherungsrechts durchaus angesichts der wiederholten Betonung der erwähnten solidarischen Merkmale; jedoch wäre eine „verdeckte" Bereichsausnahme aus den bereits erwähnten Gründen abzulehnen.

[479] EuGH, Urteil vom 28.4.1998, Rs. C-158/96 (Kohll), Slg. 1998, I-1931 (1942 f); EuGH, Urteil vom 28.4.1998, Rs. C-120/95 (Decker), Slg. 1998, I-1831 (1880); EuGH, Urteil vom 12.7.2001, Rs. C-157/99 (Geraets-Smits/Peerbooms), Slg. 2001, I-5473 (5530 ff); EuGH, Urteil vom 13.5.2003, Rs. C-385/99 (Müller-Fauré), Slg. 2003, I-4509 (4556 ff); jedoch erfolgte eine Bewertung der Auswirkungen hier vor allem in bezug auf das Versicherungsverhältnis; die Interessen der Leistungserbringer waren jedoch indirekt im Rahmen der passiven Warenverkehrs- und Dienstleistungsfreiheit von Bedeutung.

[480] EuGH, Urteil vom 21.9.1999, Rs. C-67/96 (Albany), Slg. 1999, I-5751 (5892 f); Mestmäcker, in: FS für Zacher, S. 635 (641).

bezug auf die Beachtung öffentlich-rechtlicher Belange der Mitgliedstaaten im Rahmen des Wettbewerbsrechts. Dieses Verhältnis spiegelt den Willen der Mitgliedstaaten bei der Einführung des EG-Vertrages dergestalt wider, dass öffentlich-rechtliche und damit auch sozialrechtliche Belange nur in Ausnahmefällen zu berücksichtigen sind. Dabei stellt Art. 86 II EG neben dieser Kernaussage angesichts einer umfassenden Rechtsprechung einen Rahmen zur Verfügung, um eine entsprechende Abwägung sachgerecht durchführen zu können.

Allein falls wettbewerbsbeschränkende Auswirkungen einer Maßnahmen auf Leistungserbringer oder Arzneimittelhersteller weder existieren noch beabsichtigt sind, erscheint eine „Lösung" über den Unternehmensbegriff angebracht zu sein. In diesem Fall erscheint das soziale Motiv derart überwiegend, dass das Vorliegen einer wirtschaftlichen Tätigkeit ausgeschlossen werden kann. Dabei ist jedoch nach dem funktionalen Unternehmensbegriff im Einzelfall zu untersuchen, ob diese Voraussetzungen vorliegen. Die ausschließliche Bewertung des solidarischen Niveaus eines sozialen Sicherungssystems mittels des Unternehmensbegriffs ist grundsätzlich nicht geeignet, um eine Maßnahme vollumfänglich wettbewerbsrechtlich beurteilen zu können.

Das Festbetragsurteil ist damit im Ergebnis vor allem deshalb zu kritisieren, weil der EuGH den intendierten Auswirkungen der Festbetragsfestsetzung auf Dritte keinerlei Bedeutung beigemessen hat. Angesichts der beabsichtigten Wirkungen auf den Wettbewerb zwischen den Arzneimittelherstellern kann das System der Festbetragsfestsetzung nicht mit dem Argument verteidigt werden, dass § 35 SGB V allein das Versicherungsverhältnis betrifft[481]. So darf die Auslegung des Unternehmensbegriffs nicht dazu führen, dass die Auswirkungen einer Maßnahme vollständig aus der kartellrechtlichen Beurteilung ausgeklammert werden. Dies wird der wettbewerbsrechtlichen Relevanz des Verhaltens nachfragemächtiger Unternehmen nicht gerecht. Eine wirksame wettbewerbsrechtliche Kontrolle ist wegen der bisherigen Auslegung des Unternehmensbegriffs durch den EuGH daher nur im Rahmen des Art. 86 II EG möglich[482].

---

[481] Ebenfalls betonend, dass die Wirkungen der Maßnahme beabsichtigt sind: Berg, in: PharmaR 1999, S. 276 (280).

[482] So im Ergebnis auch: Haverkate/Huster, S. 305, Rn. 498; Berg, in: EuZW 2000, S. 170 (172); Giesen, Die Vorgaben des EG-Vertrages für das Internationale Sozialrecht, S. 131 (138); Gassner, in: Pharm. Ind. 2003, S. 1118 (1134); wohl auch: Jennert, in: WuW 2004, S. 37 (45); GA Jacobs, Schlussanträge vom 22.5.2003, verb. Rs. C-264/01, C-306/01, C-354/01 und C-355/01 (AOK Bundesverband), Rn. 61, 86 ff, noch nicht in der amtl. Slg. veröffentlicht, der die Spitzenverbände der Krankenkassen als Unternehmensvereinigungen ansieht und ein Ergebnis im Rahmen des Art. 86 II EG findet; a.A. Bieback, in: EWS 1999, S. 361 (362); ders., in: RsDE Nr. 49, S. 1 (18).

d) Ergebnis

Angesichts des grundsätzlich weit verstandenen Unternehmensbegriffs lässt sich das Festbetragsurteil nur schwer in die bisherige Rechtsprechung des Gerichtshofes einordnen. So hat der EuGH in den Fällen Cisal und Poucet/Pistre, auf die er seine Argumentation im Festbetragsurteil maßgeblich stützt, das Vorliegen einer ausschließlich sozialen Tätigkeit, deren Umfang gesetzlich bestimmt war, nur unter bestimmten Voraussetzung angenommen. In beiden Fällen war die Höhe des Leistungen staatlich festgelegt, was die Sachverhalte in erheblichem Maße von der Festbetragsfestsetzung nach § 35 SGB V unterscheidet. Zudem sind auch die Ausführungen des EuGH zum Nichtbestehen eines Wettbewerbs innerhalb der GKV verfehlt. Zumindest nach dem Erlass des GMG sind die Wettbewerbselemente innerhalb der GKV erheblich verstärkt worden. Dabei ist auch hinsichtlich des Leistungsumfangs in der Arzneimittelversorgung von dem Bestehen eines Wettbewerbs innerhalb der GKV auszugehen.

Damit sprechen die überwiegenden Argumente dafür, die Spitzenverbände der Krankenkassen als Unternehmensvereinigungen im Sinne des Art. 81 I EG zu qualifizieren, soweit sie Festbeträge nach § 35 SGB V festsetzen[483]. Dabei kann die solidarische Ausrichtung der GKV auch im Rahmen des Art. 86 II EG hinlänglich berücksichtigt werden. So ermöglicht diese Vorschrift im Wege einer detaillierten Verhältnismäßigkeitsprüfung einen Ausgleich zwischen den Interessen der Mitgliedstaaten und denen der Gemeinschaft[484]. Eine solche Prüfung würde indes umgangen, wenn man die Unternehmenseigenschaft der gesetzlichen Krankenkassen unabhängig von den Auswirkungen der Maßnahme auf Dritte verneinen würde. Obwohl der EuGH im Festbetragsurteil zu einem anderen Ergebnis gelangte, fügt sich dieser Lösungsvorschlag in die bisherige Rechtsprechung des Gerichtshofes ein. So hat der EuGH in den letzten Jahren nach der Annahme der Unternehmenseigenschaft einer solidarisch

---

[483] In diesem Sinne auch: OLG Düsseldorf, Urteil vom 27.7.1999, Az.: U (Kart) 33/98, in: Pharm. Ind. 1999, S. 704 (712); Slot, in: ECLR 2003, S. 580 (586); Koenig/ Sander, in: NZS 2001, S. 617 (618); dies, in: WuW 2000, S. 975 (977, 980); Hänlein/Kruse, in: NZS 2000, S. 165 (168, 174); Axer, in: NZS 2002, S. 57 (61); Gassner, in: VSSR 2000, S. 121 (138, 140); Berg, in: PharmaR 1999, S. 276 (276); Eichenhofer, in: NZS 2001, S. 1 (5); Kozianka/Millarg, in: PharmaR 2000, S. 204 (205); wohl auch: Heinze, in: SGb 2001, S. 157 (159): "Denn es kann überhaupt kein Zweifel daran bestehen, dass europaweit in allen Mitgliedstaaten der EU das Leistungserbringungsverhältnis als wirtschaftliche Betätigung im Sinne des EU-Vertrages zu qualifizieren ist, weil eben dieses Leistungserbringungsverhältnis – unabhängig von der zumeist öffentlichrechtlichen Ausgestaltung des Versicherungsverhältnisses – schlicht dem Privatrecht unterliegt"; a.A.: Steinmeyer, in: FS für Sandrock, S. 943 (950); wohl auch: Bieback, in: EWS 1999, S. 361 (365 f).

[484] Berg, in: EuZW 2000, S. 170 (172); Giesen, Die Vorgaben des EG-Vertrages für das Internationale Sozialrecht, S. 131 (138); a.A Bieback, in: EWS 1999, S. 361 (362); ders., in: RsDE Nr. 49, S. 1 (18).

ausgestalteten Einrichtung wiederholt auf die Vorschrift des Art. 86 II EG zurückgegriffen, um die solidarischen Elemente der Einrichtung entsprechend würdigen zu können[485]. Im Rahmen dieser Norm lässt sich eine umfassende Abwägung zwischen den wettbewerbsbeschränkenden Auswirkungen und der sozialen Motivation einer Regelung anstellen.

3. Zusammenfassung und Ergebnis

Weder nach dem EG-Vertrag noch nach der Rechtsprechung des EuGH existiert für das Sozialversicherungsrecht eine Bereichsausnahme von den Wettbewerbsvorschriften des Gemeinschaftsrechts. Die Wettbewerbsregeln sind damit grundsätzlich auch auf das Verhalten gesetzlicher Krankenversicherungen anwendbar, wobei mittels des funktionalen Unternehmensbegriffs zu untersuchen ist, ob im konkreten Fall eine wirtschaftliche Tätigkeit vorliegt. Soziale Sicherungssysteme verdienen damit keine absolute, sondern nur eine relative Immunität vor dem EG-Wettbewerbsrecht[486].

Der Ausübung einer wirtschaftlichen Tätigkeit steht im Rahmen der Festbetragsfestsetzung nach § 35 SGB V nicht entgegen, dass die Arzneimittelfestbeträge hoheitlich festgesetzt werden, da die Spitzenverbände der Krankenkassen über einen erheblichen Gestaltungsspielraum in bezug auf die Höhe der Festbeträge verfügen. Indes hat der EuGH unter bestimmten Voraussetzungen die Unternehmenseigenschaft von Systemen der sozialen Sicherheit verneint und dies mit der im Einzelfall vorhandenen solidarischen Ausrichtung der Einrichtung begründet. Jedoch bezog sich diese Rechtsprechung zunächst nur auf das Versicherungsverhältnis und wurde insbesondere für den Fall einer Pflichtmitgliedschaft mit Einkommensumverteilung begründet. Eine Übertragung dieser Grundsätze auf die Leistungsbeschaffung der gesetzlichen Krankenkassen scheitert indes regelmäßig daran, dass das Merkmal der Einkommensumverteilung im Bereich des Beschaffungswesens keine direkten Auswirkungen hat. Bereits aus diesem Grund ist das Festbetragsurteil des EuGH abzulehnen. Gegen eine Übertragung der aus den Urteilen zu den Pflichtversicherungen gewonnen Ergebnisse auf den Fall der Festbeträge spricht jedoch vor allem, dass das der soziale Zweck der GKV bei § 35 SGB V gezielt mit der Ausnutzung eines wirtschaftlichen Machtpotentials verbunden wurde, um Preissenkungen auf dem Arzneimittelmarkt zu erreichen. Die Festsetzung von Festbeträgen nach § 35 SGB V stellt daher entgegen der Ansicht des EuGH eine wirtschaftliche Tätigkeit dar. Die

---

[485] Vgl.: EuGH, Urteil vom 25.10.2001, Rs. C-475/99 (Ambulanz Glöckner), Slg. 2001, I-8089 (8154 ff); EuGH, Urteil vom 21.9.1999, Rs. C-67/96 (Albany), Slg. 1999, I-5751 ff; anders jedoch zuletzt wieder: EuGH, Urteil vom 22.1.2002, Rs. C-218/00 (Cisal), Slg. 2002, I-691 (732).
[486] So auch: Gassner, in: Pharm. Ind. 2003, S. 1118 (1134); Winterstein, in: ECLR 1999, S. 324 (331).

Spitzenverbände der Krankenkassen sind demzufolge bei der Festsetzung der Festbeträge als Unternehmensvereinigungen im Sinne des Art. 81 I EG anzusehen.

II. Die Festbetragsfestsetzung nach § 35 SGB V als Verstoß gegen Art. 81 f EG

Nachdem die Spitzenverbände der Krankenkassen damit entgegen der Ansicht des EuGH im Rahmen der Festbetragsfestsetzung nach § 35 SGB V dem Anwendungsbereich des EG-Wettbewerbsrechts unterfallen, ist im folgenden zu untersuchen, ob ihnen ein Verstoß gegen die Art. 81 f EG vorzuwerfen ist. Neben dem Kartellverbot des Art. 81 EG (1.) kommt dabei auch ein Verstoß gegen das Missbrauchsverbot des Art. 82 EG (2.) in Betracht.

1. Art. 81 EG

Das Kartellverbot des Art. 81 I EG verbietet Absprachen zwischen Unternehmen, Beschlüsse von Unternehmensvereinigungen sowie abgestimmte Verhaltensweisen, sofern diese geeignet sind, den Handel zwischen den Mitgliedstaaten zu beeinträchtigen und eine Verhinderung, Einschränkung oder Verfälschung des Wettbewerbs bezwecken oder bewirken.

a) Vorliegen eines Preiskartells i.S.v. Art. 81 I lit.a) EG

Nach Art. 81 I lit.a) EG ist insbesondere die unmittelbare oder mittelbare Festsetzung von An- oder Verkaufspreisen verboten. Da dem Preiswettbewerb eine zentrale Bedeutung für jede Wettbewerbsordnung zukommt, nennt Art. 81 I lit.a) EG Preis- und Konditionenkartelle als erstes Beispiel einer Wettbewerbsbeschränkung[487]. Dabei hat der EuGH die verbindliche Festsetzung von Vergütungen durch diejenigen, die die zugrunde liegende Leistung erbringen oder in sonstiger Weise von der Zahlung profitieren und deshalb ein eigenes wirtschaftliches Interesse an ihrer Bemessung haben, in der Regel als Verstoß gegen die Art. 81, 82 EG angesehen[488]. Von wesentlicher Bedeutung für die wettbewerbsrechtliche Beurteilung der Festbeträge ist zunächst das erhebliche wirtschaftliche Machtpotential der Krankenkassen im Bereich des Gesundheitswesens. Angesichts der Dominanz der GKV ist ein wirtschaftliches Überleben fast aller Leistungsanbieter im Gesundheitswesen nicht möglich, wenn diese nicht zur Leistungserbringung zugelassen sind oder ihre Produkte

---

[487] Emmerich, in: Immenga/Mestmäcker, Art. 85 Abs.1, B., Rn. 6; Stockenhuber, in: Grabitz/Hilf, EGV, Art. 81, Rn. 177; EuGH, Urteil vom 25.10.1977, Rs. 26/76 (Metro/Saba I), Slg. 1977, S. 1875 (1906).
[488] So: BGH, Vorlagebeschluss zum EuGH vom 3.7.2001, KZR 31/99, in: WuW 2001, S. 1089 (1096) unter Hinweis auf: EuGH, Urteil vom 18.6.1998, Rs. C-35/96 (Kommission/ Italien), Slg. 1998, I-3851 (3901).

nicht zulasten der GKV verordnet werden können. Im Rahmen der Festbetragsfestsetzung nach § 35 SGB V bestimmen die Spitzenverbände der Krankenkassen jedoch maßgeblich darüber, in welchem Umfang Arzneimittel in der GKV erstattet werden[489]. Eine nachfragesteuernde Wirkung der Festbeträge kann zudem angesichts der fehlenden Bereitschaft der Versicherten, den über dem Festbetrag liegenden Kostenanteil selbst zu tragen, kaum bestritten werden[490]. Damit lenken die Spitzenverbände die Nachfrage nach Arzneimitteln, an der sie als maßgeblicher Nachfrager in einem Umfang von etwa 90%[491] selbst beteiligt sind. Da das Verhalten der Kassenverbände im Rahmen des § 35 SGB V damit eine mittelbare Festsetzung von Höchstpreisen darstellt, handelt es sich um ein von Art. 81 I lit.a) EG erfasstes Verhalten[492].

b) Wettbewerbsbeschränkung

Die in Art. 81 I EG genannten Verhaltensweisen sind indes nur verboten, wenn sie eine Verhinderung, Einschränkung oder Verfälschung des Wettbewerbs bezwecken oder bewirken[493]. Zum Tatbestandsmerkmal der Wettbewerbsbeschränkung werden in der Literatur zwei entgegengesetzte Konzepte vertreten. Dabei legt das „traditionelle" Konzept den Schwerpunkt auf die Beschränkung der wirtschaftlichen Handlungsfreiheit der an der Maßnahme beteiligten Unternehmen, während eine „moderne" Sichtweise die Auswirkungen der Maßnahme auf die Wahl- und Betätigungsmöglichkeiten Dritter stärker betont[494]. In Anlehnung an das letztgenannte Konzept wird in der Literatur teilweise angeführt, dass auf dem deutschen Arzneimittelmarkt überhaupt kein Preiswettbewerb bestehe, so dass der Wettbewerb durch die Festbetragsfestsetzung nach § 35 SGB V nicht verfälscht oder beschränkt werden könne[495]. Vielmehr sei es das unbestrittene Ziel des § 35 SGB V, einen Preiswettbewerb auf dem Arzneimittelmarkt durch die Stärkung der

---

[489] So auch: Hänlein/Kruse, in: NZS 2000, S. 165 (174); s.o.: 1. Kapitel, B., III., 2., S. 15.
[490] So auch: GA Jacobs, Schlussanträge vom 22.5.2003, verb. Rs. C-264/01, C-306/01, C-354/01 und C-355/01 (AOK Bundesverband), Rn. 68, noch nicht in der amtl. Slg. veröffentlicht.
[491] Etwa 90% der Bevölkerung Deutschlands sind über die GKV gegen das Krankheitsrisiko versichert; s.o: Fn. 1.
[492] So auch: OLG Düsseldorf, Urteil vom 7.7.1999, Az.: U (Kart) 33/98, in: Pharm. Ind. 1999, S. 704 (709); GA Jacobs, Schlussanträge vom 22.5.2003, verb. Rs. C-264/01, C-306/01, C-354/01 und C-355/01 (AOK Bundesverband), Rn. 67, 70, 72, noch nicht in der amtl. Slg. veröffentlicht; Hänlein/Kruse, in: NZS 2000, S. 165 (174); Gassner, in: Pharm. Ind. 2003, S. 1118 (1135); Kunze/Kreikebohm, in: NZS 2003, S. 62 (66); eine Wettbewerbsbeschränkung im Sinne des Art. 81 EG ebenfalls bejahend: Axer, in: NZS 2002, S. 57 (61); a.A.: Eichenhofer, in: NZS 2001, S. 1 (6); Steinmeyer, in: FS für Sandrock, S. 943 (950 f); ergebnisoffen: BGH, Vorlagebeschluss zum EuGH vom 3.7.2001, KZR 31/99, in: WuW 2001, S. 1089 (1097).
[493] Emmerich, Kartellrecht, S. 391.
[494] Emmerich, Kartellrecht, S. 391 f.
[495] So: Eichenhofer, in: NZS 2001, S. 1 (6); Steinmeyer, in: FS für Sandrock, S. 943 (950 f).

Wettbewerbsposition von Generika einzuführen, wobei es nicht gerechtfertigt sei die Einführung eines Preiswettbewerbs als Wettbewerbsbeschränkung oder -verhinderung anzusehen[496]. In der Tat tritt ein Konflikt darin zutage, dass die Festbeträge einen wirksamen Preiswettbewerb auf dem GKV-Arzneimittelmarkt einerseits ermöglichen, dabei aber gleichzeitig einen erheblichen Eingriff in die Preisbildungsfreiheit der Arzneimittelhersteller manifestieren[497].

Die Frage, in welchem Umfang wettbewerbsfördernde Wirkungen einer Vereinbarung bereits im Rahmen des Tatbestandes des Art. 81 I EG zu berücksichtigen und gegen wettbewerbsbeschränkende Wirkungen abzuwägen sind, ist seit langem Gegenstand einer Diskussion in der Literatur[498]. Eine solche Abwägung findet ihre Grundlage in dem aus dem US-amerikanischen Antitrust-Recht stammenden Grundsatz der sog. rule of reason. Hiernach fallen nur solche Vereinbarungen unter das Kartellverbot des Sherman Acts, bei denen die wettbewerbsbeschränkenden Wirkungen im Verhältnis zu den wettbewerbsfördernden Auswirkungen überwiegen[499]. Auch der EuGH hat wiederholt immanente Schranken für die Anwendung des Kriteriums der Wettbewerbsbeschränkung entwickelt[500], wodurch die wirtschaftlichen Auswirkungen eines Verhaltens Berücksichtigung fanden. Auch das Urteil des EuGH in der Rechtssache Wouters[501] kann dafür angeführt werden, dass bereits auf der Ebene des Tatbestandes des Art. 81 I EG Wertungsmöglichkeiten existieren. So betonte der EuGH ausdrücklich, dass der „Gesamtzusammenhang" und die „Zielsetzung" eines Beschlusses „zu würdigen" sei[502]. Dabei wurde das durch eine niederländische Rechtsanwaltskammer erlassene Verbot der Sozietätenbildung zwischen Rechtsanwälten und Wirtschaftsprüfern nicht als Verstoß gegen Art. 81 I EG angesehen, weil „diese Einrichtung bei vernünftiger

---

[496] Steinmeyer, in: FS für Sandrock, S. 943 (951 f); Rebscher, in: FS für von Maydell, S. 549 (558); so auch der Gesetzentwurf der Regierungsfraktionen der CDU/CSU und FDP, BT-Drucks. 11/2237, S. 138 f, 175.

[497] Dies betonen auch: Koenig/Sander, in: WuW 2000, S. 975 (982).

[498] Siehe hierzu: Ackermann, S. 11 ff; O'Loughlin, in: ECLR 2003, S. 62 (67 f); Manzini, in: ECLR 2002, S. 392 (393); Emmerich, Kartellrecht, S. 397 ff.

[499] Vgl. hierzu: National Soc'y Prof'l Eng'rs v. United States, 435 U.S. 679, 692 (1978)("the Court has adhered to the position that the inquiry mandated by the Rule of Reason is whether the challenged agreement is one that promotes competition or one that suppresses competition"); Areeda & Hovenkamp, Fundamentals of Antitrust Law I, § 15.01, S. 524 f (2002); vgl. hierzu: 2. Kapitel, B., IV., S. 122.

[500] So: Everling (Buchpreisbindung, S. 43) unter Verweis auf folgende Urteile, gleichzeitig betonend, dass diese Nebenabreden oder Teilaspekte einer umfassenden Regelung betrafen: EuGH, Urteil vom 8.6.1982, Rs. 258/78 (Nungesser), Slg. 1982, S. 2015 (2069); EuGH, Urteil vom 6.10.1982, Rs. 262/81 (Coditel II), Slg. 1982, S. 3381 (3401); EuGH, Urteil vom 11.7.1985, Rs. 42/84 (Remia), Slg. 1985, S. 2545 (2571); EuGH, Urteil vom 28.1.1986, Rs. 161/84 (Pronuptia), Slg. 1986, S. 353 (382).

[501] EuGH, Urteil vom 19.2.2002, Rs. C-309/99 (Wouters), Slg. 2002, I-1577 (1688, 1691); hierzu: O'Loughlin, in: ECLR 2003, S. 62 (67 f).

[502] EuGH, Urteil vom 19.2.2002, Rs. C-309/99 (Wouters), Slg. 2002, I-1577 (1688).

Betrachtung annehmen konnte, dass die Regelung trotz der notwendig mit ihr verbundenen wettbewerbsbeschränkenden Wirkungen ... erforderlich ist"[503]. Einem umfassenden Abwägungsgebot steht jedoch die Rechtsprechung des EuGH[504] und des EuG[505] entgegen, wonach es zweifelhaft ist, ob im Wettbewerbsrecht der Gemeinschaft eine rule of reason existiert. Eine Übernahme des aus dem US-amerikanischen Antitrust-Recht stammenden Abwägungsgebots im Rahmen des Art. 81 I EG ist aber vor allem deswegen abzulehnen, weil der EG-Vertrag in Art. 81 III EG eine solche Abwägungsmöglichkeit vorgesehen hat[506].

Die Frage, ob sich der Rechtsprechung des EuGH neben der wohl grundsätzlich zulässigen Berücksichtigung wettbewerbsfördernder Wirkungen im Rahmen des Art. 81 I EG auch ein Gebot der Abwägung solcher Wirkungen mit den wettbewerbschädlichen Wirkungen entnehmen lässt, kann an dieser Stelle nicht vertieft werden[507]. So hat der Gerichtshof in bezug auf Preisfestsetzungen i.S.v. Art. 81 I lit.a) EG eindeutig das Erfordernis einer umfassenden Abwägung unter Hinweis auf Art. 81 III EG abgelehnt[508]. Auch sind etwaige wettbewerbsfördernde Wirkungen der Preisfestsetzungen in diesen Entscheidungen nicht berücksichtigt worden. Zumindest in Fällen, in denen ein Beispiel des Kataloges des Art. 81 I lit.a) bis e) EG einschlägig ist, ist eine Abwägung nach der rule of reason ebenso wie eine Berücksichtigung wettbewerbsfördernder Wirkungen im Rahmen des Art 81 I EG daher abzulehnen[509]. Dies hat jedoch nicht zur Folge, dass es sich bei den in dem

---

[503] Wie vor, S. 1691.
[504] EuGH, Urteil vom 8.7.1999, Rs. C-235/92 P (Montecatini), Slg. 1999, I-4539 (4618).
[505] So zuletzt explizit gegen eine rule of reason: EuG, Urteil vom 18.9.2001, Rs. T-112/99 (TPS), WuW/E, EU-R 469, S. 1111 (1114); zuvor zweifelnd, jedoch in bezug auf den Beispielskatalog des Art. 81 I EG gegen eine rule of reason: EuG, Urteil vom 10.3.1992, Rs. T-14/89 (Montedipe), Slg. 1992, II-1155 (1246); EuG, Urteil vom 6.4.1995, Rs. T-148/89 (Tréfilunion), Slg. 1995, II-1063 (1107 f).
[506] So auch: EuG, Urteil vom 18.9.2001, Rs. T-112/99 (TPS), WuW/E, EU-R 469, S. 1111 (1114); Everling, Buchpreisbindung, S. 43; ders., in: WuW 1990, S. 993 (1003); Emmerich, Kartellrecht, S. 398; jedoch ist das System der Individualfreistellung auf der Grundlage des Art. 81 III EG durch die Reform des EG-Kartellverfahrensrechts ab dem 1.5.2004 grundlegend geändert worden; siehe: VO (EG) 1/2003 des Rates vom 16.12.2002 zur Durchführung der in den Artikeln 81 und 82 des Vertrages niedergelegten Wettbewerbsregeln, ABl. 2003, Nr. L 1, S.1; hierzu: Riley, in: ECLR 2003, S. 604 ff.
[507] Hierzu: O'Loughlin, in: ECLR 2003, S. 62 (67 f); Manzini, in: ECLR 2002, S. 392 (393); Ackermann, S. 11 ff; Emmerich, Kartellrecht, S. 397 ff; Brinker, in: Schwarze, Art. 81, Rn. 42 ff.
[508] EuGH, Urteil vom 3.7.1985, Rs. 243/83 (Binon), Slg. 1985, S. 2015 (2046); EuGH, Urteil vom 17.1.1984, Rs. 43/82 (VBVB/VBBB), Slg. 1984, S. 19 (67); ebenso: EuG, Urteil vom 10.3.1992, Rs. T-14/89 (Montedipe), Slg. 1992, II-1155 (1246); EuG, Urteil vom 6.4.1995, Rs. T-148/89 (Tréfilunion), Slg. 1995, II-1063 (1107 f).
[509] So auch: Schröter, in: v.d.Groeben/Schwarze, Art. 81 Abs. 1, Rn. 141; Everling, in: WuW 1990, S. 993 (1002); Emmerich, in: Immenga/ Mestmäcker, Art. 85 Abs.1, B., Rn. 10; ders., Kartellrecht, S. 398; Manzini, in: ECLR 2002, S. 392 (399).

Beispielskatalog aufgeführten Verhaltensweisen um per-se-Verbote handelt[510], bei denen die Auswirkungen einer Maßnahme auf den Wettbewerb allenfalls noch für die Bemessung des Bußgelds Bedeutung erlangen. So betreffen die Regelbeispiele nur das Tatbestandsmerkmal der „Verhinderung, Einschränkung oder Verfälschung des Wettbewerbs" und nicht die Tatbestandsmerkmale der Verhaltenskoordinierung von Unternehmen, der zwischenstaatlichen Handelsbeeinträchtigung und der Spürbarkeit[511]. Der Beispielskatalog des Art. 81 I lit.a) bis e) EG begründet aber eine gesetzliche Vermutung für das Vorliegen einer Wettbewerbsbeschränkung[512]. In diesen Fällen muss die Eignung der Absprache zur Veränderung der Marktverhältnisse nicht mehr gesondert festgestellt werden und es bedarf keiner umfassenden Analyse der zu erwartenden Folgen der Absprache[513]. Darüber hinaus werden die in dem Beispielskatalog aufgeführten Wettbewerbsbeschränkungen auf Grund ihrer nachteiligen Wirkungen grundsätzlich auch als „spürbar" im Sinne des ungeschriebenen Tatbestandmerkmals des Art. 81 EG angesehen[514]. Zweifelsohne können wettbewerbsfördernde Wirkungen aber auf der Grundlage des Art. 81 III EG Bedeutung erlangen, so dass durch eine Freistellung die Wertungen des Art. 81 I lit.a) bis e) EG widerlegt werden können[515].

Da es sich bei der Festbetragsfestsetzung nach § 35 SGB V um eine mittelbare Preisfestsetzung im Sinne des Art. 81 I lit.a) EG handelt, kann die zweifelsohne mit der Regelung verbundene Stärkung der Wettbewerbsposition der Generikahersteller nicht gegen das Vorliegen einer Wettbewerbsbeschränkung angeführt werden[516]. Die Festsetzung von Festbeträgen bezweckt und bewirkt eine Wettbewerbsbeschränkung im Sinne des Art. 81 I lit.a) EG, da die Spitzenverbände der Krankenkassen in Form von erstattungsfähigen Höchstbeträgen allgemeinverbindliche Ankaufspreise festsetzen und in den Wettbewerb auf der Marktgegenseite eingreifen.

---

[510] Ebenso: Schröter, in: v.d.Groeben/Schwarze, Art. 81 Abs. 1, Rn. 141; Everling, in: WuW 1990, S. 993 (1003); Roth/Ackermann, in: Frankfurter Kommentar, VI, EG-Vertrag, Art. 81 Abs. 1, Rn. 294; Emmerich (in: Immenga/Mestmäcker, Art. 85 Abs.1, B., Rn. 10) betont, dass sich das erste Verbot des Beispielskataloges zumindest einem per-se-Verbot „nähert"; ähnlich: Manzini, in: ECLR 2002, S. 392 (399).
[511] Roth/Ackermann, in: Frankfurter Kommentar, VI, EG-Vertrag, Art. 81 Abs. 1, Rn. 294; Stockenhuber, in: Grabitz/Hilf, EGV, Art. 81, Rn. 175.
[512] Schröter, in: v.d.Groeben/Schwarze, Art. 81 Abs. 1, Rn. 141; Brinker, in: Schwarze, Art. 81, Rn. 41.
[513] Wie vor, Rn. 141.
[514] Wie vor, Rn. 141.
[515] Ebenso: Manzini, in: ECLR 2002, S. 392 (399).
[516] In diesem Sinne auch: Gassner: Pharm. Ind. 2003, S. 1118 (1135); Axer, in: NZS 2002, S. 57 (61); GA Jacobs, Schlussanträge vom 22.5.2003, verb. Rs. C-264/01, C-306/01, C-354/01 und C-355/01 (AOK Bundesverband), Rn. 70, 72, noch nicht in der amtl. Slg. veröffentlicht; a.A.: Eichenhofer, in: NZS 2001, S. 1 (6); Steinmeyer, in: FS für Sandrock, S. 943 (950 f).

c) Spürbarkeit

Jedoch führt nicht jede Beschränkung des Wettbewerbs zu einem Verstoß gegen Art. 81 I EG. Vielmehr muss eine Beschränkung nach der Rechtsprechung des EuGH spürbar sein, damit eine Anwendung des Art. 81 EG auf Bagatellkartelle ausgeschlossen werden kann[517]. Ein unter Art. 81 EG fallendes Verhalten muss daher spürbare Auswirkungen auf Dritte haben[518]. Die Europäische Kommission hat das Merkmal der Spürbarkeit in einer Bekanntmachung konkretisiert, wobei die Spürbarkeitsschwelle bei horizontalen Vereinbarungen bei einem Marktanteil von 10% und bei vertikalen Vereinbarungen bei 15% liegt[519]. In Anbetracht der Tatsache, dass 90% der Bevölkerung in der GKV gegen das Krankheitsrisiko versichert sind, kann an den spürbaren Auswirkungen der Festbetragsfestsetzung kein Zweifel bestehen[520].

d) Zwischenstaatlichkeitsklausel

Eine Vereinbarung ist dann geeignet, den Handel zwischen den Mitgliedstaaten zu beeinträchtigen, wenn potentiell auch Anbieter aus anderen Mitgliedstaaten hiervon betroffen sein könnten[521]. Angesichts der Tatsache, dass auch ausländische Arzneimittelhersteller, die auf dem deutschen Markt zu Lasten der GKV Arzneimittel absetzen wollen, von der Regel betroffen sind, kann kein Zweifel an den Auswirkungen des § 35 SGB V auf den zwischenstaatlichen Handel bestehen. Zudem versteht der Gerichtshof das Tatbestandsmerkmal der Beeinträchtigung des zwischenstaatlichen Handels weit und sieht dieses bereits dann als erfüllt an, wenn sich die Wettbewerbsbeschränkung auf das gesamte Hoheitsgebiet eines Mitgliedstaates auswirkt[522]. Auch aus diesem Grunde kann bei den bundesweit geltenden Festbeträgen zweifelsohne von einer Beeinträchtigung des zwischenstaatlichen Handels ausgegangen werden[523].

---

[517] Emmerich, Kartellrecht, S. 394; Brinker, in: Schwarze, Art. 81, Rn. 39.
[518] Emmerich, Kartellrecht, S. 394.
[519] Vgl. Absatz II., 7., a), b) der Bekanntmachung der Kommission über Vereinbarungen von geringer Bedeutung, die den Wettbewerb gemäß Artikel 81 Absatz 1 des Vertrages über die Europäische Gemeinschaft nicht spürbar beschränken (de minimis) v. 22.12.2001, ABl. Nr. C 368/13.
[520] Ebenso im Ergebnis: GA Jacobs, Schlussanträge vom 22.5.2003, verb. Rs. C-264/01, C-306/01, C-354/01 und C-355/01 (AOK Bundesverband), Rn. 71, noch nicht in der amtl. Slg. veröffentlicht; Gassner: Pharm. Ind. 2003, S. 1118 (1136); Axer, in: NZS 2002, S. 57 (61); Hänlein/Kruse, in: NZS 2000, S. 165 (169).
[521] EuGH, Urteil vom 23.4.1991, Rs. C-41/90 (Höfner und Elser), Slg. 1991, I-1979 (2019).
[522] So: Gassner: Pharm. Ind. 2003, S. 1118 (1135); Axer, in: NZS 2002, S. 57 (61).
[523] Ebenso: GA Jacobs, Schlussanträge vom 22.5.2003, verb. Rs. C-264/01, C-306/01, C-354/01 und C-355/01 (AOK Bundesverband), Rn. 71, noch nicht in der amtl. Slg. veröffentlicht; Gassner: Pharm. Ind. 2003, S. 1118 (1135); Axer, in: NZS 2002, S. 57 (61).

e) Ergebnis

Da auch eine Freistellung nach den EG-Gruppenfreistellungsverordnungen nicht in Betracht kommt, verstoßen die Spitzenverbände der Krankenkassen durch die Festsetzung der Festbeträge gegen das Kartellverbot des Art. 81 I EG.

2. Art. 82 EG

Art. 82 S.1 EG verbietet den Missbrauch einer marktbeherrschenden Stellung, sofern dies zu einer Beeinträchtigung des zwischenstaatlichen Handels führen kann. Der Begriff der marktbeherrschenden Stellung setzt eine wirtschaftliche Macht voraus, die es einem Unternehmen ermöglicht die Aufrechterhaltung eines wirksamen Wettbewerbs auf dem relevanten Markt zu verhindern, indem es sich gegenüber Mitbewerbern und der Marktgegenseite unabhängig verhalten kann[524]. Im Bereich der GKV ist eine solche Marktstärke gegeben, da die Krankenkassen gegenüber Leistungserbringern und privaten Krankenversicherungen regelmäßig mittels ihrer Verbände einheitlich auftreten[525]. Nach dem Regelbeispiel des Art. 82 S.2 lit.a) kann ein Missbrauch einer marktbeherrschenden Stellung insbesondere darin liegen, dass unangemessene Einkaufspreise vereinbart werden. Im Rahmen des § 35 SGB V wird die Nachfragemacht der GKV bewusst eingesetzt, um die Wettbewerbsfähigkeit von Generika zu stärken und damit einen Preissenkungsdruck auf die Hersteller von Originalprodukten auszuüben. Dabei kommt durch das Ziel der Förderung von Generikaprodukten auch indirekt zum Ausdruck, dass die Festbeträge Auswirkungen auf den Preis von Originalarzneimitteln haben sollen, denn anderenfalls könnten Generika ja nicht durch die Maßnahme gefördert werden. Angesichts des massiven Preissenkungsdrucks kann damit zudem ein Verstoß gegen Art. 82 EG angenommen werden, da eine zwischenstaatliche Handelsbeeinträchtigung ebenfalls anzunehmen ist[526].

III. Ergebnis

Die Spitzenverbände der Krankenkassen sind im Rahmen der Festsetzung der Festbeträge als Unternehmensvereinigungen im Sinne des Art. 81 I EG anzusehen. Bei einer direkten Beteiligung von Selbstverwaltungskörperschaften an dem Erlass von Kostensenkungsmaßnahmen treten nur in eingeschränktem

---

[524] EuGH, Urteil vom 17.6.1997, Rs. C-70/95 (Sodemare), Slg. 1997, I-3395 (3437); Grill, in: Lenz, Art. 82, Rn. 10; Korah, S. 81; Hänlein/Kruse, in: NZS 2000, S. 165 (169).

[525] So im Ergebnis auch: Bieback, in: RsDE Nr. 49, S. 1 (12); Kunze/Kreikebohm, in: NZS 2003, S. 62 (66); Gassner: Pharm. Ind. 2003, S. 1118 (1137); wohl auch: Hänlein/Kruse, in: NZS 2000, S. 165 (169).

[526] Ebenso: Hänlein/Kruse, in: NZS 2000, S. 165 (169); Gassner: Pharm. Ind. 2003, S. 1118 (1137); offen: Kunze/Kreikebohm, in: NZS 2003, S. 62 (66); Koenig/Sander, in: WuW 2000, S. 975 (980); einen Verstoß gegen Art. 82 EG ablehnend: Eichenhofer, in: NZS 2001, S. 1 (7).

Maße solidarische Elemente eines Sozialversicherungssystems zutage. Vielmehr überwiegt im Fall der Festbetragsfestsetzung die intendierte Ausnutzung eines ökonomischen Machtpotentials der GKV, so dass wirtschaftliche gegenüber sozialen Aspekten in den Vordergrund treten. Im Fall der Festsetzung der Festbeträge sind zugleich die übrigen Voraussetzungen der Verbotstatbestände der Art. 81 I, 82 EG erfüllt. Jedoch wird noch zu prüfen sein, ob eine Rechtfertigung der staatlichen veranlassten Maßnahme nach Art. 86 II EG in Betracht kommt.

B. US-amerikanische Kostensenkungsmaßnahmen in der Arzneimittelversorgung und die Anwendbarkeit des Antitrust-Rechts des Bundes

Der folgende Absatz befasst sich mit der Frage, in welchem Umfang gesetzliche Maßnahmen zur Reduzierung der Arzneimittelausgaben in den Vereinigten Staaten von Amerika den Regeln der Antitrust-Gesetze des Bundes[527] unterliegen. Auch in den USA besteht der dringende Bedarf die Preise für Arzneimittel durch gesetzliche Regelungen zu senken, um die Kosten der Krankenversicherungen und damit letztendlich die Beiträge der Versicherten zumindest auf einem stabilen Niveau halten zu können. Der politische Druck zur Kostensenkung spiegelt sich dabei häufig in gesetzlichen Regelungen im Rahmen der staatlichen Programme Medicaid und Medicare wider. Diese im Jahre 1965 eingeführten Programme stellen den wesentlichen Anteil staatlicher Gesundheitssysteme in den USA dar, wobei diesen gegenüber privaten und betrieblichen Krankenversicherungen eine relativ geringe Rolle zukommt[528]. Das Medicaid-Programm stellt Bürgern mit geringfügigem Einkommen einen Mindestkrankenversicherungsschutz zur Verfügung, wobei verschreibungspflichtige Arzneimittel grundsätzlich vom Leistungsumfang umfasst sind. Demgegenüber erstattet das Medicare-Programm, welches Personen, die das 64.

---

[527] Folgende Gesetze des Kongresses stellen den Kern des US-amerikanischen Antitrust-Rechts dar und normieren dabei im wesentlichen den Bestimmungen der Art. 81 und 82 EG vergleichbare Regelungen in bezug auf Kartelle und Monopole sowie Vorschriften zur Fusionskontrolle: Sherman Act (26 Stat. 209 (1890), as amended, 15 U.S.C.A. §§ 1-7); Clayton Act (38 Stat. 730 (1914), as amended 15 U.S.C.A. §§ 12-27); Robinson-Patman Price Discrimination Act (49 Stat. 1526 (1936), as amended 15 U.S.C.A. §§13 (a)-13 (c)); Federal Trade Commission Act (38 Stat. 717 (1914), as amended 15 U.S.C.A. §§ 41-58).
[528] Im Gegensatz zu anderen Nationen ist der Einfluss des Staates im US-amerikanischen Gesundheitswesen als gering anzusehen. Im Jahre 1999 waren 24,8% der Bevölkerung in den öffentlich-rechtlichen Programmen Medicaid und Medicare sowie in begrenztem Umfang in militärischen Programmen gegen den Krankheitsfall versichert, während etwa 60% durch Arbeitgeber und 7-8% ausschließlich privat versichert waren. Der Kongress nahm bisher keine bedeutende Rolle im Rahmen der Regulierung des Gesundheitswesens ein, was daran deutlich wird, dass in den USA bisher weder eine gesetzliche Verpflichtung zum Abschluss einer Krankenversicherung, noch ein gesetzlicher Mindestumfang für Leistungen von Krankenversicherungen besteht; siehe hierzu: Stone, 25 J. HEALTH POL. POL'Y & L. 954, 955 (2000); Kruse, S. 25 ff; Eichenhofer, Das Recht der sozialen Sicherheit in den USA, S. 150 ff.

Lebensjahr überschritten haben und behinderten Menschen einen Krankenversicherungsschutz garantiert, diese Ausgaben bisher grundsätzlich nicht[529], so dass sich die folgenden Ausführungen auf das Medicaid-Programm beschränken.

Da dieses Programm sowohl durch Mittel und Organe des Bundes als auch durch die Bundesstaaten finanziert und verwaltet wird, unterscheidet sich der Leistungsumfang des Programms wesentlich zwischen den Bundesstaaten[530]. Arzneimittel sind dabei in allen Bundesstaaten vom Leistungsumfang des Medicaid-Programms umfasst und machten dabei im Jahre 1994 9,7% der Ausgaben des Programms aus[531]. Auf Grund dieses bedeutenden Anteils an den Gesamtausgaben des Programms haben die Bundesstaaten in den letzten Jahren diverse Versuche unternommen die Ausgaben des Programms für Arzneimittel durch Erstattungsobergrenzen und staatliche Genehmigungspflichten zu begrenzen. Zudem existieren sog. "cost-containment measures", welche die Kostenrückerstattung an Apotheken begrenzen, indem sie Obergrenzen für die Erstattungsfähigkeit solcher Arzneimittel festlegen, die durch Generika ersetzbar sind; eine sog. "most-favored-nation-clause" legt zudem fest, dass Arzneimittelhersteller im Rahmen des Medicaid-Programms den niedrigsten Abgabepreis an Dritte nicht überschreiten dürfen, was im Ergebnis jedoch den unerwünschten Effekt eines Anstiegs der Arzneimittelkosten für private Käufer zur Folge hatte[532]. Obwohl die Bedeutung des Medicaid-Programms im Gesundheitswesen der USA wesentlich geringer ist als die Bedeutung der GKV in der Bundesrepublik Deutschland[533], hat die Nachfrage des US-amerikanischen Programms in bezug auf Medikamente erhebliche wirtschaftliche Auswirkungen auf die Arzneimittelindustrie. Die beiden folgenden Beispiele zeigen dabei, wie die Gesetzgeber der Bundesstaaten die Nachfragewirkungen des Medicaid-Programms dazu nutzen, um die Ausgaben für Arzneimittel insgesamt zu senken.

Zunächst existieren auf bundesstaatlicher Ebene diverse Gesetze und Gesetzesvorschläge mittels derer die Ausgaben des Medicaid-Programms für

---

[529] Kruse, S. 36 (39); Havighurst/Blumstein/Brennan, Health Care Law and Policy, S. 281 f; indes existieren auf der Bundesebene Bestrebungen eine Erstattungsfähigkeit verschreibungspflichtiger Arzneimittel auch im Rahmen des Medicare-Programms einzuführen; siehe hierzu: New York Times, 20.6.2003, Seite A19; Financial Times, 28.6./29.6.2003; FAZ vom 7.1.2004, Vom Gesundheitssozialismus weit entfernt, S. 9.
[530] Kinney, 32 U. MICH. J. L. REFORM 899, 907, 910 (1999); Kruse, S. 39.
[531] Havighurst/Blumstein/Brennan, Health Care Law and Policy, S. 281.
[532] Havighurst/Blumstein/Brennan, Health Care Law and Policy, S. 281 f.
[533] Während in der Bundesrepublik Deutschland im Jahre 1999 86,8% der Bevölkerung in der GKV gegen den Krankheitsfall versichert waren (so: Beske, S. 46) bezogen bei ansteigender Tendenz im Jahre 1995 etwa 13% der Bevölkerung der USA Leistungen aus dem Medicaid-Programm (so: Kruse, S. 39); nach Beske/Drabinski/ Zöllner (S. 99 f) sind im Medicare-Programm 13,4% der Bevölkerung und im Medicaid-Programm 10,4% der Bevölkerung versichert.

Arzneimittel gesenkt werden sollen. So hatten im Juni 2003 bereits 22 Bundesstaaten durch Gesetz sog. "preferred drug lists" eingeführt, welche Ärzte dazu anhalten soll, billigere, für genauso effektiv befundene Arzneimittel an Medicaid-Empfänger zu verschreiben[534]. Ärzte die von der Liste abweichen, müssen dabei zunächst eine staatliche Genehmigung einholen. Diese Liste bevorzugter Arzneimittel, welche in ihren Wirkungen einer Positivliste ähnelt und die von privaten Krankenversicherungen bereits regelmäßig verwendet wird, hat die Pharmaunternehmen dazu veranlasst, die Preise für Originalprodukte zu senken[535]. Eine vergleichbare Liste ist darüber hinaus auch in dem Gesetzgebungsvorschlag des Senats zum Medicare-Programm enthalten, durch den eine generelle Kostenerstattung für verschreibungspflichtige Arzneimittel für die etwa 40 Millionen Empfänger dieses Programms für ältere und behinderte Menschen eingeführt werden soll[536].

Dabei zeigt insbesondere das Gesetz des Bundesstaates Maine zur Reduzierung der Kosten für verschreibungspflichtige Arzneimittel[537], in welchem Umfang die Bundesstaaten ihre Regelungskompetenz in bezug auf das Medicaid-Programm zur Senkung der Arzneimittelausgaben nutzen. Der US-Supreme Court hat dieses Gesetz am 19.5.2003 für verfassungsmäßig befunden und dabei eine Vereinbarkeit der Regelung mit den Antitrust-Gesetzen des Bundes zugleich implizit angenommen[538]. Das Gesetz etabliert ein Rabattsystem, das allen Bürgern des Staates offen steht und nach dem die Teilnehmer verschreibungspflichtige Arzneimittel von teilnehmenden Apotheken des Bundesstaates Maine zu reduzierten Preisen beziehen können. Der Rabatt des Apothekenpreises wird dabei aus einem staatlichen Fonds erstattet, der durch Zahlungen teilnehmender Arzneimittelhersteller finanziell ausgestattet wird[539]. Diese werden dadurch zu einer Teilnahme an dem Programm veranlasst, dass die Arzneimittel nicht teilnehmender Hersteller an Versicherte des öffentlich-rechtlichen Medicaid-Programms nur noch nach vorheriger Genehmigung der staatlichen Medicaid Verwaltung bezogen werden können[540]. Die Höhe der Rabattzahlungen der Arzneimittelhersteller in diesen Fonds wird dabei in Verhandlungen des Gesundheitsministeriums des Bundesstaates Maine mit den Arzneimittel-

---

[534] Siehe: New York Times, 16.6.2003, Seite A1, A19.
[535] Siehe: New York Times, 16.6.2003, Seite A1.
[536] Siehe: New York Times, 20.6.2003, Seite A19; Financial Times, 28.6./29.6.2003.
[537] Act to Establish Fairer Pricing for Prescription Drugs, 2000 Me. Legis. Ch. 786 (S.P.1026) (L.D.2599) (sog. "Maine Rx").
[538] Pharmaceutical Research and Manufacturers of America v. Walsh, 123 S.Ct 1855, 1856 (2003); dem Urteil wird deswegen eine hohe Bedeutung beigemessen, weil andere Bundesstaaten dem Beispiels Maines folgen könnten und ein entsprechendes Rabattmodell einführen könnten, was nach Schätzungen von Experten zu Einbußen der Pharmaindustrie in Höhe von bis zu 43 Mrd. US$ führen könnte; siehe: Financial Times, 28.5.2003, S. 3.
[539] Siehe: Me.Rev.Stat. Ann. tit. 22, § 2681.
[540] Siehe: Me.Rev.Stat. Ann. tit. 22, § 2681(7).

herstellern festgelegt[541]. Das Gesetz verfolgt dabei den Zweck die Bürger vor zu hohen Arzneimittelpreisen zu schützen, die nicht an dem Medicaid-Programm des Staates teilnehmen. Dabei soll insbesondere verhindert werden, dass individuelle Käufer verschreibungspflichtiger Arzneimittel höhere Preise für Arzneimittel zu zahlen haben als die Medicaid Verwaltung, Krankenversicherungen und sog. health maintenance organizations ("HMOs"), deren Kaufkraft die Arzneimittelhersteller zu Rabatten zwingt. Ein gegen die Verfassungsmäßigkeit des Gesetzes klagender Pharmaverband unterlag dabei jedoch sowohl auf der Ebene des Berufungsgerichtes[542] als auch vor dem US-Supreme Court[543], welcher dem Bundesstaat Maine die Gesetzgebungskompetenz für das Gesetz zusprach und ohne weiteres von einer Vereinbarkeit des Gesetzes mit den Antitrust-Gesetzen des Bundes ausging.

Diese beiden Beispiele verdeutlichen zunächst, dass auch in den USA das Problem der Reduzierung von Arzneimittelausgaben von hoher Bedeutung ist. Abgesehen von diesem gemeinsamen Ziel weisen die US-amerikanischen Regelungen aber auch weitergehende Parallelen zur Festbetragsfestsetzung nach § 35 SGB V auf: erstens wird in beiden Fällen indirekt durch Regelungen des gesetzlichen Krankenversicherungsrechtes ein Kostensenkungsdruck auf Arzneimittelhersteller ausgeübt; zweitens werden diese gesetzlichen Regelungen in beiden Fällen grundsätzlich durch übergeordnete kartellrechtliche Bestimmungen beschränkt. Während in der EU die Wettbewerbsregeln des EG-Vertrages grundsätzlich einen Anwendungsvorrang vor mitgliedstaatlichen Bestimmungen genießen, normiert die Supremacy Clause[544] des US-amerikanischen Verfassungsrechts ein vergleichbares Überordnungsverhältnis zugunsten der Antitrust-Gesetze des Bundes gegenüber den Gesetzen der Bundesstaaten. In bezug auf Gesetze der Bundesstaaten zur Reduzierung der Arzneimittelausgaben stellen sich daher gleichermaßen die folgenden zwei Fragen: einerseits mag eine Anwendung der überwiegend an ökonomischen Zielen ausgerichteten und somit reine Wirtschaftsverhältnisse regulierenden Antitrust-Gesetze generell in Frage zu stellen sein (IV.); andererseits stellt sich auch im US-amerikanischen Recht die Frage, wie es sich auswirkt, dass ein wettbewerbswidriges Verhalten mittels einer gesetzlichen Regelung implementiert wird (3. Kapitel, B.). Bevor auf diese beiden Fragen im einzelnen eingegangen wird, ist zunächst zu klären, ob die oben dargestellten

---

[541] Siehe: Me.Rev.Stat. Ann. tit. 22, § 2681(3),(4).
[542] Pharmaceutical Research and Manufacturers of America v. Concannon, 249 F.3d 66, 71 (1st Cir. 2001).
[543] Pharmaceutical Research and Manufacturers of America v. Walsh, 123 S.Ct 1855, 1856 (2003); die Pharmaindustrie befürchtet dabei, dass das Urteil des US-Supreme Courts den Beginn einer Politik der nationsweiten staatlichen Preiskontrolle für Arzneimittel darstellen könnte; siehe: Financial Times, 28.5.2003, S. 3.
[544] U.S. Const. Art. VI, cl. 2 ("[federal law] shall be the supreme law of the Land . . . any Thing in the Constitution or Laws of any State to the Contrary notwithstanding").

Kostensenkungsgesetze der Bundesstaaten nicht durch Gesetze von den Bestimmungen des Antitrust-Rechts freigestellt sind. In Betracht kommt dabei eine Freistellung durch den die Versicherungsindustrie betreffenden McCarran-Ferguson Act (I.), durch die Freistellung gemeinnütziger Einrichtungen im Rahmen des Robinson-Patman Acts und Federal Trade Commission Acts (II.) sowie durch Gesetze der Bundesstaaten, welche Freistellungen in bezug auf das Gesundheitswesen treffen (III.).

I. Die Freistellung von Versicherungsgeschäften durch den McCarran-Ferguson Act

Der im Jahre 1945 durch den Kongress erlassene McCarran-Ferguson Act[545] bestimmt, dass ein die Versicherungsindustrie betreffendes bundesstaatliches Gesetz Vorrang gegenüber den Gesetzen des Bundes haben soll. Diese gesetzliche Freistellung war eine Folge der Entscheidung des US-Supreme Courts in der Rechtssache United States v. South-Eastern Underwriters, in welcher das Gericht befand, dass Geschäfte mit Versicherungen eine wirtschaftliche Tätigkeit darstellen und Versicherungsverträge als sog. "interstate commerce" den Antitrust-Gesetzen des Bundes unterliegen[546]. Die Bundesstaaten und die Versicherungsindustrie überzeugten den Kongress daraufhin den McCarran-Ferguson Act zu erlassen, um die Versicherungsindustrie auch weiterhin den Beschränkungen des Antitrust-Rechts des Bundes entziehen zu können[547]. Aus diesem Grunde sind Versicherungsunternehmen heute in der einzigartigen Position, die Antitrust-Gesetze verletzen zu können, ohne die strengen Sanktionen dieser Gesetze in Form hoher Schadensersatzforderungen befürchten zu müssen. Das Vorliegen der industriebezogenen und aus dem Verfassungsprinzip des Föderalismus abgeleiteten Freistellung[548]

---

[545] Der Text des McCarran-Ferguson Acts (Pub L. No. 79-15, 59 Stat. 33, 33-34 (1945) kodifiziert in U.S.C. §§ 1011-1014 (1994)) besagt folgendes:
"(a) State regulation
The business of insurance, and every person engaged therein, shall be subject to the laws of the several States which relate to the regulation or taxation of such business.
(b) Federal regulation
No Act of Congress shall be construed to invalidate, impair, or supersede any law enacted by any State for the purpose of regulating the business of insurance, or which imposes a fee or tax upon such business, unless such Act specifically relates to the business of insurance: Provided, that [the antitrust laws] shall be applicable to the business of insurance to the extent that such business is not regulated by State law."
[546] United States v. South-Eastern Underwriters, 322 U.S. 533, 540 f (1944).
[547] Siehe zur Entstehungsgeschichte des McCarran-Ferguson Acts: Peter B. Steffen, 2000 U. CHI. LEGAL F. 447 (2000); Phil Goodin, 86 IOWA L. REV. 979 (2001).
[548] In der Entscheidung FTC v. Travelers Health Ass'n (362 U.S. 293, 302 (1959)) erwähnte der US-Supreme Court das Prinzip des Föderalismus ausdrücklich und argumentierte, dass der Kongress die Freistellung erlassen habe, um die Gesetzgebungskompetenzen der Bundesstaaten zu stärken, da letztere enger mit den von der Versicherungsindustrie betroffen Bürgern verbunden seien.

unterliegt dabei jedoch zwei Voraussetzungen: es muss zunächst ein Gesetz eines Bundesstaates in bezug auf das Versicherungsgeschäft vorliegen, wobei der Kongress die Freistellung weiterhin durch die Hinzufügung der Klausel zu begrenzen beabsichtigte, dass die Antitrust-Gesetze des Bundes anwendbar bleiben, soweit nicht von einer Regulierung des Versicherungsgeschäftes auszugehen sei[549]. Während die Gerichte eine einschränkende Auslegung hinsichtlich des Begriffes "business of insurance" im Sinne der Notwendigkeit eines Risikoverteilungsgeschäftes etablierten (1.), vertraten sie eine nachsichtigere Auffassung in bezug auf die Frage, wann von einer Regulierung des Versicherungsgeschäftes (2.) auszugehen sei[550].

1. Die Definition des Begriffes "business of insurance"

Der US-Supreme Court hat den Anwendungsbereich der weitreichenden Freistellung dabei zunächst durch eine einschränkende Auslegung des Begriffes "business of insurance" begrenzt[551]. So könnten Freistellungen von den Antitrust-Gesetzen nur unter eng begrenzten Voraussetzungen angenommen werden, da der Sherman Act eine langfristige Festlegung zugunsten einer Politik des freien Wettbewerbes manifestiere[552]. Der Gesetzgeber habe mit dem McCarran-Ferguson Act nicht beabsichtigt, das Geschäft der Versicherer von den Gesetzen des Bundes freizustellen[553]; vielmehr habe der Kongress durch die Verwendung des Begriffes "business of insurance" zum Ausdruck bringen wollen, dass allein das Versicherungsgeschäft im engeren Sinne in Form risikoverteilender Tätigkeiten und nicht damit verbundene Geschäfte von der Freistellung beinhaltet sein sollen[554]. Die Freistellung des McCarran-Ferguson Acts umfasst damit nicht die Versicherungsindustrie als solche, sondern

---

[549] McCarran-Ferguson Act (Pub L. No. 79-15, 59 Stat. 33, 33-34 (1945) kodifiziert in U.S.C. §§ 1011-1014 (1994)): (b) " . . . [the antitrust laws] shall be applicable to the business of insurance to the extent that such business is not regulated by State law".

[550] Die gesetzliche Freistellung des McCarran-Ferguson Acts ist dabei in mehrfacher Hinsicht mit der durch den US-Supreme Court geschaffenen "state action" Doktrin vergleichbar: beide Institute stellen bundesstaatliche Regelungen aus Rücksicht auf das Prinzip des Föderalismus von den Antitrust-Gesetzen des Bundes frei, bedürfen jedoch zugleich einer Eingrenzung ihres Anwendungsbereiches um einer zu weitgehenden Auslegung vorzubeugen; siehe zu der "state action" Doktrin des US-Supreme Courts unten: 3. Kapitel, B., S. 164.

[551] Siehe hierzu: Hartford Fire Ins. Co. v. California, 509 U.S. 764, 781 (1993); Union Labor Life Ins. Co. v. Pireno, 458 U.S. 119, 129 (1982); Group Life Health Ins. Co. v. Royal Drug Co., 440 U.S. 205, 232f (1978).

[552] Group Life Health Ins. Co. v. Royal Drug Co., 440 U.S. 205, 231 (1978); Union Labor Life Ins. Co. v. Pireno, 458 U.S. 119, 129 (1982)("the Sherman Act does express a longstanding congressional commitment to the policy of free markets and open competition").

[553] Group Life Health Ins. Co. v. Royal Drug Co., 440 U.S. 205, 211 (1978)("The exemption is for the "business of insurance", not the "business of insurers"").

[554] Wie vor, S. 215; Union Labor Life Ins. Co. v. Pireno, 458 U.S. 119, 136 (1982).

vielmehr nur die konkrete Tätigkeit des Versicherungsgeschäftes. Dabei beurteilt der US-Supreme Court die Frage, ob eine Tätigkeit im Einzelfall als Versicherungsgeschäft anzusehen ist nach folgenden drei Kriterien: erstens danach, ob es sich um eine Tätigkeit handeln, welche den Effekt einer Weiterleitung oder Verteilung von Risiken des Versicherungsnehmers hat; zweitens, ob diese Praxis ein integraler Teil der Versicherungsbeziehung ist; und drittens, ob diese Praxis auf Einheiten innerhalb der Versicherungsindustrie begrenzt ist[555]. Obwohl keines dieser Kriterien allein notwendigerweise als entscheidend angesehen wurde, lehnte der US-Supreme Court häufig die Existenz eines Versicherungsgeschäfts bereits auf Grund einer fehlenden Risikoverteilung ab[556].

In der Entscheidung Group Life Health Insurance v. Royal Drug Company befand der US-Supreme Court, dass Preisfestsetzungen für verschreibungspflichtige Arzneimittel zwischen der Versicherung Blue Shield und mehreren Apotheken nicht als Versicherungsgeschäft anzusehen seien[557]. Die Versicherung hatte ihren Versicherten angeboten, verschreibungspflichtige Arzneimittel für 2 US$ von jeder Apotheke, die an einem "Pharmacy Agreement" mit der Versicherung teilnahm, kaufen zu können; sollten die Versicherten das Arzneimittel von einer nicht an der Vereinbarung teilnehmenden Apotheke beziehen wollen, mussten sie den vollen Preis zahlen und erhielten nur eine Teilerstattung durch die Versicherung. Letztere bot allen texanischen Apotheken eine Teilnahme an dem Programm an, welche sich im Gegenzug verpflichten mussten das Arzneimittel an Blue Shield-Versicherte gegen eine Zahlung von 2 US$ zu verkaufen, wobei die Ankaufskosten für das Arzneimittel von der Versicherung erstattet wurden. Diverse an dem Programm nicht teilnehmende Apotheken klagten daraufhin gegen Blue Shield sowie einige teilnehmende Apotheken und warfen den Beklagten eine unzulässige Preisfestsetzung sowie einen Boykott der nichtteilnehmenden Apotheken in Verletzung von Section 1 des Sherman Acts vor. Der US-Supreme Court hielt die Freistellung des McCarran-Ferguson Acts für unanwendbar, da die Vereinbarung zwischen Apotheken und der Versicherung nicht als "business of insurance" im Sinne des Gesetzes qualifiziert werden könne. Unter Bezugnahme auf die Entstehungsgeschichte des Gesetzes befand das Gericht, dass der Kongress den Begriff "business of insurance" im Sinne einer Verteilung und

---

[555] Union Labor Life Ins. Co. v. Pireno, 458 U.S. 119, 129 (1982)("Royal Drug identified three criteria relevant in determining whether a particular practice is part of the "business of insurance" . . . : first, whether the practice has the effect of transferring or spreading a policyholder's risk; second, whether the practice is an integral part of the policy relationship between the insurer and the insured; and third, whether the practice is limited to entities within the insurance industry"); bestätigt durch: Hartford Fire Ins. Co. v. California, 509 U.S. 764, 781f (1993).
[556] Siehe: Union Labor Life Ins. Co. v. Pireno, 458 U.S. 119, 120 (1982); Group Life Health Ins. Co. v. Royal Drug Co., 440 U.S. 205, 214 (1978).
[557] Group Life Health Ins. Co. v. Royal Drug Co., 440 U.S. 205, 210 (1978).

Übernahme von Risiken verstanden habe[558] und verneinte das Vorliegen eines Risikoverteilungsgeschäfts mit folgender Begründung: "The Pharmacy Agreements ... are merely arrangements for the purchase of goods and services by Blue Shield. By agreeing with pharmacies on the maximum prices it will pay for drugs, Blue Shield effectively reduces the total amount it must pay to its policyholders. The Agreements thus enable Blue Shield to minimize costs and maximize profits. Such cost-savings arrangements may well be sound business practice, and may well inure ultimately to the benefit of policyholders in the form of lower premiums, but they are not the 'business of insurance.'"[559].

Obwohl es sich bei der Festbetragsfestsetzung für Arzneimittel nach § 35 SGB V um eine Regelung des Versicherungsverhältnisses zwischen dem Versicherten und der gesetzlichen Krankenversicherung handelt, erscheint es als fraglich, ob eine derartige Regelung in den Anwendungsbereich des McCarran-Ferguson Acts fiele. Insbesondere die Tatsache, dass allein der Umfang der Leistungspflicht der Versicherung gegenüber den Versicherten geregelt wird, könnte gegen das Vorliegen eines eng verstandenen Risikoverteilungsgeschäfts sprechen. Dabei hat der US-Supreme Court insbesondere den Kauf von Waren und Dienstleistungen durch eine Versicherung von einem Risikoverteilungsgeschäft abgegrenzt[560] und ein solches Geschäft zudem verneint, wenn es sich lediglich um eine Regelung handele, die eine bereits entstandene Erstattungspflicht nachträglich modifiziert[561]. Damit spricht die Tatsache, dass § 35 SGB V den Umfang einer bereits entstandenen Leistungspflicht der GKV nachträglich modifiziert, gegen die Annahme eines Risikoverteilungsgeschäfts. Eine dem § 35 SGB V entsprechende Regelung würde damit schon aus diesem Grunde nicht in den Anwendungsbereich der Freistellung des McCarran-Ferguson Acts fallen.

2. Die Definition des Begriffes "regulation by State law"

Die zweite Voraussetzung einer Freistellung nach dem McCarran-Ferguson Act ergibt sich aus folgender Bestimmung des Gesetzestextes: "[the federal antitrust laws] shall be applicable to the business of insurance to the extent that such business is not regulated by State law". Im Mittelpunkt der Auslegung, was unter einer Regulierung in diesem Sinne zu verstehen ist, steht dabei die Frage,

---

[558] Wie vor, S. 211f ("[parts of the legislative history] strongly suggest that Congress understood the business of insurance to be the underwriting and spreading of risk").
[559] Wie vor, S. 214.
[560] Wie vor, S. 224 ("There is not the slightest suggestion in the legislative history that Congress in any way contemplated that arrangements ..., which involve the mass purchase of goods and services from entities outside the insurance industry, are the 'business of insurance.'").
[561] Union Labor Life Ins. Co. v. Pireno, 458 U.S. 119, 130 (1982)("[the anticompetitive conduct] takes place only after the risk has been transferred by means of the policy, and then it functions only to determine whether the risk of the entire loss ... has been transferred").

wie ein Bundesstaat seine Absicht, das Versicherungsgeschäft von den Antitrust-Gesetzen des Bundes freistellen zu wollen, zum Ausdruck bringen muss. Dabei vertraten die Gerichte von Beginn an eine weite Interpretation hinsichtlich des Begriffes "regulation", indem sie die Freistellung auch für anwendbar hielten, wenn die Regelung Versicherungsgeschäfte nur allgemein betraf und dabei die Absicht des Gesetzgebers hinsichtlich einer Freistellung nicht eindeutig nachwies. In der Rechtssache FTC v. National Casualty vertrat der US-Supreme Court die Auffassung, dass eine Beschreibung des wettbewerbswidrigen Verhaltens eines Versicherungsunternehmens ausreichend sei, um eine Freistellung zu rechtfertigen und betonte dabei insbesondere das Vorliegen einer administrativen Aufsicht[562]. Im Gegensatz dazu sei es jedoch nicht ausreichend, wenn die Regulierung des Versicherungsgeschäftes nur dazu als Vorwand benutzt werde, um ein wettbewerbswidriges Verhalten mittels Gesetzesform zu implementieren[563]. Demgegenüber haben die Berufungsgerichte den Begriff der Regulierung im Sinne des McCarran-Ferguson Acts weiter ausgelegt. So befand der US Court of Appeals of the 6th Circuit, dass eine generelle Ermächtigung eines Versicherungsunternehmens ausreichend sei und eine aktive staatliche Aufsicht entbehrlich sei[564]. Obwohl es fraglich erscheint, ob diese weitreichende Interpretation des Berufungsgerichts mit der Entscheidung des US-Supreme Courts vereinbar ist, die das Erfordernis einer staatlichen Aufsicht betont[565], ist die gesetzlich normierte Ausnahme von der Freistellung in bezug auf die Antitrust-Gesetze des Bundes bisher allgemein eng interpretiert worden[566]. Dabei erinnert der Wortlaut des US-Supreme Courts in bezug auf eine staatliche Ermächtigung und eine aktive staatliche Aufsicht an den nachfolgend im Jahre 1980 eingeführten Midcal-Test, der die Anwendung der "state action" Doktrin auf private Unternehmen begrenzt[567].

---

[562] FTC v. National Casualty Co., 357 U.S. 560, 564 (1958)("[e]ach State in question has enacted prohibitory legislation which proscribes unfair insurance advertising and authorizes enforcement through a scheme of administrative supervision").
[563] FTC v. National Casualty Co., 357 U.S. 560, 564 (1958); siehe ebenso: Ohio AFL-CIO v. Ins. Rating Board, 451 F.2d 1178, 1184 (6th Cir. 1971).
[564] Ohio AFL-CIO v. Ins. Rating Board, 451 F.2d 1178, 1184 (6th Cir. 1971)("no proof would apparently be entertained as to the extent to which the law had been administratively enforced").
[565] FTC v. National Casualty Co., 357 U.S. 560, 564 (1958)("[e]ach State . . . authorizes enforcement through a scheme of administrative supervision").
[566] Der US-Supreme Court hat jedoch zuletzt in der Entscheidung Humana v. Forsyth (525 U.S. 299, 310 (1999)) betont, dass ein Anti-Korruptionsgesetz des Bundes neben einem bundesstaatlichen, das Versicherungswesen regulierenden Gesetz anwendbar ist, solange kein direkter Konflikt besteht.
[567] Siehe hierzu unten: 3. Kapitel, B., S. 164; in beiden Fällen wird allgemein eine Notwendigkeit gesehen die Übertragung weitreichender Freistellungen von den Antitrust-Gesetzen auf private Unternehmen zu begrenzen, indem ein klarer Nachweis eines diesbezüglichen Willens des Gesetzgebers gefordert wird; einige Vertreter der Literatur schlagen auch vor, die strikteren Voraussetzungen des Midcal-Tests auf den McCarran-Ferguson Act zu über-

3. Ergebnis

Zwar mag die zweite Voraussetzung des McCarran-Ferguson Acts im Falle der Festbetragsfestsetzung nach § 35 SGB V gegeben sein, da an dem Vorliegen einer Regulierung des Versicherungsverhältnisses kein Zweifel bestehen kann. Dennoch wäre mangels des Vorliegens eines Versicherungsgeschäftes nicht von einer gesetzlichen Freistellung nach dem McCarran-Ferguson Act auszugehen, da § 35 SGB V dem alleinigen Ziel der Reduzierung der Arzneimittelkosten dient, weshalb die Vorschrift nicht primär risikoverteilender Natur ist.

II. Freistellung gemeinnütziger Einrichtungen durch Bundesgesetze

Zwei Bestimmungen in Bundesgesetzen kommt regelmäßig eine besondere Bedeutung im Rahmen des Gesundheitswesens zu, da sie gemeinnützige Einrichtungen von bestimmten Vorschriften des Antitrust-Rechts freistellen. Zunächst beschränkt Section 5 des Federal Trade Commission Acts die Exekutivkompetenz der FTC auf wettbewerbsschädliches Handeln von "corporations"[568]. Letztere zeichnen sich dabei nach der Definition der Section 4 des Gesetzes durch kommerzielle Tätigkeiten aus[569], so dass der Definition des Begriffes "profit" eine richtungsweisende Bedeutung für die Zuständigkeit der FTC zukommt. Die praktische Bedeutung dieser Definition ist jedoch im Gegensatz zur Rechtslage des EG-Vertrages gering. Zum einen ergibt sich dies daraus, dass die Zuständigkeitsregel allein die Befugnisse der FTC betrifft und die Zuständigkeiten des Department of Justice sowie bundesstaatlicher Behörden im Bereich des Antitrust-Rechts grundsätzlich unberührt lässt. Andererseits wird die Existenz einer Freistellung für bestimmte Berufsgruppen und Organisationen in der Literatur und der Rechtsprechung überwiegend unter dem Gesichtspunkt freiberuflicher Tätigkeiten und ethischer Standards diskutiert, wobei auch hier der Gesichtspunkt des kommerziellen Profits von Bedeutung ist[570]. Der Begriff "profit" im Sinne des Federal Trade Commission Acts wird dabei von den Gerichten sehr weitgehend interpretiert. So entschied der US-Supreme Court im Jahre 1999 in der Rechtssache California Dental Association v. Federal Trade Commission, dass Tätigkeiten eines mit der Interessenwahrnehmung von Zahnärzten befassten Verbandes kommerzieller

---

tragen, um zu verhindern, dass der Gesetzgeber Wettbewerbsverstöße von Versicherungsunternehmen lediglich „absegnet": Phil Goodin, 86 IOWA L. REV. 979, 997, 1010 (2001).
[568] Federal Trade Commission Act (38 Stat. 717 (1914), as amended 15 U.S.C.A. §§ 41-58); der Bestimmung kommt damit zumindest in Bezug auf die Exekutivkompetenzen der FTC die Funktion einer Freistellung zu, wobei die Kompetenzen des Department of Justice in Bezug auf die Antitrust-Gesetze hiervon grundsätzlich unberührt bleiben.
[569] Section 4 des Federal Trade Commission Acts definiert "corporations" als "organized to carry on business for its own profit or that of its members".
[570] Siehe hierzu unten: 2. Kapitel, B., IV., S. 122.

Art seien und damit in den Zuständigkeitsbereich der FTC fielen[571]. Obwohl der Verband in Form einer gemeinnützigen Einrichtung organisiert war, wurde ein kommerzielles Interesse des Verbandes angenommen, da dieser seinen Mitgliedern Versicherungen und Finanzierungsmodelle zur Verfügung stellte und die gerichtliche und außergerichtliche Interessenwahrnehmung der Mitglieder übernahm[572]. Der US-Supreme Court sprach gemeinnützigen Einrichtungen dabei grundsätzlich keine geringere Veranlassung zu wettbewerbswidrigem Handeln zu als kommerziellen Organisationen, wenn erstere im Auftrag von Mitgliedern handeln, die finanzielle Eigeninteressen verfolgen[573]. Der Umfang der Freistellung wird dabei von den Berufungsgerichten teilweise noch enger ausgelegt, die nur karitative Einrichtungen aus dem Zuständigkeitsbereich der FTC ausnehmen[574].

Neben dieser eng verstandenen Freistellung existiert im Rahmen des Robinson Patman Price Discrimination Acts[575] eine Freistellung für Krankenhäuser und karitative Einrichtungen in bezug auf die Beschaffung von Waren für eigene Zwecke. Diese Freistellung bezieht sich indes nur auf die Bestimmungen des Robinson Patman Acts und schließt dabei den Weiterverkauf von Waren an Dritte nicht ein. Demzufolge wird die Weitergabe von Medikamenten durch Krankenhäuser an Patienten sowie durch sog. Health Maintenance Organizations ("HMOs") an deren Mitglieder von dem Gesetz gegen Preisdiskriminierungen freigestellt, nicht jedoch die Weitergabe an Dritte[576]. Nach den Gesetzen des Bundes käme damit eine Freistellung einer dem § 35 SGB V vergleichbaren US-amerikanischen Regelung nicht in Betracht.

---

[571] Cal. Dental Ass'n v. FTC, 526 U.S. 756, 767 (1999)("the economic benefits conferred upon the CDA's profit-seeking professionals plainly fall within the object of enhancing its members' "profit,"which the FTC Act makes the jurisdictional touchstone").
[572] Wie vor, S. 767 ("Through for-profit subsidiaries, the CDA provides advantageous insurance and preferential financing arrangements for its members, and it engages in lobbying, litigation, marketing, and public relations for the benefit of its members' interests").
[573] Wie vor, S. 768 ("Nonprofit entities organized on behalf of for-profit members have the same capacity and derivatively, at least, the same incentives as for-profit organizations to engage in unfair methods of competition or unfair and deceptive acts").
[574] Community Blood Bank of Kansas City Area, Inc. v. FTC, 405 F.2d 1011, 1022 (8th Cir. 1969)("under § 4 the Commission lacks jurisdiction over nonprofit corporations without shares of capital, which are organized for and actually engaged in business for only charitable purposes, and do not derive any 'profit' for themselves or their members within the meaning of the word 'profit' as attributed to corporations having shares of capital").
[575] Section 13 (c) Robinson-Patman Price Discrimination Act (49 Stat. 1526 (1936), as amended 15 U.S.C.A. §§13 (a)-13 (c)) sieht folgende Regelung vor: "Nothing in the Act ..., shall apply to purchases of their supplies for their own use by schools, colleges, universities, public libraries, churches, hospitals, and charitable institutions not operated for profit".
[576] Siehe hierzu: Abbott Laboratories v. Portland Retail Druggists Ass'n, 425 U.S. 1, 14 (1976); Jefferson County Pharmaceutical Ass'n v. Abbott Laboratories, 460 U.S. 150, 171 (1983); De Modena v. Kaiser Foundation Health Plan, 743 F.2d 1388, 1393 (9th Cir. 1984).

III. Freistellung durch Gesetze der Staaten

Diverse Bundesstaaten haben darüber hinaus sog. "provider cooperation laws"[577] mit dem Ziel erlassen, Kooperationen und Fusionen von Krankenhäusern von den Bestimmungen der Antitrust-Gesetze des Bundes freizustellen. Diese Gesetze sind dabei häufig auf die Einflussnahme von Krankenhäusern zurückzuführen, welche Rechtssicherheit bezüglich der Anwendbarkeit des Antitrust-Rechts im Bereich des Gesundheitswesens begehrten. Auf Grund der sog. "state action doctrine" unterliegen diese Gesetze und die darauf basierenden Verhaltensweisen der Krankenhäuser oder Ärzte in der Regel einer staatlichen Immunität in bezug auf die Antitrust-Gesetze des Bundes[578]. Das wettbewerbswidrige Verhalten der Krankenhäuser und Ärzte ist dabei regelmäßig vom Umfang der staatlichen Immunität umfasst, da der bundesstaatliche Gesetzgeber häufig eine ausreichende staatliche Aufsicht ausübt, um die Kriterien des die Grenzen staatlichen Handelns definierenden sog. "Midcal-Tests" zu erfüllen. Dennoch wird diesen Gesetzen eine geringe praktische Bedeutung zugemessen, was nicht zuletzt an der Zurückhaltung der Krankenhäuser und Ärzte liegen mag, einer permanenten staatlichen Überwachung ausgesetzt zu sein[579]. Da diese Gesetze zudem grundsätzlich nur Krankenhäuser und nicht Versicherungen betreffen, findet sich auch im Recht der Bundesstaaten regelmäßig keine Freistellung einer dem § 35 SGB V entsprechenden Vorschrift.

IV. Die Anwendbarkeit des Antitrust-Rechts des Bundes im Bereich des Gesundheitswesens

Ebenso wie im Recht der Europäischen Union stellt sich auch in den USA die Frage, inwieweit Tätigkeiten im Bereich des Gesundheitswesens als nichtkommerzielle Tätigkeiten zu qualifizieren sind und demzufolge von einer Anwendung der Wettbewerbsvorschriften generell ausgeschlossen sind. Obwohl der Sherman Act keine ausdrückliche Freistellung ganzer Wirtschaftssektoren vorsieht und der weit gefasste Wortlaut des Gesetzes gegen die Existenz einer solchen Freistellung angeführt werden kann, vertrat die herrschende Ansicht in der Literatur bis zum Jahre 1975 die Auffassung, dass Tätigkeiten im Bereich des Gesundheitswesens grundsätzlich nicht den Bestimmungen der Antitrust-Gesetze unterliegen. Dabei wurden regelmäßig folgende drei Argumente

---
[577] Siehe beispielhaft für diese Regelungen folgendes Gesetz des Bundesstaats North Carolina: N.C. Gen. Stat. §§ 131E-192.1-.13 (1996); ein Gesetz des Bundesstaates New Jersey autorisiert darüber hinaus Kollektivverhandlungen zwischen Ärzten und sog. health plans: N.J. Stat. Ann. §§ 52:17B-196-209 (West 2002); in diversen Bundesstaaten existieren zudem Richtlinien medizinischer Selbstverwaltungskörperschaften in bezug auf das Verschreibungsverhalten von Ärzten: siehe hierzu: Gilson/Joranson/Maurer, 31 J.L. MED. ETHICS 119 (2003).
[578] Siehe hierzu unten: 3. Kapitel, B., S. 164.
[579] Havighurst/Blumstein/Brennan, Health Care Law and Policy, S. 784.

angeführt, um einen solchen Ausschluss zu rechtfertigen: einerseits wurden Tätigkeiten der sog. "learned professions" kategorisch nicht als "trade or commerce" angesehen, so dass medizinische Dienstleistungen als nichtwirtschaftliche Tätigkeiten nicht den Bestimmungen des Sherman Acts unterstellt wurden; auf Grund überwiegend lokaler Auswirkungen wurde das Gesundheitswesen zudem der ausschließlichen Gesetzgebungskompetenz der Bundesstaaten zugeordnet und damit dem Anwendungsbereich der Bundesgesetze entzogen; die Freistellung wurde dabei nicht zuletzt von dem Gedanken getragen, dass eine Anwendung der Wettbewerbsregeln nicht angemessen sei, weil der Verbraucher die Qualität einer Dienstleistung im Gesundheitswesen nicht aus eigenem Befinden beurteilen könne[580]. Ein System des freien Wettbewerbs wurde damit von der herrschenden Meinung als unerreichbar und zudem nicht wünschenswert betrachtet, wobei vielmehr eine Selbstregulierung im Gesundheitswesen als vorzugswürdige Regulierungsmethode angesehen wurde[581]. Es stellt sich demzufolge die Frage, ob die drei oben genannten Gesichtspunkte eine generelle Freistellung freier Berufe von den Antitrust-Gesetzen des Bundes rechtfertigen (1.). Im Fall des Ausschlusses einer generellen Freistellung wäre sodann zu untersuchen, inwieweit eine nachsichtigere Behandlung von Tätigkeiten im Bereich des Gesundheitswesens im Rahmen der Antitrust-Gesetze angemessen erscheint (2.).

1. Die Goldfarb Entscheidung: Keine Freistellung freier Berufe

Zwei Entscheidungen des US-Supreme Courts aus den Jahren 1975 und 1976 veränderten den geschilderten nachsichtigen Trend nachhaltig, indem sie die oben genannten Argumente teilweise ausdrücklich zurückwiesen. Zunächst entschied das Gericht im Jahre 1975 in der Entscheidung Goldfarb v. Virginia State Bar in bezug auf Dienstleistungen von Rechtsanwälten, dass die Beschaffenheit einer bestimmten Berufsgruppe für sich alleine keinen Schutz vor den Bestimmungen des Sherman Acts bietet[582]. Ein Jahr später befand der US-Supreme Court in der Entscheidung Hospital Building Company v. Trustees of Rex Hospital, dass Tätigkeiten eines Krankenhauses wesentliche Auswirkungen auf den zwischenstaatlichen Handel haben, da der Einkauf von Waren und die Kostenerstattungen durch Krankenversicherungen den lokalen Wirkungskreis regelmäßig überschreiten[583]. Insbesondere die Goldfarb Entscheidung kann dabei als Ausgangspunkt einer Anwendung der Antitrust-

---

[580] Havighurst, 26 J. HEALTH POL. POL'Y & L. 939, 940 (2001).
[581] Havighurst, 26 J. HEALTH POL. POL'Y & L. 939, 942 (2001).
[582] Goldfarb v. Va. State Bar, 421 U.S. 773, 787 (1975)("The nature of an occupation, standing alone, does not provide sanctuary from the Sherman Act").
[583] Hospital Bldg. Co. v. Trustees of Rex Hospital, 425 U.S. 738, 744 (1976)("the fact that an effect on interstate commerce might be termed "indirect" because the conduct producing it is not "purposely directed" toward interstate commerce does not lead to a conclusion that the conduct at issue is outside the scope of the Sherman Act.").

Gesetze auf Tätigkeiten im Bereich des Gesundheitswesens angesehen werden. Obwohl die Entscheidung Dienstleistungen von Rechtsanwälten betraf, zeigten sich die Auswirkungen der hierin zum Ausdruck gekommenen Unterwerfung freier Berufe unter die Bestimmungen des Sherman Acts überwiegend im Bereich des Gesundheitswesens. Trotz eines allgemein gegenteiligen Trends waren die 1980er Jahre infolge des Urteils durch eine aktive Ausübung exekutiver Befugnisse der US-amerikanischen Kartellbehörden im Bereich des Gesundheitswesens gekennzeichnet[584]. Dabei war es nicht zuletzt dem immensen Potential der automatischen Verdreifachung von Schadensersatzforderungen des US-amerikanischen Antitrust-Rechts zuzuschreiben, dass sich der Wirtschaftssektor des Gesundheitswesens zudem einer bedeutenden Anzahl privater Klagen ausgesetzt sah.

Obwohl die Goldfarb Entscheidung des US-Supreme Courts eine generelle Freistellung der freien Berufe von den Antitrust-Gesetzen klar ausschloss[585], blieb weiterhin die Frage offen, in welchem Umfang diese Gesetze auf Tätigkeiten im Gesundheitswesen anwendbar sind. Insbesondere folgende Fußnote des US-Supreme Courts trug dabei zu einer lebhaften Diskussion über den Umfang der Anwendung des Antitrust-Rechts auf Sachverhalte im Bereich des Gesundheitswesens bei: "It would be unrealistic to view the practice of professions as interchangeable with other business activities, and automatically to apply to the professions antitrust concepts which originated in other areas. The public service aspect, and other features of the professions, may require that a particular practice, which could properly be viewed as a violation of the Sherman Act in another context, be treated differently"[586]. Im Mittelpunkt der Diskussion stand dabei die Frage, ob aus dieser Fußnote eine nachsichtigere Anwendung der Antitrust-Gesetze auf Tätigkeiten des Gesundheitswesens im Sinne einer sog. "quality of care defense" abzuleiten ist. Eine dem § 35 SGB V entsprechende Regelung wäre damit auch nach der Rechtsprechung des US-Supreme Courts nicht generell von den Antitrust-Gesetzen des Bundes freigestellt.

2. Die sog. "quality of care defense"

Obwohl die Goldfarb Entscheidung den Weg für eine marktorientierte Regulierung des Gesundheitswesens mittels der Antitrust-Gesetze eröffnet hatte, blieb es in den folgenden Jahren zunächst unklar, in welchem Umfang die Regeln des Wettbewerbs sich als zweckdienliches Regulierungsmittel

---

[584] Havighurst, 26 J. HEALTH POL. POL'Y & L. 939, 941 (2001).
[585] Das Gericht sprach sich in einer nachfolgenden Entscheidung ausdrücklich gegen eine generelle Freistellung aus: National Soc'y Prof'l Eng'rs v. United States, 435 U.S. 679, 695 (1978)("By the same token, the cautionary footnote in Goldfarb cannot be read as fashioning a broad exemption under the Rule of Reason for learned professions").
[586] Goldfarb v. Va. State Bar, 421 U.S. 773, 788 (1975), FN 17.

durchsetzen würden. So kam insbesondere in der oben zitierten Fußnote eine zurückhaltende Tendenz des Gerichts in bezug auf eine uneingeschränkte Anwendung der Antitrust-Gesetze auf freie Berufsgruppen zum Ausdruck, da deren Sonderstellung auf Grund der Wahrnehmung öffentlicher Aufgaben besonders betonte wurde[587]. Bereits zuvor hatte der US-Supreme Court zum Ausdruck gebracht, dass eine rein marktorientierte Behandlung des Gesundheitswesens generell nicht gerechtfertigt sei. So befand das Gericht in der Entscheidung United States v. Oregon State Medical Society aus dem Jahre 1952, dass Tätigkeiten von Ärzten einer nachsichtigeren Kontrolle durch die Antitrust-Gesetze unterliegen als Tätigkeiten anderer Wirtschaftsteilnehmer, da ethische Standards des Verhältnisses zwischen Patienten und Ärzten eine besondere Behandlung rechtfertigen[588]. Das höchste US-amerikanische Gericht hat damit zwei Gesichtspunkte anerkannt, die eine nachsichtigere Behandlung des medizinischen Berufsstandes rechtfertigen können: die Wahrnehmung öffentlicher Aufgaben und die Sicherstellung ethischer und medizinischer Standards.

Trotz der erneuten Anerkennung der Sonderstellung öffentlicher Aufgabenträger enthielt sich das Gericht in Goldfarb einer eindeutigen Aussage darüber, in welchem Umfang der Aspekt der Wahrnehmung öffentlicher Interessen in der wettbewerbsrechtlichen Beurteilung eines Sachverhalts zum Tragen kommen solle. Im Bereich des Gesundheitswesens zeigte sich eine nachsichtigere Behandlung freier Berufsträger dabei häufig dadurch, dass die Gerichte ein Verhalten, welches regelmäßig auf Grund seiner schwerwiegenden Auswirkungen als per se Verstoß gegen die Antitrust-Gesetze zu bewerten wäre, nach den Grundsätzen der sog. rule of reason behandelten[589]. Die Qualifizierung eines wettbewerbswidrigen Verhaltens als per se Verstoß hat eine unwiderlegbare Vermutung der Illegalität zur Folge, da das in Frage stehende Verhalten als derart wettbewerbswidrig zu qualifizieren ist, dass eine Rechtfertigung nicht in Betracht kommt[590]. So werden horizontale

---

[587] Zur Bedeutung von Qualitätssicherungsaspekten in bezug auf die Beurteilung von Gebührenordnungen für Rechtsanwälte im Rahmen der Art. 10 II, 3 I lit.g) EG i.V.m. Art. 81 EG: GA Léger, Schlussanträge v. 10.7.2001, Rs. C-35/99 (Arduino), Slg. 2002, I-1529 (1556 f); dieser sieht in einem hohes Qualitätsniveau der Dienstleistungen von Rechtsanwälten als legitimes Ziel des Allgemeininteresses an, betrachtete die in Frage stehende Gebührenordnung jedoch als unverhältnismäßig, da kein kausaler Zusammenhang zwischen der Höhe der Gebühren und der Qualität der Dienstleistung bestand.
[588] U.S. v. Oregon State Medical Soc., 343 U.S. 326, 336 (1952)("This Court has recognized that forms of competition usual in the business world may be demoralizing to the ethical standards of a profession").
[589] Havighurst, 26 J. HEALTH POL. POL'Y & L. 939, 944 (2001).
[590] Northern Pac. Ry. Co. v. United States, 356 U.S. 1, 5 (1958)("there are certain agreements or practices which because of their pernicious effect on competition and lack of any redeeming virtue are conclusively presumed to be unreasonable and therefore illegal without elaborate inquiry as to the precise harm they have caused or the business excuse for their

Preisfestsetzungen und Marktaufteilungen sowie bestimmte Gruppenboykotte und Kopplungsvereinbarungen als per se Verstoß angesehen, da diese Verhaltensweisen als besonders schädlich für das System eines freien Wettbewerbs bewertet werden[591]. Im Falle eines Nachweises solcher Verhaltensweisen wird das Vorliegen einer Wettbewerbsbeschränkung regelmäßig ohne weitere Untersuchungen angenommen. Demgegenüber hat eine Behandlung nach der sog. rule of reason zur Folge, dass die Auswirkungen des in Frage stehenden Verhaltens, die sich positiv auf den Wettbewerb auswirken, gegen nachteilige Auswirkungen abgewogen werden[592].

Eine nachsichtigere Behandlung des Verhaltens freier Berufsträger zeichnete sich dabei erstmals in der Goldfarb Entscheidung des US-Supreme Courts ab, in der Preisfestsetzungen für Rechtsanwaltsdienstleistungen nicht wie gewöhnlich als per se Verstoß behandelt wurden. Dabei schien sich das Gericht jedoch der Konsequenzen der indirekten Verneinung eines per se Verstoßes bewusst zu sein, da es ausdrücklich betonte, die Entscheidung betreffe allein den vorliegenden Fall[593]. So trat drei Jahre später auch eine Zurückhaltung des US-Supreme Courts zutage, die Nichtanwendung eines grundsätzlichen per se Verstoßes ausdrücklich mit ethischen Standards freier Berufsgruppen zu rechtfertigen. Dabei lehnte das Gericht in der Entscheidung Professional Engineers v. United States die generelle Rechtfertigung eines Verhaltens auf Grund ethischer Standards einer freien Berufsgruppe ab ohne dabei ausdrücklich darauf einzugehen, ob es eine abgewandelte rule of reason oder einen per se Verstoß annahm[594]. Diese Vorgehensweise des Gerichts ist dabei in der Literatur als sog. "quick look rule of reason" [595], oder "truncated rule of reason"[596] bezeichnet worden. Dabei ließ das Gericht trotz des Vorliegens eines

---

use"); National Soc'y Prof'l Eng'rs v. United States, 435 U.S. 679, 692 (1978)("[t]here are . . . two complementary categories of antitrust analysis. In the first category are agreements whose nature and necessary effect are so plainly anticompetitive that no elaborate study of the industry is needed to establish their illegality--they are "illegal per se"").

[591] Northern Pac. Ry. Co. v. United States, 356 U.S. 1, 5 (1958)("Among the practices which the courts have heretofore deemed to be unlawful in and of themselves are price fixing, division of markets, group boycotts and tying arrangements").

[592] National Soc'y Prof'l Eng'rs v. United States, 435 U.S. 679, 692 (1978)("the Court has adhered to the position that the inquiry mandated by the Rule of Reason is whether the challenged agreement is one that promotes competition or one that suppresses competition"); Areeda & Hovenkamp, Fundamentals of Antitrust Law I, § 15.01, S. 524 f (2002); hierzu ausführlich: Ackermann, S. 11 ff; Manzini, in: ECLR 2002, S. 392 (393).

[593] Goldfarb v. Va. State Bar, 421 U.S. 773, 788 (1975), FN 17("We intimate no view on any other situation than the one with which we are confronted today").

[594] National Soc'y Prof'l Eng'rs v. United States, 435 U.S. 679, 695 (1978)("It is this restraint that must be justified under the Rule of Reason, and petitioner's attempt to do so on the basis of the potential threat that competition poses to the public safety and the ethics of its profession is nothing less than a frontal assault on the basic policy of the Sherman Act").

[595] Havighurst, 26 J. HEALTH POL. POL'Y & L. 939, 944 (2001).

[596] Ameringer, 5 DEPAUL J. HEALTH CARE L. 187, 194 (2002).

Verhaltens, welches unter gewöhnlichen Umständen die Annahme eines per se Verstoßes nahe legt, rechtfertigende Erwägungen in Form einer öffentlichen Aufgabenwahrnehmung und ethischer Standards freier Berufe in die Entscheidung einfließen. Die Entscheidung Arizona v. Maricopa County Medical Society[597] aus dem Jahre 1982 trug ferner zu der bereits existierenden Verunsicherung bei, indem das Gericht ausdrücklich einen per se Verstoß gegen die Antitrust-Gesetze in bezug auf eine Vereinbarung von Ärzten annahm, welche die Anerkennung maximaler Versicherungserstattungssummen als Erfüllung für ihre Dienstleistungen anerkannten. Dieses Ergebnis kann dabei als umso überraschender angesehen werden, als überzeugende Argumente für eine Aufrechterhaltung dieser Praxis hätten angeführt werden können, welche letztendlich den Verbrauchern zugute kam und eine Gefahr für die Qualität medizinischer Dienstleistungen nicht erkennen ließ. Dennoch befasste sich das Gericht ausführlich mit der fraglichen Preisfestsetzung unter den Gesichtspunkten der Qualität medizinischer Dienstleistungen und ethischer Standards der Ärzteschaft[598], obwohl die Qualifizierung als per se Verstoß einer solchen Untersuchung entgegensteht[599]. Jedoch verdeutlicht die Entscheidung, dass der US-Supreme Court die Anwendung eines per se Verstoßes im Bereich des Gesundheitswesens nicht generell für ausgeschlossen hält.

Demgegenüber wandte der US-Supreme Court in der Entscheidung Federal Trade Commission v. Indiana Federation of Dentists aus dem Jahre 1986 eine sog. "quick look rule of reason"[600] an und sah den Boykott eines Verbandes als eine illegale Wettbewerbsbeschränkung im Sinne des Sherman Acts an. Dabei verwarf das Gericht das Argument eines Verbandes, die Verweigerung von Zahnärzten, Röntgenbilder ihrer Patienten an Versicherungen herauszugeben, sei auf Grund der Sicherstellung eines hohen medizinischen Standards gerechtfertigt. Zunächst stellte das Gericht klar, dass die Rechtsverhältnisse zwischen Zahnärzten, Patienten und deren Krankenversicherungen kommerzieller Art sind[601]. Zudem beurteilte das Gericht einen Gruppenboykott, der unter normalen Umständen als per se Verstoß zu qualifizieren wäre, nach

---

[597] Ariz. v. Maricopa County Med. Soc'y, 457 U.S. 332 (1982).
[598] Ariz. v. Maricopa County Med. Soc'y, 457 U.S. 332, 349 (1982)("The price-fixing agreements in this case . . . are not premised on public service or ethical norms. The respondents do not argue, as did the defendants in Goldfarb and Professional Engineers, that the quality of the professional service that their members provide is enhanced by the price restraint. The respondents' claim for relief from the per se rule is simply that the doctors' agreement not to charge certain insureds more than a fixed price facilitates the successful marketing of an attractive insurance plan. But the claim that the price restraint will make it easier for customers to pay does not distinguish the medical profession from any other provider of goods or services").
[599] Havighurst, 26 J. HEALTH POL. POL'Y & L. 939, 944 (2001), FN 4.
[600] FTC v. Ind. Fed'n of Dentists, 476 U.S. 447 (1986).
[601] Wie vor, S. 448 ("This case concerns commercial relations among certain Indiana dentists, their patients and the patients' dental health insurers").

den Grundsätzen der sog. rule of reason, da es Effizienzgesichtspunkte in Erwägung zog, diese im Ergebnis jedoch ablehnte. Die „oberflächliche" Beurteilung wettbewerbsförderlicher Gesichtspunkte im Rahmen der Bewertung eines generell als per se Verstoß zu qualifizierenden Verhaltens wird in der Literatur häufig als sog. "quick look rule of reason" oder "truncated rule of reason" bezeichnet[602]. Diese Abwandlung der herkömmlichen Einteilung zwischen per se Verstößen und rule of reason Beurteilungen hat seither in der Rechtsprechung des US-Supreme Courts häufiger Anerkennung gefunden und war dabei nicht auf den Bereich der medizinischen Qualitätssicherung beschränkt. Dennoch hat der US-Supreme Court in einer jüngsten Entscheidung aus dem Jahre 1999 das Werbeverbot eines kalifornischen Zahnärzteverbandes ausdrücklich nach den Regeln einer vollumfänglichen rule of reason beurteilt und das Argument der FTC zurückgewiesen, eine sog. "quick look rule of reason" sei ausreichend, um die wettbewerbsförderlichen Aspekte des Werbeverbotes ausreichend berücksichtigen zu können[603].

Die beiden letzten Entscheidungen zeigen dabei in welchem Umfang das Argument der Qualitätssicherung dazu benutzt wird, um die Folgen eines per se Verstoßes gegen die Antitrust-Gesetze des Bundes zu umgehen. Obwohl der US-Supreme Court eine sog. "quality of care defense" bisher nicht ausdrücklich anerkannt hat, sprechen einige Anhaltspunkte dafür, dass das Gericht implizit den Gesichtspunkt eines hohen Standards medizinischer Dienstleistungen in seine Entscheidungen einfließen lässt. Dabei hat das Gericht diesen Gesichtspunkt in seinen Entscheidungen nicht nur häufig betont, sondern daraus regelmäßig auch die Konsequenz der Anwendung einer sog. "quick look rule of reason" gezogen. So hat der US-Supreme Court trotz einer gegenteiligen Bezeichnung in der Entscheidung Maricopa County seit der Goldfarb Entscheidung immer zumindest eine abgewandelte rule of reason im Bereich des Gesundheitswesens angewandt. Im Rahmen der sog. "quick look rule of reason" berücksichtigt das Gericht dabei regelmäßig den Gesichtspunkt der Aufrechterhaltung eines hohen medizinischen Standards, auch wenn das in Frage stehende Verhalten unter normalen Umständen als per se Verstoß zu qualifizieren wäre, was einen Ausschluss jeglicher rechtfertigender Erwägungen zur Folge hätte. Auch wenn damit eine nachsichtigere Behandlung des Gesundheitswesens im Rahmen der Antitrust-Gesetze in diversen Entscheidungen des US-Supreme Courts implizit zum Ausdruck gekommen ist, sind der Anwendung einer sog. "quality of care defense" strikte Grenzen gesetzt. So ist die Berücksichtigung lobenswerter Ziele durch den Ausschluss einer sog. "worthy purpose defense" im US-amerikanischen Antitrust-Recht grundsätzlich

---

[602] Havighurst, 26 J. HEALTH POL. POL'Y & L. 939, 944 (2001); Greaney, 21 CONN. L. REV. 605, 612 (1989).
[603] Cal. Dental Ass'n v. FTC, 526 U.S. 756, 759 (1999); hierzu und zu den Parallelen zu der Wouters Entscheidung des EuGH: Andrews, in: ECLR 2002, S. 281 (284 f).

untersagt, da generell nur ökonomische Ziele im Rahmen der Beurteilung eines Verhaltens nach der rule of reason zum Tragen kommen[604].

V. Ergebnis

Diverse bundesstaatliche Gesetze das staatliche Programm Medicaid betreffend verdeutlichen, dass auch in den USA die Senkung der Arzneimittelausgaben einen Schwerpunkt politischer Aktivitäten darstellt. Diese Kostensenkungsgesetze sind von der Arzneimittelindustrie bisher überwiegend erfolglos einer gerichtlichen Kontrolle unterzogen worden, die regelmäßig allein verfassungsrechtliche Erwägungen zum Gegenstand hatte. Dennoch existiert in den USA eine umfangreiche Rechtsprechung zu der Frage, wie die Antitrust-Gesetze des Bundes auf Sachverhalte im Bereich des Gesundheitswesens anzuwenden sind. Obwohl die Goldfarb-Entscheidung sowie nachfolgende Entscheidungen des US-Supreme Courts sich eindeutig gegen eine generelle Freistellung des Gesundheitswesens von den Antitrust-Gesetzen aussprachen, stellte das Gericht mehrfach klar, dass eine besondere Behandlung dieses Wirtschaftssektors aus dem Gesichtspunkt der Qualitätssicherung medizinischer Leistungen im Einzelfall erforderlich sein kann. Diese Sonderbehandlung tritt dabei häufig darin zutage, dass Verhaltensweisen, die unter normalen Umständen als per se Verstoß zu qualifizieren wären, im Bereich des Gesundheitswesens einer sog. "quick look rule of reason" unterworfen werden. Dies ermöglicht es den Gerichten, die Besonderheiten medizinischer Fürsorge wertend zu betrachten und die wettbewerbsschädlichen Auswirkungen des Verhaltens gegen die Auswirkungen auf die Qualität medizinischer Dienstleistungen abzuwägen. Da die Rechtsprechung des US-Supreme Courts bezüglich der Frage, wie Qualitätssicherungsgesichtspunkte in wettbewerbsrechtlichen Entscheidungen zu berücksichtigen sind, den oben geschilderten Schwankungen ausgesetzt ist und die Ergebnisse eines Abwägungsprozesses zudem nur schwer vorhersehbar sind, haben diverse Bundesstaaten gesetzliche Freistellungen für das Gesundheitswesen erlassen. Die Gesetze dienen dabei letztendlich dem Ziel der Rechtssicherheit für Krankenhäuser, wobei häufig eine Freistellung der Regelungen von den Antitrust-Gesetzen des Bundes nach der sog. "state action doctrine"[605] in Betracht kommen wird.

Eine dem § 35 SGB V entsprechende Regelung wäre weder durch Gesetze noch durch die Rechtsprechung des US-Supreme Courts zum Gesundheitsrecht von den Vorgaben der Antitrust-Gesetze des Bundes freigestellt. Vielmehr sind die Rechtsverhältnisse zwischen Ärzten, Patienten und deren Krankenversicherungen nach der Ansicht des höchsten US-amerikanischen Gerichts

---

[604] Havighurst/Blumstein/Brennan, Health Care Law and Policy, S. 500.
[605] Siehe hierzu unten: 3. Kapitel, B., S. 164.

kommerzieller Art[606]. Da es sich bei Preisfestsetzungen um einen per se Verstoß handelt, käme nach der sog. „quick look rule of reason" allenfalls eine beiläufige Berücksichtigung des Ziels der Regelung in Form der Sicherung der finanziellen Stabilität der Krankenversicherung in Betracht. Angesichts des Ausschlusses einer sog. "worthy purpose defense" im US-amerikanischen Antitrust-Recht[607] wäre entsprechenden Erwägungen jedoch nur eine geringe Erfolgschance einzuräumen.

C. Zusammenfassung und Ergebnis

Im Ergebnis lässt sich feststellen, dass weder auf der Ebene des europäischen Primär- oder Sekundärrechts noch im Bereich US-amerikanischer Bundesgesetze eine Freistellung für den Wirtschaftssektor des Gesundheitswesens existiert. Darüber hinaus haben die höchsten Gerichte in beiden Jurisdiktionen ihre eindeutige Zurückhaltung in bezug auf eine generelle Freistellung zum Ausdruck gebracht, so dass die Existenz einer richterlich geschaffenen Freistellung ebenfalls zu verneinen ist. Zudem kann als weitere Parallele festgehalten werden, dass jeweils eine Tendenz vorhanden ist, die Besonderheiten des Gesundheitswesens in bezug auf die Anwendung wettbewerbsrechtlicher Bestimmungen zu berücksichtigen. Dabei verfolgt die Rechtsprechung in den USA im Bereich des Gesundheitswesens einen einzelfallbezogenen Ansatz, indem im Rahmen der "quick look rule of reason" solche Verhaltensweisen einer abwägenden richterlichen Bewertung aus Qualitätssicherungsgesichtspunkten unterworfen werden, die ansonsten einer strikten per se Illegalität unterlägen. Eine vergleichbare Berücksichtigung der Besonderheiten des Gesundheitswesens lässt sich auch in der Rechtsprechung des EuGH nachweisen, welcher die Anwendbarkeit des EG-Wettbewerbsrechts maßgeblich von der Definition des Unternehmensbegriffs im Sinne wirtschaftlicher Tätigkeiten abhängig macht. So finden solidarische Gesichtspunkte im Rahmen des Unternehmensbegriffs der Art. 81 f EG eine umfassende Berücksichtigung. Jedoch vermag allein die Vorschrift des Art. 86 II EG eine dem US-amerikanischen Recht vergleichbare Einzelfallgerechtigkeit zu garantieren[608].

---

[606] FTC v. Ind. Fed'n of Dentists, 476 U.S. 448 (1986) ("This case concerns commercial relations among certain Indiana dentists, their patients and the patients' dental health insurers").
[607] Havighurst/Blumstein/Brennan, Health Care Law and Policy, S. 500.
[608] S.o.: 2. Kapitel, A., I., 2., c), dd), S. 99.

3. Kapitel: Die staatliche Veranlassung wettbewerbswidrigen Verhaltens

Der folgende Abschnitt befasst sich mit der Frage, wie sich die staatliche Veranlassung eines Wettbewerbsverstoßes im US-Antitrust-Recht und im EG-Wettbewerbsrecht auswirkt. Für das US-amerikanische Recht ist dies im Rahmen der vorliegenden Arbeit noch nicht untersucht worden. So befasste sich der vorige Abschnitt allein mit der Frage, wie sich die soziale und gesundheitspolitische Veranlassung eines Gesetzes auf die wettbewerbsrechtliche Bewertung auswirkt. Auf Grund der staatlichen Veranlassung der Festbetragsfestsetzung käme daher weiterhin eine „Freistellung" nach den Grundsätzen der „state action immunity" in Betracht. Für das EG-Wettbewerbsrecht wurde diese Frage jedoch bereits insoweit thematisiert und beantwortet, als die staatliche Veranlassung der Festbetragsfestsetzung einem Verstoß der Spitzenverbände der Krankenkassen nach Art. 81 f EG nicht entgegensteht[609]. Jedoch stellt sich unabhängig von der Unternehmenseigenschaft der Kassenverbände die Frage nach der staatlichen Verantwortlichkeit und Haftung i.S.d. Art. 10 II EG und 86 I EG. Die Annahme einer staatlichen Verantwortung hängt dabei wesentlich davon ab, ob eine Akzessorietät der staatlichen von der unternehmerischen Handlung anzunehmen ist. Da sich gerade der Wirtschaftssektor des Gesundheitswesens durch ein hohes Maß an staatlicher Regulierung auszeichnet, ist die Problematik der staatlichen Veranlassung eines Wettbewerbsverstoßes insbesondere in diesem Sektor von großer Bedeutung. Ein Vergleich des Festbetragsurteils des EuGH mit der Rechtsprechung des US-Supreme Courts[610] zur „state action" Doktrin wird dabei zeigen, dass das höchste US-amerikanische Gericht in bezug auf eine dem § 35 SGB V entsprechende Regelung zu einem anderen Ergebnis als der EuGH kommen würde. Dabei wird sich herausstellen, dass einige Erwägungen des US-Supreme Courts zur Übertragung einer staatlichen Immunität auf Selbstverwaltungskörperschaften und Unternehmen auch vom EuGH stärker berücksichtigt werden sollten.

Die Mitgliedstaaten der Europäischen Union und die Bundesstaaten der Vereinigten Staaten haben folgendes gemeinsam: beide Einheiten haben weitreichende Gesetzgebungskompetenzen im Bereich des Wirtschaftsrechts, mittels derer sie das wirtschaftliche Umfeld innerhalb ihrer jeweiligen Territorien umfassend regulieren können. Diese Gesetzgebungskompetenzen sind jedoch in beiden Fällen begrenzt. Während die Wettbewerbsregeln und die Grundfreiheiten des EG-Vertrages die Gesetzgebungskompetenzen der

---

[609] Vgl. zum Ausschlusstatbestand der „hoheitlichen Tätigkeit" im Rahmen des Unternehmensbegriffes: 2. Kapitel, A., I., 2., a), aa), aaa), (1), S. 71.
[610] S.u.: 3. Kapitel, B., IV., S. 203.

Mitgliedstaaten der EU beschränken, hat die Commerce Clause[611] der US-amerikanischen Verfassung einen vergleichbaren Effekt in bezug auf die Bundesstaaten der USA. Konflikte entstehen daher, wenn diese untergeordneten Einheiten ihre Gesetzgebungskompetenzen in einer Weise ausüben, die mit den Antitrust-Gesetzen des US-Bundesrechts bzw. den Wettbewerbsregeln des EG-Vertrages nicht vereinbar ist.

Das folgende Beispiel vermag diesen Konflikt zu verdeutlichen: eine Vereinbarung zweier Wettbewerber über die Zusammenlegung der Produktion mit dem Ziel der Stabilisierung oder Anhebung der Preise ist mit den Vorschriften des US-amerikanischen Antitrust-Rechts bzw. den Wettbewerbsregeln des EG-Vertrages regelmäßig unvereinbar. Dies könnte die beiden Unternehmen dazu veranlassen, gemeinsam den Gesetzgeber dahingehend zu beeinflussen, dass dieser die wettbewerbswidrigen Wirkungen im Rahmen eines Gesetzes herbeiführt und damit möglicherweise „legalisiert". Auch wenn dieses Ergebnis als unsachgemäß erscheinen mag, so ist es doch teilweise die Folge einer weit verstandenen Immunität US-amerikanischer Bundesstaaten nach der sog. "state action" Doktrin. Aus diesem Grunde versuchen Unternehmen häufig durch Lobbyismus auf den Gesetzgeber einzuwirken, um wettbewerbswidrige Verhaltensweisen in Gesetzesform implementieren zu lassen[612]. Der folgende Abschnitt vergleicht die rechtlichen Bedingungen einer Immunität der EU-Mitgliedstaaten sowie der US-amerikanischen Bundesstaaten in bezug auf Gesetzesakte, welche mit übergeordneten Wettbewerbsbestimmungen unvereinbar sind. Dabei geht es ausschließlich um die Frage, in welchem Umfang diese untergliederten Einheiten in ihren Gesetzgebungskompetenzen von höherrangigen Wettbewerbsregeln beschränkt werden, nicht jedoch um die Kompetenz dieser Einheiten ihre eigenen kartellrechtlichen Bestimmungen zu erlassen oder das höherrangige Wettbewerbsrecht zu verwalten. Im Mittelpunkt der Untersuchung steht dabei die Frage, unter welchen Voraussetzungen die EU-Mitgliedstaaten bzw. die US-Bundesstaaten Dritte zur Implementierung eines wettbewerbswidrigen Verhaltens autorisieren können und damit ihre Immunität an private Unternehmen oder öffentlich-rechtliche Körperschaften, wie die Spitzenverbände der Krankenkassen, übertragen können.

Dabei ist die Problematik der staatlichen Veranlassung eines Wettbewerbsverstoßes insbesondere im Bereich der Arzneimittelversorgung von immenser Bedeutung. So zeichnet sich der Wirtschaftssektor des Gesundheitswesens

---

[611] U.S. Const. Art. I, § 8, cl. 3 ("The Congress shall have Power ... [t]o regulate Commerce ... among the several States ...").
[612] In den USA unterliegen Einwirkungen von Unternehmen auf den Gesetzgeber nicht den Beschränkungen des Antitrust-Rechts; siehe zur sog. Noerr-Penningtion Doktrin: Eastern Conference of Railway Presidents v. Noerr Motor Freight, 365 U.S. 127, 138 (1961); hierzu auch: David McGowan & Mark A. Lemley, 17 HARV. J.L. & PUB. POL'Y 293, 360 (1994).

sowohl in der EU als auch in den USA durch ein hohes Maß an staatlicher Regulierung aus. In Ermangelung eines eigenen Sachverstandes überträgt der Staat in diesem Bereich regulierende Tätigkeiten häufig auf sachverständige Dritte, welche als Entscheidungsträger in öffentlichen oder mit öffentlichen Aufgaben betrauten Unternehmen sowie Selbstverwaltungskörperschaften regulierende Aufgaben wahrnehmen[613]. Dabei zeigt insbesondere das Beispiel der Festbetragsfestsetzung nach § 35 SGB V, in welchem Umfang sich der Gesetzgeber im Gesundheitswesen der Übertragung regulierender Aufgaben an Dritte bedient. Zugleich verdeutlicht die vorübergehende Übertragung der Befugnis zur Festbetragsfestsetzung auf das BMGS nach § 35a SGB V, dass erhebliche Rechtsunsicherheiten in bezug auf die Voraussetzungen und Rechtsfolgen einer staatlichen Veranlassung existieren. Dabei hat die Annahme einer solchen staatlichen Veranlassung und die damit einhergehende Zurechnung eines wettbewerbswidrigen Verhaltens an den Staat erhebliche Folgen für die handelnden Unternehmen, welche von den Schranken der Wettbewerbsregeln freigestellt werden. Die Gerichte haben dabei nicht nur die Gefahren einer weitgehenden Zurechnung wettbewerbswidriger Verhaltensweisen an den Staat für die Wettbewerbssysteme zu beachten, sondern zugleich in ausreichendem Maße die Souveränität der EU-Mitgliedstaaten sowie der US-amerikanischen Bundesstaaten zu würdigen. Der folgende Abschnitt (A.) stellt zunächst die Rolle der EU-Mitgliedstaaten im System des EG-Wettbewerbsrechts dar und untersucht den Anwendungsbereich der Artikel Art. 10 II, Art. 3 I lit.g) EG i.V.m. 81, 82 EG sowie 86 I EG. Ein zweiter Abschnitt (B.) stellt die Situation in den USA dar und erörtert die Begründung der sog. "state action"-Doktrin durch den US-Supreme Court in der Entscheidung Parker v. Brown[614] bevor die Voraussetzungen des sog. Midcal-Tests[615] näher untersucht werden, welcher den Anwendungsbereich der Doktrin konkretisiert. Ein dritter Abschnitt (C.) vergleicht diese beiden Rechtssysteme unter besonderer Berücksichtigung der Übertragung regulierender Tätigkeiten auf Selbstverwaltungskörperschaften.

A. Die Bindung der Mitgliedstaaten an das EG-Wettbewerbsrecht

Die zwingenden Vorgaben des EG-Vertrages in Form der Wettbewerbsvorschriften führen gerade im Bereich des Gesundheitswesens häufig zu Konflikten mit den originären Kompetenzen der Mitgliedstaaten zur Ausgestaltung ihrer sozialen Sicherungssysteme. Dies ergibt sich einerseits aus

---

[613] Generell zu den kartellrechtlichen Schranken der Delegierung der Gesetzgebung an private Einheiten oder Selbstverwaltungskörperschaften vorwiegend aus der Sicht des EG-Rechts, aber auch unter Rückgriff auf das US-amerikanische Recht: Schepel, in: 39 CMLR (2002), S. 31 ff.
[614] Parker v. Brown, 317 U.S. 341 (1943).
[615] Dieser Test geht auf die folgende Entscheidung des US-Supreme Courts zurück: California Retail Liquor Dealers Ass'n v. Midcal Aluminium, Inc., 445 U.S. 97 (1980).

dem Anwendungsvorrang der Bestimmungen des EG-Vertrages[616] und andererseits aus der Tatsache, dass es sich bei dem Gesundheitswesen um einen hochgradig regulierten Wirtschaftssektor handelt. Aus diesem Grunde kommt den an die Mitgliedstaaten gerichteten Wettbewerbsbestimmungen des EG-Vertrages insbesondere im Rahmen des Gesundheitsrechts eine hohe praktische Relevanz zu. So stellt sich etwa im Rahmen der Festbetragsfestsetzungen nach § 35 SGB V die Frage, ob und mit welcher Folge sich die Spitzenverbände der Krankenkassen darauf berufen können, dass der deutsche Gesetzgeber sie zum Erlass der Arzneimittelfestbeträge ermächtigt hat. Im folgenden Abschnitt wird daher zu untersuchen sein, unter welchen Voraussetzungen hoheitliche Maßnahmen der Mitgliedstaaten den Bindungen des EG-Wettbewerbsrechts unterworfen sind. Im Mittelpunkt steht dabei die Frage, ob ein Mitgliedstaat die Wirkungen verbotener Kartelle und Machtmissbräuche anstatt durch unternehmerisches Handeln durch staatliche Regelungen herbeiführen kann, wenn er der handelnden Einheit mangels eigener Entscheidungsfreiheit die Unternehmenseigenschaft entzieht. Dabei geht es letztendlich zugleich um die Frage, ob und gegebenenfalls in welchem Umfang die Mitgliedstaaten die Wettbewerbsregeln des EG-Vertrages bei der Reformierung ihrer Gesundheitssysteme zu beachten haben.

I. Die Anwendung der Art. 81-86 EG auf hoheitliche Maßnahmen der Mitgliedstaaten

Der Aufbau und die Konzeption des EG-Vertrages lassen in bezug auf die Adressaten der Wettbewerbsregeln eine deutliche Trennung erkennen. Während der erste Abschnitt (Art. 81 bis 86 EG) bereits seiner Überschrift nach "Vorschriften für Unternehmen" enthält und insbesondere ein Kartell- sowie Missbrauchsverbot festlegt, richten sich die Bestimmungen des zweiten Abschnitts (Art. 87 bis 89 EG) gegen mitgliedstaatliche Interventionen in Form eines grundsätzlichen Beihilfeverbotes. Da hoheitliche Tätigkeiten der Mitgliedstaaten, insbesondere solche des parlamentarischen Gesetzgebers, mangels wirtschaftlicher Betätigung nicht in den unmittelbaren Anwendungsbereich der Art. 81 und 82 EG fallen[617], bezieht zunächst Art. 86 I EG diese

---

[616] S.o.: 1. Kapitel, C., S. 35; auf Grund der aus dem effet utile Prinzip abgeleiteten Notwendigkeit eines Anwendungs- und Geltungsvorrangs des EG-Rechts vor mitgliedstaatlichem Recht wird die Geltung der Art. 81 ff EG nicht durch speziellere mitgliedstaatliche Regelungen verdrängt; demgegenüber genießt das SGB V nach deutschem Recht als Spezialgesetz Vorrang vor den Vorschriften des GWB, wenn es wettbewerbsbeschränkende Maßnahmen vorschreibt; so: BSG, Vorlagebeschluss vom 14.6.1995, Az.: 3 RK 20/94, in: NZS 1995, S. 502 (506); Giesen, Die Vorgaben des EG-Vertrages für das Internationale Sozialrecht, S. 114; dies ergibt sich nunmehr auch aus § 69 SGB V.
[617] EuGH, 17.11.1993, Rs. C-2/91 (Meng), Slg. 1993, I-5751 (5797); EuGH, Urteil vom 17.11.1993, Rs. C-185/91 (Reiff), Slg. 1993, I-5801 (5847); so auch die herrschende Meinung in der Literatur: Emmerich, in: Immenga/Mestmäcker, Art. 85 Abs.1, A., Rn. 30; Schröter, in: v.d.Groeben/Thiesing/Ehlermann, Vorbem. zu den Artikeln 85 bis 89, Rn. 33;

Tätigkeiten in den Anwendungsbereich der Art. 81 f EG ein, sofern öffentliche oder solche Unternehmen betroffen sind, denen ein Mitgliedstaat besondere oder ausschließliche Rechte gewährt. Zudem wird die Geltung der europäischen Wettbewerbsregeln auch über Art. 10 II, Art. 3 I lit.g) EG i.V.m. Art. 81 f EG auf die Mitgliedstaaten erstreckt. Eine Bindung der Mitgliedstaaten an das EG-Wettbewerbsrecht wird damit in zweifacher Weise hergestellt, wobei danach zu unterscheiden ist, ob sich die staatliche Maßnahme auf Unternehmen generell oder speziell auf öffentliche bzw. privilegierte Unternehmen bezieht. Der Umfang dieser an die Mitgliedstaaten gerichteten Bestimmungen des EG-Vertrages ist daher im folgenden näher zu erläutern.

1. Die Gemeinschaftstreuepflicht nach Art. 10 II, 3 I lit.g) EG i.V.m. Art. 81 f EG

Zunächst erstrecken die Art. 10 II, 3 I lit.g) EG i.V.m. Art. 81 f EG den Anwendungsbereich der Art. 81, 82 EG auf hoheitliche Tätigkeiten der Mitgliedstaaten. Aus dem Gebot der Gemeinschaftstreue nach Art. 5 II EGV a.F. (= Art. 10 II EG n.F.) hat der EuGH in mittlerweile ständiger Rechtsprechung[618] die Verpflichtung der Mitgliedstaaten abgeleitet, die praktische Wirksamkeit der Kartell- und Missbrauchsverbote des EG-Vertrages nicht zu beeinträchtigen. Damit ist es den Mitgliedstaaten untersagt, Maßnahmen, und zwar auch in Form von Gesetzen oder Verordnungen, zu treffen oder aufrecht zu erhalten, welche die praktische Wirksamkeit der für die Unternehmen geltenden

---

Schwarze, Der Staat als Adressat des Europäischen Wettbewerbsrechts, S. 69 (71, 80); Koenig/Sander, in: NZS 2001, S. 617 (619); Gassner, in: VSSR 2000, S. 121 (135).
[618] EuGH, Urteil vom 16.11.1977, Rs. 13/77 (GB-INNO-BM/ ATAB), Slg. 1977, S. 2115 (2144 f); EuGH, Urteil vom 10.1.1985, Rs. 229/83 (Leclerc/Au blé vert), Slg. 1985, S. 1 (31); EuGH, Urteil vom 29.1.1985, Rs. 231/83 (Cullet/Leclerc), Slg. 1985, S. 305 (319); EuGH, Urteil vom 20.3.1985, Rs. 41/83 (BT), Slg. 1985, S. 873 (885); EuGH, Urteil vom 30.4.1986, Rs. 209-213/84 (Asjes), Slg. 1986, S. 1425 (1471); EuGH, Urteil vom 1.10.1987, Rs. 311/85 (Vlaamse Reisbureaus) Slg. 1987, S. 3801 (3826); EuGH, Urteil vom 3.12.1987, Rs. 136/86 (BNIC/Aubert), Slg. 1987, S. 4789 (4815); EuGH, Urteil vom 14.7.1988, Rs. 254/87 (Libraires Normandie), Slg. 1988, S. 4457 (4471 f); EuGH, Urteil vom 21.9.1988, Rs. 267/86 (Van Eycke), Slg. 1988, S. 4769 (4791 f); EuGH, Urteil vom 11.4.1989, Rs. 66/86 (Saeed Flugreisen), Slg. 1989, S. 803 (851 f); EuGH, Urteil vom 28.2.1991, Rs. C-332/89 (Marchandise), Slg. 1991, I-1027 (1042 f); EuGH, Urteil vom 17.11.1993, Rs. C-2/91 (Meng), Slg. 1993, I-5751 (5797 f); EuGH, Urteil vom 17.11.1993, Rs. C-185/91 (Reiff), Slg. 1993, I-5801 (5847); EuGH, Urteil vom 17.11.1993, Rs. C-245/91 (Ohra), Slg. 1993, I-5851 (5878 f); EuGH, Urteil vom 2.6.1994, Rs. C-401, 402/92 (Tankstation 't Heukske), Slg. 1994, I-2199 (2233 f); EuGH, Urteil vom 9.6.1994, Rs. C-153/93 (Delta), Slg. 1994, I-2517 (2529 ff); EuGH, Urteil vom 11.12.1997, Rs. C-55/96 (Job Centre), Slg., 1997, I-7119 (7148 f); EuGH, Urteil vom 18.6.1998, Rs. C-35/96 (Kommission/Italien), Slg. 1998, I-3851 (3899); so auch die herrschende Ansicht in der Literatur: Mestmäcker, RabelsZ 52 (1988), S. 526 (551 f); Slot, in: FS für Everling, S. 1413 (1419); Gyselen, in: 26 CMLR (1989), S. 33 (36 f); Emmerich, Kartellrecht, S. 372; Bach, S. 126 ff; Schwarze, Der Staat als Adressat des Europäischen Wettbewerbsrechts, S. 69 (80 ff).

Wettbewerbsregeln aufheben könnten[619]. Dies ist nach der Rechtsprechung des EuGH insbesondere dann anzunehmen, wenn ein Mitgliedstaat gegen Art. 81 EG verstoßende Kartellabsprachen oder missbräuchliche Verhaltensweisen nach Art. 82 EG vorschreibt, erleichtert oder deren Auswirkungen verstärkt[620]. Von einer mitgliedstaatlichen Verantwortung ist auch dann auszugehen, wenn der Mitgliedstaat einer eigenen Regelung ihren staatlichen Charakter dadurch nimmt, dass er die Verantwortung für in die Wirtschaft eingreifende Entscheidung privaten Wirtschaftsteilnehmern überträgt[621].

Das Ziel dieser auf die Wettbewerbsregeln bezogenen Gemeinschaftstreuepflicht der Mitgliedstaaten ist es, Umgehungen der in Art. 81 f EG niedergelegten Verbote zu verhindern, die insbesondere durch die gesetzliche Deckung wettbewerbswidriger Verhaltensweisen von Unternehmen zustande kommen. So trägt der EuGH der Gefahr eines wettbewerbschädlichen Zusammenwirkens zwischen dem Mitgliedstaat und privaten Wirtschaftsteilnehmern dadurch Rechnung, dass er die Umwandlung kartellrechtlicher Absprachen privater Wirtschaftsteilnehmer in eine gesetzliche Regelung als Verstoß gegen Art. 10 II, 3 I lit.g) EG i.V.m. Art. 81 f EG ansieht, da hierin eine Verstärkung des Wettbewerbsverstoßes zu sehen sei[622]. Damit gebietet das aus dem effet utile Prinzip des Gemeinschaftsrechts abgeleitete Erfordernis einer wirksamen Durchsetzung der Wettbewerbsregeln[623], es nicht der Disposition der

---

[619] EuGH, Urteil vom 16.11.1977, Rs. 13/77 (GB-INNO-BM/ ATAB), Slg. 1977, S. 2115 (2144 f); EuGH, Urteil vom 10.1.1985, Rs. 229/83 (Leclerc/Au blé vert), Slg. 1985, S. 1 (31); EuGH, Urteil vom 1.10.1987, Rs. 311/85 (Vlaamse Reisbureaus) Slg. 1987, S. 3801 (3826); EuGH, Urteil vom 21.9.1988, Rs. 267/86 (Van Eycke), Slg. 1988, S. 4769 (4791); EuGH, Urteil vom 17.11.1993, Rs. C-185/91 (Reiff), Slg. 1993, I-5801 (5847); EuGH, Urteil vom 11.12.1997, Rs. C-55/96 (Job Centre), Slg., 1997, I-7119 (7148 f); EuGH, Urteil vom 9.9.2003, Rs. C-198/01 (CIF/Autorità Garante), in: EuZW 2003, S. 728 (730); allgemein zum Gebot der Gemeinschaftstreue: Bach, S. 87 ff.

[620] EuGH, Urteil vom 30.4.1986, Rs. 209-213/84 (Asjes), Slg. 1986, S. 1425 (1471); EuGH, Urteil vom 1.10.1987, Rs. 311/85 (Vlaamse Reisbureaus) Slg. 1987, S. 3801 (3826); EuGH, Urteil vom 21.9.1988, Rs. 267/86 (Van Eycke), Slg. 1988, S. 4769 (4791 f); EuGH, Urteil vom 17.11.1993, Rs. C-185/91 (Reiff), Slg. 1993, I-5801 (5847); EuGH, Urteil vom 18.6.1998, Rs. C-35/96 (Kommission/Italien), Slg. 1998, I-3851 (3899); EuGH, Urteil vom 9.9.2003, Rs. C-198/01 (CIF/Autorità Garante), in: EuZW 2003, S. 728 (731).

[621] EuGH, Urteil vom 21.9.1988, Rs. 267/86 (Van Eycke), Slg. 1988, S. 4769 (4791); EuGH, Urteil vom 9.9.2003, Rs. C-198/01 (CIF/Autorità Garante), in: EuZW 2003, S. 728 (731); vgl. zu den Problemen einer solchen Delegierung insbesondere: Schepel, in: 39 CMLR (2002), S. 31 (34 ff).

[622] EuGH, Urteil vom 30.4.1986, Rs. 209-213/84 (Asjes), Slg. 1986, S. 1425 (1471); EuGH, Urteil vom 1.10.1987, Rs. 311/85 (Vlaamse Reisbureaus), Slg. 1985, S. 3801 (3826); EuGH, Urteil vom 30.1.1985, Rs. 123/83 (BNIC/Clair), Slg. 1985, S. 391 (423); EuGH, Urteil vom 11.4.1989, Rs. 66/86 (Saeed Flugreisen), Slg. 1989, S. 803 (851 f).

[623] So: Faull & Nikpay, Rn. 5.04, S. 275; Schepel, in: 39 CMLR (2002), S. 31 (34); in diesem Sinne wohl auch: Schwarze, Der Staat als Adressat des Europäischen Wettbewerbsrechts, S. 69 (81).

Mitgliedstaaten zu überlassen, unter welchen Voraussetzungen Unternehmen sich den Verboten der Art. 81 f EG entziehen können.

a) Die Entwicklung der Rechtsprechung des EuGH

Trotz der wiederholten Betonung dieser generellen Verpflichtung der Mitgliedstaaten gegen Art. 81 f EG verstoßende hoheitliche Maßnahmen zu unterlassen, blieb der Umfang dieser Doktrin zunächst unklar. So ließ der EuGH die Frage einer staatlichen Verantwortlichkeit für Wettbewerbsverstöße nach Art. 10 II, Art. 3 I lit.g) EG i.V.m. Art. 81 f EG teilweise offen oder beurteilte die Rechtmäßigkeit der staatlichen Maßnahme ausschließlich anhand der Grundfreiheiten[624]. Erst im Jahre 1986 formulierte der Gerichtshof erstmals Kriterien für den Umfang dieser mitgliedstaatlichen Gemeinschaftstreuepflicht, welche verletzt sei, wenn ein Mitgliedstaat den Wettbewerbsregeln zuwiderlaufende Kartellabsprachen vorschreibe, erleichtere oder deren Auswirkungen verstärke[625]. Diese drei seitdem wiederholt betonten Fallgruppen[626] wurden vom EuGH in der Rechtssache Van Eycke um eine vierte Kategorie erweitert. Danach ist auch die Übertragung der Verantwortung für in den Wettbewerb eingreifende Entscheidungen an private Wirtschaftsteilnehmer als möglicher Verstoß gegen Art. 10 II, 3 I lit.g) EG i.V.m. Art. 81 f EG anzusehen[627]. Im Jahre 1993 entwickelte der EuGH sodann in drei Urteilen eine einschränkende Auslegung der zuvor weit formulierten mitgliedstaatlichen Verpflichtung. In den Rechtssachen Meng[628], Reiff[629] und Ohra[630] lehnte der Gerichtshof nach der Prüfung der oben genannten Kriterien eine staatliche Verantwortung ab und betonte dabei die fehlende Entscheidungsautonomie der privaten Wirtschaftsteilnehmer.

aa) Das Urteil in der Rechtssache Reiff

So hielt der EuGH in der Rechtssache Reiff gesetzlich festgesetzte Mindesttarife für den Güterfernverkehr mit dem EG-Wettbewerbsrecht für vereinbar, weil die Festsetzung durch staatliche Stellen und nicht durch private Unternehmen erfolgte. Die Festsetzung der Tarife erfolgte durch eine Kommission, die sich aus Sachverständigen der beteiligten Wirtschaftsverbände zusammensetzte. Die

---

[624] So etwa: EuGH, Urteil vom 7.2.1984, Rs. 238/82 (Duphar), Slg. 1984, S. 523 (545); EuGH, Urteil vom 10.1.1985, Rs. 229/83 (Leclerc/Au blé vert), Slg. 1985, S. 1 (32).
[625] EuGH, Urteil vom 30.4.1986, Rs. 209-213/84 (Asjes), Slg. 1986, S. 1425 (1471).
[626] EuGH, Urteil vom 1.10.1987, Rs. 311/85 (Vlaamse Reisbureaus) Slg. 1987, S. 3801 (3826); EuGH, Urteil vom 21.9.1988, Rs. 267/86 (Van Eycke), Slg. 1988, S. 4769 (4791 f); EuGH, Urteil vom 17.11.1993, Rs. C-185/91 (Reiff), Slg. 1993, I-5801 (5847); EuGH, Urteil vom 18.6.1998, Rs. C-35/96 (Kommission/Italien), Slg. 1998, I-3851 (3899).
[627] EuGH, Urteil vom 21.9.1988, Rs. 267/86 (Van Eycke), Slg. 1988, S. 4769 (4791).
[628] EuGH, Urteil vom 17.11.1993, Rs. C-2/91 (Meng), Slg. 1993, I-5751 (5797 f).
[629] EuGH, Urteil vom 17.11.1993, Rs. C-185/91 (Reiff), Slg. 1993, I-5801 (5847).
[630] EuGH, Urteil vom 17.11.1993, Rs. C-245/91 (Ohra), Slg. 1993, I-5851 (5878 f).

Beschlüsse der Kommission bedurften der Genehmigung durch den Wirtschafts- und den Verkehrsminister, die selbst die Tarife festsetzen konnten, wenn sie die vorgeschlagenen Tarife der Kommission für mit dem Allgemeinwohl unvereinbar hielten[631]. Allein diese Möglichkeit reichte nach Ansicht des EuGH aus, um die Festsetzung der Tarife ausschließlich dem Mitgliedstaat zuzurechnen und eine Verletzung der Wettbewerbsvorschriften damit zu verneinen. Dabei betonte der Gerichtshof, dass ein mitgliedstaatlicher Verstoß gegen die Wettbewerbsbestimmungen solange nicht anzunehmen sei, wie es sich bei den Mitgliedern der Kommission um dem Allgemeinwohl verpflichtete Sachverständige und nicht um Vertreter von Wirtschaftskreisen handele, die zudem einer Überwachung durch den Staat unterlägen, der gegebenenfalls auch selbst entscheiden könne[632]. Damit führte der EuGH die mangelnde Entscheidungsautonomie der Mitglieder der Kommission an, um den staatlichen Charakter der Tariffestsetzungen zu begründen.

bb) Das Urteil in der Rechtssache Ladbroke Racing

In der Entscheidung Ladbroke Racing aus dem Jahre 1997 betonte der EuGH, dass die Art. 85 und 86 EGV a.F. (= Art. 81 und 82 EG n.F.) nur für wettbewerbswidrige Verhaltensweisen gelten, die die Unternehmen aus eigener Initiative an den Tag legen[633]. Demgegenüber seien diese Vorschriften nicht anwendbar, wenn einem Unternehmen ein wettbewerbswidriges Verhalten durch nationale Rechtsvorschriften vorgeschrieben werde; in einem solchen Fall fände die Wettbewerbsbeschränkung nicht, wie in diesen Vorschriften vorausgesetzt, in einem selbständigen Verhalten des Unternehmens seine Ursache[634]. Die Art. 81 und 82 EG wurden jedoch dann für anwendbar angesehen, wenn die nationalen Rechtsvorschriften die Möglichkeit eines Wettbewerbs bestehen lassen, der durch selbständige Verhaltensweisen der Unternehmen verhindert, eingeschränkt oder verfälscht werden kann[635]. Ohne eine eigene Tatsachenentscheidung vorzunehmen hob der EuGH das Urteil des Gerichts erster Instanz wegen eines Rechtsfehlers auf und verwies die Rechtssache an dieses Gericht zurück.

cc) Das Urteil in der Rechtssache Kommission/Italien

Demgegenüber wurde in der Rechtssache Kommission/Italien ein Verstoß des italienischen Gesetzgebers gegen Art. 10 II, 3 I lit.g) EG i.V.m. Art. 81 EG festgestellt. Die Italienische Republik hatte gegen das Umgehungsverbot

---

[631] EuGH, Urteil vom 17.11.1993, Rs. C-185/91 (Reiff), Slg. 1993, I-5801 (5849).
[632] Wie vor, S. 5849.
[633] EuGH, Urteil vom 11.11.1997, Rs. C-359, 379/95 P (Ladbroke), Slg. 1997, I-6265 (6312 f).
[634] Wie vor, S. 6313.
[635] Wie vor, S. 6313.

verstoßen, indem sie ein Gesetz erlassen und beibehalten hatte, das einen Nationalen Rat der Zollspediteure (CNSD) durch die Übertragung eines Beschlussfassungsrechts dazu verpflichtete, als Unternehmensvereinigung eine für alle Zollspediteure verbindliche Gebührenordnung festzusetzen. Letztere sah Mindest- und Höchstbeträge für die Zollabfertigung und andere Dienstleistungen vor und wurde vom Finanzminister genehmigt. Der EuGH prüfte zunächst, ob die Gebührenordnung einen Beschluss einer Unternehmensvereinigung im Sinne des Art. 81 EG darstellt. Da die Mitglieder des CNSD nicht daran gehindert seien im ausschließlichen Interesse ihres Berufsstandes zu handeln und keine Verpflichtung zur Berücksichtigung von Kriterien des öffentlichen Interesses existiere, seien die Mitglieder des CNSD nicht als unabhängige Sachverständige zu qualifizieren, so dass eine gegen das Kartellverbot verstoßende Vereinbarung anzunehmen sei[636]. Dem CNSD sei diese Vereinbarung dabei nicht nur vorgeschrieben worden, sondern die Befugnis zur Gebührenfestsetzung sei überdies in vollem Umfang privaten Wirtschaftsteilnehmern überlassen worden[637]. Obwohl der EuGH ausdrücklich feststellte, dass der Gesetzgeber den CNSD zum Erlass der Gebührenordnung gezwungen habe, wurde eine Verletzung des Umgehungsverbots durch den Gesetzgeber festgestellt.

dd) Das Urteil in der Rechtssache Arduino

In der Entscheidung Arduino wurde das Vorliegen eines Verstoßes gegen das Umgehungsverbot nach Art. 10 II, 3 I lit.g) EG i.V.m. Art. 81 EG hingegen abgelehnt. Streitgegenstand war ein italienisches Gesetz, welches den Nationalen Rat der Rechtsanwälte (CNF) zum Erlass einer Gebührenordnung verpflichtete. Der italienische Staat habe weder die Verantwortung für in die Wirtschaft eingreifende Entscheidungen privaten Wirtschaftsteilnehmern übertragen, was zur Folge hätte, dass die in Frage stehende Regelung ihren staatlichen Charakter verlieren würde; noch habe der italienische Staat gegen Art. 85 EGV a.F. (= Art. 81 EG n.F.) verstoßende Kartellabsprachen vorgeschrieben, erleichtert oder in ihren Auswirkungen verstärkt[638]. Die Betrauung eines Berufsverbandes mit der Ausarbeitung einer Gebührenordnung führe nicht automatisch dazu, dass letztere ihren staatlichen Charakter verliere; dies ist nach Ansicht des Gerichtshofs dann nicht der Fall, wenn die Mitglieder des Berufsverbandes als unabhängige Sachverständige anzusehen sind, die Allgemeininteressen sowie die Interessen von Unternehmen anderer Wirtschaftssektoren wahrnehmen[639]. Im Gegensatz zu der Entscheidung in der

---

[636] EuGH, Urteil v. 18.6.1998, Rs. C-35/96 (Kommission/Italien), Slg. 1998, I-3851 (3898 f).
[637] Wie vor, S. 3900 f.
[638] EuGH, Urteil v. 19.2.2002, Rs. C-35/99 (Arduino), Slg. 2002, I-1529 (1574).
[639] Wie vor, S. 1572; der GA Léger hatte folgende drei Kriterien vorgeschlagen, um die Vereinbarkeit eines Gesetzes mit dem Umgehungsverbot zu überprüfen: ein Gesetz ist demnach mit den Art. 10 II, 3 I lit.g) EG i.V.m. Art. 81 EG vereinbar, wenn es einer

Rechtssache Kommission/Italien betonte der EuGH insbesondere, dass es sich bei dem Beschluss des CNF lediglich um einen Vorschlag handele, der nur Wirksamkeit erlange, wenn er von Seiten des Ministers genehmigt werde[640]. Dabei führte der Gerichtshof erneut die Letztentscheidungsbefugnis und Kontrollmöglichkeit des Mitgliedstaats als Argument für den staatlichen Charakter der Gebührenordnung an und lehnte damit einen Verstoß gegen die Bestimmungen der Art. 10 II, 3 I lit.g) EG i.V.m. Art. 81 EG ab[641].

ee) Systematische Auswertung der Rechtsprechung

Abgesehen von der Entscheidung Kommission/Italien hat der EuGH damit regelmäßig die Regelungsautonomie der Mitgliedstaaten gestärkt, indem er mangels eigener Entscheidungsfreiheit die Unternehmenseigenschaft des privaten Wirtschaftsteilnehmers verneinte. Folglich konnte das wettbewerbswidrige Verhalten weder diesem noch dem Mitgliedstaat zugerechnet werden und war damit wettbewerbsrechtlich irrelevant. Den Mitgliedstaaten eröffnen sich damit folgende Handlungsmöglichkeiten zur Vermeidung einer wettbewerbsrechtlichen Verantwortlichkeit nach Art. 10 II, 3 I lit.g) EG i.V.m. Art. 81 f EG: sie können ein wettbewerbswidriges Verhalten direkt durch staatliche Entscheidungsträger einführen oder dieses mittels privater Wirtschaftsteilnehmer tun, solange letztere dabei nicht mit einer eigenen Entscheidungsfreiheit ausgestattet werden. Dabei indiziert die Entscheidung Kommission/Italien, dass die Existenz eines Gestaltungsermessens auf Seiten der privaten Wirtschaftsteilnehmer ausreichend ist, um von einer solchen Entscheidungsfreiheit auszugehen, da der Rat der Zollspediteure durch das

---

wirksamen inhaltlichen Kontrolle unterliegt (1.), ein Ziel des Allgemeininteresses verfolgt (2.) sowie verhältnismäßig ist (3.); siehe: Schlussanträge v. 10.7.2001, Rs. C-35/99 (Arduino), Slg. 2002, I-1529 (1551).

[640] EuGH, Urteil vom 19.2.2002, Rs. C-35/99 (Arduino), Slg. 2002, I-1529 (1573).

[641] Wie vor, S. 1573; auch der US-Supreme Court war im Rahmen der "state action" Doktrin häufig damit befasst, unter welchen Voraussetzungen Tätigkeiten von Rechtsanwaltskammern als staatliches Handeln zu qualifizieren sind; in der Entscheidung Bates beurteilte das Gericht den Erlass von Werbeverboten für Rechtsanwälte als souveränes Staatshandeln, weil es dem Supreme Court von Arizona zuzuordnen sei; die Tatsache, dass die Rechtsanwaltskammer des Bundesstaats in die Verwaltung der Regeln involviert war, wurde als unbedeutend angesehen, da deren Rolle durch den Supreme Court klar definiert war, welcher die Regeln erließ und deren Einhaltung beaufsichtigte (Bates v. State Bar of Ariz., 433 U.S. 350, 361 f (1977)). In der Entscheidung Hoover kam das Gericht zu demselben Ergebnis in bezug auf das Zulassungsverfahren zur Rechtsanwaltschaft im Bundesstaat Arizona. Dabei wurde die Bedeutung eines Zulassungsausschusses als unbedeutend angesehen, da dessen Empfehlungen nicht bindend für den Supreme Court waren (Hoover v. Ronwin, 466 U.S. 558, 573 (1984)). Demgegenüber wurde der Erlass von Mindestgebühren für Dienstleistungen von Rechtsanwälten in der Goldfarb Entscheidung der Rechtsanwaltkammer des Bundesstaates Virginia zugeordnet und eine Berufung auf eine staatliche Immunität versagt, weil die Regelung nicht durch den Gesetzgeber erzwungen worden war (Goldfarb v. Virginia State Bar, 421 U.S. 773, 790 f (1975)); siehe hierzu auch unten: 3. Kapitel, B., II., 2., S. 189.

Gesetz zum Handeln gezwungen wurde[642]. Demgegenüber verneinte der EuGH das Vorliegen einer solchen Entscheidungsfreiheit privater Wirtschaftsteilnehmer in anderen Urteilen bereits auf Grund der Existenz einer Kontrollmöglichkeit staatlicher Einrichtungen und unterstrich zugleich deren Befugnis, notfalls selbst eine eigene Entscheidung vornehmen zu können[643]. Der EuGH betonte dabei regelmäßig auch die Bedeutung der in Frage stehenden Maßnahme für das Allgemeinwohl[644] sowie die Gefahr von Interessenskonflikten[645], um eine Unterscheidung zwischen unabhängigen Sachverständigen und Unternehmen im Sinne der Art. 81 f EG vornehmen zu können.

Dabei bringt ein Vergleich der gemeinschaftsrechtlichen mit der US-amerikanischen Rechtslage deutliche Parallelen zwischen beiden Rechtsordnungen zu Tage[646]. So wird das Vorhandensein einer staatlichen Kontrollmöglichkeit im Rahmen der US-amerikanischen "state action" Doktrin als eine Voraussetzung angesehen, um die wettbewerbsrechtliche Immunität souveränen Staatshandelns auf private Wirtschaftsteilnehmer zu erstrecken. Während souveräne Tätigkeiten US-amerikanischer Bundesstaaten automatisch von den Bestimmungen des Antitrust-Rechts des Bundes freigestellt sind, wird diese Immunität nur im Falle einer klar artikulierten staatlichen Absicht, die Regeln des Wettbewerbsrechts außer Kraft zu setzen, und einer aktiven staatlichen Kontrolle auf private Wirtschaftsteilnehmer übertragen[647]. Zwar ist nach der US-amerikanischen "state action" Doktrin im Gegensatz zum Gemeinschaftsrecht eine wettbewerbsrechtliche Relevanz souveränen

---

[642] S.o.: 2. Kapitel, A., I., 2., a), aa), aaa), (1), S. 71; solche Gestaltungsspielräume betonte der Gerichtshof zuletzt erneut, um das Vorliegen eines Entscheidungsfreiraums annehmen zu können: EuGH, Urteil vom 9.9.2003, Rs. C-198/01 (CIF/Autorità Garante), in: EuZW 2003, S. 728 (732).

[643] EuGH, Urteil vom 17.11.1993, Rs. C-185/91 (Reiff), Slg. 1993, I-5801 (5849); EuGH, Urteil vom 19.2.2002, Rs. C-35/99 (Arduino), Slg. 2002, I-1529 (1573).

[644] EuGH, Urteil vom 17.11.1993, Rs. C-185/91 (Reiff), Slg. 1993, I-5801 (5849); EuGH, Urteil vom 18.6.1998, Rs. C-35/96 (Kommission/Italien), Slg. 1998, I-3851 (3898 f); hierzu auch: Schepel, in: 39 CMLR (2002), S. 31 (50), der die effet utile Rechtsprechung des EuGH als einen "public interest test" bezeichnet, in dessen Rahmen überprüft wird, ob das Allgemeininteresse die Eigeninteressen eines privaten Entscheidungsträgers überwiegt, wobei letztere allenfalls in geringfügigem Maße zu Tage getreten sein dürfen.

[645] EuGH, Urteil vom 18.6.1998, Rs. C-35/96 (Kommission/Italien), Slg. 1998, I-3851 (3898 f); dabei entstehen Interessenskonflikte dadurch, dass davon auszugehen ist, dass private Wirtschaftsteilnehmer häufig im eigenen und nicht im öffentlichen Interesse handeln; so auch der GA Léger, Schlussanträge v. 10.7.2001, Rs. C-35/99 (Arduino), Slg. 2002, I-1529 (1551).

[646] So auch: Slot, in: FS für Everling, S. 1413 (1418, 1426); Fox, S. 1013; einen Vergleich mit den Entscheidungen des US-Supreme Courts stellt ebenfalls Gyselen an, in: CMLR 26 (1989), S. 33 (50 ff); Schepel, in: 39 CMLR (2002), S. 31 (40 ff); s.u.: 3. Kapitel, C., S. 205.

[647] Das zweite Kriterium des Midcal-Tests des US-Supreme Courts statuiert ein "active supervision requirement" während das erste Kriterium des Tests eine "clearly articulated policy to displace competition" voraussetzt: California Retail Liquor Dealers Ass'n v. Midcal Aluminium, Inc., 445 U.S. 97, 105 f (1980); s.u.: 3. Kapitel, B., II., 1., S. 177.

Staatshandelns damit ipso facto ausgeschlossen, so dass gesetzgeberische Tätigkeiten unter keinen Umständen als Verstoß gegen wettbewerbsrechtliche Bestimmungen anzusehen sind. In bezug auf die Einführung eines gesetzlich vorgeschriebenen Wettbewerbsverstoßes durch das Verhalten privater Wirtschaftsteilnehmer bedient sich der US-Supreme Court jedoch wie der EuGH bestimmter Kriterien, um die wettbewerbsrechtliche Verantwortung des nichtstaatlichen Entscheidungsträgers zu untersuchen. Ziel dieser Kriterien ist es dabei, die Existenz und Kontrolle öffentlich-rechtlicher Handlungsbefugnisse nachzuweisen, so dass es letztendlich um eine Zurechnung des Verhaltens an den Staat oder den privaten Entscheidungsträger geht[648]. Allein im Falle des Vorliegens beider Kriterien des Midcal-Tests in Form einer staatlichen Veranlassung und Kontrolle überträgt der US-Supreme Court die staatliche Immunität auf den privaten Wirtschaftsteilnehmer, da allein in diesem Fall von einer Ausübung öffentlich-rechtlicher Befugnisse auszugehen ist.

Auch der EuGH nimmt im Ergebnis eine Freistellung staatlicher Aktivitäten mangels Vorliegens der Voraussetzungen der Art. 81 f EG an, wenn private Wirtschaftsteilnehmer nicht mit einer eigenen Entscheidungsautonomie ausgestattet sind. Dabei bedient sich der EuGH des Kriteriums der Entscheidungsautonomie, um im Falle der Implementierung eines Wettbewerbsverstoßes durch private Wirtschaftsteilnehmer die Ausübung öffentlichrechtlicher Befugnisse von unternehmerischen Tätigkeiten abgrenzen zu können[649]. Dies verdeutlichen insbesondere die Merkmale anhand derer der EuGH das Vorliegen einer solchen Entscheidungsautonomie des privaten Wirtschaftsteilnehmers bemisst. So verweist der EuGH zur Vornahme dieser Abgrenzung auf Allgemeininteressen, staatliche Kontrollmöglichkeiten sowie Genehmigungs- und Selbstentscheidungsvorbehalte[650]. Diese Kriterien legen zumindest nahe, dass der Gerichtshof mittels der Voraussetzung einer mangelnden Entscheidungsautonomie die Existenz und Kontrolle öffentlichrechtlicher Handlungskompetenzen auf Seiten eines privaten

---

[648] S.u.: 3. Kapitel, B., II., 1., b), aa), S. 182.
[649] So wohl auch: Slot, in: FS für Everling, S. 1413 (1420); kritisch zu dem Abgrenzungskriterium der Entscheidungsautonomie: Schepel, in: 39 CMLR (2002), S. 31 (50).
[650] Siehe in bezug auf das Merkmal des Allgemeininteresses: EuGH, Urteil vom 17.11.1993, Rs. C-185/91 (Reiff), Slg. 1993, I-5801 (5849); EuGH, Urteil vom 18.6.1998, Rs. C-35/96 (Kommission/Italien), Slg. 1998, I-3851 (3898 f); EuGH, Urteil vom 19.2.2002, Rs. C-35/99 (Arduino), Slg. 2002, I-1529 (1572) vgl. zu staatlichen Kontrollmöglichkeiten sowie zu Genehmigungs- und Selbstentscheidungsvorbehalten: EuGH, Urteil vom 17.11.1993, Rs. C-185/91 (Reiff), Slg. 1993, I-5801 (5849); EuGH, Urteil vom 19.2.2002, Rs. C-35/99 (Arduino), Slg. 2002, I-1529 (1573); vgl. auch den dreistufigen Test, den der GA Léger in den Schlussanträgen zur Rechtssache Arduino vorgeschlagen hatte, der auf die Kriterien einer wirksamen inhaltlichen Kontrolle (1.), eines Ziels des Allgemeininteresses (2.) sowie die Verhältnismäßigkeit der Maßnahme (3.) abstellt: Schlussanträge v. 10.7.2001, Rs. C-35/99 (Arduino), Slg. 2002, I-1529 (1551).

Wirtschaftsteilnehmers überprüft[651]. Allein im Falle mangelnder Entscheidungsautonomie privater Wirtschaftsteilnehmer ordnet der EuGH das in Frage stehende Verhalten dem Mitgliedstaat zu und schließt damit zugleich jede wettbewerbsrechtliche Verantwortlichkeit des Mitgliedstaates und des handelnden Dritten aus. Damit trägt der EuGH einer mitgliedstaatlichen Regelungsautonomie Rechnung[652] und setzt der Übertragung öffentlich-rechtlicher Befugnisse auf private Wirtschaftsteilnehmer dabei zugleich enge Grenzen; nur wenn deren Verhalten so eng mit der staatlichen Regelungsbefugnis verbunden ist, dass keine eigene Entscheidungsbefugnis besteht, was anhand oben genannter Kriterien überprüft wird, erscheint eine eigene wettbewerbsrechtliche Verantwortung des privaten Wirtschaftsteilnehmers unbillig.

Damit gelangt der EuGH zu einem vergleichbaren Ergebnis wie der US-Supreme Court, der mittels der Kriterien des Midcal-Tests die Existenz und Kontrolle öffentlich-rechtlicher Handlungsbefugnisse überprüft. Die oben genannten Kriterien dienen dabei jedoch nicht allein der Zuordnung eines Wettbewerbsverstoßes an den Mitgliedstaat oder ein Unternehmen, da der EuGH im Falle der Annahme einer Entscheidungsautonomie nicht nur den privaten Wirtschaftsteilnehmer, sondern unter den oben geschilderten Voraussetzungen auch den Mitgliedstaat für wettbewerbsrechtlich verantwortlich hält. Vielmehr handelt es sich bei dem staatlichen Umgehungsverbot um eine Erstreckung wettbewerbsrechtlicher Verpflichtungen auf die Mitgliedstaaten.

b) Die Akzessorietätstheorie der Literatur

In bezug auf die mitgliedstaatliche Verantwortung nach Art. 10 II, 3 I lit.g) EG i.V.m. Art. 81 f EG hat der EuGH zuletzt klargestellt, dass diese nicht von einem eigenständigen Wettbewerbsverstoß des Unternehmens abhängig ist, so dass die wettbewerbswidrigen Wirkungen auch allein aus der mitgliedstaatlichen Maßnahme resultieren können[653]. Zuvor hat der Gerichtshof jedoch mehrfach festgestellt, dass eine staatliche Verantwortlichkeit nach diesen Bestimmungen dann ausscheidet, wenn der Staat einer Einheit ein bestimmtes Verhalten bindend vorschreibt[654]. Auf Grund dieser uneinheitlichen Rechtsprechung ist es

---

[651] Hierzu auch: Schepel, in: 39 CMLR (2002), S. 31 (31); Slot, in: FS für Everling, S. 1413 (1418, 1426), der die Kriterien der Existenz und Kontrolle öffentlich-rechtlicher Handlungsbefugnisse aus dem Urteil des EuGH in der Rechtssache Reiff ableitet.
[652] So auch: Fox, S. 1008.
[653] EuGH, Urteil vom 9.9.2003, Rs. C-198/01 (CIF/Autorità Garante), in: EuZW 2003, S. 728 (731), Rn. 51.
[654] EuGH, Urteil vom 30.1.1985, Rs. 123/83 (BNIC/Clair), Slg. 1985, S. 391 (423); EuGH, Urteil vom 20.3.1985, Rs. 41/83 (BT), Slg. 1985, S. 873 (885); EuGH, Urteil vom 11.11.1997, Rs. C-359, 379/95 P (Ladbroke), Slg. 1997, I-6265 (6312 f); so auch: Mestmäcker, RabelsZ 52 (1988), S. 526 (551 f); Emmerich, Kartellrecht, S. 372; Grill, in:

in der Literatur umstritten, ob eine Anwendung der Art. 10 II, 3 I lit.g) EG i.V.m. Art. 81 f EG eine eigene Entscheidungsfreiheit der handelnden Einheit im Sinne des Unternehmensbegriffs voraussetzt. Während die Vertreter des Grundsatzes der Akzessorietät der staatlichen zur unternehmerischen Wettbewerbsverletzung einen solchen Zusammenhang für erforderlich halten[655], betrachtet eine Gegenansicht[656] dies für entbehrlich und lässt allein die wettbewerbswidrigen Wirkungen der staatlichen Maßnahme unabhängig von der Unternehmenseigenschaft der betroffenen Einheit genügen. Die Vertreter der Akzessorietätstheorie tragen damit der Abgrenzungsfunktion des Unternehmensbegriffs Rechnung, dessen wesentliche Aufgabe darin besteht, bestimmte Lebensbereiche aus dem Anwendungsbereich des EG-Wettbewerbsrechts auszunehmen[657]. Zu diesen ausgenommenen Bereichen gehört nach der Rechtsprechung des EuGH grundsätzlich auch die Ausübung von Hoheitsgewalt, weshalb ein staatlicher Handlungszwang auch nicht zu einer mitgliedstaatlichen Verantwortung führen kann.

Für einen Verzicht auf das Erfordernis einer unternehmerischen Entscheidungsfreiheit ließe sich anführen, dass hierdurch in höherem Maße dem Schutzzweck der EG-Wettbewerbsregeln Rechnung getragen werden kann. So bleiben die Wirkungen eines Wettbewerbsverstoßes die gleichen, egal ob man auf das Verhalten des Unternehmens oder des Mitgliedstaats abstellt. Zudem birgt die Tatsache, dass eine gesetzliche Regelung einer Kontrolle durch das EG-Wettbewerbsrecht entzogen ist, wenn sie sich nicht auf ein unternehmerisches Handeln bezieht, eine Umgehungsgefahr in sich. Da ein Marktteilnehmer für ein Verhalten, das ihm durch zwingende staatliche Gesetze vorgeschrieben wurde, nicht verantwortlich ist, besteht die Gefahr, dass der Gesetzgeber die Wirkungen verbotener Kartelle und Missbräuche anstatt durch unternehmerisches Handeln in Form von Gesetzen herbeiführt. Jedoch kann dieser Umgehungsproblematik häufig durch die an die Mitgliedstaaten adressierten Grundfreiheiten in ausreichendem Maße Rechnung getragen werden, wobei der Schutzumfang der Grundfreiheiten grundsätzlich sogar als

---

Lenz, Vorbem. Art. 81-86, Rn. 38; Faull & Nikpay, Rn. 5.02, S. 274; Giesen, GGW 2/2001, S. 19 (23, Fn. 30).
[655] Mestmäcker, in: RabelsZ 52 (1988), S. 526 (551); Niemeyer, in: WuW 1994, S. 721 (727); Schwarze, Der Staat als Adressat des Europäischen Wettbewerbsrechts, S. 69 (92, 95); so wohl auch: Giesen, Die Vorgaben des EG-Vertrages für das Internationale Sozialrecht, S. 116; Fox, S. 1008; Faull & Nikpay, Rn. 5.05, S. 275 f.
[656] Ehricke, in: WuW 1991, S. 183 (190); Möschel, in: NJW 1994, S. 1709 (1709); GA Léger, Schlussanträge v. 10.7.2001, Rs. C-35/99 (Arduino), Slg. 2002, I-1529 (1550); generell kritisch zur Vorgehensweise des EuGH: Schepel, in: 39 CMLR (2002), S. 31 (50).
[657] Siehe hierzu: Pappalardo, in: FS für von der Groeben, S. 303 (304 ff); Gassner, in: VSSR 2000, S. 121 (134 f); Emmerich, Kartellrecht, S. 386.

umfassender anzusehen ist, da im Gegensatz zu den Art. 81 ff EG ein Spürbarkeitserfordernis entbehrlich ist[658].

Jedoch können auch bestimmte Urteile des EuGH zur Unterstützung des Akzessorietätsgrundsatzes angeführt werden. So spricht die Tatsache, dass der EuGH nicht nur private Wirtschaftsteilnehmer, sondern zugleich auch den handelnden Mitgliedstaat im Falle eines gesetzlichen Verhaltenszwangs von einer wettbewerbsrechtlichen Verantwortung freispricht[659], dafür dass der Gerichtshof das Vorliegen einer autonomen Entscheidungsfreiheit des privaten Wirtschaftsteilnehmers als Voraussetzung für die staatliche Verantwortlichkeit ansieht. Allein die wettbewerbsbeschränkende Wirkung einer staatlichen Maßnahme hat in der Rechtsprechung des EuGH bisher noch nie zu einem Verstoß gegen Art. 10 II, 3 I lit.g) EG i.V.m. Art. 81 f EG geführt[660]. Dafür dass sich die staatliche Maßnahme nach der Ansicht des EuGH auf ein unternehmerisches Handeln im Sinne der Art. 81 f EG beziehen muss, spricht zudem folgende Tatsache: so untersuchte der Gerichtshof in der Rechtssache Kommission/Italien in einem ersten Schritt, ob wettbewerbsbeschränkende Verhaltensweisen von Unternehmen vorlagen, die gegen Art. 81 oder Art. 82 EG verstoßen, bevor er sich mit der Zurechnung des Verstoßes an den Mitgliedstaat befasste[661].

Für das Erfordernis eines Zusammenhangs der staatlichen Maßnahmen mit einem unternehmerischen Handeln spricht jedoch insbesondere der Wortlaut und die Systematik der Art. 81 und 82 EG[662]. So findet auch die Auslegung einer gemeinschaftsrechtlichen Verpflichtung im Sinne des effet utile Prinzips ihre Grenzen im Wortlaut des EG-Vertrages. Die Art. 81 f EG richten sich ausschließlich an Unternehmen, wobei der Anwendungsbereich der Vorschriften über eine entsprechende Auslegung der Art. 10 II, 3 I lit.g) EG auf die Mitgliedstaaten lediglich unter bestimmten Voraussetzungen erstreckt wird. In

---

[658] So auch Schwarze: Der Staat als Adressat des Europäischen Wettbewerbsrechts, S. 69 (93 ff).
[659] EuGH, Urteil vom 30.1.1985, Rs. 123/83 (BNIC/Clair), Slg. 1985, S. 391 (423); EuGH, Urteil vom 20.3.1985, Rs. 41/83 (BT), Slg. 1985, S. 873 (885); EuGH, Urteil vom 17.11.1993, Rs. C-185/91 (Reiff), Slg. 1993, I-5801 (5849); EuGH, Urteil vom 11.11.1997, Rs. C-359, 379/95 P (Ladbroke), Slg. 1997, I-6265 (6312 f); EuGH, Urteil vom 19.2.2002, Rs. C-35/99 (Arduino), Slg. 2002, I-1529 (1573).
[660] Die Rechtssache Corbeau stellt insofern keine Ausnahme dar, da sie allein die Verantwortlichkeit nach Art. 86 I EG betraf: EuGH, Urteil vom 19.5.1993, Rs. C-320/91 (Corbeau), Slg. 1993, I-2533 (2567 ff); s.u.: 3. Kapitel, A., I., 2., b), cc), S. 152.
[661] EuGH, Urteil vom 18.6.1998, Rs. C-35/96 (Kommission/Italien), Slg. 1998, I-3851 (3898 ff); eine entsprechende zweistufige Prüfung nahm der Gerichtshof bereits zuvor in der Rechtssache Vlaamse Reisbureaus vor: EuGH, Urteil vom 1.10.1987, Rs. 311/85 (Vlaamse Reisbureaus) Slg. 1987, S. 3801 (3826).
[662] So auch: Niemeyer, in: WuW 1994, S. 721 (728); Schwarze, Der Staat als Adressat des Europäischen Wettbewerbsrechts, S. 69 (92); a.A.: Schepel, in: 39 CMLR (2002), S. 39 (50).

Anbetracht dieser Tatsache ist eine Auslegung, die eine Bindung der Mitgliedstaaten an die Wettbewerbsregeln unabhängig von der Existenz eines vorliegenden oder zu befürchtenden unternehmerischen Wettbewerbsverstoßes annimmt, mit dem Wortlaut und der Systematik der Art. 81 ff EG nicht zu vereinbaren. Eine derartige Auslegung liefe darauf hinaus mitgliedstaatliche Maßnahmen an die Stelle unternehmerischen Handelns zu setzen und würde praktisch die gesamte Wirtschaftsgesetzgebung der Mitgliedstaaten einer Kontrolle durch das EG-Wettbewerbsrecht unterwerfen[663]. Dagegen dass der Gemeinschaftsgesetzgeber eine derart umfassende Kontrollfunktion der Wettbewerbsregeln in bezug auf die Mitgliedstaaten bezweckte, spricht auch die limitierte Adressatenstellung der Mitgliedstaaten im System der Art. 81 ff EG, das sich abgesehen von Art. 86 EG ausschließlich an Unternehmen richtet. Dieser Tatsache trägt die absolut herrschende Ansicht in der Literatur und die bisherige Rechtsprechung des EuGH jedoch gerade durch die Betonung der Abgrenzungsfunktion des Unternehmensbegriffs Rechnung.

Aus diesen Gründen kann ein mitgliedstaatlicher Verstoß gegen Art. 10 II, 3 I lit.g) EG i.V.m. Art. 81 f EG nicht allein aus der wettbewerbsbeschränkenden Wirkung der staatlichen Maßnahme resultieren. Der Verzicht auf einen Zusammenhang der staatlichen Maßnahmen mit einem unternehmerischen Verhalten hätte insbesondere eine grundlegende Änderung der Systematik der Art. 81 ff EG zur Folge, deren primäre unternehmerische Zielrichtung auf Grund des Wortlauts und der Überschrift der Vorschriften nicht in Frage gestellt werden kann. Voraussetzung für eine staatliche Verantwortlichkeit nach Art. 10 II, 3 I lit.g) EG i.V.m. Art. 81 f EG ist damit, dass als Folge der staatlichen Maßnahmen ein wettbewerbwidriges Verhalten eines Unternehmens im Sinne der Art. 81 oder 82 EG vorliegt oder zu befürchten ist.

c) Die Rechtsfolge der Art. 10 II, 3 I lit.g) EG i.V.m. Art. 81 f EG

Die Auslegung der Gemeinschaftstreuepflicht nach Art. 10 II, 3 I lit.g) EG i.V.m. Art. 81 f EG durch den EuGH und die Akzessorietätstheorie der Literatur hat damit zwei Folgen: zum einen werden die Voraussetzungen festgelegt, unter denen eine staatliche Verantwortung für das wettbewerbswidrige Verhalten eines Unternehmens angenommen werden kann; andererseits schafft die Akzessorietätstheorie jedoch zugleich ein Argument für Unternehmen sich von den Bindungen des EG-Wettbewerbsrechts zu lösen, indem sie das Vorliegen einer unternehmerischen Entscheidungsfreiheit zur Voraussetzung einer staatlichen Verantwortung erhebt. So kann ein privater Wirtschaftsteilnehmer sein wettbewerbswidriges Verhalten mit dem Argument verteidigen, dass er allein staatlichen Vorgaben gefolgt ist und mangels Entscheidungsautonomie für die Wettbewerbsbeschränkung nicht verantwortlich sei. Jedoch ist das Vorliegen

---

[663] So auch: Niemeyer, in: WuW 1994, S. 721 (728).

einer Entscheidungsfreiheit ohnehin als ein Abgrenzungskriterium des Unternehmensbegriffes der Art. 81 f EG anzusehen[664]. Daher begründet die Akzessorietätstheorie durch die Betonung dieses Kriteriums keine neuartigen Konsequenzen für die unternehmerische Verantwortlichkeit[665]. In bezug auf eine staatliche Verantwortlichkeit begründet die Theorie das Erfordernis einer akzessorischen Haftung. Im Falle einer fehlenden Entscheidungsautonomie des privaten Wirtschaftsteilnehmers ist damit zugleich auch das Verhalten des Mitgliedstaats als wettbewerbsrechtlich irrelevant anzusehen.

2. Die Verantwortlichkeit der Mitgliedstaaten nach Artikel 86 I EG

Nach dieser an die Mitgliedstaaten gerichteten Bestimmung dürfen letztere „in bezug auf öffentliche Unternehmen und auf Unternehmen, denen sie besondere oder ausschließliche Rechte gewähren, keine diesem Vertrag und insbesondere dessen Artikeln 12 und 81 bis 89 widersprechende Maßnahme treffen oder beibehalten". Die Vorschrift des Art. 86 I EG wird in der Literatur häufig als Kompromiss zwischen den Mitgliedstaaten hinsichtlich der unterschiedlichen wirtschaftlichen Zielvorstellungen des EWG-Vertrages bezeichnet[666]. Bei den Vertragsverhandlungen befürchteten einerseits die Mitgliedstaaten mit einer überwiegend privat organisierten Wirtschaft, wie die Bundesrepublik Deutschland und die Niederlande, Wettbewerbsnachteile gegenüber den stark öffentlich ausgeprägten Wirtschaftssektoren anderer Mitgliedstaaten zu erleiden[667]. Dieser Befürchtung trug Art. 90 I EWGV a.F. (= Art. 86 I EG n.F.) Rechnung, indem eine grundsätzliche Gleichstellungspflicht der Mitgliedstaaten in bezug auf alle Unternehmen unabhängig von ihrer Eigentumsstruktur sowie staatlichen Privilegierungen begründet wurde. Andererseits kann die Ausnahmeregel des Art. 90 II EWGV a.F. (= Art. 86 II EG n.F.) als Konsequenz insbesondere französischer Bemühungen angesehen werden, in den Vertragsverhandlungen eine Ausnahme des öffentlichen Sektors von den Wettbewerbsregeln des EG-Vertrages zu erreichen[668]. Dieser kurze Rückgriff

---

[664] EuGH, Urteil vom 11.11.1997, Rs. C-359, 379/95 P (Ladbroke), Slg. 1997, I-6265 (6313); EuGH, Urteil vom 17.2.1993, Rs. C-159, 160/91 (Poucet und Pistre), Slg. 1993, I-637 (669); Brinker, in: Schwarze, Art. 81, Rn. 26; Schröter, in: v.d.Groeben/Thiesing/Ehlermann, Vorbem. zu den Artikeln 85 bis 89, Rn. 22, 34; Engelmann, S. 68 f; s.o.: 2. Kapitel, A., I., 2., a), aa), aaa), (1), S. 71.
[665] Dennoch wird in der Literatur teilweise von einem Ausschlusscharakter ausgegangen; in diesem Sinne: Hänlein/Kruse, in: NZS 2000, S. 165 (170), der von einer Unterbrechung des Zurechnungszusammenhangs ausgeht; so auch der GA Jacobs, Rn. 74, 85 der Schlussanträge vom 22.5.2003, verb. Rs. C-264/01, C-306/01, C-354/01 und C-355/01 (AOK Bundesverband), noch nicht in der amtl. Slg. veröffentlicht, der von einem „Einwand staatlichen Handelns" ausgeht.
[666] von Burchard, in: Schwarze, Art. 86, Rn. 1; Grill, in: Lenz, Art. 86, Rn. 1; Dohms, in: Wiedemann, § 35 Rn. 1.
[667] Bach, S. 29; Dohms, in: Wiedemann, § 35 Rn. 1.
[668] von Burchard, in: Schwarze, Art. 86, Rn. 1; Dohms, in: Wiedemann, § 35 Rn. 1.

auf die Entstehungsgeschichte der Norm verdeutlicht, dass Art. 86 I EG in den Vertrag aufgenommen wurde, um die Möglichkeit auszuschließen, dass die Mitgliedstaaten öffentliche gegenüber privaten Unternehmen bevorzugen und dadurch den Handel zwischen den Mitgliedstaaten beeinträchtigen[669]. Bevor im folgenden auf den Unternehmensbegriff des Art. 86 I EG und damit zugleich auf den Geltungsumfang der mitgliedstaatlichen Verpflichtung eingegangen wird (b.), ist die Norm zunächst in das System des EG-Vertrages einzuordnen und ihr Regelungszweck näher zu untersuchen (a.).

a) Systematische Stellung und Regelungszweck

Die systematische Stellung des Art. 86 I EG im Rahmen der Art. 81 ff EG mag damit zu begründen sein, dass die Mitgliedstaaten bei den Verhandlungen des EWG-Vertrages den Schwerpunkt der Norm bei der umstrittenen Geltung des EG-Wettbewerbsrechts für öffentliche Unternehmen sahen[670]. Dennoch dient Art. 86 I EG nicht nur der Sicherstellung der Beachtung der unternehmensbezogenen Wettbewerbsregeln, sondern aller Bestimmungen des EG-Vertrages. In bezug auf das EG-Wettbewerbsrecht konkretisiert Art. 86 I EG die sich für die Mitgliedstaaten aus Art. 10 II, 3 I lit.g) EG i.V.m. Art. 81 f EG ergebende Pflicht zur Gemeinschaftstreue[671] und wird demzufolge gegenüber dieser allgemeinen Loyalitätspflicht der Mitgliedstaaten häufig als lex specialis angesehen[672]. Dabei wendet sich die Vorschrift ausschließlich an Maßnahmen der Mitgliedstaaten, die diese gegenüber den in Absatz 1 genannten Unternehmen treffen; auf wettbewerbswidrige Verhaltensweisen der Unternehmen selbst, die nicht durch eine hoheitliche Maßnahme veranlasst sind, finden die Art. 81 f EG dagegen direkt Anwendung[673].

Wesentlicher Grund für die Schaffung des Art. 86 I EG war der Einfluss, den die Mitgliedstaaten auf das Marktverhalten der öffentlichen und privilegierten Unternehmen ausüben können[674]. Die Mitgliedstaaten sollen ihren Verpflichtungen nach dem EG-Vertrag nicht dadurch entgehen können, dass sie in Form öffentlicher und privilegierter Unternehmen handeln. Einer Flucht in

---

[669] Goyder, EC Competition Law, S. 531.
[670] So: von Burchard, in: Schwarze, Art. 86, Rn. 3; Grill, in: Lenz, Art. 86, Rn. 2.
[671] Jung, in: Callies/Ruffert, Art. 86, Rn. 1, 4; Steinmeyer, in: SDSRV 48 (2001), S. 101 (116).
[672] Hochbaum, in: v.d.Groeben/Thiesing/Ehlermann, Art. 90, Rn. 5; Mestmäcker, in: RabelsZ 52 (1988), S. 526 (550); Dohms, in: Wiedemann, § 35 Rn. 3; Grill, in: Lenz, Art. 86, Rn. 2; Jung, in: Callies/Ruffert, Art. 86, Rn. 4; a.A. wohl: von Burchard, in: Schwarze, Art. 86, Rn. 9.
[673] von Burchard, in: Schwarze, Art. 86, Rn. 7, 10; Jungbluth, in: Langen/Bunte, Art. 86, Rn. 6.
[674] EuGH, Urteil vom 6.7.1982, Rs. 188-199/80 (Transparenzrichtlinie I), Slg. 1982, S. 2545 (2579); Bach, S. 36; von Burchard, in: Schwarze, Art. 86, Rn. 8; Jungbluth, in: Langen/Bunte, Art. 86, Rn. 12.

das öffentliche Unternehmensrecht wird dabei durch die gemeinschaftsrechtliche Gleichstellung privater und öffentlicher Unternehmen entgegengewirkt[675]. Bereits aus der Konzeption des Art. 86 EG, der diese Gleichbehandlung in Absatz 1 zur Regel und eine Beachtung öffentlich-rechtlicher Belange in Absatz 2 zur Ausnahme macht, lässt sich ein solcher Regelungszweck ableiten. Nach Art. 86 I EG i.V.m. Art. 81 oder 82 EG haben die Mitgliedstaaten solche Maßnahmen zu unterlassen, die zu einem Verstoß gegen Art. 81 f EG durch die in Art. 86 I EG genannten Unternehmen führen oder führen könnten[676]. Damit wird die Anwendbarkeit der Art. 81 und 82 EG mittelbar auf hoheitliche Maßnahmen erstreckt und eine originäre mitgliedstaatliche Verantwortlichkeit begründet. Zwar kommt der Vorschrift als Verweisungsnorm isoliert betrachtet keine unmittelbare Anwendbarkeit zu, jedoch sind unmittelbar anwendbare Vorschriften des EG-Vertrages, gegen die die mitgliedstaatlichen Maßnahmen verstoßen, mittels Art. 86 I EG auf das staatliche Handeln anwendbar[677]. Gleichzeitig kommt der Vorschrift dabei eine Klarstellungsfunktion insoweit zu als sie deutlich macht, dass öffentliche und mit ausschließlichen oder besonderen Rechten ausgestattete Unternehmen den Vorschriften des EG-Vertrages und insbesondere dem EG-Wettbewerbsrecht unterworfen sind[678]. Auf Grund des Art. 295 EG lässt der EG-Vertrag die Eigentumsordnung der Mitgliedstaaten zwar unberührt, so dass letzteren die Entscheidung über die Wahl der Unternehmensform und den Umfang öffentlicher Wirtschaftstätigkeit überlassen ist[679]. Dennoch begrenzt Art. 86 I EG die Gestaltungsmöglichkeiten der Mitgliedstaaten insofern, als diese in bezug auf öffentliche und privilegierte Unternehmen keine den Art. 81 f EG widersprechenden Maßnahmen erlassen dürfen. Der Vorschrift des Art. 86 EG kommt dabei letztendlich eine bedeutende Funktion zur Integration des öffentlichen Wirtschaftssektors in die Wettbewerbsordnung der Gemeinschaft zu, weshalb Art. 86 III EG häufig als Grundlage für Deregulierungsmaßnahmen der Europäischen Kommission herangezogen wurde.

---

[675] Im Sinne eines solchen Grundsatzes: EuGH, Urteil vom 6.7.1982, Rs. 188-199/80 (Transparenzrichtlinie I), Slg. 1982, 2545 (2579); Jung, in: Callies/Ruffert, Art. 86, Rn. 3; von Burchard, in: Schwarze, Art. 86, Rn. 4; Schwarze, Der Staat als Adressat des Europäischen Wettbewerbsrechts, S. 69 (96); Bach, S. 30; ähnlich: Weiß, in: EuR 2003, S. 165 (172 f), der von einem Verbot der Besserstellung öffentlicher Unternehmen ausgeht, aus Art. 86 I EG jedoch kein allgemeines Gleichbehandlungsgebot öffentlicher und privater Unternehmen ableitet.
[676] EuGH, Urteil vom 23.4.1991, Rs. C-41/90 (Höfner und Elser), Slg. 1991, I-1979 (2018); EuGH, Urteil vom 11.11.1997, Rs. C-359, 379/95 P (Ladbroke), Slg. 1997, I-6265 (6312 f); EuGH, Urteil vom 11.11.1997, Rs. C-55/96 (Job Centre), Slg. 1997, I-7119 (7148 ff); EuGH, Urteil vom 12.2.1998, Rs. C-163/96 (Raso), Slg. 1998, I-553 (579 ff); ebenso: Hochbaum, in: v.d.Groeben/Thiesing/Ehlermann, Art. 90, Rn. 4; von Burchard, in: Schwarze, Art. 86, Rn. 8.
[677] von Burchard, in: Schwarze, Art. 86, Rn. 11; Jung, in: Callies/Ruffert, Art. 86, Rn. 7; Jungbluth in: Langen/Bunte, Art. 86, Rn. 7; in diesem Sinne wohl auch: Schwarze, Der Staat als Adressat des Europäischen Wettbewerbsrechts, S. 69 (96); Grill, in: Lenz, Art. 86, Rn. 20.
[678] Hochbaum, in: v.d.Groeben/Thiesing/Ehlermann, Art. 90, Rn. 4; Bach, S. 30.
[679] Weiß, in: EuR 2003, S. 165 (176).

b) Die mitgliedstaatliche Verantwortlichkeit nach Art. 86 I EG i.V.m. Art. 81 f EG

Bei der Bestimmung des Anwendungsbereichs des Art. 86 I EG kommt zunächst dem Begriff des „öffentlichen oder mit besonderen oder ausschließlichen Rechten ausgestatteten Unternehmens" eine zentrale Bedeutung zu (aa./bb.). Fraglich ist zudem, ob die Anwendung des Art. 86 I EG i.V.m. Art. 81 f EG einen eigenständigen Wettbewerbsverstoß eines Unternehmens voraussetzt (cc.). Sollte das Akzessorietätserfordernis damit wie bereits im Rahmen des Art. 10 II EG auch auf die mitgliedstaatliche Verantwortlichkeit nach Art. 86 I EG anwendbar sein, könnten die Mitgliedstaaten eine Haftung nach den Regeln des EG-Wettbewerbsrechts durch die Ausschaltung unternehmerischer Handlungsspielräume vollumfänglich ausschließen.

aa) Der Unternehmensbegriff des Art. 86 I EG

Der Begriff des Unternehmens in Art. 86 I EG wird in weiten Teilen der Literatur als mit dem Unternehmensbegriff der Art. 81 f EG identisch angesehen[680]. Nach der ständigen Rechtsprechung des EuGH umfasst der Begriff des Unternehmens nach Art. 81 f EG „jede eine wirtschaftliche Tätigkeit ausübende Einheit, unabhängig von ihrer Rechtsform und der Art ihrer Finanzierung"[681]. Dabei sind die Art. 81 und 82 EG direkt anwendbar, wenn ein Mitgliedstaat unmittelbar selbst unternehmerisch handelt, so dass es keines Rückgriffs auf Art. 86 I EG bedarf[682].

bb) Der Begriff des "öffentlichen" sowie "privilegierten" Unternehmens

Weitgehend Einigkeit besteht zunächst darüber, dass Art. 86 I EG neben dem Erfordernis einer wirtschaftlichen Tätigkeit eine gewisse organisatorische Selbständigkeit des Unternehmens voraussetzt, um dessen wirtschaftliche Tätigkeit von einem wirtschaftlichen Handeln des Mitgliedstaats abgrenzen zu können[683]. Dabei ist das Vorliegen einer organisatorischen Selbständigkeit nach gemeinschaftsrechtlichen Kriterien zu beurteilen, wobei eine rechtliche Trennung vom Staat oder eine eigene Rechtspersönlichkeit nicht erforderlich ist,

---

[680] Jung, in: Callies/Ruffert, Art. 86, Rn. 11; von Burchard, in: Schwarze, Art. 86, Rn. 12; Dohms, in: Wiedemann, § 35 Rn. 8; Koenig/Kühling, in: ZHR 166 (2002), S. 656 (663 f).

[681] EuGH, Urteil vom 23.4.1991, Rs. C-41/90 (Höfner und Elser), Slg. 1991, I-1979 (2016); EuGH, Urteil vom 17.2.1993, Rs. C-159, 160/91 (Poucet und Pistre), Slg. 1993, I-637 (669); EuGH, Urteil vom 11.12.1997, Rs. C-55/96 (Job Centre), Slg. 1997, I-7119 (7147); s.u.: 2. Kapitel, A., I., 2., a), S. 68.

[682] Jungbluth in: Langen/Bunte, Art. 86, Rn. 14; Grill, in: Lenz, Art. 86, Rn. 4; Jung, in: Callies/Ruffert, Art. 86, Rn. 11.

[683] Mestmäcker, in: RabelsZ 52 (1988), S. 526 (539); Weiß, in: EuR 2003, S.165 (167 f); Jung, in: Callies/Ruffert, Art. 86, Rn. 11.; a.A.: Koenig/Kühling, in: ZHR 166 (2002), S. 656 (668).

so dass auch Dienstleistungen der öffentlichen Verwaltung als Tätigkeiten von Unternehmen i.S.d. Art. 86 I EG angesehen werden können[684].

Dennoch bereitet die Abgrenzung der Tätigkeit öffentlicher und privilegierter Unternehmen von dem hoheitlichen Handeln der Mitgliedstaaten häufig Schwierigkeiten. Dies ergibt sich zunächst daraus, dass der EG-Vertrag den Begriff des öffentlichen Unternehmens nicht definiert. Als Anhaltspunkt für eine Definition dient dabei regelmäßig die Definition des öffentlichen Unternehmens in der Richtlinie 2000/52/EG[685]. Öffentliche Unternehmen sind nach Art. 2 I der Richtlinie solche Einheiten, auf die „die öffentliche Hand auf Grund Eigentums, finanzieller Beteiligung, Satzung oder sonstiger Bestimmungen, die die Tätigkeit des Unternehmens regeln, unmittelbar oder mittelbar einen beherrschenden Einfluß ausüben kann". Zwar hat der EuGH festgestellt, dass diese Definition auf die Zwecke der Richtlinie bezogen sei und keinen Geltungsanspruch im Rahmen des Art. 86 I EG erhebe[686]; dennoch herrscht in der Literatur weitgehend Einigkeit darüber, dass öffentliche Unternehmen sich dadurch auszeichnen, dass der Staat die Möglichkeit hat, unmittelbar oder mittelbar Einfluss auf deren Unternehmensführung auszuüben[687]. Dieser Einfluss der öffentlichen Hand auf das wirtschaftliche Verhalten eines Unternehmens stellt auch das wesentliche Merkmal für die Definition des Begriffs der „Unternehmen mit besonderen oder ausschließlichen Rechten" dar[688]. Damit sind die praktischen Konsequenzen der Abgrenzung zu öffentlichen Unternehmen gering. Eine staatliche Verleihung von besonderen oder ausschließlichen Rechten setzt eine Sonderstellung des Unternehmens voraus, die dieses gleichzeitig in eine Abhängigkeit zur öffentlichen Hand versetzt[689]. Als Abgrenzungskriterium gegenüber hoheitlichem Handeln wird im Rahmen des Art. 86 I EG häufig darauf abgestellt, ob die Tätigkeit auch von privaten Wirtschaftsteilnehmern erbracht werden kann, was bei der Anwendung von Zwangsbefugnissen zu verneinen ist[690].

---

[684] Jung, in: Callies/Ruffert, Art. 86, Rn. 11.
[685] Richtlinie 2000/52/EG vom 29.7.2000 zur Änderung der Richtlinie 80/723/EWG über die Transparenz der finanziellen Beziehungen zwischen den Mitgliedstaaten und den öffentlichen Unternehmen, ABl. EG 2000 Nr. L 193, S. 75; die Richtlinie wird dabei in weiten Teilen der Literatur als Anhaltspunkt für eine Definition herangezogen; so: Burgi, in: EuR 1997, S. 261 (266); Bach, S. 34; Jungbluth, in: Langen/Bunte, Art. 86, Rn. 16.
[686] EuGH, Urteil vom 6.7.1982, Rs. 188-199/80 (Transparenzrichtlinie I), Slg. 1982, S. 2545 (2578).
[687] Mestmäcker, in: RabelsZ 52 (1988), S. 526 (556); Burgi, in: EuR 1997, S. 261 (266); Jungbluth, in: Langen/Bunte, Art. 86, Rn. 16; von Burchard, in: Schwarze, Art. 86, Rn. 16; Grill, in: Lenz, Art. 86, Rn. 5.
[688] Jungbluth, in: Langen/Bunte, Art. 86, Rn. 19, 21; Grill, in: Lenz, Art. 86, Rn. 7.
[689] Jungbluth, in: Langen/Bunte, Art. 86, Rn. 21.
[690] Weiß, in: EuR 2003, S. 165 (167); ähnlich: EuGH, Urteil vom 23.4.1991, Rs. C-41/90 (Höfner und Elser), Slg. 1991, I-1979 (2016); s.o.: 2. Kapitel, A., I., 2., a), aa), bbb), (1), S. 77.

cc) Die Akzessorietätstheorie

Auch im Rahmen des Art. 86 I EG besteht Uneinigkeit darüber, ob ein unternehmerisches Handeln im Sinne der Art. 81 f EG Voraussetzung für eine staatliche Verantwortlichkeit ist. Im Mittelpunkt der Diskussion steht dabei wie schon im Rahmen der Gemeinschaftstreuepflicht nach Art. 10 II, 3 I lit.g) EG i.V.m. Art. 81 f EG die Frage, ob die staatliche gegenüber der unternehmerischen Haftung akzessorisch ist. Ein Akzessorietätserfordernis hätte zur Folge, dass die Mitgliedstaaten der handelnden Einheit durch den Ausschluss von Entscheidungsspielräumen die Unternehmenseigenschaft entziehen könnten und sich damit gleichzeitig einer Verantwortung nach den Wettbewerbsregeln entledigen könnten[691]. Fraglich ist damit, ob der Anwendung des Art. 86 I EG in bezug auf die EG-Wettbewerbsregeln eine über den Anwendungsbereich der Art. 10 II, 3 I lit.g) EG i.V.m. Art. 81 f EG hinausgehende Bedeutung zukommt. Während eine Ansicht in der Literatur auch im Rahmen des Art. 86 I EG i.V.m. Art. 81 f EG von einem Akzessorietätserfordernis ausgeht[692], verneint eine weit verbreitete Ansicht ein solches Erfordernis und geht auch im Falle einer fehlenden Entscheidungsfreiheit des privaten Wirtschaftsteilnehmers von einem mitgliedstaatlichen Verstoß gegen die Art. 86 I EG i.V.m. Art. 81 f EG aus[693].

Zunächst kann die systematische Stellung des Art. 86 I EG im Abschnitt über die an Unternehmen gerichteten Vorschriften des EG-Wettbewerbsrechts für ein Akzessorietätserfordernis angeführt werden. Zudem bezieht sich auch der Wortlaut der Vorschrift auf das Verhalten eines öffentlichen „Unternehmens", was neben dem Verweisungscharakter der Norm[694] für ein Akzessorietätserfordernis spricht. In diesem Sinne ist auch die ursprüngliche Auslegung der Vorschrift durch den EuGH zu verstehen, die eine Gleichartigkeit des Art. 86 I EG mit der mitgliedstaatlichen Verpflichtung nach Art. 10 II, 3 I lit.g) EG i.V.m. Art. 81 f EG betont, da im Rahmen dieser Vorschriften von einem Akzessorietätsverhältnis auszugehen ist[695]. So hat der Gerichtshof in der

---

[691] Gegenstand der Diskussion ist dabei nicht die Geltung des funktionalen Unternehmensbegriffs im Rahmen des Art. 86 I EG im Sinne der oben geschilderten Definition, sondern allein die Frage, ob eine unternehmerische Entscheidungsfreiheit Voraussetzung für einen mitgliedstaatlichen Verstoß gegen Art. 86 I EG ist; in diesem Sinne sind wohl auch Verweise in der Literatur zu verstehen, dass der Unternehmensbegriff des Art. 86 I EG mit dem der Art. 81 f EG identisch ist; so: Jung, in: Callies/Ruffert, Art. 86, Rn. 11; von Burchard, in: Schwarze, Art. 86, Rn. 12; Dohms, in: Wiedemann, § 35 Rn. 8; Koenig/Kühling, in: ZHR 166 (2002), S. 656 (663 f).
[692] Mestmäcker, in: RabelsZ 52 (1988), S. 526 (551).
[693] Bach, S. 45; Dohms, in: Wiedemann, § 35 Rn. 114; Schwarze, Der Staat als Adressat des Europäischen Wettbewerbsrechts, S. 69 (105).
[694] Ebenfalls von einem Verweisungscharakter ausgehend: Weiß, in: EuR 2003, S. 165 (173); von Burchard, in: Schwarze, Art. 86, Rn. 11.
[695] S.o.: 3. Kapitel, A., I., 1., b), S. 143.

Rechtssache GB-INNO-BM/ ATAB betont, dass Art. 90 EWGV a.F. (= Art. 86 EG n.F.) „nur ein besonderer Anwendungsfall bestimmter allgemeiner, die Mitgliedstaaten verpflichtender Grundsätze ist"[696]. Auch in der Rechtssache Saeed Flugreisen differenzierte der EuGH ausdrücklich nicht zwischen Art. 5 II EWGV a.F. (= Art. 10 II EG n.F.) und Art. 90 EWGV a.F. (= Art. 86 EG n.F.), da beide Vorschriften den gleichen Regelungsgehalt hätten[697]. Diese Auslegung deutete darauf hin, dass der EuGH der Vorschrift des Art. 86 I EG zunächst keine eigene materielle Bedeutung gegenüber den allgemeinen Grundsätzen des EG-Vertrages beimaß, sondern die alleinige Bedeutung der Vorschrift in dem Rechtsdurchsetzungsmechanismus des Art. 86 III EG sah[698]. Als Folge dieser Rechtsprechung war es zunächst nicht möglich, mitgliedstaatliche Maßnahmen wettbewerbsrechtlich zu beurteilen, die den handelnden Unternehmen keinen Entscheidungsspielraum beließen.

Zur Vermeidung eines solchen Ergebnisses änderte der EuGH seine Rechtsprechung jedoch später und sprach sich dabei gegen das Erfordernis eines Akzessorietätsverhältnisses im Rahmen des Art. 86 I EG aus. Nach dieser neueren Rechtsprechung ist es für eine Verletzung der Art. 86 EG i.V.m. Art. 82 EG ausreichend, dass der Mitgliedstaat öffentliche oder privilegierte Unternehmen in eine Situation bringt, in die diese sich „durch selbständige Verhaltensweisen nicht ohne Verstoß gegen Art. 86 EGV [= Art. 82 EG n.F.] versetzen könnten"[699]. Damit dehnte der EuGH den Anwendungsbereich des Art. 86 I EG auf zwingende gesetzliche Vorschriften aus, ohne dabei zu klären, ob sich eine solche Zwangsmaßnahme noch in einem unternehmerischen Wettbewerbsverstoß nach Art. 81 f EG verwirklichen muss[700]. In der Rechtssache Corbeau[701] ist der Gerichtshof sogar von einem Verstoß gegen Art. 86 I EG ausgegangen ohne die Voraussetzungen des Art. 82 EG zu prüfen. Dies hatte zur Folge, dass auch die Begründung einer marktbeherrschenden Stellung durch eine staatliche Maßnahme am Maßstab des Art. 86 I EG gemessen wurde. Zudem hatte der Gerichtshof in der Rechtssache Bodson[702] ausdrücklich

---

[696] EuGH, Urteil vom 16.11.1977, Rs. 13/77 (GB-INNO-BM/ ATAB), Slg. 1977, S. 2115 (2147).
[697] EuGH, Urteil vom 11.4.1989, Rs. 66/86 (Saeed Flugreisen), Slg. 1989, S. 803 (851 f).
[698] Ebenso: Bach, S. 32 f.
[699] EuGH, Urteil vom 13.12.1991, Rs. C-18/88 (RTT/INNO), Slg. 1991, I-5941 (5980); EuGH, Urteil vom 17.11.1992, Rs. C-271/90, C-281/90, C-289/90 (Telekommunikationsdienste) Slg. 1992, I-5833 (5868); EuGH, Urteil vom 27.10.1993, Rs. C-46/91, C-93/91 (Lagauche), Slg. 1993, I-5267 (5331 ff); EuGH, Urteil vom 27.10.1993, Rs. 69/91 (Decoster), Slg. 1993, I-5335 (5380 f).
[700] Einen eigenen Wettbewerbsverstoß des Unternehmens hat der EuGH zuletzt als entbehrlich angesehen: EuGH, Urteil vom 9.9.2003, Rs. C-198/01 (CIF/Autorità Garante), in: EuZW 2003, S. 728 (731); siehe hierzu unten: 3. Kapitel, A., I., 3., b), bb), S. 160.
[701] EuGH, Urteil vom 19.5.1993, Rs. C-320/91 (Corbeau), Slg. 1993, I-2533 (2567 ff).
[702] EuGH, Urteil vom 4.5.1988, Rs. 30/87 (Bodson/Pompes funèbres), Slg. 1988, S. 2479 (2516).

klargestellt, dass der Ausschluss unternehmerischer Handlungs- und Gestaltungsspielräume im Rahmen des Art. 90 I EWGV a.f. (= Art. 86 I EG n.F) einer mitgliedstaatlichen Verantwortlichkeit nicht entgegensteht. Dabei spricht insbesondere die folgende Aussage für die Entbehrlichkeit eines Akzessorietätserfordernisses: „Soweit die Gemeinden ihren Konzessionären ein bestimmtes Preisniveau aufgezwungen haben sollten ..., würden sie den Tatbestand von Artikel 90 Absatz 1 erfüllen"[703].

Für ein solches Ergebnis kann wie bereits im Rahmen der Verpflichtung nach Art. 10 II, 3 I lit.g) EG i.V.m. Art. 81 f EG zudem angeführt werden, dass es für die Zielsetzung des EG-Wettbewerbsrechts gleichgültig ist, ob der Mitgliedstaat selbst die wettbewerbswidrigen Wirkungen herbeiführt, oder ob er sich hierzu eines Unternehmens bedient. Die mit dem Akzessorietätsgrundsatz verbundenen staatlichen Gestaltungsspielräume sind damit bereits mit der Zielsetzung des EG-Wettbewerbsrechts im Sinne einer an marktwirtschaftlichen Grundsätzen ausgerichteten Grundordnung[704] nur schwerlich vereinbar. Dabei steht jedoch insbesondere der Regelungszweck des Art. 86 I EG einem Akzessorietätserfordernis entgegen, der die Gleichstellung privater und öffentlicher Unternehmen zum Grundsatz erhebt[705]. Dieser Zweck kann nur erreicht werden, wenn Art. 86 I EG auch staatliche Maßnahmen erfasst, die die Unternehmen zu einem wettbewerbswidrigen Verhalten zwingen und damit mangels Entscheidungsfreiheit nicht zu einem unternehmerischen Verstoß gegen Art. 81 f EG führen[706]. Auch liegt in diesem aus dem Regelungszweck des Art. 86 I EG abgeleiteten Ergebnis kein Widerspruch zu dem im Rahmen der Art. 10 II, 3 I lit.g) EG i.V.m. Art. 81 f EG gefundenen Ergebnis. Einerseits lässt sich im Rahmen des allgemeinen Umgehungsverbots nach Art. 10 II, 3 I lit.g) EG keine Absicht des Gemeinschaftsgesetzgebers zur Gleichstellung privater und öffentlicher Unternehmen ermitteln. Zudem ist ein Ausufern der staatlichen Verpflichtung im Rahmen des Art. 86 I EG nicht zu befürchten, da der Anwendungsbereich der Norm auf öffentliche und privilegierte Unternehmen beschränkt ist[707].

dd) Ergebnis: Art. 86 I EG als eingliedriger Tatbestand

Im Gegensatz zu der mitgliedstaatlichen Verpflichtung nach Art. 10 II, 3 I lit.g) EG i.V.m. Art. 81 f EG ist Art. 86 I EG damit auch im Falle staatlicher

---

[703] Wie vor, S. 2516.
[704] Bunte in: Langen/Bunte, Einf. zum EG-Kartellrecht, Rn. 20 f.
[705] S.o.: 3. Kapitel, A., I., 2., a), S. 148.
[706] In diesem Sinne auch: Giesen, Sozialversicherungsmonopol und EG-Vertrag, S. 70, 73; Engelmann, S. 163; Schwarze, Der Staat als Adressat des Europäischen Wettbewerbsrechts, S. 69 (106).
[707] So auch: Schwarze, Der Staat als Adressat des Europäischen Wettbewerbsrechts, S. 69 (106).

Handlungs- und Gestaltungszwänge anwendbar. Damit ist im Rahmen von Art. 86 I EG von einem modifizierten Unternehmensbegriff auszugehen. Dieser entspricht dem Unternehmensbegriff der Art. 81 f EG insoweit, als auch im Rahmen des Art. 86 I EG eine wirtschaftliche Tätigkeit erforderlich ist, wobei ebenfalls von einer funktionalen Betrachtungsweise auszugehen ist[708]. Der Verzicht auf ein Akzessorietätserfordernis hat damit nicht zur Folge, dass im Rahmen des Art. 86 I EG auch die weiteren Voraussetzungen des Unternehmensbegriffs der Art. 81 f EG entbehrlich wären. Ein vollständiger Verzicht auf einen Zusammenhang zwischen der staatlichen Maßnahme und der wirtschaftlichen Tätigkeit eines in Art. 86 I EG genannten Unternehmens wäre weder mit dem Wortlaut der Vorschrift, die ausdrücklich auf Unternehmen bezug nimmt, noch mit dem Verweisungscharakter der Norm zu vereinen. Jedoch ist im Rahmen der Art. 86 I EG i.V.m. Art. 81 f EG im Gegensatz zu der mitgliedstaatlichen Verpflichtung nach Art. 10 II, 3 I lit.g) EG i.V.m. Art. 81 f EG das Vorliegen einer unternehmerischen Entscheidungsfreiheit entbehrlich. Dies ergibt sich vor allem daraus, dass der Gemeinschaftsgesetzgeber seinen Willen, das Verhalten der Mitgliedstaaten in bezug auf öffentliche und privilegierte Unternehmen den Regeln der Art. 81 ff EG zu unterwerfen, eindeutig zum Ausdruck gebracht hat. Sofern sich eine staatliche Zwangsmaßnahme auf die wirtschaftliche Tätigkeit eines in Art. 86 genannten Wirtschaftsteilnehmers bezieht, verstößt sie damit unabhängig von dem Vorliegen einer unternehmerischen Entscheidungsfreiheit gegen die Vorschrift des Art. 86 I EG[709]. Nach Art. 86 I EG i.V.m. Art. 81 f EG haben die Mitgliedstaaten daher gegenüber öffentlichen und privilegierten Unternehmen Maßnahmen zu unterlassen, die sich auf ein Verhalten beziehen, das seiner Art nach eine gegen Art. 81 f EG verstoßende Wettbewerbsbeschränkung darstellt[710].

c) Ergebnis

In bezug auf öffentliche und privilegierte Unternehmen setzt die Vorschrift des Art. 86 I EG hoheitlichen Gestaltungsmöglichkeiten der Mitgliedstaaten Grenzen. Die Vorschrift verfolgt den Regelungszweck der Gleichstellung

---

[708] Hierzu: EuGH, Urteil vom 17.2.1993, Rs. C-159, 160/91 (Poucet und Pistre), Slg. 1993, I-637 (670); EuGH, Urteil vom 18.3.1997, Rs. C-343/95 (Diego Cali), Slg. 1997, I-1547 (1588 f); EuGH, Urteil vom 14.12.1995, Rs. C-387/93 (Banchero), Slg. I-4663 (4698); EuGH, Urteil vom 19.1.1994, Rs. C-364/92 (SAT/Eurocontrol), Slg. 1994, I-43, (63 f); so auch: Koenig/Kühling, in: ZHR 166 (2002), S. 656 (664); Burgi, in: EuR 1997, S. 261 (265); Weiß, in: EuR 2003, S.165 (167); von Burchard, in: Schwarze, Art. 86, Rn. 15; Jung, in: Callies/Ruffert, Art. 86, Rn. 11.
[709] Im Rahmen der Vereinbarkeit des Verfahrens zur Festbetragsfestsetzung nach § 35a SGB V mit Art. 86 I EG wird näher darauf einzugehen sein, aus welchen Gründen ein Wettbewerbsverstoß des öffentlichen oder privilegierten Unternehmens nicht erforderlich ist; s.u.: 3. Kapitel, A., I., 3., b), bb), S. 160.
[710] So auch: Bach, S. 46.

privater und öffentlicher Unternehmen und untersagt es den Mitgliedstaaten, die staatsgerichteten Vorschriften des EG-Vertrages durch die Einschaltung von Unternehmen zu umgehen. Zur Erreichung dieses Ziels erstreckt die Vorschrift den Anwendungsbereich der unternehmensbezogenen Bestimmungen des EG-Rechts auf die Mitgliedstaaten. Im Gegensatz zur Gemeinschaftstreuepflicht nach Art. 10 II, 3 I lit.g) EG i.V.m. Art. 81 f EG ist im Rahmen des Art. 86 I EG jedoch kein Akzessorietätsverhältnis zwischen der unternehmerischen und der staatlichen Wettbewerbsbeschränkung in dem Sinne erforderlich, dass ein Ausschluss unternehmerischer Entscheidungsspielräume einer mitgliedstaatlichen Verantwortlichkeit entgegen stünde.

3. Anwendung der Grundsätze auf die Verfahren nach § 35 sowie § 35a SGB V

Eine mitgliedstaatliche Verantwortlichkeit nach dem EG-Wettbewerbsrecht in bezug auf die Verfahren zur Festbetragsfestsetzung nach § 35 SGB V und § 35a SGB V ist im folgenden zunächst anhand der Gemeinschaftstreuepflicht nach Art. 10 II, 3 I lit.g) EG i.V.m. Art. 81 f EG zu untersuchen (a.). Sodann ist in einem zweiten Prüfungsschritt die Vereinbarkeit der beiden Verfahren mit den Art. 86 I EG i.V.m. Art. 81 f EG (b.) zu überprüfen.

a) Art. 10 II, 3 I lit.g) EG i.V.m. Art. 81 f EG

aa) Die Festbetragsfestsetzung nach § 35 SGB V

Notwendige Voraussetzung zur Feststellung einer staatlichen Verantwortlichkeit nach Art. 10 II, 3 I lit.g) EG i.V.m. Art. 81 f EG ist nach der Ansicht des EuGH das Vorliegen einer autonomen Entscheidungsfreiheit des handelnden Unternehmens. Dabei führte der Gerichtshof regelmäßig die Existenz staatlicher Kontrollmöglichkeiten sowie Genehmigungs- und Selbstentscheidungsvorbehalte[711] gegen das Vorliegen einer solchen Entscheidungsfreiheit an und wertete zugleich die Verfolgung von Allgemeininteressen als Indiz für eine Wahrnehmung staatlicher Aufgaben[712].

Das Handeln der Spitzenverbände der Krankenkassen bei der Festbetragsfestsetzung nach § 35 SGB V ist zunächst durch gesetzliche Vorgaben gebunden

---

[711] EuGH, Urteil vom 17.11.1993, Rs. C-185/91 (Reiff), Slg. 1993, I-5801 (5849); EuGH, Urteil vom 19.2.2002, Rs. C-35/99 (Arduino), Slg. 2002, I-1529 (1573); zuletzt: EuGH, Urteil vom 16.3.2004, verb. Rs. C-264/01, C-306/01, C-354/01 und C-355/01 (AOK Bundesverband), Rn. 61, noch nicht in der amtl. Slg. veröffentlicht.
[712] EuGH, Urteil vom 17.11.1993, Rs. C-185/91 (Reiff), Slg. 1993, I-5801 (5849); EuGH, Urteil vom 18.6.1998, Rs. C-35/96 (Kommission/Italien), Slg. 1998, I-3851 (3898 f); EuGH, Urteil vom 19.2.2002, Rs. C-35/99 (Arduino), Slg. 2002, I-1529 (1572).

und begrenzt[713]. So bestimmt der Gemeinsame Bundesausschuss in den Richtlinien nach § 92 I 2 Nr. 6 SGB V die Gruppen von Arzneimitteln, für die die Spitzenverbände der Krankenkassen Festbeträge festsetzen[714]. Neben der Bildung der Festbetragsgruppen hat der Gemeinsame Bundesausschuss nach § 35 I 5 SGB V zugleich die notwendigen rechnerischen mittleren Tages- oder Einzeldosen oder sonstigen geeigneten Vergleichsgrößen zu bestimmen. Erst in einem zweiten Verfahrensschritt bestimmen die Spitzenverbände der Krankenkassen die Festbeträge für die in einer Gruppe enthaltenen Arzneimittel auf der Grundlage der vom Gemeinsamen Bundesausschuss festgelegten Vergleichsgrößen[715]. Das Entschließungsermessen der Spitzenverbände ist in seinen Wirkungen zugleich dadurch erheblich eingeschränkt, dass diese der Rechtsaufsicht des BMGS unterliegen, das nach § 35 VI SGB V i.V.m. § 213 III 1 SGB V bei unterlassener Festsetzung auch eine eigene Sachentscheidung im Einvernehmen mit dem Bundeswirtschaftsminister treffen kann.

Jedoch verfügen die Spitzenverbände, wie oben bereits festgestellt wurde[716], über einen erheblichen Gestaltungsspielraum in bezug auf den Zeitpunkt und die Betragshöhe der Festsetzung[717]. Dies ergibt sich zunächst aus den Kriterien zur Festbetragsfestsetzung, die nach § 35 V 1 SGB V so zu erfolgen hat, dass eine ausreichende, zweckmäßige und wirtschaftliche sowie in der Qualität gesicherte Versorgung gewährleistet ist. Dabei steht es den Spitzenverbänden frei zu interpretieren, was unter den Kriterien einer "ausreichenden, zweckmäßigen und wirtschaftlichen Qualitätssicherung" zu verstehen ist. Durch die Verwendung dieser unbestimmten Rechtsbegriffe wird den Spitzenverbänden zunächst in bezug auf die Höhe der Festbeträge ein sehr weitgehender Gestaltungsspielraum eingeräumt[718]. Zudem kann auch die Zusammensetzung der Spitzenverbände, die ausschließlich aus Krankenkassenvertretern bestehen, gegen die Annahme eines Allgemeininteresses angeführt werden[719]. So erhöht die Vertretung aller

---

[713] So auch: EuGH, Urteil vom 16.3.2004, verb. Rs. C-264/01, C-306/01, C-354/01 und C-355/01 (AOK Bundesverband), Rn. 61, noch nicht in der amtl. Slg. veröffentlicht.

[714] Vgl.: § 35 I 1 SGB V.

[715] Vgl.: § 35 III 1 SGB V; die Zusammensetzung der Spitzenverbände ergibt sich aus § 213 I SGB V.

[716] S.o.: 2. Kapitel, A., I., 2., a), aa), aaa), (1), S. 71.

[717] So auch: OLG Düsseldorf, Urteil vom 27.7.1999, Az.: U (Kart) 36/98, in: PharmaR 1999, S. 283 (296); OLG Düsseldorf, Urteil vom 27.7.1999, Az.: U (Kart) 33/98, in: Pharm. Ind. 1999, S. 704 (711); Axer, in: NZS 2002, S. 57 (63); Koenig/Sander, in: NZS 2001, S. 617 (619); in diesem Sinne auch: EuGH, Urteil vom 16.3.2004, verb. Rs. C-264/01, C-306/01, C-354/01 und C-355/01 (AOK Bundesverband), Rn. 62, noch nicht in der amtl. Slg. veröffentlicht; a.A.: BGH, Vorlagebeschluss zum EuGH vom 3.7.2001, KZR 31/99, in: WuW 2001, S. 1089 (1098).

[718] So auch: OLG Düsseldorf, Urteil vom 27.7.1999, Az.: U (Kart) 36/98, in: PharmaR 1999, S. 283 (296).

[719] So auch: Axer, in: NZS 2002, S. 57 (63); ähnlich: GA Jacobs, Rn. 55 der Schlussanträge vom 22.5.2003, verb. Rs. C-264/01, C-306/01, C-354/01 und C-355/01 (AOK Bundesverband), noch nicht in der amtl. Slg. veröffentlicht.

Marktteilnehmer in einem Gremium dessen Unabhängigkeit, was Interessenkonflikten mit finanziellen Eigeninteressen der Gremienmitglieder vorbeugt. Dabei hat der EuGH die Bedeutung der Unabhängigkeit des Entscheidungsträgers für das Vorliegen eines Allgemeininteresses wiederholt betont, indem er unabhängige Sachverständige häufig von Unternehmen unterschieden hat[720]. Gerade Gremien, in denen alle Marktteilnehmer des Wirtschaftssektors vertreten waren, ist vom Gerichtshof häufig eine solche Unabhängigkeit beigemessen worden[721]. Im Rahmen der Festbetragsfestsetzung nach § 35 SGB V ergibt sich ein Eigeninteresse der Spitzenverbände, die Festbeträge so niedrig wie möglich festzusetzen, nicht zuletzt auch daraus, dass finanzielle Eigenmittel der gesetzlichen Krankenkassen direkt von der Entscheidung betroffen sind. Desto niedriger die Festbeträge sind, desto weniger Mittel werden durch die Versorgung der Versicherten mit Arzneimitteln in Anspruch genommen, was die gesetzlichen Krankenkassen wiederum in die Lage versetzt, diese Reserven für einen Wettbewerb mit privaten Krankenversicherungen einzusetzen[722].

Letztendlich sprechen die überwiegenden Argumente dafür, dass die Spitzenverbände der Krankenkassen in dem Verfahren nach § 35 SGB V entgegen der Ansicht des EuGH[723] über eine ausreichende Entscheidungsfreiheit verfügen[724]. Obwohl die Ersetzungsbefugnis des Gesundheitsministers die Entscheidungsbefugnis der Spitzenverbände einengt, sprechen die überwiegenden Argumente für die Annahme eines unternehmerischen Entscheidungsspielraums. Dabei sind insbesondere die Gestaltungsspielräume in bezug auf die Höhe der Festbeträge sowie die fehlende Genehmigungspflicht durch staatliche Einrichtungen Indizien für eine Entscheidungsfreiheit der Spitzenverbände[725].

---

[720] So zuletzt: EuGH, Urteil vom 18.6.1998, Rs. C-35/96 (Kommission/Italien), Slg. 1998, I-3851 (3898 f); so auch der GA Jacobs, Rn. 53 der Schlussanträge vom 22.5.2003, verb. Rs. C-264/01, C-306/01, C-354/01 und C-355/01 (AOK Bundesverband), noch nicht in der amtl. Slg. veröffentlicht.

[721] EuGH, Urteil vom 30.1.1985, Rs. 123/83 (BNIC/Clair), Slg. 1985, S. 391 (423); EuGH, Urteil vom 9.6.1994, Rs. C-153/93 (Delta), Slg. 1994, I-2517 (2529 ff); EuGH, Urteil vom 17.11.1993, Rs. C-185/91 (Reiff), Slg. 1993, I-5801 (5847 f); für eine Beteiligung aller betroffenen Parteien auch: Schepel, in: 39 CMLR (2002), S. 31 (51).

[722] So auch der GA Jacobs, Rn. 55 der Schlussanträge vom 22.5.2003, verb. Rs. C-264/01, C-306/01, C-354/01 und C-355/01 (AOK Bundesverband), noch nicht in der amtl. Slg. veröffentlicht.

[723] EuGH, Urteil vom 16.3.2004, verb. Rs. C-264/01, C-306/01, C-354/01 und C-355/01 (AOK Bundesverband), Rn. 61, noch nicht in der amtl. Slg. veröffentlicht.

[724] So auch: OLG Düsseldorf, Urteil vom 27.7.1999, Az.: U (Kart) 36/98, in: PharmaR 1999, S. 283 (296); OLG Düsseldorf, Urteil vom 27.7.1999, Az.: U (Kart) 33/98, in: Pharm. Ind. 1999, S. 704 (711); Axer, in: NZS 2002, S. 57 (63); Koenig/Sander, in: NZS 2001, S. 617 (619); dies, in: Marburger Gespräche zum Pharmarecht, S. 67 (71); a.A.: BGH, Vorlagebeschluss zum EuGH vom 3.7.2001, KZR 31/99, in: WuW 2001, S. 1089 (1098).

[725] Das Fehlen einer Genehmigungspflicht betont auch der GA Jacobs, Rn. 55 der Schlussanträge vom 22.5.2003, verb. Rs. C-264/01, C-306/01, C-354/01 und C-355/01 (AOK

Das Fehlen einer unternehmerischen Entscheidungsfreiheit steht einem mitgliedstaatlichen Verstoß gegen die Gemeinschaftstreuepflicht nach Art. 10 II, 3 I lit.g) EG i.V.m. Art. 81 f EG daher nicht entgegen.

bb) Die Festbetragsfestsetzung nach § 35a SGB V

Bis zum Ende des Jahres 2003 übertrug § 35a I 1 SGB V dem BMGS die Befugnis, durch Rechtsverordnung ohne Zustimmung des Bundesrates einmalig Festbeträge anzupassen (Nr.1) sowie in Ausnahmefällen neue Gruppen von Arzneimitteln zu bestimmen und für diese Festbeträge festzusetzen (Nr.2). Das Ziel dieser hoheitlichen Festsetzung war es dabei, die Wahrung der Rechtsklarheit und Planungssicherheit aller Beteiligten in bezug auf die anhängigen Gerichtsverfahren zu gewährleisten[726]. Mittels der Beseitigung oben geschilderter Entscheidungsspielräume der Spitzenverbände sollten damit Zweifel in bezug auf das Vorliegen „unternehmerischer" Tätigkeiten ausgeräumt werden. Zwar spricht wegen der Beseitigung der Entscheidungsautonomie der Spitzenverbände einiges gegen eine Verantwortlichkeit der Bundesrepublik Deutschland nach Art. 10 II, 3 I lit.g) EG i.V.m. Art. 81 f EG, da es sich bei dem Verfahren nach § 35a SGB V um eine rein hoheitliche Maßnahme handelte, die keine Entscheidungsbefugnisse zugunsten eines Unternehmens vorsah. Jedoch galt dies nur insoweit als das Ministerium eine eigene Sachentscheidung traf und nicht nur bisher existierende Festsetzungen in Rechtsverordnungen umwandelte. So sieht der EuGH die reine Umwandlung kartellrechtlicher Absprachen zwischen privaten Wirtschaftsteilnehmern in eine Verordnung als Verstoß gegen die Art. 10 II, 3 I lit.g) EG i.V.m. Art. 81 f EG an, da hierin eine Verstärkung eines Wettbewerbsverstoßes zu sehen sei[727].

b) Art. 86 I EG i.V.m. Art. 81 f EG

aa) Die Festbetragsfestsetzung nach § 35 SGB V

Im Rahmen des Verfahrens nach § 35 SGB V sprechen die überwiegenden Argumente dafür, dass die Spitzenverbände der gesetzlichen Krankenkassen als

---

Bundesverband), noch nicht in der amtl. Slg. veröffentlicht; vgl. zur Bedeutung von Genehmigungs- und Selbstentscheidungsvorbehalten für die Beurteilung der Entscheidungsfreiheit: EuGH, Urteil vom 17.11.1993, Rs. C-185/91 (Reiff), Slg. 1993, I-5801 (5849); EuGH, Urteil vom 19.2.2002, Rs. C-35/99 (Arduino), Slg. 2002, I-1529 (1573).

[726] So die Begründung der Bundesregierung zum Gesetzesentwurf: BT-Drucks. 14/6408, S. 1.

[727] EuGH, Urteil vom 30.4.1986, Rs. 209-213/84 (Asjes), Slg. 1986, S. 1425 (1471); EuGH, Urteil vom 1.10.1987, Rs. 311/85 (Vlaamse Reisbureaus), Slg. 1985, S. 3801 (3826); EuGH, Urteil vom 30.1.1985, Rs. 123/83 (BNIC/Clair), Slg. 1985, S. 391 (423); EuGH, Urteil vom 11.4.1989, Rs. 66/86 (Saeed Flugreisen), Slg. 1989, S. 803 (851 f); hierzu auch: Koenig/Sander, in: Marburger Gespräche zum Pharmarecht, S. 67 (75 f).

öffentliche Unternehmen im Sinne des Art. 86 I EG anzusehen sind[728]. Einerseits ist die Nachfragetätigkeit der gesetzlichen Krankenkassen auf den Gesundheitsmärkten als wirtschaftliche Tätigkeit anzusehen, so dass die Krankenkassen als Unternehmen und deren Spitzenverbände als Unternehmensvereinigungen zu qualifizieren sind[729]. Andererseits ergibt sich die Eigenschaft der Spitzenverbände als öffentliche Unternehmen aus der Tatsache, dass der Staat einen beherrschenden Einfluss auf deren Tätigkeiten ausüben kann. So unterliegt das Handeln der Spitzenverbände bei der Festbetragsfestsetzung der Rechtsaufsicht des Bundesgesundheitsministeriums, das nach § 35 VI SGB V i.V.m. § 213 III 1 SGB V bei unterlassener Festsetzung auch eine eigene Sachentscheidung im Einvernehmen mit dem Bundeswirtschaftsminister treffen kann. Dabei sind die gesetzlichen Krankenkassen durch ihre körperschaftliche Selbstverwaltung organisatorisch weitgehend selbständig und damit von staatlichen Einrichtungen klar abgrenzbar[730]. Dennoch existieren neben der Rechtsaufsicht und der Ersetzungsbefugnis nach § 213 III SGB V weitere weitgehende Einflussmöglichkeiten des Staates. Dieser kann im Rahmen des SGB IV nicht nur in organisatorischer Hinsicht, sondern über das SGB V auch in materiell-rechtlicher Hinsicht bindende Vorgaben für die GKV schaffen. Auf Grund dieses wesentlichen Einflusses des Staates sind die Spitzenverbände der Krankenkassen als Zusammenschlüsse öffentlicher Unternehmen anzusehen. Da das Verfahren der Festbetragsfestsetzung nach § 35 SGB V als mittelbare Preisfestsetzung die Voraussetzungen des Regelbeispiels nach Art. 81 I lit.a) EG erfüllt[731], liegt ebenfalls ein Verstoß der Bundesrepublik Deutschland nach Art. 86 I EG i.V.m. Art. 81 EG vor.

bb) Die Festbetragsfestsetzung nach § 35a SGB V

Im Gegensatz zu dem Verfahren nach § 35 SGB V erfolgte die Festsetzung der Arzneimittelfestbeträge im Rahmen des Verfahrens nach § 35a SGB V ausschließlich durch das Bundesgesundheitsministerium ohne Beteiligung der Spitzenverbände der Krankenkassen. Die gesetzlichen Krankenkassen wurden jedoch als öffentliche Unternehmen auch im Rahmen des § 35a SGB V verpflichtet nur die Kosten für Arzneimittel bis zur Höhe des durch die ministerielle Rechtsverordnung festgelegten Festbetrages zu übernehmen. Fraglich ist damit, ob die Art. 86 I EG i.V.m. Art. 81 f EG auch auf rein staatlich angeordnete Preisfestsetzungen anwendbar sind, bei denen den öffentlichen Unternehmen nicht der Vorwurf eines wettbewerbswidrigen Verhaltens nach Art. 81 EG gemacht werden kann. Im Mittelpunkt steht dabei die Frage, ob ein Mitgliedstaat auch für solche Maßnahmen nach dem EG-Wettbewerbsrecht

---

[728] So auch: Giesen, Die Vorgaben des EG-Vertrages für das Internationale Sozialrecht, S. 123; Gassner, in: VSSR 2000, S. 121 (144); Engelmann, S. 169.
[729] S.o.: 2. Kapitel, A., I., 3., S. 103.
[730] So Bieback, in: RsDE Nr. 49, S. 1 (22).
[731] S.o.: 2. Kapitel, A., II., 1., e), S. 110.

verantwortlich ist, die allein in ihren Auswirkungen öffentliche oder privilegierte Unternehmen betreffen, dabei jedoch abgesehen von der Beachtung der staatlichen Vorgaben keinerlei Mitwirkung dieser Unternehmen voraussetzen[732].

Dabei kann bereits das im Rahmen der Ausführungen zur Akzessorietätstheorie gewonnene Ergebnis für einen Verzicht auf das Erfordernis eines unternehmerischen Verstoßes gegen Art. 81 f EG angeführt werden[733]; wenn schon ein mit dem Ausschluss staatlicher Entscheidungsfreiräume verbundener staatlicher Handlungs- und Gestaltungszwang einer Verantwortlichkeit nach Art. 86 I EG nicht entgegensteht, kann eine Trennung zwischen einer staatlichen und einer unternehmerischen Implementierung des Wettbewerbsverstoßes nach Art. 81 f EG ohnehin nur formalistischer Natur sein. Dies gilt insbesondere insofern, als die Nähe zwischen dem Staat und dem Unternehmen im öffentlichen Wirtschaftssektor eine Differenzierung nahezu unmöglich macht[734]. Dennoch betonte der EuGH mehrfach, dass die bloße Schaffung einer beherrschenden Stellung durch die Gewährung eines ausschließlichen Rechts nach Art. 86 I EG als solche nicht mit Art. 82 EG unvereinbar ist[735]. Ein Mitgliedstaat verstößt danach nur dann gegen die Verbote dieser beiden Bestimmungen, wenn das betreffende Unternehmen durch die Ausübung des ihm übertragenen ausschließlichen Rechts seine marktbeherrschende Stellung missbräuchlich ausnutzt[736]. Jedoch beschränkt sich diese Rechtsprechung auf die Anwendung des Art. 86 I EG im Rahmen des Missbrauchverbots nach Art. 82 EG. Dabei übertrug der EuGH die im Rahmen des Art. 82 EG gewonnene Erkenntnis, nach der die Vorschrift nicht die alleinige Schaffung einer wirtschaftlichen Machtstellung untersagt[737], auf die staatliche Verantwortlichkeit nach Art. 86 I EG. Jedoch steht diese Rechtsprechung einem Verzicht auf das Erfordernis einer unternehmerischen Wettbewerbsbeschränkung im Rahmen der Art. 86 I EG i.V.m. Art. 81 EG nicht zwingend entgegen. Im Gegensatz zu Art. 82 EG ist im Rahmen des Art. 81 EG nicht die Ausnutzung einer Machtposition erforderlich,

---

[732] Diese Frage ist damit unabhängig von der im Rahmen der Akzessorietätstheorie behandelten Frage, ob sich die staatliche Maßnahme auf ein Unternehmen beziehen muss, welches sich durch eine eigene Entscheidungsfreiheit auszeichnet.
[733] Einen unternehmerischen Verstoß gegen die Art. 81 f EG sehen auch folgende Autoren als entbehrlich an: Bach, S. 45 f; Giesen, Die Vorgaben des EG-Vertrages für das Internationale Sozialrecht, S. 118; Dohms, in: Wiedemann, § 35 Rn. 115; wohl auch: Burgi, in: EuR 1997, S. 261 (273).
[734] Ebenso: Giesen, Sozialversicherungsmonopol und EG-Vertrag, S. 70; Mestmäcker, in: RabelsZ 52 (1988), S. 526 (547).
[735] EuGH, Urteil vom 23.4.1991, Rs. C-41/90 (Höfner und Elser), Slg. 1991, I-1979 (2018); EuGH, Urteil vom 14.12.1995, Rs. C-387/93 (Banchero), Slg. I-4663 (4699).
[736] EuGH, Urteil vom 23.4.1991, Rs. C-41/90 (Höfner und Elser), Slg. 1991, I-1979 (2018); EuGH, Urteil vom 14.12.1995, Rs. C-387/93 (Banchero), Slg. I-4663 (4699).
[737] EuGH, Urteil vom 21.2.1973, Rs. 6/72 (Continental Can), Slg. 1973, S. 215 (246); EuGH, Urteil vom 3.10.1985, Rs. 311/84 (CBEM-Telemarketing), Slg. 1985, S. 3261 (3276 ff); EuGH, Urteil vom 18.6.1991, Rs. C-260/89 (ERT), Slg. 1991, I-2925 (2962).

sondern es genügt bereits die Einführung einer Preisfestsetzung, um ein wettbewerbswidriges Verhalten nach Art. 81 EG zu begründen.

Weiterhin hat der EuGH die oben zitierte Rechtsprechung in der Rechtssache ERT[738] dahingehend erweitert, dass auch die staatliche Schaffung einer Missbrauchsgefahr als mitgliedstaatlicher Verstoß gegen Art. 86 I EG i.V.m. Art. 82 EG anzusehen ist. Danach verstößt ein Mitgliedstaat gegen diese Bestimmungen, wenn durch die Übertragung ausschließlicher Rechte eine Lage geschaffen werden könnte, in der ein in Art. 86 I EG genanntes Unternehmen einen Missbrauch einer beherrschenden Stellung begeht[739]. Für einen Verzicht auf das Erfordernis einer unternehmerischen Wettbewerbsbeschränkung spricht zudem, dass der EuGH bisher nie das Vorliegen eines unternehmerischen Verstoßes gegen Art. 82 EG als Voraussetzung für eine staatliche Verantwortlichkeit geprüft und damit der staatlichen Haftung zugrundegelegt hat[740]. Der Gerichtshof prüft vielmehr regelmäßig hypothetisch, ob die in Frage stehende staatliche Maßnahme im Falle eines unternehmerischen Handelns wettbewerbswidrig gewesen wäre[741]. In der Rechtssache Corbeau[742] ist der EuGH sogar von einem Verstoß gegen Art. 86 I EG ausgegangen ohne die Voraussetzungen des Art. 82 EG im einzelnen zu prüfen. Dabei hat der Gerichtshof insbesondere den effet utile des Gemeinschaftsrechts als Argument für eine weitgehende Auslegung der mitgliedstaatlichen Verpflichtung nach Art. 86 I EG angeführt. Desweiteren hat der EuGH in bezug auf die mitgliedstaatliche Verpflichtung nach Art. 10 II, 3 I lit.g) EG i.V.m. Art. 81 f EG zuletzt ausdrücklich klargestellt, dass es ohne Bedeutung ist, ob „den Unternehmen, wenn ihnen durch nationale Rechtsvorschriften ein wettbewerbswidriges Verhalten vorgeschrieben wird, nicht auch ein Verstoß gegen die Artikel 81 EG und 82 EG vorgeworfen werden kann"[743].

Es spricht damit vieles dafür, dass ein Mitgliedstaat bereits in dem Zeitpunkt gegen Art. 86 I EG i.V.m. Art. 81 EG verstößt, wenn dieser in bezug auf öffentliche und privilegierte Unternehmen eine Rechtslage schafft, in der die Unternehmen zwangsläufig gegen Art. 81 EG verstoßen müssen; ob sich ein unternehmerischer Verstoß gegen Art. 81 f EG später realisiert oder nicht, ist

---

[738] EuGH, Urteil vom 18.6.1991, Rs. C-260/89 (ERT), Slg. 1991, I-2925 (2963).
[739] Wie vor, S. 2963.
[740] Dohms, in: Wiedemann, § 35 Rn. 115.
[741] EuGH, Urteil vom 13.12.1991, Rs. C-18/88 (RTT/INNO), Slg. 1991, I-5941 (5980); EuGH, Urteil vom 17.11.1992, Rs. C-271/90, C-281/90, C-289/90 (Telekommunikationsdienste) Slg. 1992, I-5833 (5868); EuGH, Urteil vom 27.10.1993, Rs. C-46/91, C-93/91 (Lagauche), Slg. 1993, I-5267 (5331 ff); EuGH, Urteil vom 27.10.1993, Rs. 69/91 (Decoster), Slg. 1993, I-5335 (5380 f).
[742] EuGH, Urteil vom 19.5.1993, Rs. C-320/91 (Corbeau), Slg. 1993, I-2533 (2567 ff).
[743] EuGH, Urteil vom 9.9.2003, Rs. C-198/01 (CIF/Autorità Garante) in: EuZW 2003, S. 728 (731), Rn. 51.

dabei unerheblich[744]. Damit waren bereits die zwingenden wettbewerbsbeschränkenden Auswirkungen der ministeriellen Rechtsverordnung nach § 35a SGB V ausreichend, um einen mitgliedstaatlichen Verstoß gegen Art. 86 I EG i.V.m. Art. 81 EG darzustellen. Eine Beteiligung der Spitzenverbände oder eine Befolgung der indirekten Preisfestsetzungen ist indes nicht mehr erforderlich.

c) Ergebnis

Im Ergebnis sprechen einige Gründe dafür, dass die Bundesrepublik Deutschland gegen Art. 10 II, 3 I lit.g) EG i.V.m. Art. 81 EG verstoßen hat, indem sie den Spitzenverbänden der Krankenkassen durch die Einführung des § 35 SGB V den Erlass gegen Art. 81 EG verstoßender Kartellabsprachen vorgeschrieben hat. Daneben ist auch eine Erfüllung des Tatbestandes des Art. 86 I EG i.V.m. Art. 81 EG gegeben, wobei Art. 86 I gegenüber dem Gebot der Gemeinschaftstreue als lex specialis anzusehen ist. Das Verhalten der Bundesrepublik Deutschland könnte jedoch ebenso wie die unternehmerische Wettbewerbsbeschränkung nach Art. 86 II EG gerechtfertigt sein, worauf weiter unten näher einzugehen sein wird[745].

Im Gegensatz zur Regelung des § 35 SGB V kann das alte Verfahren der Festbetragsfestsetzung nach § 35a SGB V in bezug auf Art. 10 II, 3 I lit.g) EG i.V.m. Art. 81 EG als wettbewerbsrechtlich unbedenklich angesehen werden, da das Bundesgesundheitsministerium eine eigene Sachentscheidung traf und nicht nur die Festlegungen der Spitzenverbände in Verordnungsform bestätigte. Hinsichtlich der spezielleren Regelung des Art. 86 I EG i.V.m. Art. 81 EG indes liegt eine staatliche Verantwortlichkeit vor, da im Rahmen dieser Vorschriften ein Akzessorietätsverhältnis zwischen einem unternehmerischen und einem mitgliedstaatlichen Wettbewerbsverstoß nicht erforderlich ist.

4. Ergebnis

Als Kompromiss zwischen den beiden Verfahren wäre eine Festbetragsfestsetzung durch ein unabhängiges Gremium anzusehen, an dem neben den Krankenkassen und Ärzten auch die Arzneimittelhersteller beteiligt wären[746]. Hierdurch wäre die Unabhängigkeit des Gremiums im Vergleich zu dem Verfahren nach § 35 SGB V gestärkt, was für die Annahme eines Allgemeininteresses mit der Folge eines Ausschlusses der Unternehmenseigenschaft des Gremiums mangels wirtschaftlicher Tätigkeit angeführt werden

---

[744] So auch: Bach, S. 45.
[745] S.u.: 4. Kapitel, S. 209.
[746] Giesen, in: GGW 2/2001, S. 19 (21 f); Koenig/Sander, in: Marburger Gespräche zum Pharmarecht, S. 67 (75); ähnlich in bezug auf § 36 SGB V: OLG Düsseldorf, Urteil vom 28.8.1998, Az.: U (Kart) 19/98, in: EuZW 1999, S. 188 (191); a.A.: Reich, in EuZW 2000, S. 653 (657).

könnte[747]. Auf diese Weise könnten die mit einem System der Selbstverwaltung verbundenen Vorteile in Form eines höheren Sachverstandes des Entscheidungsträgers einerseits erhalten bleiben; andererseits wäre das Verfahren zur Festbetragsfestsetzung in diesem Fall mangels Unternehmenseigenschaft des Gremiums wettbewerbsrechtlich irrelevant.

II. Zusammenfassung und Ergebnis

Im Gegensatz zum US-amerikanischen Antitrust-Recht verfügt das EG-Wettbewerbsrecht über Bestimmungen, die die Verantwortlichkeit der Mitgliedstaaten für Wettbewerbsbeschränkungen regeln. Dabei verdeutlichen die Beihilfevorschriften ebenso wie die Vorschrift des Art. 86 I EG eine klare Tendenz des EG-Vertrages, mitgliedstaatliche Interventionen in die Wettbewerbsordnung der Gemeinschaft nicht zu tolerieren. Sofern Unternehmen mit Dienstleistungen von allgemeinem wirtschaftlichem Interesse betraut sind, dient Art. 86 II EG als mögliches Korrektiv zugunsten einer mitgliedstaatlichen Bevorzugung dieser Unternehmen.

Der EuGH nahm dabei in zahlreichen Entscheidungen zu den mitgliedstaatlichen Verpflichtungen nach Art. 10 II EG und Art. 86 I EG Stellung. Dabei grenzte der Gerichtshof den Anwendungsbereich der Vorschriften in bezug auf das EG-Wettbewerbsrecht insbesondere durch eine unterschiedlich weitgehende Betonung der Anwendbarkeit des Unternehmensbegriffes der Art. 81 f EG ein. Während das Vorliegen eines mitgliedstaatlichen Verstoßes in beiden Fällen voraussetzt, dass sich die staatliche Maßnahme auf eine wirtschaftlich tätig werdende Einheit bezieht, setzt eine Anwendung des Art. 10 II EG in bezug auf das EG-Wettbewerbsrecht im Gegensatz zu der Vorschrift des Art. 86 I EG zusätzlich das Vorliegen einer unternehmerischen Entscheidungsfreiheit voraus. Staatliche Handlungs- und Gestaltungszwänge hindern eine mitgliedstaatliche Verantwortlichkeit daher nur im Rahmen des Art. 10 II, 3 I lit.g) EG i.V.m. Art. 81 f EG.

B. Die "state action"-Doktrin des US-amerikanischen Antitrust-Rechts

Im folgenden Abschnitt ist zu untersuchen, wie das US-amerikanische Recht Konflikte zwischen den wettbewerbsrechtlichen Vorgaben der Bundesgesetze und den Wirtschaftsgesetzen der Bundesstaaten löst[748]. Im Mittelpunkt steht dabei die Bewertung des Einflusses staatlicher Vorgaben auf

---

[747] So hat der EuGH im Falle die Beteiligung aller Marktteilnehmer des in Frage stehenden Wirtschaftssektors häufig die Annahme einer Unternehmenseigenschaft des Gremiums verneint: EuGH, Urteil vom 30.1.1985, Rs. 123/83 (BNIC/Clair), Slg. 1985, S. 391 (423); EuGH, Urteil vom 9.6.1994, Rs. C-153/93 (Delta), Slg. 1994, I-2517 (2529 ff); EuGH, Urteil vom 17.11.1993, Rs. C-185/91 (Reiff), Slg. 1993, I-5801 (5847 f).
[748] Hierzu zuletzt: Wagner, in: WuW 2003, S. 454 (459 ff).

Selbstverwaltungskörperschaften und die Vereinbarkeit dieser gesetzlichen Vorgaben mit einer höherrangigen Wettbewerbsordnung.

Zum Zeitpunkt der Einführung wettbewerbsrechtlicher Verbote durch den Sherman Act im Jahre 1890 wurde die Commerce Clause der Verfassung der USA so eng interpretiert, dass Konflikte zwischen dem Antitrust-Recht des Bundes, in Form des Sherman Acts, und der wirtschaftlichen Gesetzgebung der Bundesstaaten selten entstanden[749]. Dies änderte sich während der Zeit des sog. „New Deals", die durch eine erhebliche Zunahme an bundesstaatlichen Wirtschaftsgesetzen gekennzeichnet war und damit zu einem Nachdenken über die Reichweite der Gesetzgebungskompetenzen des Bundes im Lichte der Commerce Clause zwang[750]. In der Entscheidung Parker v. Brown[751] aus dem Jahre 1943 nahm der US-Supreme Court erstmalig zur Geltung des Sherman Acts in bezug auf die Organe eines Bundesstaats Stellung, indem er letztere von den Beschränkungen des Antitrust-Rechts des Bundes befreite. Der US-Supreme Court wandte sich der hierdurch geschaffenen "state action immunity" dann jedoch erst wieder im Jahre 1975[752] in dem Bestreben zu, den äußerst unklaren und teilweise sehr weit interpretierten Anwendungsbereich der Freistellung zu begrenzen. Hierzu hatte insbesondere die Tatsache Anlass gegeben, dass sich wiederholt private Unternehmen unter dem Hinweis auf die staatliche Veranlassung ihres Verhaltens auf die staatliche Immunität berufen hatten. Im Jahre 1980 etablierte das Gericht mit dem sog. Midcal-Test[753] zwei Voraussetzungen, welche den Anwendungsbereich der "state action immunity" konkretisierten und deren Geltung in bezug auf private Unternehmen voraussehbarer gestalteten: eine Freistellung privater Unternehmen kommt hiernach nur in Betracht, wenn der bundesstaatliche Gesetzgeber seine Absicht klar artikuliert hat, die Regeln des Sherman Acts durch eine bundesstaatliche Regelung zu ersetzen und zudem eine aktive Überwachung des privaten Unternehmens hinsichtlich der Einhaltung des Rahmen der Ermächtigung betreibt[754]. Da jedoch auch diese Voraussetzungen vage waren und Raum für

---

[749] Steven Semeraro, 24 HARV. J.L. & PUB. POL'Y 203, 209 (2000); siehe ebenfalls: John Shepard Wiley Jr., 99 HARV. L. REV. 713, 714 (1986), der die zwei Ausnahmen in den folgenden Fällen erwähnt: Olsen v. Smith, 195 U.S. 332 (1904) and Northern Sec. Co. v. United States, 193 U.S. 197, 346 (1904).
[750] Steven Semeraro, 24 HARV. J.L. & PUB. POL'Y 203, 209 f (2000); zur verfassungsrechtlichen Bedeutung des Prinzips des Föderalismus in der Rechtsprechung des US-Supreme Courts während des sog. „New Deals": Kenneth W. Starr, S. 237 ff.
[751] Parker v. Brown, 317 U.S. 341 (1943).
[752] Goldfarb v. Virginia State Bar, 421 U.S. 773 (1975).
[753] California Retail Liquor Dealers Ass'n v. Midcal Aluminium, Inc., 445 U.S. 97 (1980).
[754] Nach dem Midcal-Test muss die Wettbewerbsbeschränkung privater Unternehmen als "clearly articulated and affirmatively expressed as state policy" sowie "actively supervised" angesehen werden können, um als staatliches Handeln qualifiziert werden zu können; siehe: California Retail Liquor Dealers Ass'n v. Midcal Aluminium, Inc., 445 U.S. 97, 105 f (1980).

Interpretationen ließen, blieb die Unterscheidung zwischen unmittelbar staatlichem Handeln, welches die Doktrin ohne weitere Voraussetzungen freistellt, und staatlich veranlasstem privatem Handeln, welches den oben genannten Voraussetzungen unterliegt, zunächst unklar. In den folgenden Jahren bestätigte der US-Supreme Court die Kriterien des Midcal-Tests bei mehreren Gelegenheiten[755] und entwickelte eine ausgeprägte Rechtsprechung zu den beiden Kriterien. Dennoch ist die Doktrin auch heute noch, nicht zuletzt wegen ihrer weitreichenden Konsequenzen in Form einer vollständigen Freistellung von den Antitrust-Gesetzen des Bundes, Gegenstand einer kontroversen Debatte in der Literatur[756]. Um diese Entwicklungen entsprechend reflektieren zu können, verfolgt der folgende Abschnitt einen historischen Ansatz und erörtert zunächst die Entscheidung Parker v. Brown (I.) bevor die nachfolgenden US-Supreme Court Entscheidungen, welche den gegenwärtig gültigen Rechtsrahmen der Doktrin festlegen, dargestellt werden (II.).

I. Die Einführung der Doktrin durch die Entscheidung Parker v. Brown

Die Gerichte hatten den Konflikt zwischen dem Sherman Act und der wirtschaftlichen Gesetzgebung der Bundesstaaten in der ersten Hälfte des 20. Jahrhunderts zunächst ignoriert[757]. Die Bedeutung der US-Supreme Court Entscheidung Parker v. Brown resultiert daher aus der Tatsache, dass das Gericht die "state action immunity" begründete, welche gegenwärtig noch immer bindendes Recht darstellt und bundesstaatliche Aktivitäten von den Beschränkungen der Antitrust-Gesetze freistellt. Der folgende Abschnitt stellt zunächst die Entscheidung des US-Supreme Courts dar (1.) und erörtert den

---

[755] FTC v. Ticor Title Ins. Co., 504 U.S. 621 (1992); City of Columbia v. Omni Outdoor Adv. Inc., 499 U.S. 365 (1991); Patrick v. Burget, 486 U.S. 94 (1988); 324 Liquor Corp. v. Duffy, 479 U.S. 335 (1987); Fisher v. City of Berkeley, Cal., 475 U.S. 260 (1986); Town of Hallie v. City of Eau Claire, 471 U.S. 34 (1985); Southern Motor Carriers Rate Conference, Inc., v. United States, 471 U.S. 48 (1985); Hoover v. Ronwin, 466 U.S. 558 (1984); Rice v. Norman Williams Co., 458 U.S. 654 (1982); Community Communications Co. v. City of Boulder, 455 U.S. 40 (1982); zuvor bereits: City of Lafayette v. Louisiana Power & Light Co., 435 U.S. 389 (1978); New Motor Vehicle Bd. of Cal. v. Orrin W. Fox Co., 439 U.S. 96 (1978); Bates v. State Bar of Ariz., 433 U.S. 350 (1977); Cantor v. Detroit Edison Co., 428 U.S. 579 (1976); Goldfarb v. Virginia State Bar, 421 U.S. 773 (1975).
[756] So etwa: Jean Wegman Burns, 68 ANTITRUST L.J. 29 (2000); Steven Semeraro, 24 HARV. J.L. & PUB. POL'Y 203 (2000); Robert P. Inman & Daniel L. Rubinfeld, 75 TEX. L. REV. 1203 (1997); Daniel J. Gifford, 44 EMROY L.J. 1227 (1995); David McGowan & Mark A. Lemley, 17 HARV. J.L. & PUB. POL'Y 293 (1994); William H. Page & John E. Lopatka, 3 SUP. CT. ECON. REV. 189 (1993); Einer Richard Elhauge, 104 HARV. L. REV. 667 (1991); James May, 59 ANTITRUST L.J. 93 (1990); Thomas M. Jorde, 75 CAL. L. REV. 227 (1987); Merrick B. Garland, 96 YALE L.J. 486 (1987); John Shepard Wiley Jr., 99 HARV. L. REV. 713 (1986); Frank H. Easterbrook, 26 J.L. & ECON. 23 (1983).
[757] So: John Shepard Wiley Jr., 99 HARV. L. REV. 713, 714 (1986), der folgende Ausnahmen erwähnt: Olsen v. Smith, 195 U.S. 332 (1904) sowie Northern Sec. Co. v. United States, 193 U.S. 197, 346 (1904).

Meinungsstand in der Literatur hinsichtlich der Begründung der Doktrin mit dem Prinzip des Föderalismus und dem Willen des Gesetzgebers (2.). Sodann wird das Erfordernis eines Konfliktes zwischen dem bundesstaatlichen Gesetzgebungsakt und dem Antitrust-Recht des Bundes dargestellt (3.) bevor die Existenz einer Ausnahme von der Freistellung im Falle staatlicher Verschwörung oder Korruption abschließend verneint wird (4.).

1. Die Entscheidung des US-Supreme Courts

Die Entscheidung Parker v. Brown hatte die Rechtmäßigkeit des California Agricultural Prorate Acts[758], eines bundesstaatlichen Gesetzes aus dem Jahre 1933 zum Gegenstand. Zum Schutz der Rosinenproduzenten erlaubte die kalifornische Regierung diesen, die Rosinenproduktion mit dem Ziel der Stabilisierung sowie Erhöhung der Preise zu reduzieren und verwaltete diese Regelung durch staatliche Institutionen[759]. Das Gesetz autorisierte die Rosinenproduzenten weiterhin die Einberufung eines staatlichen Ausschusses zu fordern, welcher sich aus Rosinenproduzenten und -verpackern zusammensetzte und einen Plan für die Produktionsreduzierungen unterbreiten sollte[760]. Obwohl der Plan des Ausschusses durch ein staatliches Gremium modifiziert oder abgelehnt werden konnte, waren es die Produzenten selbst, die die endgültige Entscheidung über die Produktionsbeschränkungen trafen, welche dann durch den kalifornischen Gesetzgeber beschlossen wurden[761].

Porter L. Brown, ein Rosinenproduzent, sah den California Agricultural Prorate Act als mit dem Sherman Act unvereinbar an und klagte gegen die Regelung. Der US-Supreme Court folgte dieser Sicht nicht und urteilte, dass das Programm mit dem Sherman Act vereinbar sei. Eine Analyse des Wortlauts und der Gesetzeshistorie des Sherman Acts ließ das Gericht zu folgender Schlussfolgerung kommen: "[there is] nothing in the language of the Sherman Act or in its history, which suggests that its purpose was to restrain a state or its officers or agents from activities directed by its legislature"[762]. Der US-Supreme Court urteilte weiterhin: "in a dual system of government in which, under the Constitution, the states are sovereign . . . an unexpressed purpose to nullify a state's control over its officers and agents is not lightly to be attributed to Congress."[763]. Mit dem Argument, dass der Sherman Act den Staat als solchen nicht erwähne und nur in bezug auf "'persons' including corporations"[764]

---

[758] Act of June 5, 1933, ch. 754, 1933 Cal. Stat. 1969.
[759] Siehe: David McGowan & Mark A. Lemley, 17 HARV. J.L. & PUB. POL'Y 293, 302 (1994).
[760] Parker v. Brown, 317 U.S. 341, 346 f (1943).
[761] Wie vor, S. 347.
[762] Wie vor, S. 350 f.
[763] Wie vor, S. 351.
[764] Wie vor, S. 351.

anwendbar sei, begründete das höchste US-amerikanische Gericht die Schaffung der sog. "state action immunity". Jedoch versuchte das Gericht gleichzeitig einer zu weitgehenden Auslegung seines Urteils entgegenzuwirken. Es beschränkte die Wirkungen der Freistellung auf staatliche Aktivitäten und grenzte private Tätigkeiten explizit aus, da es einem Bundesstaat nicht erlaubt sei, seine Immunität auf Dritte auszudehnen oder deren wettbewerbswidriges Verhalten für rechtmäßig zu erklären[765]. Obwohl die Produktionsbegrenzungen nur durch ein Referendum der Rosinenproduzenten eingeführt werden konnten, ordnete das Gericht die Wettbewerbsbeschränkung dem Staat zu, indem es urteilte "it is the state, acting through the Commission, which adopts the program ... in the execution of a governmental policy"[766]. Die vorangehende und notwendige Bestätigung der Beschränkung durch die Produzenten wurde nicht als entscheidend angesehen[767]. Vielmehr sei es der Staat gewesen, welcher in seiner „souveränen Eigenschaft als legislative Autorität" gehandelt habe[768].

2. Der Meinungsstand in der Literatur

Die Entscheidung des US-Supreme Courts wurde in der Literatur überwiegend kritisiert[769]. Ansatzpunkt der Kritik war nicht nur die Tatsache, dass das Gericht den Bundesstaaten weitreichende Kompetenzen im Bereich des Wirtschaftsrechts zubilligte, welche es diesen ermöglichte das wirtschaftliche Umfeld innerhalb ihrer Territorien weitgehend unbeschränkt zu regulieren. Vor allem wurde bemängelt, dass der US-Supreme Court die Souveränität der Bundesstaaten sowie ein 'dual system of government' als Grund für die Freistellung anführte und damit das verfassungsrechtliche Prinzip des Föderalismus als Rechtfertigung für die Immunität bemühte. Dabei erwähnte der US-Supreme Court insbesondere die Supremacy Clause[770] der US-Verfassung nicht, welche im Falle einer strikten Auslegung des Vorrangs der Bundesgesetze gegenüber Gesetzen der Bundesstaaten für eine Nichtigkeit des kalifornischen Gesetzes hätte sprechen können[771]. Das Gericht unternahm weder den Versuch einen Ausgleich zwischen diesen widerstreitenden Prinzipien herzustellen, noch erwähnte es auch nur ein Argument, welches für die Nichtigkeit des

---

[765] Wie vor, S. 351 ("[to] give immunity to those who violate the Sherman Act by authorizing them to violate it, or by declaring that their action is lawful").
[766] Wie vor, S. 352.
[767] Wie vor, S. 352 ("[it is] not the imposition by them of their will upon the minority by force of agreement or combination which the Sherman Act prohibits").
[768] Wie vor, S. 352.
[769] Hiezu etwa: John Shepard Wiley Jr., 99 HARV. L. REV. 713, 714, 718 (1986); Thomas M. Jorde, 75 CAL. L. REV. 227, 227 f (1987); William H. Page & John E. Lopatka, 3 SUP. CT. ECON. REV. 189, 198 ff (1993); Robert P. Inman & Daniel L. Rubinfeld, 75 TEX. L. REV. 1203, 1206 (1997).
[770] U.S. Const. Art. VI, cl 2.
[771] Thomas M. Jorde, 75 CAL. L. REV. 227, 227 f (1987); Robert P. Inman & Daniel L. Rubinfeld, 75 TEX. L. REV. 1203, 1206 (1997).

kalifornischen Gesetzes hätte sprechen können. Aus diesen Gründen hinterließ die Parker v. Brown Entscheidung viele Frage, die heute teilweise immer noch ungeklärt sind und zu einer kontroversen Diskussion in der Literatur geführt haben. Während die weitreichenden Kompetenzen der Bundesstaaten aus politischen Gründen kritisiert wurden, konzentrierte sich der Großteil der Kritik auf die Begründung des US-Supreme Courts, welche vor allem als unklar in bezug auf die Rechtfertigung der Doktrin (b.) und als fehlerhaft hinsichtlich der Ermittlung des Willens des Gesetzgebers (c.) kritisiert wurde. Bevor diese Fragen im einzelnen behandelt werden, gibt der folgende Abschnitt einen Überblick über den historischen Hintergrund der Entscheidung (a.), da letzterer des öfteren für die Interpretation der Entscheidung herangezogen wurde.

a) Der historische Hintergrund der Entscheidung

Einige Vertreter der Literatur betonen den historischen Hintergrund der US-Supreme Court Entscheidung in Parker v. Brown und führen die Entscheidung teilweise auf den politischen Einfluss der „New Deal" Ära zurück[772]. Obwohl der historische Hintergrund eines Urteils oder Gesetzes nicht Teil der klassischen juristischen Auslegungsmethoden ist, so dass keine juristischen Schlussfolgerungen allein aus den historischen Umständen einer Regelung gezogen werden können, vermögen politische Einflüsse juristische Entscheidungen jedoch zumindest zu beeinflussen. Die Entscheidung Parker v. Brown datiert auf das Jahr 1943 und damit auf die Zeit nach der „Großen Depression" zurück. Damals herrschte in den USA die politische Ansicht vor, dass eine staatliche Regulierung ökonomisch notwendig und politisch wünschenswert sei, um ein Versagen des Marktes zu korrigieren[773]. Dabei war insbesondere das Vertrauen der Öffentlichkeit in das Wettbewerbsrecht als Selbstregulierungsinstrument des Marktes rückläufig, da letzteres überwiegend an rein ökonomischen Kriterien ausgerichtet war[774]. Die Entscheidung des US-Supreme Courts könnte daher als Produkt politischer Einflüsse angesehen werden, welche sich in einem wachsenden Vertrauen in eine staatliche Regulierung äußerten; diese Ansicht wird auch durch die Tatsache unterstützt, dass das Verfassungsprinzip des Föderalismus während dieser Zeit eine tragende Rolle in der politischen Diskussion einnahm, da das Gericht der Souveränität der Bundesstaaten in seiner Begründung besondere Bedeutung beimaß. Dennoch ist es aus dem folgenden Grunde nicht zutreffend, dass politische Erwägungen die Entscheidung des US-Supreme Courts beeinflusst haben: das Gericht hat das Verfassungsprinzip des Föderalismus in einer Art und Weise angewandt, welche den politischen Stimmungen der damaligen Zeit zuwiderlief. Die Zeit des „New

---

[772] John Shepard Wiley Jr., 99 HARV. L. REV. 713, 714, 718 (1986) ("Parker reflected a New Deal confidence in market regulation", "Parker was a child of the Depression"); ähnlich: William H. Page & John E. Lopatka, 3 SUP. CT. ECON. REV. 189, 198 ff (1993).

[773] Siehe: John Shepard Wiley Jr., 99 HARV. L. REV. 713, 715 (1986).

[774] Wie vor, S. 718.

Deals" war durch ein gesteigertes Vertrauen in eine Gesetzgebung durch den Kongress gekennzeichnet, so dass allgemein die Bundesgesetzgebung gegenüber einer bundesstaatlichen Gesetzgebung favorisiert wurde[775]. Der US-Supreme Court betonte jedoch im Gegensatz dazu die staatliche Souveränität der Bundesstaaten, indem er diesen eine Freistellungen von den Regelungen des Sherman Acts garantierte. Aus diesem Grunde können die politischen Einflüsse der „New Deal" Ära als begrenzt angesehen werden.

b) Föderalismus als Rechtfertigung

Die Diskussion in der Literatur über die Entscheidung des US-Supreme Courts konzentrierte sich von Beginn an vorwiegend auf die Frage, ob das Gericht das Verfassungsprinzip des Föderalismus angewandt hatte, um die Freistellung des kalifornischen Gesetzes zu rechtfertigen. Während der überwiegende Teil der Literatur diese Frage bejaht und die "state action" Doktrin als "rooted in federalism principles"[776] bezeichnet, lehnen andere Vertreter der Literatur[777] diese Rechtfertigung der Doktrin ab. Diese Ansicht verweist zur Begründung der Doktrin auf ein sog. "status choice model", welches die "state action" Doktrin im wesentlichen mit der Wahl der öffentlich-rechtlichen Handlungsform und der darin zum Ausdruck gekommenen öffentlich-rechtlichen Zielsetzung rechtfertigt[778]. Diese Ansicht ist jedoch nicht mit dem Wortlaut der Entscheidung des US-Supreme Courts in Parker v. Brown zu vereinen. Zur Begründung einer Immunität der Bundesstaaten betonte das Gericht eindeutig das Verfassungsprinzip des Föderalismus, da es mehrfach auf ein "zweigliedriges Staatssystem" Bezug nahm, in welchem die Bundesstaaten "souverän" seien[779]. Weiterhin unterstrich der US-Supreme Court in nachfolgenden Entscheidungen mehrfach, dass die Prinzipien des Föderalismus und der bundesstaatlichen Souveränität in der Entscheidung Parker v. Brown eine tragende Rolle gespielt haben[780]. Die Erwägungen des sog. "status-choice models" spielten daher allenfalls eine untergeordnete Bedeutung in der

---

[775] Hierzu: Kenneth W. Starr (S. 234) der die zentralistischen Tendenzen des Kongresses nach 1937 beschreibt.

[776] Thomas M. Jorde, 75 CAL. L. REV. 227, 230 (1987); ebenfalls mit diesem Prinzip als Rechtfertigung argumentierend: Robert P. Inman & Daniel L. Rubinfeld, 75 TEX. L. REV. 1203, 1252 f (1997).

[777] Steven Semeraro, 24 HARV. J.L. & PUB. POL'Y 203, 207, 229 (2000).

[778] Wie vor, S. 233.

[779] Parker v. Brown, 317 U.S. 341, 351 (1943) ("dual system of government, in which, under the Constitution, the states are sovereign").

[780] Der US-Supreme Court urteilte in den folgenden Entscheidungen, dass die Entscheidung Parker v. Brown auf diese Prinzipien zurückzuführen ist ("relying on principles of federalism and state sovereignty"): California Retail Liquor Dealers Ass'n v. Midcal Aluminium, Inc., 445 U.S. 97, 103 (1980); Town of Hallie v. City of Eau Claire, 471 U.S. 34, 36 (1985); City of Columbia v. Omni Outdoor Advertising, 499 U.S. 365, 365 (1991); FTC v. Ticor Title Ins. Co., 504 U.S. 621, 633 (1992).

Rechtfertigung der "state action" Doktrin durch den US-Supreme Court. Zudem vermag eine Begründung der Immunität mit der Wahl öffentlich-rechtlicher Handlungsbefugnisse nicht zu erklären, warum der US-Supreme Court in der Rechtssache City of Columbia v. Omni Outdoor Advertising[781] sogar ein korruptes Verhalten staatlicher Bediensteter von den Antitrust-Gesetzen des Bundes freistellte, da korruptes Verhalten offenkundig nicht dem öffentlichen Interesse dienen kann.

Damit hat der US-Supreme Court in der Entscheidung Parker v. Brown insbesondere das Verfassungsprinzip des Föderalismus angewandt, um die "state action" Doktrin zu rechtfertigen[782]. Die Tatsache, dass das Gericht die Souveränität der Bundesstaaten in einem föderalistischen System ausdrücklich hervorhob, legt nahe, dass es die Kompetenzen der Bundesstaaten gegenüber denen des Kongresses stärken wollte, indem es diesen Immunität in bezug auf die Bestimmungen des Sherman Acts zusprach. Eine vollumfängliche Anwendung des Sherman Acts auf bundesstaatliche Aktivitäten hätte eine gravierende Beschränkung bundesstaatlicher Gesetzgebungskompetenzen auf dem Gebiet des Wirtschaftsrechts nach sich gezogen. Den Bundesstaaten sollte hingegen eine ausreichende regulative Flexibilität garantiert werden, um eine selbständige Wirtschaftspolitik betreiben zu können. In der Entscheidung Southern Motor Carriers Rate Conference v. United States[783] hat der US-Supreme Court ausdrücklich klargestellt, dass ein Zwang des Bundesstaates in bezug auf die Ermächtigung eines privaten Unternehmens nicht erforderlich ist, um die staatliche Immunität auf dieses zu übertragen. Das Gericht begründete das fehlende Erfordernis eines gesetzlichen Zwangs damit, dass dies "die Reichweite regulativer Möglichkeiten für den Bundesstaat beschränken würde"[784]. Der US-Supreme Court hat diese Auffassung später in der Entscheidung Federal Trade Commission (FTC) v. Ticor Title Insurance Co. bestätigt, indem er urteilte: "[i]mmunity is conferred out of respect for ongoing regulation by the state, not out of respect for the economies of price restraint"[785]. Das Gericht traf weiterhin folgende Ausführungen hinsichtlich des Sinn und Zwecks der "state action" Doktrin: "[t]he principle of freedom of action for the States, adopted to foster and preserve the federal system, explains the later evolution and application of the Parker doctrine"[786]. Auch wenn die Rechtfertigung der Doktrin weiterhin umstritten ist, so ist doch die Tatsache, dass sie primär dem Ziel der Garantie bundesstaatlicher Regulierungsflexibilität dienen soll, weitgehend anerkannt.

---

[781] City of Columbia v. Omni Outdoor Advertising, 499 U.S. 365 (1991); siehe hierzu: 3. Kapitel, B., I., 4., S. 173.
[782] S.o.: 3. Kapitel, B., I., 2., b), S. 170.
[783] Southern Motor Carriers Rate Conference, Inc., v. United States, 471 U.S. 48 (1985).
[784] Wie vor, S. 61 ("reduces the range of regulatory alternatives available to the State").
[785] FTC v. Ticor Title Ins. Co., 504 U.S. 621, 633 (1992).
[786] Wie vor, S. 633.

c) Der Wille des Gesetzgebers als Rechtfertigung

In der Literatur wurde weiterhin die Rechtfertigung der "state action immunity" durch den US-Supreme Court mit dem Willen des Kongresses kritisiert. Dabei bezog sich die Kritik der Literatur vorwiegend auf die Art und Weise, mittels derer das Gericht den gesetzgeberischen Willen bei dem Erlass des Sherman Acts ermittelte[787]. So argumentieren einige Vertreter der Literatur[788], dass der US-Supreme Court bei der Ermittlung des gesetzgeberischen Willens von folgender Prämisse ausgegangen sei: falls der Kongress beim Erlass des Sherman Acts die Absicht gehabt hätte, dass das Gesetz auf gesetzgeberische Tätigkeiten der Bundesstaaten anzuwenden sei, hätte er diese Absicht ausdrücklich geäußert. Ein solcher Rückschluss ist von Seiten der Literatur als unvereinbar mit den juristischen Auslegungsmethoden kritisiert worden, aus denen sich das Erfordernis einer am Wortlaut des Gesetzes orientierten juristischen Interpretation ergebe[789]. Zwar wäre ein solcher Rückschluss zurecht als zweifelhaft zu bezeichnen, da die Tatsache, dass die Bundesstaaten nicht ausdrücklich als Adressaten des Gesetzes aufgeführt sind, alleine noch nicht ausreichend ist, um deren Freistellung zu rechtfertigen. Jedoch hat der US-Supreme Court die "state action" Doktrin auch nicht alleine mit dieser Tatsache begründet, sondern hat vielmehr auf die Gesetzgebungsmaterialien zur Begründung seiner Entscheidung zurückgegriffen. Aus diesen ergebe sich eindeutig, dass der Anwendungsbereich des Sherman Acts auf "'business combinations'" beschränkt sein solle[790]. Es lässt sich nur schwerlich ein Grund dafür finden, warum der Kongress das Wort "business" in diesem Kontext benutzt hat, außer, dass der Ausschluss von Aktivitäten der Bundesstaaten vom Anwendungsbereich des Sherman Acts hierdurch zum Ausdruck gebracht werden sollte. Zwei Gründe sprechen daher im Ergebnis für die Auslegung des US-Supreme Courts: zum einen richtet sich der Wortlaut des Sherman Acts an "persons" und "corporations", was einen Ausschluss der Bundesstaaten vom Anwendungsbereich des Gesetzes zwar nicht alleine rechtfertigt, aber zumindest zu indizieren vermag; zweitens sprechen die Gesetzesmaterialien für einen Willen des Gesetzgebers, die Bundesstaaten von dem Anwendungsbereich des Sherman Acts auszunehmen. Daher bedarf vielmehr der nicht ausdrücklich geäußerte Wille des Gesetzgebers bundesstaatliche Aktivitäten den Schranken des Sherman Acts zu unterwerfen einer besonderen Rechtfertigung. Die Rechtfertigung der "state action" Doktrin mit dem Willen des Gesetzgebers ist damit im Ergebnis mit den Gesetzesmaterialen im Einklang.

---

[787] Siehe: John Shepard Wiley Jr., 99 HARV. L. REV. 713, 718 (1986).
[788] Wie vor, S. 718.
[789] Wie vor, S. 718; siehe weiterhin: Kenneth W. Starr, S. 211 ff, der die Methoden juristischer Auslegung in den USA beschreibt, wobei insbesondere die Methode des "textualism" und die Frage behandelt wird, ob die Gesetzeshistorie eine taugliche Auslegungsmethode darstellt.
[790] Parker v. Brown, 317 U.S. 341, 351 (1943).

3. Konflikt zwischen den Rechtsordnungen

Die Tatsache, dass die "state action" Doktrin durch das Prinzip des Föderalismus begründet ist, legt nahe, dass die Anwendung der Doktrin einen Konflikt zwischen den Rechtsordnungen voraussetzt. Wenn beide Regelungen miteinander in Einklang stehen, besteht kein Bedarf die Vereinbarkeit des bundesstaatlichen Gesetzes mit dem Sherman Act zu erörtern. In der Entscheidung Parker v. Brown hat der US-Supreme Court einen Konflikt zwischen dem Sherman Act und dem California Agricultural Prorate Act jedoch nicht erwähnt, wobei die "state action" Doktrin begründet wurde, ohne dass ein solcher Konflikt existierte. Ein Konflikt zwischen dem kalifornischen Gesetz und dem Sherman Act konnte deswegen nicht angenommen werden, weil Bundesgesetze in Form des Agricultural Adjustment Acts und des Agricultural Marketing Agreement Acts die Einführung agrarischer Produktionsbeschränkungen ausdrücklich erlaubten und diese Gesetze als leges speciales zum Sherman Act anzusehen waren. Da der US-Supreme Court die Vereinbarkeit des kalifornischen Gesetzes jedoch getrennt am Sherman Act und den beiden anderen Bundesgesetzen beurteilte, stellte sich dem Gericht die Frage der Existenz eines solchen Konflikts nicht. Im Gegensatz zu dieser ersten Entscheidung des Gerichts zur "state action" Doktrin existierte in den nachfolgenden Urteilen des Gerichts kein Bundesgesetz, welches das wettbewerbswidrige Verhalten erlaubte. Der fehlende Konflikt zwischen dem kalifornischen Gesetz und der Rechtsordnung des Bundes in Parker v. Brown muss daher als Ausnahme angesehen werden, welche die Regel bestätigt, dass die Existenz eines solchen Konflikts der maßgebliche Grund für das Bestehen der "state action immunity" ist.

4. Keine "conspiracy exception"

In den Jahren nach der ersten Entscheidung des US-Supreme Courts zur "state action" Doktrin stellte sich in zunehmendem Maße die Frage, ob das Gericht die Freistellung im Falle einer staatlichen Verschwörung oder Korruption ausgeschlossen hatte. In der Entscheidung City of Columbia v. Omni Outdoor Advertising[791] lehnte der US-Supreme Court die Existenz einer sog. "conspiracy exception" ab. Dieser Fall betraf Bebauungspläne der Stadt Columbia, welche die Errichtung von Werbeflächen beschränkten. Das Unternehmen Omni Outdoor Advertising beschuldigte seinen marktbeherrschenden Wettbewerber die Bediensteten der Stadt dazu veranlasst zu haben, Beschränkungen für die Errichtung von Werbeflächen in den Bebauungsplan aufzunehmen. Auf Grund dieser "Verschwörung" sei die "state action" Doktrin nicht anwendbar. Der US-Supreme Court trat dem entgegen und befand, dass die Werbebeschränkungen vom Anwendungsbereich des Antitrust-Rechts des Bundes freigestellt seien, da

---

[791] City of Columbia v. Omni Outdoor Advertising, 499 U.S. 365, 366 (1991).

eine Ausnahme von der "state action immunity" für den Fall einer staatlichen Verschwörung nicht existiere[792]. Die privaten Beeinflussungen auf die Entscheidung der Stadt wurden nicht als ausreichend angesehen, um die Werbebeschränkungen des Bebauungsplanes als privates Handeln zu qualifizieren. Das Gericht traf eine klare Unterscheidung zwischen staatlichem Handeln in hoheitlicher Eigenschaft und kommerziellen Aktivitäten des Bundesstaates, indem es urteilte: "[w]ith the possible exception of the situation in which the State is acting as a market participant, any action that qualifies as state action is ipso facto exempt from the operation of the antitrust laws"[793]. Der US-Supreme Court befand weiterhin, dass die Regulierungsbefugnisse der Bundesstaaten in bezug auf die Wirtschaft[794] und damit das Ziel der "state action" Doktrin selbst beeinträchtigt würden, wenn private Einflüsse auf die Regulierung nachträglich im Rahmen einer gerichtlichen Kontrolle bewertet würden[795]. Eine sog. "conspiracy exception" sei nicht praktikabel, da nahezu jedes Gesetz bestimmten Gruppen einer Gesellschaft einen Vorteil verschaffe und im Gegenzug andere benachteilige[796]. Aus diesem Grund wird sogar korruptes Verhalten von Staatsbediensteten im Falle des Vorliegens der Voraussetzungen der Doktrin von den Antitrust-Gesetzen freigestellt[797]. Im Gegensatz zu spezielleren Gesetzen gegen Korruption untersage der Sherman Act allein Handelsbeschränkungen und nicht politische Aktivitäten[798]. Der US-Supreme Court lehnte damit nicht nur die Existenz einer Ausnahme von der Freistellung der "state action immunity" ab, sondern traf zugleich eine klare Unterscheidung zwischen hoheitlichem Handeln und kommerziellen Aktivitäten des Bundesstaates. Während gesetzgeberische Tätigkeiten des Bundesstaates "ipso facto" und damit unabhängig von den Motiven des Staates einer Kontrolle durch die Antitrust-Gesetze entzogen sind, umfasst die Freistellung durch die "state action" Doktrin kommerzielle Aktivitäten des Bundesstaates grundsätzlich nicht.

5. Zusammenfassung

In dem Urteil Parker v. Brown hat der US-Supreme Court eine weitreichende Freistellung bundesstaatlicher Aktivitäten von den Antitrust-Gesetzen des Bundes begründet. Obwohl das Gericht seine Entscheidung nicht ausdrücklich mit dem Verfassungsprinzip des Föderalismus begründete, legt insbesondere die Bezugnahme auf ein zweigliedriges Staatssystem und die Souveränität der

---

[792] Wie vor, S. 366.
[793] Wie vor, S. 366.
[794] Wie vor, S. 366 ("States' ability to regulate their domestic commerce").
[795] Wie vor, S. 366.
[796] Wie vor, S. 375 ("virtually all regulation benefits some segments of the society and harms others").
[797] Havighurst/Blumstein/Brennan, Health Care Law and Policy, S. 585.
[798] City of Columbia v. Omni Outdoor Advertising, 499 U.S. 365, 379 (1991).

Bundesstaaten nahe, dass das Gericht diesem Prinzip eine tragende Bedeutung zur Rechtfertigung der Freistellung beimaß. Die wissenschaftliche Diskussion befasste sich jedoch in der Folgezeit überwiegend mit der Reichweite der "state action" Doktrin, deren Umfang das Gericht offen gelassen hatte, indem es folgenden Satz dem Urteil Parker v. Brown hinzufügte: "a state does not give immunity to those who violate the Sherman Act by authorizing them to violate it, or by declaring that their action is lawful"[799]. So begrenzte der US-Supreme Court in diversen Urteilen die Reichweite dieser zunächst sehr weit interpretierten Doktrin und erörterte dabei insbesondere deren Anwendung auf private Unternehmen, Gemeinden, Behörden und selbstregulierende Körperschaften. Diese Entscheidungen werden im folgenden Paragraph erörtert.

II. Die Reichweite staatlicher Immunität

In der Entscheidung Parker v. Brown hat der US-Supreme Court durch die oben zitierte Formulierung klar zum Ausdruck gebracht, dass Bedenken gegenüber einer Ermächtigung Dritter und der hiermit einhergehenden Erweiterung des Anwendungsbereichs der "state action" Doktrin bestanden. Damit stellte sich in den folgenden Jahren in zunehmendem Maße die Frage, wann von einer solchen Ermächtigung im Gegensatz zu aktiven Gesetzgebungsaktivitäten der Bundesstaaten auszugehen ist. Insbesondere die weitreichenden Folgen einer vollumfänglichen Freistellung von den Antitrust-Gesetzen durch die "state action" Doktrin und das darin beinhaltete Potential einer absichtlichen Umgehung dieser Gesetze veranlasste die Gerichte in der Folgezeit dazu, bindende Voraussetzungen für die Anwendung der Freistellung zu schaffen.

Im Jahre 1980 befasste der US-Supreme Court sich erstmals ausführlich mit der Trennung zwischen gesetzgeberischen Tätigkeiten eines Bundesstaats und der Ermächtigung privater Unternehmen, indem er zwei Voraussetzungen etablierte, um die Weitergabe der staatlichen Immunität an private Unternehmen zu kontrollieren[800]. Nach dem sog. Midcal-Test muss ein Bundesstaat seine Absicht die Regeln des Wettbewerbs durch eine Regulierung zu ersetzen "klar artikulieren"[801] und das Handeln des privaten Unternehmens in dem regulierten Markt "aktiv kontrollieren"[802]. Unter diesen Voraussetzungen wird die Immunität des Bundesstaats auf private Unternehmen übertragen, solange diese im Rahmen der ihnen erteilten Ermächtigung handeln. Bevor diese zwei

---

[799] Parker v. Brown, 317 U.S. 341, 352 (1943).
[800] California Retail Liquor Dealers Ass'n v. Midcal Aluminium, Inc., 445 U.S. 97 (1980).
[801] Das erste Kriterium des Midcal-Tests setzt eine "clearly articulated policy" voraus: California Retail Liquor Dealers Ass'n v. Midcal Aluminium, Inc., 445 U.S. 97, 105 f (1980).
[802] Das zweite Kriterium des Midcal-Tests statuiert ein "active supervision requirement": California Retail Liquor Dealers Ass'n v. Midcal Aluminium, Inc., 445 U.S. 97, 105 f (1980).

Voraussetzungen des Midcal-Tests näher erörtert werden, ist zunächst deren Sinn und Zweck zu analysieren: beide Voraussetzungen verfolgen das Ziel den Anwendungsbereich der "state action" Doktrin in bezug auf das Handeln privater Personen zu begrenzen[803]. Die Gerichte benutzen diese Voraussetzungen daher um im Einzelfall zu überprüfen, ob das wettbewerbswidrige Verhalten dem Bundesstaat zuzurechnen ist, in welchem Falle es generell Immunität genießt, oder ob es ein verbotenes Handeln von Behörden oder privaten Unternehmen darstellt. In nahezu allen Fällen, in denen die Gerichte sich mit der Anwendung der "state action immunity" zu befassen hatten, wurde diese von privaten Unternehmen, Behörden, Gemeinden oder bundesstaatlich legitimierten Selbstregulierungskörperschaften und nicht von dem Bundesstaat selbst in Anspruch genommen. Zunächst zeigt dies das Potential eines Missbrauchs der "state action" Doktrin, da das Argument, der Bundesstaat habe das wettbewerbswidrige Verhalten vorgeschrieben, relativ einfach vorgetragen werden kann. Zweitens, ist diese Tatsache hilfreich, um sich den Sinn und Zweck des Midcal-Tests zu vergegenwärtigen: dessen Ziel ist es, eine extensive Inanspruchnahme der "state action immunity" insbesondere durch private Unternehmen zu verhindern. Ein wettbewerbswidriges Verhalten kann nur dann dem Staat zugerechnet werden, wenn dieser die Entscheidung, das Verhalten zu erlauben, klar artikuliert hat und das Handeln Dritter aktiv überwacht. Sinn und Zweck der Voraussetzungen des Midcal-Tests ist es daher nicht, die Gesetzgebungskompetenzen der Bundesstaaten auf dem Gebiet des Wirtschaftsrechts zu beschränken. Das Ziel dieses Tests ist es vielmehr, die Missbrauchsmöglichkeiten der "state action" Doktrin durch Dritte zu begrenzen, die unter dem Hinweis auf eine staatliche Veranlassung des wettbewerbswidrigen Verhaltens eine Freistellung von den Antitrust-Gesetzen herbeiführen wollen.

Der folgende Abschnitt (1.) untersucht zunächst die durch den US-Supreme Court in diversen Entscheidungen etablierten Voraussetzungen des Midcal-Tests. Ein zweiter Abschnitt (2.) erörtert die Unterscheidung zwischen aktiven gesetzgeberischen Tätigkeiten und der bundesstaatlichen Ermächtigung privaten oder behördlichen Handelns, wobei insbesondere zu untersuchen sein wird, ob und gegebenenfalls in welchem Umfang diese Voraussetzungen auf in folgenden Bereichen anzuwenden sind: souveränes Handeln der Bundesstaaten[804], Gemeinden[805], bundesstaatlich ermächtigtes Handeln privater

---

[803] Siehe hierzu: FTC v. Ticor Title Ins. Co., 504 U.S. 621, 634 (1992) in bezug auf die Voraussetzung der aktiven bundesstaatlichen Kontrolle (sog. "active state supervision reqirement"): "Its purpose is to determine whether the State has exercised sufficient independent judgement and control so that the details of the rates or prices have been established as a product of deliberate state intervention, not simply by agreement among private parties".
[804] S.o.: 3. Kapitel, B., II., 2., a), S. 189.
[805] S.o.: 3. Kapitel, B., II., 2., b), aa), S. 193.

Unternehmen[806] sowie bundesstaatlich ermächtigtes Handeln von Behörden und Selbstverwaltungskörperschaften[807].

1. Die Voraussetzungen staatlicher Immunität

Bereits vor der Schaffung des Midcal-Tests hatte der US-Supreme Court sich bereits in diversen Entscheidungen mit der Inspruchnahme der "state action immunity" durch Dritte befasst. Der folgende Paragraph (a.) erörtert zunächst diese ersten Entscheidungen des Gerichts, da sie den Sinn und Zweck des Midcal-Tests verdeutlichen, bevor der Midcal Entscheidung besondere Aufmerksamkeit zu widmen ist. Ein weiterer Paragraph (b.) untersucht die später wiederholt gerichtlich bestätigten Voraussetzungen dieses Tests im Detail.

a) Die Begründung des Midcal-Tests

aa) Das Urteil in der Rechtssache Goldfarb

In dem Urteil Goldfarb v. Virginia State Bar[808] aus dem Jahre 1975 unternahm der US-Supreme Court erstmals den Versuch bindende Kriterien für die Anwendung der "state action" Doktrin zu schaffen. Die Entscheidung betraf ein Gesetz des Bundesstaates Virginia, welches den Supreme Court des Bundesstaates ermächtigte die Ausübung des Rechtsanwaltsberufs zu regulieren. Demzufolge erließ der Supreme Court von Virginia Standesregeln für Rechtsanwälte, die Gebührenvorschläge den staatlichen und lokalen Rechtsanwaltskammern als Richtwerte für Rechtsanwaltsgebühren vorgaben[809]. Die Rechtsanwaltskammer des Bundesstaats veröffentlichte daraufhin einen sog. "minimum-fee-schedule-report", der kurze Zeit später von einer lokalen Rechtsanwaltskammer nahezu identisch übernommen wurde[810]. Obwohl dieser Report als Empfehlung deklariert wurde, äußerte die Rechtsanwaltskammer des Bundesstaates wiederholt die Ansicht, dass die Mindestgebühren nicht ignoriert werden dürften[811]. Das Berufungsgericht sah in den Mindestgebühren keinen Verstoß gegen den Sherman Act, da es die Tätigkeit der Rechtsanwaltskammern dem Anwendungsbereich der "state action" Doktrin zuordnete.

Abgesehen von der Frage, ob die freien Berufe vom Anwendungsbereich des Sherman Acts freigestellt sind, behandelte die Goldfarb-Entscheidung des US-

---

[806] S.o.: 3. Kapitel, B., II., 2., c), S. 201.
[807] S.o.: 3. Kapitel, B., II., 2., b), bb), S. 194.
[808] Goldfarb v. Va. State Bar, 421 U.S. 773 (1975).
[809] EC 2-18, Code of Professional Responsibility, 211 Va. 295, 302 (1970)("[s]uggested fee schedules and economic reports of state and local bar associations provide some guidance on the subject of reasonable fees").
[810] Goldfarb v. Va. State Bar, 421 U.S. 773, 777 (1975), Fußnote 4.
[811] Goldfarb v. Va. State Bar, 421 U.S. 773, 776, 777 (1975).

Supreme Courts erstmals die Unterscheidung zwischen aktiven Gesetzgebungstätigkeiten und der Ermächtigung Dritter durch einen Bundesstaat. Der US-Supreme Court urteilte: "the threshold inquiry in determining if an anticompetitive activity is state action . . . is whether the activity is required by the State"[812]. Das Gericht fand weder ein Gesetz des Bundesstaates noch eine Supreme Court Regel, welche die Mindestgebühren der Rechtsanwaltskammer vorgeschrieben hatte und revidierte daher das Urteil des Berufungsgerichts[813]. Dabei wurde es als irrelevant angesehen, dass die Standesregeln des Supreme Courts von Virginia Regelungen zu Beratungsgebühren enthalten, da die Mindestgebühren von dem Gericht weder erlassen noch gefordert worden waren[814]. Der US-Supreme Court urteilte daher, dass wettbewerbswidriges Verhalten nur dann in den Anwendungsbereich der "state action" Doktrin fällt, wenn es durch das souveräne Handeln des Bundesstaates vorgeschrieben wird[815], wobei es nicht als ausreichend angesehen wird, dass der Gesetzgeber das Verhalten Dritter lediglich veranlasst hat[816]. Da die Rechtsanwaltskammer nicht ausdrücklich zum Erlass der Mindestgebühren gezwungen worden war, rechnete der US-Supreme Court das wettbewerbswidrige Verhalten der Rechtsanwaltskammer zu und qualifizierte es damit als private und demnach nicht freigestellte Tätigkeit.

Die Goldfarb-Entscheidung hat den Anwendungsbereich der Doktrin durch das Hinzufügen des Erfordernisses eines staatlichen Zwangs zunächst deutlich begrenzt. Zwar mag diese Begrenzung aus Gründen eines möglichen Missbrauchs der Doktrin als sinnvoll erscheinen; jedoch stellt sich die Frage, ob nicht die vorhandene staatliche Veranlassung der Mindestgebühren als ausreichend angesehen werden muss, um den Anwendungsbereich der "state action" Doktrin auf die Rechtsanwaltskammern auszudehnen. Der Gesetzgeber hatte die Einführung von Mindestgebühren zumindest vorgeschlagen und den Rechtsanwaltskammern sogar Gebührenvorschläge als Richtwerte vorgegeben. Dennoch verdeutlicht die Entscheidung des US-Supreme Courts zumindest, dass nicht jedes Handeln, das auf eine staatliche Veranlassung zurückzuführen ist, als Tätigkeit des Bundesstaates mit der Folge einer Freistellung nach der "state action" Doktrin anzusehen ist.

bb) Das Urteil in der Rechtssache Cantor

Ein Jahr später war das Gericht erneut mit der Geltendmachung der Freistellung durch private Unternehmen befasst. Auch in der Entscheidung Cantor v. Detroit Edison Co. befand das Gericht die staatliche Veranlassung als unzureichend, um

---

[812] Wie vor, S. 776, 790.
[813] Wie vor, S. 776, 790.
[814] Wie vor, S. 790.
[815] Wie vor, S. 791 ("compelled by direction of the State acting as a sovereign").
[816] Wie vor, S. 791 ("the conduct is 'prompted' by state action").

die Immunität an private Unternehmen weiterzuleiten[817], da der Bundesstaat Michigan seine Absicht, die Regeln der Antitrust-Gesetze durch eine Regulierung zu ersetzen, nicht klar genug artikuliert hatte. Das Urteil betraf das Verhalten eines lokalen Anbieters von Elektrizität, der seine Gewinne aus dem Elektrizitätsgeschäft dazu nutzte, um seine Kosten für das Geschäft mit Glühbirnen zu decken. Diese Verknüpfung beider Geschäfte war durch eine Kommission des Bundesstaates Michigan zuvor erlaubt worden und hatte daher bindende Wirkung in bezug auf die Gemeinde. Dennoch befand das Gericht, dass nicht von einer klar artikulierten Absicht des Bundesstaates ausgegangen werden könne, dieses Verhalten zu erlauben. So befand das Gericht, dass der Bundesstaat die Genehmigung durch die Kommission und das Verhalten des Elektrizitätsunternehmens lediglich toleriert, nicht jedoch selbst gefordert hatte. Damit ordnete das Gericht das wettbewerbswidrige Verhalten erneut dem privaten Unternehmen und nicht dem Bundesstaat zu. Obwohl die Genehmigung der Kommission existiere, sei es letztendlich die Entscheidung des privaten Unternehmens und nicht des Bundesstaats gewesen, den Vertrieb der Glühbirnen mit dem Elektrizitätsgeschäft zu verbinden[818]. Das Urteil des Gerichts schuf damit Klarheit dahingehend, dass die alleinige staatliche Tolerierung eines wettbewerbswidrigen Verhaltens nicht ausreichend ist, um den Anwendungsbereich der "state action" Doktrin auf private Unternehmen zu erstrecken. Damit folgte das Gericht der engen Definition staatlicher Aktivitäten, die es bereits in der Goldfarb Entscheidung zum Ausdruck gebracht hatte.

cc) Das Urteil in der Rechtssache Bates

Im Gegensatz hierzu wurde eine Freistellung von den Bestimmungen des Sherman Acts in der Entscheidung Bates v. State Bar of Arizona angenommen[819]. Dieses Urteil hatte eine disziplinarische Bestimmung des Supreme Courts von Arizona[820] zum Gegenstand, welche es Rechtsanwälten untersagte Werbung in bezug auf den Preis ihrer Dienstleistungen zu betreiben. Der US-Supreme Court urteilte, dass die Regelung von den Bestimmungen des Sherman Acts freigestellt sei, da der Erlass des Werbeverbots als souveräne Tätigkeit zu qualifizieren sei[821]. Das Gericht fand eine "klare Artikulierung"[822] der Absicht des Bundesstaats ein Werbeverbot für Rechtsanwälte zu erlassen

---

[817] Cantor v. Detroit Edison Co., 428 U.S. 579, 579 (1976)("[the s]tate's participation ... is not so dominant that it is unfair to hold a private party responsible for its conduct").
[818] Cantor v. Detroit Edison Co., 428 U.S. 579, 594 (1976).
[819] Bates v. State Bar of Ariz., 433 U.S. 350 (1977).
[820] Disciplinary Rule 2-101(B), eingefügt in Rule 29(a) of the Supreme Court of Arizona, 17A Ariz.Rev.Stat., p.26 (Supp. 1976).
[821] Bates v. State Bar of Ariz., 433 U.S. 350, 357 (1977).
[822] Wie vor, S. 362 ("clear articulation").

und unterstrich, dass eine "aktive Überwachung"[823] der Verwaltung dieses Verbotes durch den Bundesstaat stattgefunden habe. Der Tatsache, dass die Rechtsanwaltskammer von Arizona mit der Verwaltung der Regeln betraut war, wurde eine geringe Bedeutung beigemessen, da deren Aufgabe durch das Gericht vollumfänglich definiert worden war[824]. In Bates, erwähnte der US-Supreme Court nicht nur erstmalig die beiden Voraussetzungen, welche später den sog. Midcal-Test[825] begründen und den Anwendungsbereich der "state action" Doktrin näher bestimmen sollten; das Gericht unterstrich vielmehr, dass der Bundesstaat selbst die wettbewerbswidrige Bestimmung erlassen muss[826], während deren Verwaltung einer nichtstaatlichen Körperschaft überlassen werden kann, solange deren Verwaltung staatlich vollumfänglich definiert und überwacht wird.

dd) Das Urteil in der Rechtssache Midcal

Im Jahre 1980 begründete der US-Supreme Court den sog. Midcal-Test[827] und schuf hiermit zwei Voraussetzungen für die Anwendung der "state action" Doktrin in bezug auf private Unternehmen. Die Entscheidung betraf ein kalifornisches Gesetz[828], welches Weinproduzenten und -großhändler verpflichtete, Preislisten zu erlassen und bei dem Bundesstaat einzureichen. Der kalifornische Gesetzgeber hatte keine direkte Kontrolle über die von Seiten der Produzenten und Großhändler festgesetzten Weinpreise, sondern maß dieser Festsetzung durch ein Gesetz lediglich bindende Wirkung bei. Nachdem ein Großhändler wegen eines Verstoßes gegen das Gesetz mit einer Strafe belegt worden war, klagte dieser erfolgreich gegen die gesetzlich gebilligte vertikale Preisfestsetzung. Der US-Supreme Court beurteilte die Preisfestsetzungen als einen Verstoß gegen den Sherman Act und versagte den Beklagten eine Berufung auf die "state action" Doktrin.

Indem das Gericht seine bisherige Rechtsprechung in bezug auf den Grad staatlicher Beteiligung miteinander verglich, etablierte es zwei Voraussetzungen für die Anwendung der "state action" Doktrin auf private Unternehmen: zunächst musste die Wettbewerbsbeschränkung durch den Bundesstaat "klar artikuliert" und als staatliche Politik ausdrücklich zum Ausdruck gekommen sein[829]; zweitens musste diese Politik, die Regeln des Wettbewerbs durch eine Regulierung außer Kraft zu setzen, durch den Staat selbst "aktiv überwacht"

---

[823] Wie vor, S. 362 ("supervision is . . . active").
[824] Wie vor, S. 361.
[825] Wie vor, S. 362 ("clearly articulated state policy to replace competition" und "active state supervision"); s.u. bezüglich dieser Kriterien im einzelnen: 3. Kapitel, B., II., 1., b), S. 181.
[826] Bates v. State Bar of Ariz., 433 U.S. 350, 361 (1977).
[827] California Retail Liquor Dealers Ass'n v. Midcal Aluminium, Inc., 445 U.S. 97 (1980).
[828] § 24866 (a) (b) of the California Business and Professions Code.
[829] California Retail Liquor Dealers Ass'n v. Midcal Aluminium, Inc., 445 U.S. 97, 105 (1980)("clearly articulated and affirmatively expressed as state policy").

werden[830]. Nur im Falle der Erfüllung dieser beiden sog. Midcal-Kriterien solle die staatliche Immunität auf private Unternehmen erstreckt werden können. Der US-Supreme Court hielt indes die staatliche Beteiligung an der Preisfestsetzung für unzureichend, um diese dem Bundesstaat zurechnen zu können und versagte den Unternehmen daher die Berufung auf die staatliche Immunität. Zwar befand das Gericht, dass der kalifornische Gesetzgeber seine Absicht, die Regeln des Wettbewerbs außer Kraft zu setzen, klar artikuliert hatte, jedoch sah es das zweite Kriterium des Midcal-Tests als nicht erfüllt an[831]. Von einer aktiven staatlichen Kontrolle könne nicht ausgegangen werden, wenn der Gesetzgeber allein zum Erlass der Preisfestsetzungen ermächtige und weder über Einflussmöglichkeiten in bezug auf deren Umfang noch über sonstige Kontrollmechanismen verfüge[832]. Auf Grund des Fehlens staatlicher Einfluss- und Kontrollmöglichkeiten wurden die Preisfestsetzungen nicht dem kalifornischen Gesetzgeber, sondern den beteiligten Unternehmen zugerechnet, welchen demzufolge eine Berufung auf die staatliche Immunität versagt wurde[833].

Das Gericht zog diese Schlussfolgerung hauptsächlich aus einem Vergleich mit den beiden Entscheidungen, in denen es die "state action" Doktrin für anwendbar erklärt hatte. Zunächst wurde der Umfang staatlicher Kontrolle als geringer als in der Parker Entscheidung angesehen. Im Gegensatz zu Midcal sei es in Parker der Bundesstaat gewesen, welcher durch die Kommission das Programm angenommen und verwaltet hätte[834]. Weiterhin betonte das Gericht die Unterschiede zu der Bates Entscheidung, in welcher das Werbeverbot für Rechtsanwälte von den Bestimmungen des Sherman Acts freigestellt war, weil dieses einer Kontrolle durch den Supreme Court von Arizona unterlag[835]. Mangels einer aktiven staatlichen Kontrolle wurde die staatliche Beteiligung an den Preisfestsetzungen in Midcal als unzureichend angesehen, um letztere dem kalifornischen Gesetzgeber zurechnen zu können.

b) Die Voraussetzungen des Midcal-Tests

Obwohl die Midcal-Entscheidung des US-Supreme Courts erstmals zwei Kriterien für die Anwendung der "state action" Doktrin auf private

---

[830] Wie vor, S. 105 ("actively supervised by the State itself").
[831] Wie vor, S. 97.
[832] Wie vor, S. 97 f ("simply authorizes price setting and enforces the prices established by private parties, and it does not establish prices, review the reasonableness of price schedules, regulate the terms of fair trade contracts, monitor market conditions, or engage in any "pointed reexamination" of the program").
[833] Wie vor, S. 97.
[834] Wie vor, S. 104 ("[in Parker] it was the state acting through the Commission, which adopts the program and enforces it").
[835] Wie vor, S. 105 ("subject to pointed re-examination by the policymaker--the Arizona Supreme Court--in enforcement proceedings").

Unternehmen formulierte, hatten die Gerichte zunächst weiterhin Schwierigkeiten den Anwendungsbereich der Doktrin in bezug auf private Unternehmen und Selbstverwaltungskörperschaften zu definieren. In der Entscheidung FTC v. Ticor Title Insurance[836] aus dem Jahre 1992 bestätigte das Gericht den sog. Midcal-Test nicht nur, sondern traf zudem weitere Ausführungen zu dem Sinn und Zweck des "active supervision" Kriteriums des Tests. Bevor die beiden Kriterien des Midcal-Tests im Detail diskutiert werden (bb.), soll das Ziel dieses Tests zunächst gesondert untersucht werden (aa.).

aa) Das Ziel des Midcal-Tests

Bereits in der Entscheidung Parker hatte der US-Supreme Court die Notwendigkeit erkannt, die Reichweite der staatlichen Immunität zu beschränken[837]. Andererseits erkannte das Gericht jedoch auch das Argument privater Unternehmen an, es sei ungerecht jemandem eine Verletzung des Antitrust-Rechts vorzuwerfen, wenn dieser lediglich der Anordnung des staatlichen Gesetzgebers Folge geleistet habe[838]. Im Lichte dieses Konfliktes zwischen dem möglichen Missbrauch der Doktrin und deren legitimer Beanspruchung wird das Ziel des Midcal-Tests deutlich. Das Ziel der beiden Voraussetzungen ist es, eine staatliche Ermächtigung zur Außerkraftsetzung des Antitrust-Rechts nachzuweisen und staatliche Immunität an private oder untergeordnete staatliche Einheiten nur dann weiterzuleiten, wenn deren Verhalten dem Staat zurechenbar ist, weil dieser selbst entschieden hat, die Regeln des Wettbewerbs durch eine Regulierung zu ersetzen. Wenn der Staat selbst andererseits keine Ermächtigung in bezug auf das wettbewerbswidrige Verhalten erteilt hat, besteht keine Rechtfertigung die Immunität an die untergeordnete staatliche oder private Einheit weiterzuleiten[839]. Ziel des Midcal-Tests ist es daher nicht, das Recht der Bundesstaaten ihre eigenen Wirtschaftsgesetze zu erlassen zu beschränken. So ist das Prinzip des

---

[836] FTC v. Ticor Title Ins. Co., 504 U.S. 621 (1992).

[837] Parker v. Brown, 317 U.S. 341, 351 (1943)("[a state cannot] give immunity to those who violate the Sherman Act by authorizing them to violate it, or by declaring that their action is lawful"); siehe auch die Entscheidung Patrick v. Burget (486 U.S. 94, 100 f (1988)), in der das Gericht das Potential eines Mißbrauches der Doktrin in bezug auf Tätigkeiten privater Unternehmen erwähnte: "[t]he active supervision requirement stems from the recognition that where a private party is engaging in the anticompetitive activity, there is a real danger that he is acting to further his own interests, rather than the governmental interests of the State"; siehe zudem: California Retail Liquor Dealers Ass'n v. Midcal Aluminium, Inc., 445 U.S. 97, 106 (1980); ("[t]he national policy in favor of competition cannot be thwarted by casting such a gauzy cloak of state involvement over what is essentially a private price-fixing arrangement").

[838] Cantor v. Detroit Edison Co., 428 U.S. 579, 592 (1976).

[839] Siehe: FTC v. Ticor Title Ins. Co., 504 U.S. 621, 636 (1992)("states must accept political responsibility for actions they intend to undertake. It is quite a different matter, however, for federal law to compel a result that the States do not intend but for which they are held to account").

Föderalismus vielmehr ausdrücklich als Grundlage der "state action" Doktrin anerkannt. Die Funktion der beiden Voraussetzungen besteht vielmehr darin nachzuweisen, dass der Staat eine ausreichende und unabhängige Bewertung und Kontrolle in einer Art und Weise ausgeübt hat, die es rechtfertigt diesem den Wettbewerbsverstoß zuzuordnen[840], obwohl es an eine Behörde, Gemeinde oder eine private Person delegiert worden ist.

Auf Grund der unterschiedlichen Kontrollfunktionen der beiden Midcal-Kriterien ist deren Anwendbarkeit von den Gerichten unterschiedlich in bezug auf untergeordnete staatliche und private Einheiten beurteilt worden. Während beide Kriterien auf das Verhalten privater Unternehmen anwendbar sind, haben es einige Berufungsgerichte abgelehnt, das zweite Kriterium auf Behörden oder staatliche Ausschüsse anzuwenden, obwohl der US-Supreme Court bisher ausdrücklich nur die Anwendung dieses Kriterium auf gemeindliches Verhalten ausgeschlossen hat. Die Gerichte argumentierten dabei häufig, dass eine staatliche Kontrolle nicht nötig sei, wenn die Einheit selbst im öffentlichen Interesse handele, was durch die Kontrollmechanismen des Verwaltungsrechts in ausreichendem Maße sichergestellt sei. Da etwa Gemeindevertreter, im Gegensatz zu privaten Unternehmen, durch Publizitätspflichten sowie durch Wahlen hinreichenden Sicherheitsvorkehrungen ausgesetzt seien[841], sei eine Kontrolle durch das zweite Midcal-Kriterium nicht erforderlich. Ohne näher auf mögliche Interessenkonflikte mit privaten Interessen einzugehen, wurde das "öffentliche Interesse" zusammen mit den Kontrollmechanismen des Verwaltungsrechts von den Berufungsgerichten als ausreichend angesehen, um das zweite Midcal-Kriterium für unanwendbar zu erklären. Zugleich wurde das erste Kriterium einer weniger strikten Auslegung zugeführt. Diese beiden Folgen, welche im Zentrum der derzeitigen wissenschaftlichen Diskussion über die "state action" Doktrin stehen[842], sind jedoch mit dem Ziel des Midcal-Tests nicht vereinbar. Um Interessenskonflikte der Entscheidungsträger mit

---

[840] Wie vor, S. 634 ("[whether the] state has exercised sufficient independent judgment and control").

[841] Town of Hallie v. City of Eau Claire, 471 U.S. 34, 45 (1985)("municipal conduct is invariably more likely to be exposed to public scrutiny than is private conduct").

[842] Vgl. zur Diskussion über die Funktionalität der beiden Kriterien: Einer Richard Elhauge, 104 HARV. L. REV. 667, 674 ff, 692 ff (1991), der im Ersetzen des Midcal-Tests mit einem Ansatz für erforderlich hält, der ausschließlich untersucht, ob der Entscheidungsträger finanzielle Eigeninteressen hatte; Thomas M. Jorde, 75 CAL. L. REV. 227, 236 f, 241 (1987), der die Nichtanwendung des zweiten Kriteriums begrüßt, da dieses die regulativen Möglichkeiten der Bundesstaaten in bezug auf die Delegierung von Gesetzgebungsaufgaben beschränkt; John Shepard Wiley Jr., 99 HARV. L. REV. 713, 715 (1986), der argumentiert, dass die Gerichte der Frage, ob der Entscheidungsträger durch private Interessen beeinflusst wurde anstelle einer förmlichen Einteilung in öffentliches und privates Handeln mehr Beachtung schenken sollten; Frank H. Easterbrook, 26 J.L. & ECON. 23, 29, 30, 32 f, 36 f, 41 (1983), der hinterfragt, warum das Prinzip des Föderalismus die Akzeptanz einer Delegierung regulierender Befugnisse an lokale Einheiten nicht erfordern solle, da dies zu einem Wettbewerb auf lokaler Ebene und damit zu einer effizienten Regulierung beitrage.

finanziellen Eigeninteressen sowie die Einflüsse Privater auf die öffentlich-rechtliche Entscheidung beurteilen zu können, bedarf es einer umfassenden Analyse des Verhaltens untergeordneter staatlicher Entscheidungsträger.

Wie weiter unten zu zeigen sein wird[843], ist eine Einteilung in privates oder öffentlich-rechtliches Handeln nicht geeignet diese Interessenkonflikte zu entdecken und zu verhindern, solange lediglich die Vorhersehbarkeit eines wettbewerbswidrigen Verhaltens im Sinne der oben angesprochenen Interpretation des ersten Midcal-Kriteriums nachzuweisen ist. Zunächst stellt die Ansicht der Berufungsgerichte eine schematische Abgrenzung zwischen privatem und öffentlich-rechtlichem Handeln dar, indem sie ein Verhalten zunächst einem Entscheidungsträger zuordnet ohne das Potential eines Eigeninteresses dieses Entscheidungsträgers zu beachten. Zudem missachtet sie die Tatsache, dass Behörden oder staatliche Gremien leichter durch private Interessen Dritter beeinflusst werden können als der Gesetzgeber, da die Schutzmechanismen weniger effektiv sind als im parlamentarischen Verfahren. Desweiteren ist insbesondere im Fall einer Selbstregulierung durch aktive Berufsträger von einem erhöhten Potential an finanziellen Eigeninteressen auszugehen, da die Schutzmechanismen des öffentlichen Rechts in Form von Wahlen und Publizitätsvorschriften nur begrenzt anwendbar sind.

bb) Die Reichweite des Midcal-Tests

Die beiden folgenden Abschnitte untersuchen, wie der US-Supreme Court und diverse Berufungsgerichte die beiden Kriterien des Midcal-Tests interpretiert haben. Dabei soll zunächst eine generelle Definition für die beiden Voraussetzungen gefunden werden, bevor die Frage näher behandelt wird, in welchem Umfang die Kriterien auf die unterschiedlichen Entscheidungsträger anwendbar sind[844].

aaa) 1. Kriterium: "clearly articulated state policy to displace competition"

Um in den Anwendungsbereich staatlicher Immunität zu gelangen muss ein privates Unternehmen oder eine mit staatlichen Aufgaben betraute Einheit zunächst nachweisen, dass das wettbewerbswidrige Verhalten auf eine "klar

---

[843] Siehe unten: 3. Kapitel, B., II., 2., b), bb), bbb), S. 198.
[844] In der Entscheidung Town of Hallie v. City of Eau Claire, 471 U.S. 34, 47 (1985) befand der US-Supreme Court nicht nur, dass das "active supervision" Kriterium des Midcal-Tests auf Aktivitäten von Gemeinden nicht anwendbar ist; dabei definiert das Gericht die beiden Kriterien des Tests regelmäßig unabhängig davon, ob es sich um ein privates Unternehmen, eine Gemeinde, eine Behörde oder eine Selbstverwaltungskörperschaft handelt, differenziert dabei jedoch in bezug auf die Anwendbarkeit der Kriterien an sich; s.u.: 3. Kapitel, B., II., 2., S. 189.

artikulierte und positiv zum Ausdruck gekommene staatliche Politik"[845] zurückzuführen ist. Obwohl die Absicht des Staates, die Regeln des Wettbewerbs durch eine Regulierung zu ersetzen in den meisten Fällen durch den Gesetzgeber des Bundesstaates zum Ausdruck gebracht wird, ist es ebenfalls ausreichend, wenn dies durch die Entscheidung des bundesstaatlichen Supreme Courts erfolgt[846]. Es stellt sich jedoch die Frage, ob ein Handlungszwang von Seiten des Gesetzgebers oder des Richters erforderlich ist, um die Ausdehnung der staatlichen Immunität auf Dritte zu rechtfertigen. In der Entscheidung Southern Motor Carriers Rate Conference, Inc., v. United States[847] gab der US-Supreme Court das Erfordernis eines staatlichen Zwangs auf, welches das Gericht zuvor in der Goldfarb Entscheidung begründet hatte[848] und befand es als ausreichend, dass die staatliche Ermächtigung das wettbewerbswidrige Verhalten ausdrücklich erlaubt. Die Freiheit der Bundesstaaten durch untergeordnete Einheiten Regulierungen zu erlassen, und damit das Ziel der Parker Doktrin an sich, sei beeinträchtigt, wenn vom Gesetzgeber mehr gefordert würde als eine klare Absicht die Wettbewerbsregeln außer Kraft zu setzen[849]. Dennoch stellt ein Zwang des Gesetzgebers weiterhin ein deutliches Indiz für eine entsprechende staatliche Absicht dar[850]. Andererseits wurde eine "Neutralität" des Gesetzgebers für die Erfüllung des ersten Midcal-Kriteriums als unzureichend angesehen[851]. Unter Bezugnahme auf die fehlende Interaktion zwischen der gemeindlichen und der bundesstaatlichen Regulierung urteilte der US-Supreme Court in Community Communications Co. v. City of Boulder: "[a] State that allows its municipalities to do as they please can hardly be said to have "contemplated" the specific anticompetitive actions"[852].

Wenige Jahre später änderte der US-Supreme Court seine Interpretation des ersten Midcal-Kriteriums in der Entscheidung Town of Hallie v. City of Eau

---

[845] California Retail Liquor Dealers Ass'n v. Midcal Aluminium, Inc., 445 U.S. 97, 105 (1980)("clearly articulated and affirmatively expressed . . . state policy"); zudem haben sich diverse Berufungsgerichte mit der Reichweite und der Interpretation des ersten Midcal-Kriteriums befasst: Surgical Care Ctr. of Hammond v. Hosp. Serv. Dist. No. 1 of Tangipahoa Parish 171 F. 3d 231, 232 (5th Cir. 1999); Zimomra v. Alamo Rent-A-Car, Inc., 111 F.3d 1495, 1500 f (10th Cir. 1997); Yeager's Fuel, Inc. v. Pa. Power & Light Co., 22 F.3d 1260, 1266 f (3rd Cir. 1994).
[846] Hierzu: Hoover v. Ronwin (466 U.S. 558, 558 f (1984))("[a] state supreme court, when acting in a legislative capacity, occupies the same position as that of a state legislature for purposes of the state-action doctrine").
[847] Southern Motor Carriers Rate Conference, Inc., v. United States, 471 U.S. 48, 48 f, 61 (1985).
[848] Goldfarb v. Virginia State Bar, 421 U.S. 773, 791 (1975).
[849] Southern Motor Carriers Rate Conference, Inc., v. United States, 471 U.S. 48, 64 (1985)("[i]f more detail than a clear intent to displace competition were required of the legislature").
[850] Wie vor, S. 62; Town of Hallie v. City of Eau Claire, 471 U.S. 34, 45 f (1985).
[851] Community Communications Co. v. City of Boulder, 455 U.S. 40, 55 (1982).
[852] Wie vor, S. 55.

Claire[853] zugunsten einer weniger stringenten Auslegung. Nach der Auffassung des Gerichts musste der Gesetzgeber seine Erwartung, dass die Gemeinde wettbewerbswidrig handeln könnte, nicht ausdrücklich zum Ausdruck gebracht haben[854]. Der US-Supreme Court sah es vielmehr als ausreichend an, dass der Verstoß gegen die Antitrust-Gesetze ein "vorhersehbares Resultat" der Ermächtigung der Gemeinde sei[855]. Das Erfordernis einer ausdrücklichen Ermächtigung durch den Gesetzgeber in bezug auf den Wettbewerbsverstoß wurde vielmehr als unrealistisch angesehen, da nicht erwartet werden könne, dass dieser alle möglichen wettbewerbswidrigen Auswirkungen einer Regelung auflistе[856]. Da der bundesstaatliche Gesetzgeber der Gemeinde die Verantwortung für das kommunale Abwasserwesen übertragen hatte und dieser dabei ausdrücklich Regelungsbefugnisse übertragen hatte, wurde es als vorhersehbar angesehen, dass die Gemeinde diese Monopolstellung in Teilen auf das kommunale Transportwesen ausdehnen würde und die Erbringung der beiden Dienstleistungen miteinander verbinden würde[857]. Dieses Ergebnis, welches das Resultat einer weniger restriktiven Anwendung des ersten Midcal-Kriteriums durch einen neu erschaffenen "foreseeableity-test" war, ist in der Literatur häufig kritisiert worden[858]. Dennoch hat der US-Supreme Court in den folgenden Jahren diese weite Interpretation des ersten Midcal-Kriteriums bestätigt[859]. Eine "klar artikulierte Absicht" des Gesetzgebers die Antitrust-Gesetze des Bundes außer Kraft zu setzen und durch eine Regulierung zu ersetzen, muss daher aus dem Wortlaut der Ermächtigungsnorm oder der Entscheidung des bundesstaatlichen Supreme Courts abzuleiten sein. Eine derartige Absicht ist dann anzunehmen, wenn der Wettbewerbsverstoß des privaten Unternehmens oder der staatlichen Einheit ein vorhersehbares Resultat der Ermächtigung ist und letztere nicht vielmehr eine neutrale Position einnimmt.

---

[853] Town of Hallie v. City of Eau Claire, 471 U.S. 34 (1985).
[854] Wie vor, S. 42 ("[it is not necessary for the state to have] stated explicitly that it expected the City to engage in conduct that would have anticompetitive effects").
[855] Wie vor, S. 42 ("[a] foreseeable result of empowering the City").
[856] Wie vor, S. 43.
[857] Wie vor, S. 43.
[858] C. Douglas Floyd, 41 B.C.L.REV. 1059, 1076 (2000), der den sog. "foreseeability-test" kritisiert als "leading to the conclusion that the broader the delegation of authority to act with respect to a particular subject matter, the more likely that anticompetitive conduct will be held to be the foreseeable result of that delegation"; hierzu auch: Columbia Steel Casting Co. v. Portland Gen. Elec. Co., 111 F.3d 1427, 1442 f (9th Cir. 1997); FTC v. Hospital Board of Directors of Lee County, 38 F.3d 1184, 1188, 1190 (11th Cir. 1994); Crosby v. Hospital Auth., 93 F.3d 1515 (11th Cir. 1996); Martin v. Memorial Hosp., 86 F.3d 1391, 1400 (5th Cir. 1996).
[859] Columbia v. Omni Outdoor Adv. Inc., 499 U.S. 365, 372 f (1991); hierzu: 3. Kapitel, B., II., 2., b), S. 192.

bbb) 2. Kriterium: "active supervision"

In der Midcal Entscheidung[860] lehnte der US-Supreme Court eine Anwendung staatlicher Immunität auf private Unternehmen ab, weil die kalifornische Regulierung der Weinpreise keiner "aktiven staatlichen Aufsicht" unterlag[861]. Bei der Interpretation dieses sog. zweiten Midcal-Kriteriums unterstrich das Gericht in späteren Entscheidungen insbesondere die Bedeutung einer wiederholten Kontrolle der Einhaltung der staatlichen Regulierungsermächtigung[862] sowie die Möglichkeit des Bundesstaates die autorisierte Entscheidung des privaten Unternehmens zu untersagen[863]. Eine "aktive staatliche Aufsicht" setze zudem voraus, dass die kontrollierende Einheit ein "bedeutendes Maß an Kontrolle" über den Wettbewerbsverstoß auch tatsächlich ausübe[864]. In der Entscheidung FTC v. Ticor Title Insurance[865] befand der US-Supreme Court, dass eine "negative option clause" nicht ausreichend ist, um eine aktive staatliche Aufsicht darzustellen. Vielmehr frage das zweite Midcal-Kriterium danach, ob der Bundesstaat eine "substantielle Rolle in der Bewertung der Einzelheiten der Wirtschaftspolitik gespielt habe"[866]. Allein das Potential einer aktiven staatlichen Aufsicht in Form eines Vetorechts kann daher nicht als ausreichend angesehen werden, um den Wettbewerbsverstoß als staatliche Entscheidung ansehen zu können. Das Gericht befand in bezug auf die Beweislast weiterhin, dass wenn Preise ursprünglich durch ein privates Unternehmen festgesetzt worden seien, dieses Unternehmen beweisen müsse, dass eine staatliche Kontrolle über die Preisfestsetzungen ausgeübt werde[867].

---

[860] California Retail Liquor Dealers Ass'n v. Midcal Aluminium, Inc., 445 U.S. 97 (1980); siehe zum zweiten Midcal-Kriterium auch: 324 Liquor Corp. v. Duffy, 479 U.S. 335, 344 f (1987); sowie folgende Entscheidungen von Berufungsgerichten: TFWS, Inc. v. Schaefer, 242 F.3d 198, 211 (4th Cir. 2001); N. Star Steel Co. v. MidAmerican Energy Holdings Co., 184 F.3d 732, 738 (8th Cir. 1999); Hardy v. City Optical, Inc., 39 F.3d 765, 770 (7th Cir. 1994); Yeager's Fuel, Inc. v. Pa. Power & Light Co., 22 F.3d 1260, 1271 (3rd Cir. 1994); DFW Metro Line Servs. v. Southwestern Bell Tel., 988 F.2d 601, 606 f (5th Cir. 1993); Nugget Hydroelectric v. Pacific Gas & Elec. Co., 981 F.2d 429, 435 (9th Cir. 1992).
[861] California Retail Liquor Dealers Ass'n v. Midcal Aluminium, Inc., 445 U.S. 97, 98 (1980)("[the state] does not establish prices, review the reasonableness of price schedules, regulate the terms of fair trade contracts, monitor market conditions, or engage in any "pointed reexamination" of the program").
[862] Patrick v. Burget, 486 U.S. 94, 102 (1988)("[active state supervision requires that] a state official has and exercises ultimate authority over private privilege determinations").
[863] Wie vor, S. 103 ("[the state official has to have the] power to disapprove private privilege decisions").
[864] 324 Liquor Corp. v. Duffy, 479 U.S. 335, 345 (1987)("exer[t] . . . significant control").
[865] FTC v. Ticor Title Ins. Co., 504 U.S. 621 (1992).
[866] Wie vor, S. 635 ("[whether] the State has played a substantial role in determining the specifics of the economic policy").
[867] Wie vor, S. 638 ("the party claiming the immunity must show that state officials have undertaken the necessary steps to determine the specifics of the price-fixing or ratesetting scheme").

Aus diesen Gründen ist allein eine aktive, beabsichtigte und andauernde Nachprüfung durch staatliche Bedienstete, welchen eine Untersagungsbefugnis zukommen muss, zur Erfüllung des zweiten Midcal-Kriteriums ausreichend[868]. Die staatliche Aufsicht muss darüber hinaus so intensiv sein, dass sie das private Handeln in einen staatlichen Akt umwandelt[869], so dass ein rein formalistisches und automatisiertes Verfahren ebenso wie ein staatliches Vetorecht unzureichend ist.

cc) Ergebnis

Die beiden Kriterien des Midcal-Tests dienen der Unterteilung von Aktivitäten in öffentlich-rechtliches und privates Handeln. Nur im Falle der Absicht des Staates die Regeln des Wettbewerbs außer Kraft zu setzen und aktiver staatlicher Kontrolle, sieht der US-Supreme Court es als gerechtfertigt an, ein wettbewerbswidriges Verhalten dem Staat zuzurechnen und dieses damit von den Antitrust-Gesetzen des Bundes freizustellen. Die Unterteilung des Midcal-Tests in öffentlich-rechtliches und privates Handeln dient damit letztendlich der Verhinderung einer zu extensiven Ausdehnung staatlicher Immunität auf privates Handeln. Dabei stellte sich in den folgenden Jahren in zunehmendem Maße die Frage, ob diese formale Unterscheidung geeignet ist, die Einflüsse privater Unternehmen auf öffentliche Entscheidungsträger sowie finanzielle Eigeninteressen untergeordneter staatlicher Einheiten zu unterbinden.

c) Zusammenfassung und Ergebnis

Diese Problematik ergibt sich insbesondere aus der Entwicklung der Rechtsprechung des US-Supreme Courts und diverser Berufungsgerichte. So hinterließ die Auslegung des ersten Midcal-Kriteriums im Sinne eines "Vorhersehbarkeits-Tests" durch den US-Supreme Court in der Entscheidung Town of Hallie weitgehende Interpretationsspielräume, was die Berufungsgerichte zu einer weiten Auslegung der staatlichen Immunität veranlasste. Vor diesem Hintergrund und auf Grund der Tatsache, dass insbesondere berufsbezogene Selbstverwaltungskörperschaften häufig finanzielle Eigeninteressen verfolgen, befasst sich der folgende Abschnitt mit der Frage, inwieweit der Midcal-Test auf staatliche Einheiten und insbesondere auf Selbstverwaltungskörperschaften anwendbar ist.

---

[868] Areeda & Hovenkamp, Antitrust Law, § 222a, S. 386 (2002).
[869] Patrick v. Burget, 486 U.S. 94, 105 (1988)("convert[s] the action of the private party ... into the action of the State").

2. Die Anwendung der Immunität auf die unterschiedlichen Handlungsträger

Während der letzte Absatz die Voraussetzungen des Midcal-Tests generell behandelt hat, befasst sich dieser Abschnitt mit der Anwendung der Parker Doktrin auf die verschiedenen Entscheidungsträger. Der Gesetzgeber eines Bundesstaates ist zunächst, soweit in seiner Funktion als Souverän handelnd, als höchste gesetzgeberische Instanz "ipso facto" von den beiden Voraussetzungen des Midcal-Tests befreit[870]. Aus Rücksicht auf das Verfassungsprinzip des Föderalismus wird das wettbewerbswidrige Verhalten eines bundesstaatlichen Gesetzgebers toleriert und von den Antitrust-Gesetzen des Bundes freigestellt. Jedoch verwalten die Bundesstaaten ihre Gesetze häufig nicht nur durch Behörden, ermächtigte private Unternehmen oder Selbstverwaltungskörperschaften, sondern regulieren wirtschaftliche Sachverhalte teilweise auch mittels dieser Einheiten. Aus diesem Grunde ist es selten, dass ein Verhalten klar dem Staat als Souverän zugeordnet werden kann. Daher setzt eine Anwendung des Midcal-Tests zunächst eine klare Abgrenzung zwischen souveränen Aktivitäten eines Bundesstaates und dem staatlich autorisierten Verhalten Dritter voraus (a.), da letztere Einheiten, im Gegensatz zum staatlichen Souverän, den Beschränkungen des Midcal-Tests unterworfen sind. Weiterhin ist der Midcal-Test innerhalb dieser Gruppen unterschiedlich anwendbar, je nachdem, ob das Handeln einer Gemeinde, Behörde, Selbstverwaltungskörperschaft oder eines privaten Unternehmens zu beurteilen ist (b.). Während nur einige dieser Einheiten durch Wahlen legitimiert sind (wie etwa die Mitglieder einer städtischen Versammlung) und einer staatlichen Kontrolle durch aufsichtsrechtliche Regelungen unterliegen (wie etwa Gemeinden und Behörden) werden andere Einheiten nicht durch diese Schutzmechanismen kontrolliert und verfolgen überdies möglicherweise finanzielle Eigeninteressen (wie private Unternehmen und berufsregulierende Selbstverwaltungskörperschaften). Daher erscheint eine unterschiedliche Anwendung des Midcal-Tests in bezug auf diese Einheiten generell gerechtfertigt. Der folgende Absatz (a.) befasst sich jedoch zunächst mit der Abgrenzung zwischen souveränem Staatshandeln und dem staatlich autorisierten Verhalten Dritter.

a) Souveränes Staatshandeln

In der Entscheidung Hoover v. Ronwin[871] stellte der US-Supreme Court erstmals ausdrücklich klar, dass souveränes Staatshandeln nicht den Beschränkungen des Midcal-Tests unterliegt, sondern vielmehr "ipso facto" von den Antitrust-Gesetzen freigestellt ist. Da das wettbewerbswidrige Verhalten dem Supreme Court von Arizona zugeordnet wurde, welcher in seiner gesetzgeberischen

---

[870] Hoover v. Ronwin, 466 U.S. 558, 559 (1984)("the issues of "clear articulation" and "active supervision" need not be addressed").

[871] Wie vor, S. 559.

Funktion handelte, lehnte das Gericht eine Anwendung des Midcal-Tests ab. Diese Ansicht erscheint insbesondere aus Rücksicht auf Gesichtspunkte des Föderalismus gerechtfertigt, da der Gesetzgeber eines Bundesstaates ebenso wie dessen Supreme Court[872] regelmäßig selbst ranghöchste staatliche Funktionen wahrnimmt und nicht durch eine höhere Instanz beaufsichtigt werden kann.

Darüber hinaus stellt sich jedoch die Frage, ob das Verhalten von privaten Unternehmen, Gemeinden, Behörden oder Selbstverwaltungskörperschaften dem souveränen Staat zugeordnet werden kann, mit der Folge, dass eine staatliche Ermächtigung nicht erforderlich wäre. Das folgende Beispiel vermag die uneinheitliche Rechtsprechung des US-Supreme Courts in bezug auf die Unterscheidung zwischen souveränem Staatshandeln und dem Handeln autorisierter Dritter zu verdeutlichen: in der Entscheidung Bates beurteilte das Gericht den Erlass von Werbeverboten für Rechtsanwälte als souveränes Staatshandeln, weil es dem Supreme Court von Arizona zuzuordnen sei[873]. Die Tatsache, dass die Rechtsanwaltskammer des Bundesstaats in die Verwaltung der Regeln involviert war, wurde als unbedeutend angesehen, da deren Rolle durch den Supreme Court, welcher die Regeln erließ und deren Einhaltung beaufsichtigte, klar definiert war[874]. In der Entscheidung Hoover kam das Gericht zu einem vergleichbaren Ergebnis in bezug auf das Zulassungsverfahren zur Rechtsanwaltschaft im Bundesstaat Arizona. Auch in diesem Fall wurde die Bedeutung eines Zulassungsausschusses als unbedeutend angesehen, da dessen Empfehlungen nicht bindend für den Supreme Court waren[875]. Im klaren Gegensatz zu diesen beiden Entscheidungen steht die Goldfarb-Entscheidung[876] des US-Supreme Courts aus dem Jahre 1975. Der Erlass von Mindestgebühren für Dienstleistungen von Rechtsanwälten wurde hier der Rechtsanwaltkammer des Bundesstaates Virginia zugeordnet und eine Berufung auf staatliche Immunität versagt, weil die Regelung nicht durch den Gesetzgeber erzwungen worden war[877].

Obwohl alle oben genannten Entscheidungen Rechtsanwaltskammern zum Gegenstand hatten, ordnete der US-Supreme Court das wettbewerbswidrige Verhalten in einigen Fällen der Selbstverwaltungskörperschaft (Goldfarb) und in anderen Fällen dem Supreme Court des Bundesstaates (Bates, Hoover) zu. In der Folgezeit zeigt sich das Gericht jedoch zurückhaltender, im Falle einer

---

[872] Siehe: Hoover v. Ronwin, 466 U.S. 558, 558f (1984)("[a] state supreme court, when acting in a legislative capacity, occupies the same position as that of a state legislature for purposes of the state-action doctrine").
[873] Bates v. State Bar of Ariz., 433 U.S. 350, 357 (1977).
[874] Wie vor, S. 361f.
[875] Hoover v. Ronwin 466 U.S. 558, 559 (1984)("the court itself retained the sole authority to determine who should be admitted").
[876] Goldfarb v. Virginia State Bar, 421 U.S. 773 (1975).
[877] Wie vor, S. 790 f ("the threshold inquiry in determining if an anticompetitive activity is state action . . . is whether the activity is required by the State").

Beteiligung privater Unternehmen[878] und Gemeinden[879] das Verhalten direkt dem souveränen Staat zuzuordnen. Die Zurückhaltung des US-Supreme Courts, ein Verhalten dem souveränen Staat zuzuordnen und damit automatisch eine staatliche Immunität anzunehmen, ist dabei insbesondere in der Entscheidung Town of Hallie zum Ausdruck gekommen. In diesem Urteil schuf das Gericht einen modifizierten Midcal-Test für das Verhalten von Gemeinden und befand per obiter dictum, dass es unwahrscheinlich sei, dass das zweite Midcal-Kriterium auf bundesstaatliche Behörden anwendbar sei[880]. Im Gegensatz zu diesem dictum des US-Supreme Courts und der Ansicht der FTC[881] haben einige Berufungsgerichte Entscheidungen erlassen, welche eine weitere Auslegung souveräner Staatstätigkeiten offenbaren[882]. Obwohl die Unterscheidung zwischen souveränem Staatshandeln und dem autorisierten Handeln Dritter auf der Basis des Einzelfalles zu treffen ist, erscheint die Zurückhaltung des US-Supreme Courts als gerechtfertigt. In der Abwesenheit einer staatlichen Ermächtigung, welche durch den Midcal-Test nachgewiesen wird, können mögliche Missbräuche staatlicher Immunität in Form von finanziellen Eigeninteressen regulierender Berufsgruppen nur schwerlich aufgedeckt werden.

---

[878] Southern Motor Carriers Rate Conference v. United States, 471 U.S. 48, 62 f (1985); FTC v. Ticor Title Ins. Co., 504 U.S. 621, 638 (1992).
[879] Town of Hallie v. City of Eau Claire, 471 U.S. 34, 40 (1985).
[880] Wie vor, S. 46 ("[i]n cases in which the actor is a state agency, it is likely that active state supervision would also not be required, although we do not here decide that issue").
[881] FTC v. Massachusetts Board of Registration of Optometry, 5 Trade Reg. Rep., 22,555 (1988).
[882] Die folgenden Entscheidungen unterer Gerichte ordnen das wettbewerbswidrige Verhalten dem Staat als Souverän zu: Automated Salvage Transp., Inc. v. Wheelabrator Envtl. Sys., Inc., 155 F.3d 59, 71 f (2nd Cir. 1998); Massachusetts School of Law at Andover v. ABA, 107 F.3d 1026, 1036 (3rd Cir. 1997); California CNG v. Southern Cal. Gas Co., 96 F.3d 1193 (9th Cir. 1996); Green v. State Bar of Texas, 27 F.3d 1083 (5th Cir. 1994); Charley's Taxi Radio Dispatch v. SIDA of Haw., 810 F.2d 869, 875 (9th Cir. 1987); Deak-Perera Hawaii v. Department of Transp., 745 F.2d 1281, 1282 f (9th Cir. 1984); Board of Governors of Univ. of N.C. v. Helpingstine, 714 F.Supp. 167, 176 (M.D.N.C. 1989); Ajax Aluminium v. Goodwill Indus., 564 F.Supp. 628 (W.D. Mich. 1983); im Gegensatz dazu ordnen die folgenden Entscheidungen den Wettbewerbsverstoß der untergordneten staatlichen Einheit zu, indem sie das erste Midcal-Kriterium diskutieren: Crosby v. Hospital Auth., 93 F.3d 1515, 1535 (11th Cir. 1996); FTC v. Hospital Board of Directors of Lee County, 38 F.3d 1184, 1187 f (11th Cir. 1994); Porter Testing Lab. v. Board of Regents, 993 F.2d 768 (10th Cir. 1993); Askew v. DCH Regional Health Care Authority, 995 F.2d 1033 (11th Cir. 1993), Bolt v. Halifax Hosp. Medical Center, 980 F.2d 1381, 1385 ff (11th Cir. 1993); Benton, Benton & Benton v. Louisiana Pub. Facilities Auth., 897 F.2d 198, 203 (5th Cir. 1990); Bolt v. Halifax Hosp. Medical Center, 891 F.2d 810, 824 (11th Cir. 1990); Hass v. Oregon State Bar, 883 F.2d 1453, 1456, 1460 (9th Cir. 1989); Cine 42nd Street Theater Corp. v. Nederlander Org., Inc. 790 F.2d 1032, 1035, 1047 f (2nd Cir. 1986); Midwest Constr. Co. v. Illinois Dept. of Labor, 684 F.Supp. 991 (N.D.Ill. 1988); Zapata Gulf Marine Corp. v. Puerto Rico Maritime Shipping, 682 F.Supp. 1345 (E.D.La. 1988).

Ein Wettbewerbsverstoß sollte aus diesen Gründen nur dann als souveränes Handeln des Staates qualifiziert werden, wenn es sich eindeutig um einen legislativen Akt des Gesetzgebers oder des Supreme Courts des Bundesstaates handelt und eine Beteiligung Dritter lediglich formalistischer Natur ist[883]. Allein diese Einheiten verfügen über eine Rechtsetzungsbefugnis innerhalb des gesamten Bundesstaats sowie eine demokratische Legitimation. Zugleich unterliegen sie nicht der Gefahr einer Beeinflussung durch private Interessen. Im Gegensatz dazu sind Behörden und Selbstverwaltungskörperschaften des Bundesstaates nicht durch Wahlen legitimiert, wobei insbesondere berufsgruppenregulierenden Selbstverwaltungskörperschaften finanzielle Eigeninteressen nicht generell abgesprochen werden können. Insbesondere wenn sich diese Einheiten aus praktizierenden Mitgliedern von Berufsgruppen zusammensetzen, sollte ihr Handeln klar von souveränem Staatshandeln abgegrenzt werden[884].

b) Untergeordnete staatliche Einheiten

Der US-Supreme Court befand in der Entscheidung Town of Hallie, dass Rechtsakte von Gemeinden allein einer Kontrolle durch das erste Kriterium des Midcal-Tests unterworfen sind. Zur Begründung führte das Gericht an, dass es sich um das Handeln eines staatlichen Organs handele für welches ein öffentliches Interesse generell unterstellt werden könne[885]. Die Frage, in welchem Umfang der Midcal-Test auf bundesstaatliche Behörden und Selbstverwaltungskörperschaften anwendbar ist, ist indes weitaus unklarer. Einen Anhaltspunkt stellt insoweit das bereits zitierte obiter dictum des US-Supreme Courts in der Entscheidung Town of Hallie dar, in welchem dieser sich gegen eine Anwendung des zweiten Midcal-Kriteriums auf das Verhalten von bundesstaatlichen Behörden aussprach[886]. Demzufolge haben diverse Berufungsgerichte entschieden, dass das Kriterium einer "aktiven staatlichen Aufsicht" auf autorisierte Tätigkeiten von Behörden und Selbstverwaltungskörperschaften eines Bundesstaates nicht anwendbar ist[887]. Die herrschende

---

[883] Areeda & Hovenkamp, Antitrust Law, § 224b, S. 405 (2002).
[884] So auch: Areeda & Hovenkamp, Antitrust Law, § 224b, S. 409 f (2002).
[885] Town of Hallie v. City of Eau Claire, 471 U.S. 34, 45 (1985).
[886] Wie vor, S. 46 ("In cases in which the actor is a state agency, it is likely that active state supervision would also not be required, although we do not here decide that issue").
[887] Die folgenden Entscheidungen von Berufungsgerichten untersuchen daher nur das erste Midcal-Kriterium: Earles v. State Board of Certified Public Accountants of Louisiana, 139 F.3d, 1033, 1041 (5th Cir. 1998); Bankers Ins. Co. v. Florida Residential Prop. & Cas. Joint Underwriting Ass'n, 137 F.3d 1293, 1297 (11th Cir. 1998); Automated Salvage Transp., Inc. v. Wheelabrator Envtl. Sys., Inc., 155 F.3d 59, 74 (2nd Cir. 1998); Crosby v. Hospital Auth., 93 F.3d 1515, 1535 (11th Cir. 1996); FTC v. Hospital Board of Directors of Lee County, 38 F.3d 1184, 1187 f (11th Cir. 1994); Porter Testing Lab. v. Board of Regents, 993 F.2d 768 (10th Cir. 1993); Askew v. DCH Regional Health Care Authority, 995 F.2d 1033 (11th Cir. 1993), Benton, Benton & Benton v. Louisiana Pub. Facilities Auth., 897 F.2d 198, 203 (5th Cir. 1990); Bolt v. Halifax Hosp. Medical Center, 980 F.2d 1381, 1385 ff (11th Cir. 1993);

Meinung in der Literatur unterstützt diese Sichtweise, indem sie einen dreistufigen Test anwendet: Tätigkeiten des Gesetzgebers oder des Supreme Courts des Bundesstaats in seiner gesetzgeberischen Funktion agierend sind "ipso facto" als immun zu qualifizieren (weder eine Ermächtigung noch eine Aufsicht erforderlich); Wettbewerbsverstöße von Gemeinden und sonstigen untergeordneten staatlichen Einheiten sind nur dann immun, wenn sie entsprechend einer staatlichen Ermächtigung hinsichtlich des Verstoßes zustande gekommen sind (erstes Midcal-Kriterium anwendbar); wettbewerbswidrige Tätigkeiten von privaten Unternehmen sind hingegen nur dann von der staatlichen Immunität umfasst, wenn sie einer diesbezüglichen staatlichen Ermächtigung folgen und dabei aktiv vom Gesetzgeber überwacht werden (erstes und zweites Midcal-Kriterium anwendbar)[888].

Um zu untersuchen, ob diese Einteilung mit der Rechtsprechung des US-Supreme Courts in Einklang steht, wird der folgende Absatz zunächst darlegen, aus welchen Gründen das Gericht nur das erste Midcal-Kriterium auf das Handeln von Gemeinden angewandt hat (aa.). Dies ist insbesondere deswegen erforderlich, weil die Town of Hallie Entscheidung des US-Supreme Courts von den Berufungsgerichten häufig dazu benutzt wird, um die Anwendung des Midcal-Tests auch in bezug auf Behörden und Selbstverwaltungskörperschaften auf das erste Kriterium zu beschränken. Sodann wird sich ein weiterer Absatz mit Rechtsetzungsakten dieser Einheiten beschäftigen (bb.) und dabei insbesondere das Handeln von Selbstverwaltungskörperschaften im Bereich des Gesundheitswesens untersuchen.

aa) Gemeinden

In der Entscheidung City of Lafayette urteilte der US-Supreme Court, dass die "state action" Doktrin nicht automatisch alle staatlichen Einheiten nur auf Grund ihrer Stellung von den Antitrust-Gesetzen freistellt[889]. Das Gericht führte weiterhin in der Entscheidung Boulder aus, dass Rechtsetzungsakte von Gemeinden

---

Hass v. Oregon State Bar, 883 F.2d 1453, 1460 (9th Cir. 1989); Cine 42nd Street Theater Corp. v. Nederlander Org., Inc., 790 F.2d 1032, 1047 f (2nd Cir. 1986); hierzu näher unten: 3. Kapitel, B., II., 2., b), bb), S. 194.
[888] Areeda & Hovenkamp, Antitrust Law, § 227, S. 490 (2002); C. Douglas Floyd, 41 B.C.L.REV. 1059, 1059 f (2000); der US Court of Appeals of the 11th Circuit hat ausdrücklich ebenfalls diesen dreistufigen Test angewandt: Bankers Ins. Co. v. Florida Residential Prop. & Cas. Joint Underwriting Ass'n, 137 F.3d 1293, 1296 (11th Cir. 1998); Crosby v. Hospital Auth., 93 F.3d 1515, 1521 f (11th Cir. 1996).
[889] City of Lafayette v. Louisiana Power & Light Co., 435 U.S. 389, 389 (1978)("[the doctrine]does not automatically exempt from the antitrust laws all governmental entities, whether state agencies or subdivisions of a State, simply by reason of their status as such").

nicht als souveränes Staatshandeln anzusehen sind[890]. Im Jahre 1985 befand der US-Supreme Court sodann, dass Gemeinden, wie private Unternehmen, eine staatliche Ermächtigung für einen Wettbewerbsverstoß im Sinne des ersten Midcal-Kriteriums darzulegen haben[891], nicht jedoch einer Kontrolle durch das zweite Midcal-Kriterium unterworfen sind[892]. Dabei argumentierte das Gericht im wesentlichen mit dem Zweck des Kriteriums einer "aktiven staatlichen Aufsicht", welches hauptsächlich eine Beweisfunktion bezüglich der Einhaltung der staatlichen Ermächtigung verfolge[893]. Das Gericht verglich das Handeln von Gemeinden mit privaten Tätigkeiten und befand, dass allein in letztem Fall eine wirkliche Gefahr bestehe, dass die handelnde Einheit eigene Interessen anstelle von öffentlich-rechtlichen Interessen vertrete[894]. Bei einer Gemeinde wurde hingegen, da es sich um ein "Organ des Staats" handele, allenfalls eine geringe Gefahr angenommen, dass diese Partei einer "privaten" Preisabsprache wird. Auf Grund dieses geringeren Missbrauchspotentials wurde es als ausreichend angesehen, dass eine staatliche Ermächtigung zum Erlass des wettbewerbswidrigen Rechtsakts bestehe.

bb) Behörden und Selbstverwaltungskörperschaften des Bundesstaats

Zunächst suggeriert das obiter dictum des US-Supreme Courts in der Entscheidung Town of Hallie[895], dass Rechtsakte von Behörden und Selbstverwaltungskörperschaften eines Bundesstaats auf Grund möglicher Eigeninteressen generell nicht als souveränes Staatshandeln anzusehen sind[896]. Auf Grund der Abwesenheit eines klaren Präzedenzfalls des US-Supreme Courts werden im folgenden die Entscheidungen von Berufungsgerichten untersucht, welche das dictum des Gerichts dazu veranlasste, eine nachsichtige Auslegung des Midcal-Tests in bezug auf diese Einheiten zu entwickeln. So

---

[890] Community Communications Co. v. City of Boulder, 455 U.S. 40, 50 (1982)("[c]ities are not themselves sovereign; they do not receive all the federal deference of the States that create them") so auch: Town of Hallie v. City of Eau Claire, 471 U.S. 34, 38 (1985).

[891] Town of Hallie v. City of Eau Claire, 471 U.S. 34, 40 (1985).

[892] Wie vor, S. 45; die folgenden Entscheidungen von Berufungsgerichten prüfen daher nur das erste Kriterium des Midcal-Tests in bezug auf gemeindliche Tätigkeiten: Redwood Empire Life Support v. County of Sonoma, 190 F.3d 949, 954 f (9th Cir. 1999); Omega Homes Inc. v. City of Buffalo 171 F.3d 755, 756 (2nd Cir. 1999); Hertz Corp. v. City of New York, 1 F.3d 121, 128 f (2nd Cir. 1993); Fisichelli v. Town of Methuen, 956 F.2d 12, 14 (1st Cir. 1992); Consol. Television Cable Serv., Inc. v. City of Frankfurt, 857 F.2d 354, 358 (6th Cir. 1988).

[893] Town of Hallie v. City of Eau Claire, 471 U.S. 34, 46 (1985).

[894] Wie vor, S. 47 ("[w]here a private party is engaging in the anticompetitive activity, there is a real danger that he is acting to further his own interests, rather than the governmental interest of the State").

[895] Wie vor, S. 46 ("In cases in which the actor is a state agency, it is likely that active state supervision would also not be required, although we do not here decide that issue").

[896] S.o.: 3. Kapitel, B., II., 2., a), S. 189; so auch: Areeda & Hovenkamp, Antitrust Law, § 224b, S. 409 f (2002); Havighurst, in: Hermans/Casparie/Paelinck, S. 37, 42.

befand der US Court of Appeals of the 5th Circuit bereits im Jahre 1990, dass das zweite Kriterium des Midcal-Tests nicht auf eine bundesstaatliche Behörde anwendbar ist[897] und wiederholte diese Ansicht 1998 in seiner Earles Entscheidung mit der Begründung, dass eine Selbstverwaltungskörperschaft des Bilanzwesens einer Gemeinde in Fragen der Parker Doktrin gleichzustellen sei[898]. Das Gericht rechtfertigte die Freistellung vom zweiten Midcal-Kriterium damit, dass auf Grund der öffentlichen Eigenschaft des Ausschusses eine geringe Gefahr eines wettbewerbwidrigen Verhaltens bestehe[899]. Der US Court of Appeals of the 10th Circuit hatte bereits im Jahre 1993 befunden, dass eine aktive staatliche Kontrolle nicht erforderlich sei, wenn das Handeln einer Selbstverwaltungskörperschaft in Frage stehe[900]. Jedoch untersuchte das Gericht das Vorliegen des zweiten Midcal-Kriteriums im Gegensatz zu anderen Berufungsgerichten zumindest hilfsweise für den Fall, dass dieses Kriterium wider Erwarten anwendbar sein sollte[901].

aaa) Selbstverwaltungskörperschaften im Bereich des Gesundheitswesens

Diverse Entscheidungen des US Court of Appeals of the 11th Circuit[902] befassen sich insbesondere mit Rechtsakten von Selbstverwaltungskörperschaften im

---

[897] Benton, Benton & Benton v. Louisiana Pub. Facilities Auth., 897 F.2d 198, 203 (5th Cir. 1990).
[898] Earles v. State Board of Certified Public Accountants of Louisiana, 139 F.3d, 1033, 1041 (5th Cir. 1998); folgende Entscheidungen von Berufungsgerichten halten das zweite Midcal-Kriterium in bezug auf Behörden und Selbstverwaltungskörperschaften für unanwendbar: Bankers Ins. Co. v. Florida Residential Prop. & Cas. Joint Underwriting Ass'n, 137 F.3d 1293, 1297 (11th Cir. 1998); Automated Salvage Transp., Inc. v. Wheelabrator Envtl. Sys., Inc., 155 F.3d 59, 74 (2nd Cir. 1998); Crosby v. Hospital Auth., 93 F.3d 1515, 1535 (11th Cir. 1996); FTC v. Hospital Board of Directors of Lee County, 38 F.3d 1184, 1187 f (11th Cir. 1994); Porter Testing Lab. v. Board of Regents, 993 F.2d 768 (10th Cir. 1993); Askew v. DCH Regional Health Care Authority, 995 F.2d 1033 (11th Cir. 1993); Bolt v. Halifax Hosp. Medical Center, 980 F.2d 1381, 1385 ff (11th Cir. 1993); Hass v. Oregon State Bar, 883 F.2d 1453, 1460 (9th Cir. 1989); Cine 42nd Street Theater Corp. v. Nederlander Org., Inc., 790 F.2d 1032, 1047 f (2nd Cir. 1986).
[899] Earles v. State Board of Certified Public Accountants of Louisiana, 139 F.3d, 1033, 1042 (5th Cir. 1998)("the public nature of the Board's actions means that there is little danger of a cozy arrangement to restrict competition").
[900] Porter Testing Lab. v. Board of Regents, 993 F.2d 768, 772 (10th Cir. 1993).
[901] Wie vor, S. 772; siehe ebenfalls: Hass v. Oregon State Bar, 883 F.2d 1453, 1457 (9th Cir. 1989)("[w]hether the conduct of state agencies must also be "actively supervised" by the state is an open question"); Neo Gen Screening, Inc., v. New England Newborn Screening Program, 187 F.3d 24, 29 (1st Cir. 1999)("the status of state boards or commissions is open to dispute").
[902] Crosby v. Hospital Auth., 93 F.3d 1515, 1535 (11th Cir. 1996); FTC v. Hospital Board of Directors of Lee County, 38 F.3d 1184, 1187 f (11th Cir. 1994); Askew v. DCH Regional Health Care Authority, 995 F.2d 1033 (11th Cir. 1993); Bolt v. Halifax Hosp. Medical Center, 980 F.2d 1381, 1385 ff (11th Cir. 1993); Todorov v. DCH Healthcare Auth., 921 F.2d 1438, 1462 (11th Cir. 1991).

Gesundheitswesen[903]. Dabei wurde das Entscheidungsgremium eines öffentlich-rechtlichen Krankenhauses regelmäßig als Untergliederung des Staats qualifiziert, wobei folgende Faktoren dargelegt werden mussten, um die staatliche Immunität auf das Gremium zu übertragen: (1) zunächst musste eine staatliche Untergliederung vorliegen, die (2) durch Gesetze ermächtigt ist, den Rechtsakt zu erlassen, wobei (3) durch Gesetze eine klar artikulierte staatliche Politik zum Ausdruck gekommen sein muss, die zu dem wettbewerbswidrigen Verhalten ermächtigt[904]. Falls ein Gremium als staatliche Einheit angesehen werden kann, wird die Einhaltung des ersten Midcal-Kriteriums demzufolge als ausreichend angesehen. In der Entscheidung Crosby v. Hospital Authority bezog sich das Gericht ausdrücklich auf die Entscheidung Town of Hallie des US-Supreme Courts und begründete die Entbehrlichkeit des zweiten Midcal Kriteriums mit dem geringeren Missbrauchspotential öffentlich-rechtlichen Handelns gegenüber privatem Handeln[905]. Um eine klar zum Ausdruck gekommene Absicht des Gesetzgebers, die Antitrust-Gesetze außer Kraft zu setzen, annehmen zu können, sah es das Gericht als ausreichend an, dass ein wettbewerbswidriges Verhalten erwartet werden kann, das nicht notwendigerweise das zwangsläufige Resultat des Gesetzes darstellen muss[906].

Demgegenüber vertraten andere Berufungsgerichte eine strengere Auffassung in bezug auf die Frage, wann eine Selbstverwaltungskörperschaft im Gesundheitswesen durch eine klar artikulierte staatliche Absicht ermächtigt sei wettbewerbswidrig zu handeln. Die Entscheidung Surgical Care Center of

---

[903] Diese werden regelmäßig durch die Gesetzes des Bundesstaates geschaffen und durch den Gouverneur oder ein Entscheidungsgremium auf Gemeindeebene eingesetzt. Die Ausschüsse üben dabei in der Regel öffentlich-rechtliche Funktionen aus und setzen sich häufig zumindest teilweise aus Mitgliedern der zu regulierenden Berufsgruppe zusammen. Kandidaten für die Ausschüsse werden häufig von den Organisationen der Berufsgruppen vorgeschlagen, wobei das bundesstaatliche Gesetz regelmäßig festlegt, welche Berufsgruppen in den Ausschüssen vertreten sein sollen und die notwendigen Qualifikationen der einzelnen Mitglieder festlegt; vgl. hierzu etwa: Georgia's Hospital Authorities Law, O.C.G.A. § 31-7-70 ff.
[904] FTC v. Hospital Board of Directors of Lee County, 38 F.3d 1184, 1187 f (11th Cir. 1994)("[t]o obtain state action immunity, an entity, such as the Board, must show the following: (1) that it is a political subdivision of the state; (2) that, through statutes, the state generally authorizes the political subdivision to perform the challenged action; and (3) that, through statutes, the state has clearly articulated a state policy authorizing anticompetitive conduct"); siehe auch: Crosby v. Hospital Auth., 93 F.3d 1515, 1532 (11th Cir. 1996).
[905] Crosby v. Hospital Auth., 93 F.3d 1515, 1525 (11th Cir. 1996)("this determination is guided by the rationale of Town of Hallie. Applying that rationale, we conclude that the nexus between the State and the Authority is sufficiently strong that, when combined with a clearly articulated policy in favor of the challenged anticompetitive conduct, there is little danger that it is involved in a private price fixing arrangement").
[906] Wie vor, S. 1532 ("[it is sufficient] that the anticompetitive conduct be reasonably anticipated, rather than the inevitable, ordinary, or routine outcome of a statute"); siehe auch: FTC v. Hospital Board of Directors of Lee County, 38 F.3d 1184, 1190 f (11th Cir.1994).

Hammond des US Court of Appeals of the 5th Circuit[907] betraf die gesetzlich vermittelte Befugnis eines öffentlich-rechtlichen Krankenhauses joint ventures mit Wettbewerbern einzugehen. Das Ziel des Gesetzes war es, die Wettbewerbsnachteile öffentlich-rechtlicher Krankenhäuser gegenüber privaten Krankenhäusern auszugleichen[908]. Da aber nicht alle joint ventures wettbewerbswidrig seien, befand das Gericht, könne es nicht als vorhersehbares Resultat der gesetzlichen Ermächtigung zum Abschluss eines joint ventures angesehen werden, dass das Krankenhaus wettbewerbswidrig handele[909]. Die in Frage stehenden Exklusivvereinbarungen mit Dritten waren daher nicht Ausdruck einer klar zum Ausdruck gebrachten Politik des Gesetzgebers die Regeln des Wettbewerbs außer Kraft zu setzen und fielen somit nicht in den Anwendungsbereich staatlicher Immunität. Das Gericht argumentierte dabei mit der Bedeutung des Sherman Acts, indem es befand, dass eine Befreiung von dessen Bestimmungen klar signalisiert werden müsse[910]. Der US Court of Appeals of the 9th Circuit[911] wählte einen vergleichbaren Ansatz, indem das Gericht ebenfalls seine Aufmerksamkeit allein auf die Frage richtete, ob der Gesetzgeber die Absicht hatte ein wettbewerbswidriges Resultat herbeizuführen oder zumindest zu tolerieren. Eine generelle Ermächtigung zur Geschäftsführung wurde dabei nicht als ausreichend angesehen, um einen entsprechenden Willen des Gesetzgebers zum Ausdruck zu bringen[912].

Im Zentrum der Frage, welche dieser beiden Auslegungen des ersten Midcal-Kriteriums geeigneter erscheint den Zielen des Midcal-Tests gerecht zu werden und gleichzeitig die Interessen des Bundesstaates im Sinne flexibler Regelungsmöglichkeiten zu gewährleisten, steht das Ziel der Verhinderung finanzieller Eigeninteressen der Mitglieder öffentlich-rechtlicher Entscheidungsgremien. Nur wenn ein öffentlich-rechtlicher Rechtsakt nicht überwiegend von privaten Interessen des Entscheidungsträgers beeinflusst ist, kann er als im "öffentlichen Interesse" ergangen angesehen werden. Da jedoch das öffentliche Interesse eines

---

[907] Surgical Care Ctr. of Hammond v. Hosp. Serv. Dist. No. 1 of Tangipahoa Parish 171 F. 3d 231 (5th Cir. 1999).
[908] La.Rev.Stat. § 46:1071("The legislation directs that it is to be construed liberally to cure competitive disadvantages"); Surgical Care Ctr. of Hammond v. Hosp. Serv. Dist. No. 1 of Tangipahoa Parish 171 F. 3d 231, 235 (5th Cir. 1999)("As we read the statute, the word "equally" qualifies "effectively," making clear that the statute's purpose is to level the playing field but no more").
[909] Surgical Care Ctr. of Hammond v. Hosp. Serv. Dist. No. 1 of Tangipahoa Parish 171 F. 3d 231, 235 (5th Cir. 1999)(" Thus, it is not the foreseeable result of allowing a hospital service district to form joint ventures that it will engage in anticompetitive conduct").
[910] Wie vor, S. 233 ("a state may express its will as it prefers, but insulation of its instruments from the Sherman Act must be fairly signaled").
[911] Lancaster Community Hospital v. Antelope Valley Hospital District, 940 F.2d 397 (9th Cir. 1991).
[912] Wie vor, S. 403 ("a subordinate state entity must do more than merely produce an authorization to "do business" to show that the state's policy is to displace competition.").

Rechtsaktes von den Berufungsgerichten häufig als Rechtfertigung herangezogen wurde, um nicht nur eine weniger stringente Auslegung des ersten Midcal-Kriteriums, sondern auch eine Freistellung öffentlich-rechtlicher Entscheidungsträger von dem zweiten Midcal-Kriterium zu begründen, ist die Bedeutung dieses Begriffes im folgenden Absatz näher zu untersuchen.

bbb) Das "öffentliche Interesse" der Entscheidung

Die meisten Entscheidungen auf der Ebene der Berufungsgerichte[913] begründeten die Freistellung öffentlich-rechtlicher Selbstverwaltungskörperschaften von dem Erfordernis einer "aktiven staatlichen Aufsicht" mit der Annahme, dass letztere, ebenso wie Gemeinden, im öffentlichen Interesse handeln. Um untersuchen zu können, ob die Annahme eines öffentlichen Interesses eine generelle Freistellung rechtfertigen kann, erscheint es zunächst sinnvoll sich zu vergegenwärtigen aus welchen Gründen der US-Supreme Court das öffentliche Interesse in der Entscheidung Town of Hallie abgeleitet hat. Der folgende Absatz des Urteils verdeutlicht, dass das Gericht die Freistellung für Gemeinden aus der Tatsache einer staatlichen Aufsicht und der Kontrollfunktion öffentlicher Wahlen hergeleitet hat: "[a]mong other things, municipal conduct is invariably more likely to be exposed to public scrutiny than is private conduct. Municipalities in some States are subject to "sunshine" laws or other mandatory disclosure regulations, and municipal officers, unlike corporate heads, are checked to some degree through the electoral process. Such a position in the public eye may provide some greater protection against antitrust abuses than exists for private parties."[914]. Im Gegensatz zu Gemeinden unterliegen öffentlich-rechtliche Selbstverwaltungskörperschaften jedoch regelmäßig nicht diesen Kontrollmechanismen in Form der Aufsichtsbestimmungen des Verwaltungsrechts und allgemeiner Wahlen. Daher kann eine kategorische Freistellung dieser Einheiten von dem zweiten Midcal-Kriterium nicht ohne weiteres aus dem Präzedenzfall des US-Supreme Courts abgeleitet und mit dem öffentlichen Interesse des Handelns dieser Einheiten gerechtfertigt werden.

---

[913] Bankers Ins. Co. v. Florida Residential Prop. & Cas. Joint Underwriting Ass'n, 137 F.3d 1293, 1297 (11th Cir. 1998)("The more public the entity looks, the less we worry that it represents purely private competitive interests, and the less need there is for active state supervision to ensure that the entity's anticompetitive actions are indeed state actions and not those of an alliance of interests that properly should be competing."); Earles v. State Board of Certified Public Accountants of Louisiana, 139 F.3d, 1033, 1041 (5th Cir. 1998); Hass v. Oregon State Bar, 883 F.2d 1453, 1460 (9th Cir. 1989)("the Bar is a public body, akin to a municipality for the purposes of the state action exemption"); Cine 42nd Street Theater Corp. v. Nederlander Org., Inc., 790 F.2d 1032, 1047 (2nd Cir. 1986); das öffentliche Interesse des Handelns einer Gemeinde diente auch als Rechtfertigung für den US-Supreme Court das zweite Midcal-Kriterium in Bezug auf Gemeinden nicht anzuwenden: Town of Hallie v. City of Eau Claire, 471 U.S. 34, 46 (1985)("a municipality is an arm of the State. We may presume, absent a showing to the contrary, that the municipality acts in the public interest.").
[914] Town of Hallie v. City of Eau Claire, 471 U.S. 34, 46 (1985).

Obwohl der US-Supreme Court in der Town of Hallie Entscheidung das Potential eines Missbrauchs staatlicher Immunität durch finanzielle Eigeninteressen in bezug auf private Entscheidungsträger erkannte[915], ordnete das Gericht einen solchen Interessenkonflikt bisher nie einem öffentlich-rechtlichen Entscheidungsträger zu. Die generelle Zugrundelegung eines öffentlichen Interesses an letztere Einheiten und die damit verbundene Negierung möglicher Eigeninteressen öffentlicher Akteure spiegelt jedoch nicht die Realitäten administrativer Rechtsetzungsverfahren wider. Insbesondere im Falle des Handelns öffentlich-rechtlicher Selbstverwaltungskörperschaften besteht eine erhöhte Gefahr, dass deren Mitglieder ihre privaten Interessen in die Entscheidung einfließen lassen[916]. Da sich letztere auf Grund des Erfordernisses eines hohen Grades an Sachverstand häufig aus praktizierenden Mitgliedern der zu regulierenden Berufsgruppen zusammensetzen, besteht insbesondere die Gefahr, dass etwa Rechtsanwälte oder Mediziner ihre Regelungsbefugnisse dazu nutzen, bestimmte Unternehmen zu bevorzugen oder Wettbewerber zu benachteiligen. Insbesondere im Falle der Regulierung von Berufsgruppen durch praktizierende Mitglieder dieser Gruppen erscheinen potentielle Interessenkonflikte daher als zu evident, als dass es gerechtfertigt wäre, der Entscheidung kategorisch ein "öffentliches Interesse" zu unterstellen. So befand etwa der Court of Appeals of the 11th Circuit[917], dass das Gremium eines Krankenhauses nicht den gleichen Schutzmechanismen wie eine Gemeinde unterliege, da es nicht den staatlichen Regelungen in bezug auf Anhörungen und öffentliche Wahlen unterliege, welche das öffentliche Interesse der Entscheidung sicherstellen sollen. Es erscheint aus diesen Gründen als fraglich, ob die "technische" Einteilung des Midcal-Tests in privates und öffentlich-rechtliches Handeln geeignet ist, Interessenkonflikte der Mitglieder öffentlich-rechtlicher Selbstverwaltungskörperschaften zu entdecken und entsprechend zu bewerten. Daher haben einige Stimmen in der Literatur[918] vorgeschlagen, den Test durch eine Untersuchung zu ersetzen, welche ermittelt, ob der öffentlich-rechtliche Entscheidungsträger finanzielle Eigeninteressen verfolgt. Ein öffentliches Interesse einer Entscheidung sollte zumindest nicht einfach unterstellt werden, ohne dass die Existenz zusätzlicher Schutzmechanismen ein eigennütziges Handeln verhindern könnte. Die Anwendung des zweiten Midcal-Kriteriums könnte zumindest insofern hilfreich sein, als eine aktive staatliche

---

[915] Wie vor, S. 47 ("[w]here a private party is engaging in the anticompetitive activity, there is a real danger that he is acting to further his own interests, rather than the governmental interest of the State").
[916] William H. Page, 1987 DUKE L.J. 618, 623 (1987)("Modern empirical studies, however, have demonstrated that regulation often benefits the regulated producers themselves rather than the public").
[917] Askew v. DCH Regional Health Care Authority, 995 F.2d 1033, 1037 (11th Cir. 1993); dennoch nahm das Gericht eine staatliche Immunität an ohne das zweite Midcal-Kriterium anzuwenden.
[918] Einer Richard Elhauge, 104 HARV. L. REV. 667, 674 ff, 692 ff (1991).

Aufsicht die Entscheidung der Selbstverwaltungskörperschaft enger mit dem staatlichen Souverän verbindet.

Für eine Anwendbarkeit des zweiten Midcal-Kriteriums spricht zudem, dass öffentlich-rechtliche Selbstverwaltungskörperschaften in höherem Maße als der parlamentarische Gesetzgeber einer Einflussnahme durch Dritte ausgesetzt sind. Dies ergibt sich daraus, dass prozessuale Schutzmechanismen wie öffentliche Anhörungen in geringerem Ausmaß anwendbar sind und die Anzahl der Entscheidungsträger geringer ist. Auch wenn die Einflussnahme privater Unternehmen auf Gesetzgebungsaktivitäten in bezug auf die Einführung eines wettbewerbswidrigen Verhaltens in den USA nicht generell als rechtswidrig angesehen wird[919], müssen die Schutzmechanismen des öffentlichen Rechts garantieren, dass private Interessen Dritter eine öffentlich-rechtliche Entscheidung nicht dominieren. Im Vergleich zu Gemeinden sind öffentlich-rechtliche Selbstverwaltungskörperschaften jedoch in höherem Ausmaße privaten Einflüssen ausgesetzt, da Schutzmechanismen in Form öffentlicher Wahlen und Anhörungen regelmäßig nicht anwendbar sind[920]. Nicht zuletzt auf Grund dieses erhöhten Potentials eines Interessenkonflikts sollte das zweite Midcal-Kriterium in bezug auf das Handeln öffentlich-rechtlicher Selbstverwaltungskörperschaften generell anwendbar sein. Allein in dem Ausnahmefall, dass Regelungen von Selbstverwaltungskörperschaften derart fachspezifisch und komplex sind, dass eine staatliche Aufsicht als ineffektiv und zu teuer erscheint, sollte eine Ausnahme von dieser Regel in Betracht kommen. In diesem Fall sollte jedoch zumindest eine klare Auslegung des ersten Kriteriums des Tests sicherstellen, dass die Mitglieder des Entscheidungsgremiums als Handlanger des Gesetzgebers und damit im öffentlichen Interesse handeln[921].

cc) Ergebnis

Eine Gleichstellung öffentlich-rechtlicher Selbstverwaltungskörperschaften mit Gemeinden in bezug auf die Parker Doktrin erscheint aus den oben genannten Gründen als nicht gerechtfertigt. Die Argumente des US-Supreme Courts aus der Entscheidung Town of Hallie sind entgegen der Ansicht diverser Berufungsgerichte nicht auf öffentlich-rechtliche Selbstverwaltungskörperschaften übertragbar und können daher eine Freistellung vom zweiten Midcal-Kriterium nicht rechtfertigen. Eine effektivere öffentliche Kontrolle des Handelns von Gemeinden durch allgemeine Wahlen und die Tatsache, dass

---

[919] Siehe zur sog. Noerr-Penningtion-Doktrin: Eastern Conference of Railway Presidents v. Noerr Motor Freight, 365 U.S. 127, 138 (1961).
[920] Siehe auch: Askew v. DCH Regional Health Care Authority, 995 F.2d 1033, 1037 (11th Cir. 1993).
[921] Wagner (in: WuW 2003, S. 454 (472)) fordert aus diesen Gründen ein sog. „competitive impact statement" des Gesetzgebers im EG-Wettbewerbsrecht, was jedoch einen erheblichen Verwaltungsaufwand darstellen würde.

Selbstverwaltungskörperschaften sich häufig aus praktizierenden Mitgliedern der Berufsgruppen zusammensetzen, sprechen gegen eine solche Freistellung. Besondere Aufmerksamkeit ist daher der Frage zu widmen, ob die Entscheidung des öffentlich-rechtlich legitimierten Entscheidungsträgers vom öffentlichen Interesse getragen wird oder nicht vielmehr durch überwiegende Eigeninteressen zustande gekommen ist. Eine nachsichtige Interpretation des ersten Midcal-Kriteriums im Sinne eines „Vorhersehbarkeits-Tests" erscheint dabei insbesondere im Falle einer Freistellung vom zweiten Kriterium des Tests nicht geeignet, die Absicht des Gesetzgebers hinsichtlich der Einführung eines wettbewerbswidrigen Verhaltens zu dokumentieren.

c) Private Unternehmen

Im Gegensatz zu dieser Rechtsprechung zu untergeordneten staatlichen Einheiten ist es unstritig, dass beide Kriterien des Midcal-Tests in bezug auf das wettbewerbswidrige Verhalten privater Unternehmen anwendbar bleiben[922]. Durch die klare Trennung zwischen privaten und öffentlich Interessen sowie durch die Äußerung des Arguments, dass private Unternehmen regelmäßig ihre eigenen Interessen verfolgen würden, verdeutlichte der US-Supreme Court, dass er nicht beabsichtigt, die Anwendung der Kriterien in bezug auf privates Handeln zu lockern[923]. Zur Begründung dieser Ansicht verwies das Gericht erneut auf das höhere Ausmaß staatlicher Aufsicht in bezug auf öffentliche Entscheidungsträger und unterstrich dabei insbesondere öffentlich-rechtliche Publizitätspflichten sowie die Kontrolle durch öffentliche Wahlen[924].

3. Ergebnis

Trotz der dargestellten Bedenken in bezug auf die nachsichtige Behandlung von Selbstverwaltungskörperschaften können die folgenden drei Schritte in der Literatur und der Rechtsprechung als überwiegend anerkannt angesehen werden, um die Anwendung der Parker Doktrin im konkreten Fall zu bestimmen[925]: Tätigkeiten des Gesetzgebers oder des Supreme Courts des Bundesstaats in seiner gesetzgeberischen Funktion agierend sind "ipso facto" als immun zu qualifizieren (weder eine Ermächtigung noch eine Aufsicht erforderlich); Wettbewerbsverstöße von Gemeinden und sonstigen untergeordneten staatlichen

---

[922] Town of Hallie v. City of Eau Claire, 471 U.S. 34, 46 (1985)("[w]here state or municipal regulation by a private party is involved ... active state supervision must be shown").
[923] Wie vor, S. 47 ("[w]here a private party is engaging in the anticompetitive activity, there is a real danger that he is acting to further his own interests, rather than the governmental interest of the State").
[924] Wie vor, S. 45.
[925] Areeda & Hovenkamp, Antitrust Law, § 227, S. 490 (2002); C. Douglas Floyd, 41 B.C.L.REV. 1059, 1059 f (2000); Bankers Ins. Co. v. Florida Residential Prop. & Cas. Joint Underwriting Ass'n, 137 F.3d 1293, 1296 (11th Cir. 1998); Crosby v. Hospital Auth., 93 F.3d 1515, 1521f (11th Cir. 1996).

Einheiten sind nur dann immun, wenn sie entsprechend einer staatlichen Ermächtigung hinsichtlich des Verstoßes zustande gekommen sind (erstes Midcal-Kriterium anwendbar); wettbewerbswidrige Tätigkeiten von privaten Unternehmen sind hingegen nur dann von der staatlichen Immunität umfasst, wenn sie einer diesbezüglichen staatlichen Ermächtigung folgen und dabei aktiv vom Gesetzgeber überwacht werden (erstes und zweites Midcal-Kriterium anwendbar). Dabei ist die Ansicht des US-Supreme Courts und einiger Berufungsgerichte, untergeordneten staatlichen Einheiten ein öffentliches Interesse kategorisch zuzuordnen, zu kritisieren, weil sie nicht immer die Realitäten administrativer Rechtsetzungsverfahren widerspiegelt[926]. Vielmehr ist eine strikte Anwendung beider Midcal-Kriterien notwendig, um feststellen zu können, ob das in Frage stehende wettbewerbswidrige Verhalten dem Gesetzgeber des Bundesstaates zugeordnet werden kann und nicht durch private Interessen des Entscheidungsträgers oder Dritter dominiert wurde. Eine besondere Aufmerksamkeit sollte dabei dem ersten Midcal-Kriterium zukommen, welches nicht nur als ein "Vorhersehbarkeits-Test" interpretiert werden sollte, sondern die Absicht des Gesetzgebers, die Wettbewerbsregeln durch eine Regulierung zu ersetzen, klar nachweisen sollte. Die Tatsache, dass ein Verstoß gegen die Antitrust-Gesetze "vorhersehbar" ist, ist nicht ausreichend, um die Absicht des Gesetzgebers nachzuweisen ein wettbewerbswidriges Verhalten einführen zu wollen, da der Wettbewerbsverstoß auch nur das Nebenprodukt einer allgemeinen Regulierungsermächtigung sein kann. Allein im Falle einer klaren staatlichen Ermächtigung erscheint es beim Hinzutreten einer aktiven staatlichen Aufsicht angemessen, die staatliche Immunität auf öffentlich-rechtliche Selbstverwaltungskörperschaften und private Unternehmen auszudehnen.

III. Zusammenfassung: Die "state action" Doktrin des US-amerikanischen Rechts

Die auf einer Interpretation des Sherman Acts basierende "state action" Doktrin des US-Supreme Courts versieht Rechtsetzungsakte des Gesetzgebers der Bundesstaaten aus Rücksicht auf das Verfassungsprinzip des Föderalismus mit einer weitreichenden Immunität von den Antitrust-Gesetzen des Bundes[927]. Im Falle einer Delegierung von Regelungskompetenzen an sachverständige Entscheidungsträger stellt sich dabei die Frage, ob die staatliche Immunität auf diese zu übertragen ist. Dabei ist es das Ziel der Doktrin, das Interesse der Bundesstaaten an flexiblen Regelungsmöglichkeiten mit den Zielen des Midcal-Tests in Einklang zu bringen. Dieser Test normiert klare Kriterien, um ein wettbewerbswidriges Verhalten dem bundesstaatlichen Gesetzgeber zuordnen zu

---

[926] Siehe: William H. Page, 1987 DUKE L.J. 618, 623 (1987)("Modern empirical studies, however, have demonstrated that regulation often benefits the regulated producers themselves rather than the public").
[927] S.o.: 3. Kapitel, B., I., 2., S. 168.

können und zielt damit darauf ab, mit einer extensiven Auslegung der Doktrin verbundene Missbrauchsmöglichkeiten zu verhindern[928]. Besondere Aufmerksamkeit sollte im Falle eines Handelns staatlicher Untergliederungen auf die Struktur und Zusammensetzung der Mitglieder gelegt werden. Das Ziel muss es dabei sein, nachzuweisen, dass ein wettbewerbswidriges Verhalten dem öffentlichen Interesse und nicht den Interessen der Mitglieder des Ausschusses dient. Zwar mag es als angemessen erscheinen anzunehmen, dass der Kongress die Bundesstaaten durch den Erlass des Sherman Acts nicht in ihrer Regelungsbefugnis beeinträchtigen wollte, was insbesondere auch die Entscheidung des Bundesstaates beinhaltet mittels staatlicher Untergliederungen eine Regelung zu erlassen; es erscheint jedoch als weitaus weniger angemessen zu unterstellen, der Kongress habe beabsichtigt die Bundesstaaten zu ermächtigen, die an Privatpersonen adressierten Antitrust-Gesetze zu negieren und damit eine deutlich zum Ausdruck gebrachte föderalistische Politik zugunsten des Wettbewerbs vollumfänglich zu ignorieren. Staatliche Immunität sollte aus diesem Grunde nur dann auf private Unternehmen und Untergliederungen des Bundesstaates übertragen werden, wenn der Gesetzgeber seine Absicht die Wettbewerbsregeln durch eine Regulierung zu ersetzen eindeutig zum Ausdruck gebracht hat und das Verhalten des Entscheidungsträgers aktiv beaufsichtigt hat. Im Falle des Überwiegens eines Eigeninteresses des Entscheidungsträgers, kann die Entscheidung nicht mehr als im "öffentlichen Interesse" ergangen angesehen werden, so dass von einer Übertragung staatlicher Immunität abzusehen ist.

IV. Vergleich des Festbetragsurteils des EuGH mit der Rechtsprechung des US-Supreme Courts

Im Gegensatz zum EuGH hätte der US-Supreme Court das System der Festbetragsfestsetzung nach § 35 SGB V mangels einer aktiven staatlichen Kontrolle wohl nicht unter dem Hinweis auf die staatliche Veranlassung toleriert. So hat das höchste US-amerikanische Gericht die Entbehrlichkeit des zweiten Midcal-Kriteriums in bezug auf Selbstverwaltungskörperschaften, die öffentliche Aufgaben wahrnehmen, im Gegensatz zu diversen Berufungsgerichten bisher nicht anerkannt. Gerade im Fall der Festbeträge existiert eine aktive staatliche Kontrolle jedoch nicht, da allein eine Rechtsaufsicht gegeben ist. So ist eine aktive staatliche Kontrolle nach der Ansicht des US-Supreme Courts nur gegeben, wenn eine wiederholte Kontrolle der Einhaltung der staatlichen Regulierungsermächtigung vorliegt[929] und der Bundesstaat die Möglichkeit hat, die autorisierte Entscheidung zu untersagen[930].

---

[928] S.o.: 3. Kapitel, B., II., 1., b), aa), S. 182.
[929] Patrick v. Burget, 486 U.S. 94, 102 (1988)("[active state supervision requires that] a state official has and exercises ultimate authority over private privilege determinations").
[930] Wie vor, S. 103 ("[the state official has to have the] power to disapprove private privilege decisions").

Eine "aktive staatliche Aufsicht" setzt zudem voraus, dass die kontrollierende Einheit ein "bedeutendes Maß an Kontrolle" über den Wettbewerbsverstoß auch tatsächlich ausübt[931]. So hinterfragt das zweite Midcal-Kriterium, ob der Bundesstaat eine "substantielle Rolle in der Bewertung der Einzelheiten der Wirtschaftspolitik gespielt hat"[932]. Die staatliche Aufsicht muss damit so intensiv sein, dass sie das private Handeln in einen staatlichen Akt umwandelt[933].

Bei der Festbetragsfestsetzung ist die Höhe der Festbeträge maßgeblich für die Einsparungen im GKV-System und die Preisfindung der betroffenen Arzneimittel. Diese Entscheidung treffen die Spitzenverbände der Krankenkassen jedoch autonom, ohne dass sie einer Zustimmung des zuständigen Ministers bedürften[934]. Daher kann nicht von einer aktiven staatlichen Überwachung ausgegangen werden, so dass die Übertragung staatlicher Immunität im Sinne der „state action" Doktrin nach der Ansicht des US-Supreme Courts nicht in Betracht käme. Dieses Ergebnis ist insofern für das System der Festbetragsfestsetzung von Bedeutung, als es genau die bereits dargelegte Kritik an dem Festbetragsurteil des EuGH bestätigt[935]. Nur falls eine aktive staatliche Aufsicht gegeben ist, erscheint es als angemessen der Regelung einer Selbstverwaltungskörperschaft einen staatlichen Charakter zuzubilligen und sie aus dem Anwendungsbereich kartellrechtlicher Bestimmungen herauszunehmen. Nur in diesem Fall liegt eine staatliche Entscheidung vor, die frei von möglichen Eigeninteressen eines Marktteilnehmers ist. Da im Fall der Festbetragsfestsetzung jedoch die maßgebliche Entscheidung in Form der Festbetragshöhe bei den Kassenverbänden liegt, kann nicht von einer hoheitlichen Regelung ausgegangen werden. Die dem zweiten Midcal-Kriterium zugrunde liegenden Erwägungen lassen sich damit auf das EG-Wettbewerbsrecht übertragen und stellen gerade einen wesentlichen Kritikpunkt an dem Festbetragsurteil des EuGH dar. Sie sollten daher in Zukunft verstärkt Berücksichtigung in der Rechtsprechung des Gerichtshofes finden.

---

[931] 324 Liquor Corp. v. Duffy, 479 U.S. 335, 345 (1987)("exer[t] . . . significant control").
[932] FTC v. Ticor Title Ins. Co., 504 U.S. 621, 635 (1992) ("[whether] the State has played a substantial role in determining the specifics of the economic policy").
[933] Patrick v. Burget, 486 U.S. 94, 105 (1988)("convert[s] the action of the private party . . . into the action of the State").
[934] Dies betonen auch: OLG Düsseldorf, Urteil vom 27.7.1999, Az.: U (Kart) 36/98, in: PharmaR 1999, S. 283 (296); OLG Düsseldorf, Urteil vom 27.7.1999, Az.: U (Kart) 33/98, in: Pharm. Ind. 1999, S. 704 (711); Axer, in: NZS 2002, S. 57 (63); Koenig/Sander, in: NZS 2001, S. 617 (619); dies, in: Marburger Gespräche zum Pharmarecht, S. 67 (71); a.A.: BGH, Vorlagebeschluss zum EuGH vom 3.7.2001, KZR 31/99, in: WuW 2001, S. 1089 (1098).
[935] S.o.: 2. Kapitel, A., I., 2., a), aa), aaa), (1), S. 71.

C. Zusammenfassung und Vergleich der Rechtssysteme

1. Sowohl im US-amerikanischen Rechtssystem als auch im Gemeinschaftsrecht stellt sich die Frage, in welchem Umfang Staaten höherrangige Wettbewerbsordnungen zu beachten haben. Im Gegensatz zum US-amerikanischen Antitrust-Recht verfügte das EG-Wettbewerbsrecht in Form der Beihilfevorschriften sowie des Art. 86 I EG seit jeher über Bestimmungen, die die staatliche Verantwortlichkeit für Wettbewerbsbeschränkungen regeln. Während der EuGH diesen Vorschriften im Wege der Auslegung eine umfassende Rechtsprechung hinzufügte, bedurfte es erst einer Interpretation verfassungsrechtlicher Prinzipien durch den US-Supreme Court, um im Rahmen der sog. "state action" Doktrin das Problem der bundesstaatlichen Verantwortlichkeit nach dem Antitrust-Recht des Bundes einer Regelung zuzuführen.

2. Im Ergebnis weist die US-amerikanische "state action" Doktrin in zweifacher Weise Gemeinsamkeiten zu der Verantwortlichkeit der EU-Mitgliedstaaten nach Art. 86 I EG und Art. 10 II, 3 I lit.g) EG i.V.m. Art. 81 f EG auf[936]: einerseits sind die Wettbewerbsregeln beider Rechtsordnungen grundsätzlich nur auf private Wirtschaftsteilnehmer anwendbar, so dass die Adressatenstellung des Staates besonders begründet werden muss; zweitens werden private Wirtschaftsteilnehmer, die ausschließlich der hoheitlichen Anordnung eines Staates folgen, unter bestimmten Voraussetzungen vom Anwendungsbereich der Wettbewerbsregeln freigestellt.

3. Erhebliche Unterschiede zwischen den beiden Rechtsordnungen spiegeln sich bereits in der Systemkonzeption einer staatlichen Verantwortlichkeit wider: während die US-amerikanische "state action" Doktrin hoheitliche Tätigkeiten des bundesstaatlichen Gesetzgebers und des Supreme Courts bedingungslos von den Antitrust-Gesetzen des Bundes freistellt[937], gelten die Umgehungsverbote der Art. 86 I EG und Art. 10 II, 3 I lit.g) EG i.V.m. Art. 81 f EG auch für legislative Maßnahmen der EU-Mitgliedstaaten, sofern diese sich auf private bzw. öffentliche und privilegierte Unternehmen beziehen[938]. Damit begründete der US-Supreme Court mit der "state action" Doktrin eine vollumfängliche Freistellung gesetzgeberischer Tätigkeiten der Bundesstaaten und begrenzte allein die Übertragung der staatlichen Immunität auf öffentlich-rechtliche Selbstverwaltungskörperschaften, Behörden, Gemeinden und private Unternehmen durch die Kriterien des Midcal-Tests. Demgegenüber verfolgte der Gemeinschaftsgesetzgeber seit jeher den Ansatz eines generellen Verbots mitgliedstaatlicher Interventionen in die Wettbewerbsordnung der Gemeinschaft, was insbesondere die Existenz der Beihilfevorschriften und des

---

[936] Hierzu grundsätzlich: Wagner, in: WuW 2003, S. 454 ff.
[937] Hoover v. Ronwin, 466 U.S. 558, 559 (1984); s.o.: 3. Kapitel, B., II., 2., a), S. 189.
[938] EuGH, Urteil vom 13.12.1991, Rs. C-18/88 (RTT/INNO), Slg. 1991, I-5941 (5980); EuGH, Urteil vom 19.5.1993, Rs. C-320/91 (Corbeau), Slg. 1993, I-2533 (2565, 2570).

Art. 86 I EG zeigt. Diese Tendenz bestätigt auch die Ausnahmeregelung des Art. 86 II EG, die nur unter eng begrenzten Voraussetzungen Wettbewerbsbeschränkungen durch öffentliche und privilegierte Unternehmen zulässt.

4. Weitere Unterschiede bestehen auch in bezug auf die Voraussetzungen, unter denen sich private Wirtschaftsteilnehmer auf die staatliche Veranlassung einer Wettbewerbsbeschränkung mit der Folge einer Freistellung berufen können. Während der US-Supreme Court voraussetzt, dass der Gesetzgeber seine Absicht, die Wettbewerbsregeln durch eine Regulierung zu ersetzen, eindeutig zum Ausdruck gebracht hat und das Verhalten des Entscheidungsträgers aktiv beaufsichtigt hat[939], kommt ein Verantwortungsausschluss privater Wirtschaftsteilnehmer im EG-Wettbewerbsrecht grundsätzlich nur unter enger begrenzten Voraussetzungen in Betracht. So hat eine hoheitliche Maßnahme gegenüber privaten Unternehmen nur dann einen Ausschluss der Verantwortlichkeit des Mitgliedstaates und des privaten Wirtschaftsteilnehmers zur Folge, wenn die staatliche Maßnahme jegliche unternehmerische Entscheidungsfreiheit ausschließt[940]. Einen solchen Handlungs- und Gestaltungszwang hält der US-Supreme Court indes für entbehrlich[941].

5. Dabei werden diese Unterschiede zwischen den Rechtsordnungen erneut deutlich, wenn das Handeln öffentlich-rechtlicher Wirtschaftsteilnehmer in Frage steht. So fordert der US-Supreme Court in bezug auf Gemeinden nur das Vorliegen einer Absicht des Gesetzgebers die Regeln des Wettbewerbs außer Kraft zu setzen und verzichtet dabei auf das Erfordernis einer staatlichen Kontrolle. Ein solcher Verzicht auf das zweite Midcal Kriterium ist jedoch in bezug auf öffentlich-rechtliche Selbstverwaltungskörperschaften vom US-Supreme Court bisher nicht angenommen worden und wäre aus den oben dargelegten Gründen auch abzulehnen. Gerade in diesem Bereich vermag das höchste US-amerikanische Gericht daher durchaus strengere Maßstäbe anzulegen als der EuGH. Die Existenz des Art. 86 I EG verdeutlicht hingegen, dass der Gemeinschaftsgesetzgeber in der Einführung und Verstärkung von Wettbewerbsbeschränkungen durch öffentliche und privilegierte Unternehmen eine besondere Gefahr für den Gemeinsamen Markt gesehen hat. Demzufolge können hoheitliche Maßnahmen gegenüber öffentlichen und privilegierten Unternehmen im Rahmen des Art. 86 I EG auch dann eine Wettbewerbsbeschränkung darstellen, wenn sie jegliche Entscheidungsfreiheit

---

[939] So die Kriterien des Midcal-Tests des US-Supreme Courts: California Retail Liquor Dealers Ass'n v. Midcal Aluminium, Inc., 445 U.S. 97, 105 f (1980); s.o.: 3. Kapitel, B., II., 1., a), S. 177.
[940] So die Rechtsfolge des Akzessorietätsgrundsatzes im Rahmen der mitgliedstaatlichen Verpflichtung nach Art. 10 II, 3 I lit.g) EG i.V.m. Art. 81 f EG; s.o.: 3. Kapitel, A., I., 1., b), S. 143.
[941] Southern Motor Carriers Rate Conference, Inc., v. United States, 471 U.S. 48, 48 f, 61 (1985); s.o.: 3. Kapitel, B., II., 1., b), bb), aaa), S. 184.

des Unternehmens ausschließen[942]. Damit ist der Anwendungsbereich der mitgliedstaatlichen Verantwortlichkeit nach Art. 86 I EG, welcher staatliche Maßnahmen in bezug auf öffentliche und privilegierte Unternehmen betrifft, weiter als der Anwendungsbereich der Art. 10 II, 3 I lit.g) EG i.V.m. Art. 81 f EG, da in bezug auf private Unternehmen der Ausschluss einer Entscheidungsfreiheit die staatliche Haftung zu beseitigen vermag. Im Rahmen der US-amerikanischen "state action" Doktrin wird Maßnahmen öffentlicher Wirtschaftsteilnehmer dagegen teilweise ein höheres Vertrauen zu Teil, sofern letztere als Untergliederungen des Bundesstaats angesehen werden. Dabei unterstellt der US-Supreme Court dem Handeln dieser Einheiten grundsätzlich ein öffentliches Interesse und erleichtert die Voraussetzungen der Übertragung staatlicher Immunität gegenüber privaten Wirtschaftsteilnehmern dadurch, dass er auf das Erfordernis einer staatlichen Kontrolle verzichtet[943].

6. Diese Unterschiede verdeutlichen, dass der staatlichen Souveränität bei der Beurteilung öffentlich-rechtlichen Handelns im Lichte höherrangiger Wettbewerbsordnungen im US-amerikanischen Recht eine wesentlich höhere Bedeutung beigemessen wird als dies im Gemeinschaftsrecht der Fall ist. So kommt den Regelungskompetenzen der Bundesstaaten im Rahmen der aus dem Verfassungsprinzip des Föderalismus abgeleiteten "state action" Doktrin eine sehr hohe Bedeutung zu, während das Gemeinschaftsrecht zunächst die Begrenzung mitgliedstaatlicher Interventionen in das EG-Wettbewerbsrecht zum Regelungsziel erhebt. Dabei lassen sich diese gegensätzlichen Ansatzpunkte durch zwei Gründe erklären: einerseits unterscheidet sich das US-amerikanische Verfassungsprinzip des Föderalismus in seiner Ausprägung von dem Subsidiaritätsprinzip des Gemeinschaftsrechts[944]; andererseits kommt dem EG-Wettbewerbsrecht im Gegensatz zum US-amerikanischen Antitrust-Recht neben den allgemeinen Zielen des Wettbewerbsrechts eine wesentliche Bedeutung zur Errichtung eines Gemeinsamen Markts zu[945].

7. Da ein solcher Gemeinsamer Markt in den USA bereits besteht, sind der US-amerikanischen "state action" Doktrin derartige integrationspolitische Überlegungen naturgemäß fremd. Dementsprechend misst der US-Supreme Court der Bedeutung des Verfassungsprinzips des Föderalismus eine wesentliche Bedeutung zur Stärkung der Rechte der Bundesstaaten bei und

---

[942] Dies ist die Folge davon, dass im Rahmen der Art. 86 I EG i.V.m. Art. 81 f EG ein Akzessorietätsverhältnis nicht erforderlich ist; s.o.: 3. Kapitel, A., I., 2., b), cc), S. 152.
[943] Town of Hallie v. City of Eau Claire, 471 U.S. 34, 46 (1985); s.o.: 3. Kapitel, B., II., 2., b), S. 192.
[944] Ähnlich: Slot, in: FS für Everling, S. 1413 (1426).
[945] Dabei betont der EuGH die tragende Bedeutung dem EG-Wettbewerbsrecht für die Errichtung des Gemeinsamen Marktes: EuGH, Urteil vom 21.2.1973, Rs. 6/72 (Continental Can), Slg. 1973, S. 215 (244, 246); EuGH, 7.2.1985, Rs. 240/83 (Procureur de la République/Association de Défense des Brûleurs d'Huiles Usagées), Slg. 1985, S. 531 (548 ff); s.o.: 1. Kapitel, C., II., 2., a), S. 52.

betont staatliche Missbrauchsmöglichkeiten einer Freistellung im Gegensatz zur Konzeption des EG-Vertrages nur in geringerem Umfang. Das zusätzliche integrationspolitische Ziel der EG-Wettbewerbsordnung spiegelt sich auch darin wider, dass im Gegensatz zum US-amerikanischen Verfassungsrecht die Bedeutung des Wettbewerbsrechts für das Ziel der Schaffung und Erhaltung einer einheitlichen Wirtschaftsverfassung in Art. 3 I lit.g) EG ausdrücklich betont wird[946]. Auch vermag der Problematik der staatlichen Bevorzugung nationaler Unternehmen auf Grund eines erhöhten Wettbewerbs zwischen den Rechtsordnungen in der EU im Vergleich zu den USA grundsätzlich eine höhere Bedeutung zukommen. Die stärkere Betonung staatlicher Missbrauchsmöglichkeiten von Regelungskompetenzen im EG-Wettbewerbsrecht gegenüber dem vorrangig die Souveränität der Bundesstaaten betonenden US-amerikanischen Antitrust-Recht liegt damit in dem unterschiedlichen Integrationsstadium beider Rechtsräume und der damit verbundenen zusätzlichen Zielsetzung des EG-Wettbewerbsrechts begründet.

---

[946] So auch: Havighurst, in: Hermans/Casparie/Paelinck (Hrsg.), S. 37 (41).

4. Kapitel: Rechtfertigung eines Verstoßes gegen die Wettbewerbsregeln nach Art. 86 II EG

Da ein Verstoß gegen Art. 81 EG weder im Verfahren der Festbetragfestsetzung nach § 35 noch nach § 35a SGB V ausgeschlossen werden kann, ist im folgenden Abschnitt zu untersuchen, ob die Wettbewerbsbeschränkung nach Art. 86 II EG gerechtfertigt werden kann. Nach Art. 86 II EG sind die Wettbewerbsregeln ausnahmsweise für Unternehmen, die mit Dienstleistungen von allgemeinem wirtschaftlichem Interesse betraut sind, nicht anwendbar, soweit die Anwendung „die Erfüllung der ihnen übertragenen besonderen Aufgabe tatsächlich oder rechtlich verhindert". Dabei kommt eine Rechtfertigung auch für das Verhalten der Mitgliedstaaten in Betracht[947], da die Mitgliedstaaten selbst nicht umfassender an die unternehmensgerichteten Wettbewerbsregeln gebunden sein können als die von ihnen instrumentalisierten Unternehmen[948]. Der Vorschrift des Art. 86 II EG kommt dabei unmittelbare Geltung zu, so dass auch die mitgliedstaatlichen Gerichte die Bestimmung anwenden können[949]. Diesen obliegt regelmäßig die Aufgabe, im Falle eines Vertragsverstoßes über das Vorliegen einer Rechtfertigung nach Art. 86 II EG zu entscheiden.

A. Systematische Stellung und Regelungszweck

Art. 86 II stellt die zentrale Vorschrift des EG-Vertrages für den Ausgleich zwischen der Wettbewerbsordnung der Gemeinschaft und der Funktionsfähigkeit mitgliedstaatlicher Daseinsvorsorgeleistungen dar[950]. Dabei unterwirft die Vorschrift Dienste von allgemeinem wirtschaftlichem Interesse zunächst der Geltung des EG-Vertrages und lässt unter bestimmten Voraussetzungen Ausnahmen von diesem prinzipiellen Geltungsanspruch zu. Dieses Regel-Ausnahme-Verhältnis und die prinzipielle Geltung des Wettbewerbsrechts im Bereich der wirtschaftlichen Daseinsvorsorge wird nicht durch die Einführung des Art. 16 EG beeinträchtigt, da die Vorschrift „unbeschadet der Art. 73, 86 und 87" EG den Stellenwert der Dienste von allgemeinem wirtschaftlichem

---

[947] So deutlich: EuGH, Urteil vom 23.10.1997, Rs. C-157/94 (Kommission/Niederlande), Slg. 1997, I-5699 (5777); EuGH, Urteil vom 23.10.1997, Rs. C-159/94 (Kommission/Frankreich), Slg. 1997, I-5815 (5833); bereits zuvor andeutend: EuGH, Urteil vom 27.4.1994, Rs. C-393/92 (Almelo), Slg. 1994, I-1477 (1521); so auch: Weiß, in: EuR 2003, S. 165 (184); Ehricke, in: EuZW 1998, S. 741 (744); von Burchard, in: Schwarze, Art. 86, Rn. 51.
[948] Ehricke, in: EuZW 1998, S. 741 (744).
[949] So die mittlerweile ständige Rechtsprechung: EuGH, Urteil vom 11.4.1989, Rs. 66/86 (Saeed Flugreisen), Slg. 1989, S. 803 (853); EuGH, Urteil vom 27.4.1994, Rs. C-393/92 (Almelo), Slg. 1994, I-1477 (1521).
[950] Schwarze, in: EuZW 2001, S. 334 (337); Mestmäcker, in: FS für Zacher, S. 635 (643).

Interesse betont[951]. Als Ausnahmevorschrift von den Kartell- und Missbrauchsverboten stellt Art. 86 II EG jedoch eine Möglichkeit zur Berücksichtigung der Besonderheiten mitgliedstaatlicher Daseinsvorsorge dar. Durch die Rechtfertigungsmöglichkeit soll damit das legitime Interesse der Mitgliedstaaten am Einsatz bestimmter Unternehmen als Instrument der Wirtschafts- und Sozialpolitik mit dem Interesse der Gemeinschaft an einer Beachtung der Wettbewerbsregeln in Einklang gebracht werden[952]. Auf Grund außerökonomischer Ziele werden damit wirtschaftliche Tätigkeiten von den Vorschriften des EG-Wettbewerbsrechts freigestellt, wobei insbesondere die flächendeckende Versorgung der Bevölkerung mit Daseinsvorsorgeleistungen als Ziel anerkannt ist[953]. Dennoch kann die Vorschrift nicht als Bereichsausnahme in dem Sinne angesehen werden, dass alle Dienstleistungen von allgemeinem wirtschaftlichem Interesse von den Bestimmungen des EG-Vertrages freigestellt würden[954]. Vielmehr handelt es sich bei Art. 86 II EG um eine einzelfallbezogene Norm, deren Voraussetzungen als Ausnahmevorschrift restriktiv auszulegen sind[955] und vom EuGH bisher nur in wenigen Fällen als erfüllt angesehen wurden[956].

B. Voraussetzungen der Rechtfertigung

Bereits aus der Systematik des EG-Wettbewerbsrechts und den Grundfreiheiten ergibt sich, dass Art. 86 II EG als Ausnahmevorschrift nur auf unternehmerische Tätigkeiten anwendbar ist[957]. So bedürfen nichtwirtschaftliche Tätigkeiten

---

[951] Weiß, in: EuR 2003, S. 165 (186); Koenig/Kühling, in: ZHR 166 (2002), S. 656 (680); a.A.: Schwarze, in: EuZW 2001, S. 334 (336), der von einer Neuordnung des Regel-Ausnahmeverhältnisses ausgeht; der Vorschrift kommt jedoch nach überwiegender Auffassung eine Bedeutung im Rahmen der Verhältnismäßigkeitsprüfung nach Art. 86 II EG zu; so: Weiß, in: EuR 2003, S. 165 (186); grundsätzlich zur Bedeutung des Art. 16 EG für die Gemeinschaftspolitiken im Bereich der Daseinsfürsorge ausführlich: Frenz, in: EuR 2000, S. 901 ff.
[952] EuGH, Urteil vom 21.9.1999, Rs. C-67/96 (Albany), Slg. 1999, I-5751 (5892 f); Mestmäcker, in: FS für Zacher, S. 635 (641).
[953] Koenig/Kühling, in: ZHR 166 (2002), S. 656 (670).
[954] Weiß, in: EuR 2003, S. 165 (184); Burgi, in: EuR 1997, S. 261 (277); Ehricke, in: EuZW 1998, S. 741 (745, 746); Steinmeyer, in: Marburger Gespräche zum Pharmarecht, S. 36 (43); a.A. wohl: Jung, in: Callies/Ruffert, Art. 86, Rn. 34, 41.
[955] EuGH, Urteil vom 17.5.2001, Rs. C-340/99 (TNT Traco), Slg. 2001, I-4109 (4162); EuGH, Urteil vom 23.10.2001, Rs. C-157/94 (Kommission/Niederlande), Slg. 1997, I-5699 (5778); EuGH, Urteil vom 23.10.2001, Rs. C-159/94 (Kommission/Frankreich), Slg. 1997, I-5815 (5834); EuGH, Urteil vom 27.3.1974, Rs. 127/73 (BRT II/SABAM), Slg. 1974, S. 313 (318); Mestmäcker, in: FS für Zacher, S. 635 (641); Mestmäcker, in: FS für Zacher, S. 635 (641); Ehricke, in: EuZW 1998, S. 741 (744); Jungbluth, in: Langen/Bunte, Art. 86, Rn. 36; a.A.: Bieback, in: RsDE Nr. 49, S. 1 (24).
[956] So etwa in bezug auf den Postdienst: EuGH, Urteil vom 19.5.1993, Rs. C-320/91 (Corbeau), Slg. 1993, I-2533 (2569); teilweise wird die Vorschrift daher in der Literatur als obsolet angesehen: v. Wilmowsky, in: ZHR 155 (1991), S. 545 (571).
[957] Koenig/Kühling, in: ZHR 166 (2002), S. 656 (663).

privater wie öffentlicher Einheiten keiner Rechtfertigung, da diese bereits nicht in den Anwendungsbereich des EG-Wettbewerbsrechts fallen und zudem kein Konflikt mit den sonstigen wirtschaftsbezogenen Regeln des EG-Vertrages vorliegt. Tätigkeiten ausschließlich kultureller oder sozialer Art, die keinen wirtschaftlichen Bezug aufweisen, fallen damit nicht in den Anwendungsbereich der Vorschrift. Jedoch werden auch auf kulturelle oder soziale Zielsetzungen bezogene Leistungen häufig in einem wirtschaftlichen Kontext erbracht[958]. Dabei ist Art. 86 II EG im Gegensatz zu Art. 86 I EG jedoch unabhängig davon anwendbar, ob es sich um das Verhalten eines öffentlichen oder privaten Unternehmens handelt, solange die wirtschaftlich handelnde Einheit mit Dienstleistungen von allgemeinem wirtschaftlichem Interesse betraut ist[959].

I. Dienstleistungen von allgemeinem wirtschaftlichem Interesse

Eine Rechtfertigung nach Art. 86 II EG setzt zunächst voraus, dass die zu bewertende Dienstleistung als im allgemeinen wirtschaftlichem Interesse liegend anzuerkennen ist. Dabei ist der Begriff der Dienstleistung weit zu verstehen und ist nicht auf die in Art. 50 EG genannten Tätigkeiten beschränkt[960]. Auch wenn die Mitgliedstaaten festlegen in welcher Form sie gemeinwohldienliche Leistungen erbringen, ist der Begriff der Dienste von allgemeinem wirtschaftlichem Interesse auf Grund einheitlicher Handhabung gemeinschaftsrechtlich zu bestimmen[961]. Nach der Ansicht der Europäischen Kommission handelt es sich bei Dienstleistungen von allgemeinem wirtschaftlichem Interesse um „marktbezogene Tätigkeiten, die im Interesse der Allgemeinheit erbracht und daher von den Mitgliedstaaten mit besonderen Gemeinwohlverpflichtungen verbunden werden"[962]. Anerkannt ist das Vorliegen eines allgemeinen wirtschaftlichen Interesses insbesondere bei flächendeckend zur gleichmäßigen Versorgung der Bevölkerung erbrachten Dienstleistungen, wenn diese ohne Rücksicht auf Sonderfälle und die Wirtschaftlichkeit des konkreten Vorgangs erbracht werden[963].

---

[958] So auch: Weiß, in: EuR 2003, S. 165 (185); Mestmäcker, in: FS für Zacher, S. 635 (645); ähnlich: Koenig/Kühling, in: ZHR 166 (2002), S. 656 (670), die darauf hinweisen, dass nur sehr wenige Tätigkeiten keinen wirtschaftlichen Charakter aufweisen.
[959] EuGH, Urteil vom 27.3.1974, Rs. 127/73 (BRT II/SABAM), Slg. 1974, S. 313 (318); Koenig/Kühling, in: ZHR 166 (2002), S. 656 (663); Weiß, in: EuR 2003, S. 165 (185); Jungbluth, in: Langen/Bunte, Art. 86, Rn. 35.
[960] Grill, in: Lenz, Art. 86, Rn. 21; v. Wilmowsky, in: ZHR 155 (1991), S. 545 (550).
[961] Weiß, in: EuR 2003, S. 165 (185); Koenig/Kühling, in: ZHR 166 (2002), S. 656 (670).
[962] Mitteilung der Kommission v. 20.9.2000, Leistungen der Daseinsvorsorge in Europa, Dokument KOM (2000) 580 endg., ABl. EG 2001 Nr. C 17, S.4, Anhang II; siehe zum Grünbuch der Kommission über Dienstleistungen von allgemeinem Interesse (KOM (2003), 270 endg.): Knauff, in: EuZW 2003, S. 453 ff.
[963] EuGH, Urteil vom 19.5.1993, Rs. C-320/91 (Corbeau), Slg. 1993, I-2533 (2568); EuGH, Urteil vom 25.10.2001, Rs. C-475/99 (Ambulanz Glöckner), Slg. 2001, I-8089 (8155); Frenz, in: EuR 2000, S. 901 (906).

Insbesondere in bezug auf Tätigkeiten im Bereich der sozialen Sicherheit ist der EuGH zuletzt mehrfach von einer Aufgabe von allgemeinem wirtschaftlichem Interesse ausgegangen. So hat der Gerichtshof in der Rechtssache Albany ausdrücklich klargestellt, dass die Ausnahmevorschrift des Art. 86 II 1 EG auch das Interesse der Mitgliedstaaten am Einsatz bestimmter Unternehmen als Instrument der Sozialpolitik mit dem Interesse der Gemeinschaft an der Beachtung der Wettbewerbsregeln in Einklang bringen solle[964]. Der EuGH stellte dabei insbesondere auf die „wesentliche soziale Funktion" von Betriebsrentenfonds ab[965]. In der Rechtssache Ambulanz Glöckner sah der EuGH die Durchführung von Notfalltransporten durch eine Sanitätsorganisation unzweifelhaft als eine Aufgabe von allgemeinem wirtschaftlichem Interesse an[966]. Zur Begründung stellte der Gerichtshof darauf ab, dass Notfalltransporte von kranken und verletzten Personen ohne Rücksicht auf besondere Situationen oder die Wirtschaftlichkeit des konkreten Einsatzes flächendeckend zu jeder Zeit, zu einheitlichen Benutzungsentgelten und bei gleicher Qualität erbracht würden[967]. Die Einführung von Arzneimittelfestbeträgen dient als hoheitliches Steuerungsinstrument der Behebung von Marktdefiziten in der gesetzlichen Krankenversicherung. Dabei liegt das Gemeinwohlinteresse in der Aufrechterhaltung der finanziellen Leistungsfähigkeit einer an solidarischen Grundsätzen ausgerichteten Sozialversicherung. Da auch die gesetzlichen Krankenkassen damit soziale Dienste im Rahmen eines auf dem Grundsatz der Solidarität beruhenden Systems zur Verfügung stellen, ist das Verfahren der Festbetragsfestsetzung als im allgemeinen wirtschaftlichen Interesse liegend anzuerkennen[968].

II. Betrauung

Weitere Voraussetzung einer Rechtfertigung nach Art. 86 II 1 EG ist das Vorliegen eines staatlichen Betrauungsakts. An dieses Tatbestandsmerkmal sind auf Grund des Ausnahmecharakters der Norm strenge Anforderungen zu stellen[969]. Das Erfordernis eines Betrauungsakts dient der Rückführung der Aufgabenübertragung auf den Mitgliedstaat, in dem es einen formalen Anknüpfungspunkt in bezug auf eine gemeinwohlorientierte staatliche Absicht

---

[964] EuGH, Urteil vom 21.9.1999, Rs. C-67/96 (Albany), Slg. 1999, I-5751 (5892 f).
[965] Wie vor, S. 5893.
[966] EuGH, Urteil vom 25.10.2001, Rs. C-475/99 (Ambulanz Glöckner), Slg. 2001, I-8089 (8155).
[967] Wie vor, S. 8155.
[968] So auch: GA Jacobs, Rn. 87 der Schlussanträge vom 22.5.2003, verb. Rs. C-264/01, C-306/01, C-354/01 und C-355/01 (AOK Bundesverband), noch nicht in der amtl. Slg. veröffentlicht; Reich, in: EuZW 2000, S. 653 (656); Axer, in: NZS 2002, S. 57 (63); Neumann, S. 105; Steinmeyer, in: FS für Sandrock, S. 943 (952).
[969] EuGH, Urteil vom 27.3.1974, Rs. 127/73 (BRT II/SABAM), Slg. 1974, S. 313 (318); Ehricke, in: EuZW 1998, S. 741 (745); Koenig/Kühling, in: ZHR 166 (2002), S. 656 (672); Jungbluth, in: Langen/Bunte, Art. 86, Rn. 40; a.A. wohl: Grill, in: Lenz, Art. 86, Rn. 24.

erfordert[970]. Die Betrauung muss daher nach der Ansicht des EuGH durch einen formalen hoheitlichen Akt erfolgen[971], wobei nicht zwingend ein Gesetz erforderlich ist und auch das Vorliegen einer öffentlich-rechtlichen Konzession als ausreichend angesehen wird[972]. Eine hoheitliche Erlaubnis, die der alleinigen Reglementierung privaten Handelns dient, sieht der Gerichtshof hierfür jedoch nicht als ausreichend an[973]. Ebenso wenig ist das alleinige Vorliegen einer Tätigkeit im Interesse der Allgemeinheit hinreichend, selbst wenn das Handeln durch staatliche Einrichtungen überwacht wird[974]. Eine Betrauung durch ein Gesetz wurde bei der Bundesanstalt für Arbeit angenommen, die nach § 3 AFG mit dem ausschließlichen Recht zur Vermittlung von Arbeitskräften betraut war[975]. Die Gründung von Betriebsrentenfonds und die gesetzliche Festschreibung einer Pflichtmitgliedschaft wird vom EuGH ebenfalls für einen Betrauungsakt als ausreichend angesehen[976].

Auch die überwiegende Ansicht in der Literatur sieht einen formalen Hoheitsakt als erforderlich an, um eine Betrauung von Unternehmen eindeutig belegen zu können und von einer bloßen staatlichen Veranlassung abgrenzen zu können[977]. Allein hierdurch könne dem Ziel der Rechtssicherheit Rechnung getragen und dem Anwendungsbereich des Art. 86 II 1 EG eine klare Kontur gegeben werden[978]. Als entscheidend wird es dabei angesehen, dass das Eigeninteresse des Unternehmens durch einen staatlichen Hoheitsakt der Verpflichtung untergeordnet wird einen bestimmten, von der Rechtsordnung formulierten Auftrag

---

[970] Frenz, in: EuR 2000, S. 901 (907); Grill, in: Lenz, Art. 86, Rn. 24; der Regelungszweck der Betrauung ist dabei mit der Funktion des ersten Midcal-Kriteriums des US-Supreme Courts in Form einer klar artikulierten staatlichen Politik, die Regeln des Wettbewerbs außer Kraft zu setzten, vergleichbar.
[971] EuGH, Urteil vom 27.3.1974, Rs. 127/73 (BRT II/SABAM), Slg. 1974, S. 313 (318); EuGH, Urteil vom 14.7.1981, Rs. 172/80 (Züchner/Bayer.Vereinsbank), Slg. 1981, S. 2021 (2030); EuGH, Urteil vom 11.4.1989, Rs. 66/86 (Saeed Flugreisen), Slg. 1989, S. 803 (853); EuGH, Urteil vom 27.4.1994, Rs. C-393/92 (Almelo), Slg. 1994, I-1477 (1521); EuGH, Urteil vom 23.10.1997, Rs. C-159/94 (Kommission/Frankreich), Slg. 1997, I-5815 (5836).
[972] EuGH, Urteil vom 27.4.1994, Rs. C-393/92 (Almelo), Slg. 1994, I-1477 (1521); EuGH, Urteil vom 23.10.1997, Rs. C-159/94 (Kommission/Frankreich), Slg. 1997, I-5815 (5836).
[973] EuGH, Urteil vom 2.3.1983, Rs. 7/82 (GVL), Slg. 1983, S. 483 (504); so auch: v. Wilmowsky, in: ZHR 155 (1991), S. 545 (550).
[974] EuGH, Urteil vom 14.7.1981, Rs. 172/80 (Züchner/Bayer.Vereinsbank), Slg. 1981, S. 2021 (2030); EuGH, Urteil vom 2.3.1983, Rs. 7/82 (GVL), Slg. 1983, S. 483 (503 f).
[975] EuGH, Urteil vom 23.4.1991, Rs. C-41/90 (Höfner und Elser), Slg. 1991, I-1979 (2017).
[976] EuGH, Urteil vom 21.9.1999, Rs. C-67/96 (Albany), Slg. 1999, I-5751 (5893).
[977] Ehricke, in: EuZW 1998, S. 741 (745); von Burchard, in: Schwarze, Art. 86, Rn. 62; Jungbluth, in: Langen/Bunte, Art. 86, Rn. 40; Koenig/Kühling, in: ZHR 166 (2002), S. 656 (673), die sogar eine präzise Benennung der konkreten Aufgaben für erforderlich halten; ähnlich: v. Wilmowsky, in: ZHR 155 (1991), S. 545 (552), der eine klare unzweideutige Zwecksetzung für notwendig erachtet; a.A. wohl: Burgi, in: EuR 1997, S. 261 (275).
[978] Ehricke, in: EuZW 1998, S. 741 (745).

zu erfüllen[979]. Teilweise wird dabei auch auf die französische Rechtspraxis der Delegation von services publics verwiesen, nach der dieser Auftrag präzise definierte Aufgaben einschließlich der Umstände der Aus- und Durchführung enthalten muss[980].

Das Vorliegen eines staatlichen Hoheitsaktes kann im Rahmen der Arzneimittelfestbeträge nicht in Frage stehen, da die Spitzenverbände der Krankenkassen durch die gesetzliche Ermächtigungsgrundlage des § 35 SGB V konkret zu der Wettbewerbsbeschränkung aufgefordert werden. Diese Befugnisse sind in der Vorschrift auch klar umschrieben und einem bestimmten Handlungsträger zugeordnet. Dabei werden zugleich die Modalitäten der Einführung und Überprüfung der Festbeträge in dem Verfahren nach § 35 SGB V gesetzlich festgelegt. Aus diesen Gründen handelt es sich bei der gesetzlichen Ermächtigung nach § 35 SGB V um einen Betrauungsakt im Sinne des Art. 86 II 1 EG[981].

III. Verhinderung der Aufgabenerfüllung

Eine Ausnahme nach Art. 86 II 1 EG kommt jedoch nur dann in Betracht, wenn die Anwendung des EG-Wettbewerbsrechts die übertragene Aufgabe rechtlich oder tatsächlich verhindert. Fraglich ist demnach, ob die Erfüllung der den gesetzlichen Krankenkassen übertragenen Aufgabe der flächendeckenden Gesundheitsfürsorge nur durch die Einführung der Arzneimittelfestbeträge und die damit verbundene Wettbewerbsbeschränkung nach Art. 81 I EG gesichert werden kann.

1. Der Verhinderungsmaßstab der Rechtsprechung und der Literatur

Eine besondere Bedeutung im Rahmen des Verhinderungsmaßstabs des Art. 86 II 1 EG kommt zunächst der Verteilung sowie dem Umfang der Darlegungs- und Beweislast zu. Dies ergibt sich aus der Tatsache, dass der EuGH häufig unter Verweis auf die Beweislage eine Ablehnung der Voraussetzungen des Art. 86 II EG rechtfertigt oder eine Zurückverweisung an die nationalen Gerichte vornimmt. Dabei betonte der Gerichtshof mehrfach, dass von dem Unternehmen oder dem sich auf Art. 86 II EG berufenden Mitgliedstaat ein Konflikt zwischen

---

[979] v. Wilmowsky, in: ZHR 155 (1991), S. 545 (551 f); Jungbluth, in: Langen/Bunte, Art. 86, Rn. 40; vgl. zu der Frage, ob für eine Betrauung eine konkrete Ermächtigung in bezug auf das wettbewerbswidrige Verhalten nötig ist: Engelmann, S. 191.
[980] Koenig/Kühling, in: ZHR 166 (2002), S. 656 (673); für ähnlich strenge Anforderungen: v. Wilmowsky, in: ZHR 155 (1991), S. 545 (552); siehe zum französischen service public: Bullinger, in: JZ 2003, S. 597 ff.
[981] v. Wilmowsky, in: ZHR 155 (1991), S. 545 (552 f) bezeichnet die deutschen gesetzlichen Krankenkassen sowie die Rentenversicherungen als Unternehmen i.S.d. Art. 86 II EG und nimmt eine Betrauung dabei wohl als in der Natur der Sache liegend an; ähnlich: Reich, in: EuZW 2000, S. 653 (656).

der Aufgabenwahrnehmung und der Beachtung der Vertragsvorschriften konkret dargelegt und bewiesen werden müsse[982]. Die Beweislast des die Ausnahme beanspruchenden Unternehmens oder Mitgliedstaats geht dabei jedoch nicht so weit, dass die Untauglichkeit einer anderen, gleich geeigneten Maßnahme positiv bewiesen werden müsste; vielmehr reicht es nach der Ansicht des Gerichtshofs aus, wenn dargelegt wird, aus welchen Gründen die Aufgabenerfüllung zu wirtschaftlich tragbaren Bedingungen im Falle der Aufhebung der beanstandeten Maßnahme gefährdet wäre[983]. Demgegenüber legt das EuG strengere Maßstäbe an die Darlegungs- und Beweispflichten des betrauten Unternehmens sowie des sich auf Art. 86 II 1 EG berufenden Mitgliedstaats an. Diesen obliege es ebenfalls darzulegen und zu beweisen, dass die Aufgabenerfüllung nicht auch mit anderen Mitteln erreicht werden könnte[984]. Da der EuGH in einem neueren Urteil[985] wiederum eine ähnliche Sicht vertreten hat, kann die Rechtslage in bezug auf die Verteilung sowie den Umfang der Darlegungs- und Beweislast nicht als abschließend geklärt angesehen werden. Ob hierin eine Abkehr von der ausführlich begründeten Auffassung des Gerichtshofes in den Urteilen Kommission/Frankreich sowie Kommission/Niederlande zu sehen ist, bleibt daher abzuwarten[986].

Zweifelsohne hat der EuGH jedoch die zunächst sehr eng ausgelegten Voraussetzungen des Art. 86 II 1 EG in materiell-rechtlicher Hinsicht abgeschwächt. Nach der neueren Rechtsprechung des EuGH reicht es aus, wenn die Erfüllung der besonderen Aufgabe lediglich „gefährdet" ist, ohne dass dabei eine Existenzbedrohung des Unternehmens vorliegen muss[987]. Dabei kommt

---

[982] EuGH, Urteil vom 23.10.1997, Rs. C-159/94 (Kommission/Frankreich), Slg. 1997, I-5815 (5843); EuGH, Urteil vom 23.10.1997, Rs. C-157/94 (Kommission/Niederlande), Slg. 1997, I-5699 (5778); Jung, in: Callies/Ruffert, Art. 86, Rn. 46; Auricchio, in: World Competition 24 (1), 2001, S. 65 (78).
[983] EuGH, Urteil vom 23.10.1997, Rs. C-157/94 (Kommission/Niederlande), Slg. 1997, I-5699 (5784); EuGH, Urteil vom 23.10.1997, Rs. C-159/94 (Kommission/Frankreich), Slg. 1997, I-5815 (5845); dabei hat vielmehr die Gegenseite des betrauten Unternehmens zu beweisen, dass es keine andere Möglichkeit gibt, als die von dem Unternehmen oder dem Mitgliedstaat angeführte, um die Erfüllung der Aufgabe zu gewährleisten; so: von Burchard, in: Schwarze, Art. 86, Rn. 74; Ehricke, in: EuZW 1998, S. 741 (745).
[984] EuG, Urteil vom 19.6.1997, Rs. T-260/94 (Air Inter), Slg. 1997, II-997 (1043).
[985] EuGH, Urteil vom 25.6.1998, Rs. C-203/96 (Dusseldorp), Slg. 1998, I-4075 (4132).
[986] So stellt der GA Jacobs hinsichtlich der Beweislast weiterhin auf das Urteil in der Rechtssache Kommission/ Niederlande ab: Rn. 94 der Schlussanträge vom 22.5.2003, verb. Rs. C-264/01, C-306/01, C-354/01 und C-355/01 (AOK Bundesverband), noch nicht in der amtl. Slg. veröffentlicht.
[987] EuGH, Urteil vom 17.5.2001, Rs. C-340/99 (TNT Traco), Slg. 2001, I-4109 (4162); EuGH, Urteil vom 21.9.1999, Rs. C-67/96 (Albany), Slg. 1999, I-5751 (5893); EuGH, Urteil vom 23.10.1997, Rs. C-159/94 (Kommission/ Frankreich), Slg. 1997, I-5815 (5835); EuGH, Urteil vom 23.10.1997, Rs. C-157/94 (Kommission/Niederlande), Slg. 1997, I-5699 (5780); so auch der GA Jacobs, Rn. 94 der Schlussanträge vom 22.5.2003, verb. Rs. C-264/01, C-306/01, C-354/01 und C-355/01 (AOK Bundesverband), noch nicht in der amtl. Slg.

eine Ausnahme von den Vertragsvorschriften nach der Ansicht des EuGH bereits dann in Betracht, wenn sie erforderlich ist, um dem betrauten Unternehmen die Erfüllung der besonderen Aufgabe unter „wirtschaftlich tragbaren Bedingungen" zu ermöglichen[988]. Diese weite Auslegung des Tatbestandsmerkmals „verhindert" ist in der Literatur überwiegend kritisiert worden. Dabei wird insbesondere unter dem Verweis auf das Erfordernis einer engen Auslegung der Tatbestandsmerkmale des Art. 86 II 1 EG betont, dass eine Erschwerung oder Behinderung der Aufgabenerfüllung nicht ausreichend sei[989]. Zudem wird darauf hingewiesen, dass eine Berufung auf Art. 86 II EG nur als ultima ratio in Betracht komme und die Wettbewerbsbeschränkung nur soweit zu rechtfertigen sei, wie dies für die Erfüllung der übertragenen Gemeinwohlaufgabe erforderlich ist[990].

In Übereinstimmung mit dem EuGH[991] betont auch die Literatur[992], dass dem betrauten Unternehmen die Möglichkeit eines Ausgleichs zwischen rentablen und weniger rentablen Tätigkeitsbereichen zur Verfügung stehen müsse. Soweit ein betrautes Unternehmen gezwungen ist, sowohl wirtschaftlich rentable wie unrentable Leistungen zu erbringen und somit einen Ausgleich zwischen den einzelnen Tätigkeitsbereichen schaffen muss, darf es anderen Unternehmen nicht erlaubt sein, allein die rentablen Leistungen zu günstigeren Tarifen anzubieten[993]. Der EuGH betonte auch in der Rechtssache Albany das Erfordernis einer Ausgleichsmöglichkeit zwischen „guten" und „schlechten" Risiken von Betriebsrentenfonds[994]. Es kann damit als ein wesentliches Ziel des Art. 86 II EG angesehen werden im Bereich der Daseinsvorsorge eine Konzentration der Privatwirtschaft auf rentable Bereiche zu verhindern. Ein

---

veröffentlicht; das EuG stellt hingegen darauf ab, dass eine „bloße Störung oder Erschwerung" der Aufgabenerfüllung nicht ausreichend ist: EuG, Urteil vom 19.6.1997, Rs. T-260/94 (Air Inter), Slg. 1997, II-997 (1043).

[988] Dies wurde vom EuGH zuletzt mehrfach betont: EuGH, Urteil vom 19.5.1993, Rs. C-320/91 (Corbeau), Slg. 1993, I-2533 (2569); EuGH, Urteil vom 23.10.1997, Rs. C-157/94 (Kommission/Niederlande), Slg. 1997, I-5699 (5784); EuGH, Urteil vom 23.10.1997, Rs. C-159/94 (Kommission/Frankreich), Slg. 1997, I-5815 (5833); so auch der GA Jacobs, Rn. 88 der Schlussanträge vom 22.5.2003, verb. Rs. C-264/01, C-306/01, C-354/01 und C-355/01 (AOK Bundesverband), noch nicht in der amtl. Slg. veröffentlicht; dies betonen auch: Reich, in: EuZW 2000, S. 653 (657); Grave, in: EuZW 2001, S. 709 (710).

[989] So insbesondere zuletzt: Koenig/Kühling, in: ZHR 166 (2002), S. 656 (677, 683); ebenfalls: Grill, in: Lenz, Art. 86, Rn. 27; Jung, in: Callies/Ruffert, Art. 86, Rn. 45; Hochbaum, in: v.d.Groeben/Thiesing/Ehlermann, Art. 90, Rn. 63; Weiß, in: EuR 2003, S. 165 (187).

[990] Jung, in: Callies/Ruffert, Art. 86, Rn. 47; Jungbluth in: Langen/Bunte, Art. 86, Rn. 43.

[991] EuGH, Urteil vom 19.5.1993, Rs. C-320/91 (Corbeau), Slg. 1993, I-2533 (2569); EuGH, Urteil vom 25.10.2001, Rs. C-475/99 (Ambulanz Glöckner), Slg. 2001, I-8089 (8156).

[992] von Burchard, in: Schwarze, Art. 86, Rn. 73; Grill, in: Lenz, Art. 86, Rn. 27.

[993] In diesem Sinne wohl auch: Grill, in: Lenz, Art. 86, Rn. 27; von Burchard, in: Schwarze, Art. 86, Rn. 73; EuGH, Urteil vom 19.5.1993, Rs. C-320/91 (Corbeau), Slg. 1993, I-2533 (2569).

[994] EuGH, Urteil vom 21.9.1999, Rs. C-67/96 (Albany), Slg. 1999, I-5751 (5894).

solches „Rosinenpicken" nicht betrauter Unternehmen ist jedoch nach dem Wortlaut des Art. 86 II 1 EG und der oben genannten Auslegung des Gerichtshofs nur zu verhindern, soweit hierdurch die Erfüllung der im allgemeinen wirtschaftlichen Interesse liegenden Aufgabe unmöglich oder zumindest gefährdet wird. Dabei kommt es auf die objektive Möglichkeit der Aufgabenerfüllung und nicht auf die individuelle Zumutbarkeit für ein konkretes Unternehmen an[995].

2. Das Verfahren der Festbetragsfestsetzung nach § 35 SGB V

Im Zuge der Übertragung der geschilderten Auslegung des Art. 86 II EG durch den EuGH stellt sich dabei folgende Frage: ist eine Festsetzung von Arzneimittelfestbeträgen notwendig, damit die gesetzlichen Krankenkassen eine solidarische und flächendeckende Gesundheitsfürsorge zu wirtschaftlich tragbaren Bedingungen zur Verfügung stellen können? Allein im Falle der Bejahung dieser Frage, wäre eine Rechtfertigung der unternehmerischen und mitgliedstaatlichen Wettbewerbsbeschränkung nach Art. 86 II 1 EG möglich.

a) Gefährdung des finanziellen Gleichgewichts der GKV als legitimer Zweck

Die Gefährdung des finanziellen Gleichgewichts einer mit sozialen Aufgaben betrauten Einrichtung ist wiederholt vom EuGH als geeignet angesehen worden, um eine Ausnahme nach Art. 86 II 1 EG in Betracht zu ziehen[996]. Zwar bezogen sich diese Entscheidungen bisher nicht auf Regulierungen im Bereich der gesetzlichen Krankenversicherung; jedoch ergibt ein Rückgriff auf die Rechtsprechung des Gerichtshofs zur Geltung der Warenverkehrs- und Dienstleistungsfreiheit im Bereich des Gesundheitswesens, dass auch das finanzielle Gleichgewicht der gesetzlichen Krankenversicherung vom EuGH als legitimes Ziel anerkannt ist. In bezug auf gesetzliche Krankenkassen betonte der EuGH bereits im Jahre 1984 in der Rechtssache Duphar, dass das Gemeinschaftsrecht die Befugnis der Mitgliedstaaten unberührt lässt ihre Systeme der sozialen Sicherheit auszugestalten[997]. Dabei sprach der Gerichtshof

---

[995] Koenig/Kühling, in: ZHR 166 (2002), S. 656 (677); Dohms, in: Wiedemann, § 35 Rn. 311; a.A.: Jung, in: Callies/Ruffert, Art. 86, Rn. 45.
[996] EuGH, Urteil vom 25.10.2001, Rs. C-475/99 (Ambulanz Glöckner), Slg. 2001, I-8089 (8158); EuGH, Urteil vom 21.9.1999, Rs. C-67/96 (Albany), Slg. 1999, I-5751 (5894 f); ähnlich auch der GA Jacobs, Rn. 88 der Schlussanträge vom 22.5.2003, verb. Rs. C-264/01, C-306/01, C-354/01 und C-355/01 (AOK Bundesverband), noch nicht in der amtl. Slg. veröffentlicht.
[997] EuGH, Urteil vom 7.2.1984, Rs. 238/82 (Duphar), Slg. 1984, S. 523 (540 f); so auch zuletzt: EuGH, Urteil vom 28.4.1998, Rs. C-158/96 (Kohll), Slg. 1998, I-1931 (1942 f); EuGH, Urteil vom 28.4.1998, Rs. C-120/95 (Decker), Slg. 1998, I-1831 (1880); EuGH, Urteil vom 12.7.2001, Rs. C-157/99 (Geraets-Smits/Peerbooms), Slg. 2001, I-5473 (5526); EuGH, Urteil vom 22.1.2002, Rs. C-218/00 (Cisal), Slg. 2002, I-691 (729); EuGH, Urteil

den Mitgliedstaaten das Recht zu, Maßnahmen zur Regulierung des Arzneimittelverbrauchs zu treffen, um das finanzielle Gleichgewicht der Krankenversicherungssysteme zu gewährleisten[998]. Mittlerweile kann es als ständige Rechtsprechung des EuGH angesehen werden, dass die erhebliche Gefährdung des finanziellen Gleichgewichts eines gesetzlichen Krankenversicherungssystems einen zwingenden Grund des Allgemeininteresses darstellen kann[999]. Obwohl diese Entscheidungen allein die Warenverkehrs- und Dienstleistungsfreiheit des EG-Vertrages betrafen, lassen sich hieraus die folgenden Erkenntnisse ableiten: einerseits erkennt der EuGH das Ziel der Sicherung des finanziellen Gleichgewichts der gesetzlichen Krankenversicherung als legitimes Ziel der Mitgliedstaaten an; andererseits betrachtet der Gerichtshof gesetzliche Kostensenkungsmaßnahmen im Arzneimittelwesen als grundsätzlich geeignetes Mittel zur Erreichung des Ziels.

b) Verhältnismäßigkeit der Arzneimittelfestbeträge

Der Wortlaut des Art. 86 II 1 EG verdeutlicht durch die Verwendung des Worts „soweit", dass die Einschränkung der Vertragsbestimmungen nur in dem unbedingt erforderlichen Maße möglich sein soll[1000]. Im Rahmen einer Verhältnismäßigkeitsprüfung[1001] ist damit im folgenden zu prüfen, inwieweit die Einführung der Arzneimittelfestbeträge erforderlich ist, um das finanzielle Gleichgewicht der gesetzlichen Krankenversicherung sicherzustellen.

aa) Gefährdungsmaßstab

Da das Gemeinschaftsrecht die Befugnis der Mitgliedstaaten unberührt lässt ihre Systeme der sozialen Sicherheit auszugestalten, ist den Mitgliedstaaten im Rahmen regulatorischer Maßnahmen grundsätzlich ein weiter Entscheidungsspielraum hinsichtlich der Geeignetheit und Erforderlichkeit der Maßnahme

---

vom 13.5.2003, Rs. C-385/99 (Müller-Fauré), Slg. 2003, I-4509 (4574); s.o.: 1. Kapitel, C., I., 1., c), S. 41.
[998] EuGH, Urteil vom 7.2.1984, Rs. 238/82 (Duphar), Slg. 1984, S. 523 (541).
[999] EuGH, Urteil vom 28.4.1998, Rs. C-158/96 (Kohll), Slg. 1998, I-1931 (1948); EuGH, Urteil vom 28.4.1998, Rs. C-120/95 (Decker), Slg. 1998, I-1831 (1884); EuGH, Urteil vom 12.7.2001, Rs. C-157/99 (Geraets-Smits/ Peerbooms), Slg. 2001, I-5473 (5533); EuGH, Urteil vom 13.5.2003, Rs. C-385/99 (Müller-Fauré), Slg. 2003, I-4509 (4566 f); EuGH, Urteil vom 11.12.2003, Rs. C-322/01 (DocMorris), in: ApoR 2004, S. 162 (172).
[1000] Dohms, in: Wiedemann, § 35 Rn. 317.
[1001] So auch: Dohms, in: Wiedemann, § 35 Rn. 317; Reich, in: EuZW 2000, S. 653 (656); Hänlein/Kruse, in: NZS 2000, S. 165 (171); GA Jacobs, Rn. 90 ff der Schlussanträge vom 22.5.2003, verb. Rs. C-264/01, C-306/01, C-354/01 und C-355/01 (AOK Bundesverband), noch nicht in der amtl. Slg. veröffentlicht.

einzuräumen[1002]. Auf Grund dieser Gestaltungsbefugnis der Mitgliedstaaten werden dabei teilweise sehr geringe Anforderungen an den Gefährdungsmaßstab gestellt. So sei im Bereich sozialversicherungsrechtlicher Regulierungen erst dann eine Rechtfertigung nach Art. 86 II EG ausgeschlossen, wenn die Maßnahme „evident ungeeignet"[1003] oder „offensichtlich unverhältnismäßig"[1004] sei. Dem ist jedoch entgegenzuhalten, dass der EuGH im Bereich des Gesundheitswesens bisher nicht von einer derart weiten Auslegung des Gefährdungsmaßstabs ausgegangen ist. Vielmehr hat der Gerichtshof bisher relativ hohe Anforderungen an das Ausmaß einer Gefährdung des finanziellen Gleichgewichts der GKV gestellt und das Vorliegen einer solchen Gefährdung häufig abgelehnt. So wurde eine Gefährdung bei der Inanspruchnahme medizinischer Waren und Dienstleistungen im Ausland ohne Genehmigung der Krankenkasse wiederholt verneint[1005]. Obwohl diese Entscheidungen die Warenverkehrs- und Dienstleistungsfreiheit des EG-Vertrages betrafen und daher auf die Verfahren der Festbetragsfestsetzung nicht direkt übertragbar sind[1006], zeigen sie zumindest, dass der EuGH eine Gefährdung der finanziellen Stabilität von Krankenversicherungssystemen nicht bedingungslos annimmt. Aus der Tatsache, dass das Gemeinschaftsrecht die Befugnis der Mitgliedstaaten unberührt lässt, ihre Systeme der sozialen Sicherheit auszugestalten[1007], kann daher nicht gefolgert werden, dass die in Frage stehende Regulierung „evident ungeeignet" oder „offensichtlich unverhältnismäßig" sein muss. Ein solcher Maßstab würde vielmehr einer generellen Bereichsausnahme für das Sozialversicherungsrecht nahe kommen, was jedoch weder dem Ausnahmecharakter des Art. 86 II EG[1008], noch der Rechtsprechung des EuGH

[1002] EuGH, Urteil vom 21.9.1999, Rs. C-67/96 (Albany), Slg. 1999, I-5751 (5896); Bieback, in: RsDE Nr. 49, S. 1 (25); Engelmann, S. 198; Axer, in: NZS 2002, S. 57 (64); a.A. in bezug auf die Arzneimittelfestbeträge: Gassner, in: VSSR 2000, S. 121 (143).
[1003] Bieback, in: RsDE Nr. 49, S. 1 (25).
[1004] GA Jacobs, Rn. 95 der Schlussanträge vom 22.5.2003, verb. Rs. C-264/01, C-306/01, C-354/01 und C-355/01 (AOK Bundesverband), noch nicht in der amtl. Slg. veröffentlicht.
[1005] EuGH, Urteil vom 28.4.1998, Rs. C-158/96 (Kohll), Slg. 1998, I-1931 (1948); EuGH, Urteil vom 28.4.1998, Rs. C-120/95 (Decker), Slg. 1998, I-1831 (1885); anders indes zuletzt: EuGH, Urteil vom 12.7.2001, Rs. C-157/99 (Geraets-Smits/Peerbooms), Slg. 2001, I-5473 (5544 f); in diesem Fall wurde eine Genehmigung der Krankenkasse für die Inanspruchnahme von Dienstleistungen ausländischer Krankenhäuser als erforderlich angesehen, um die finanzielle Stabilität des Krankenversicherungssystems zu gewährleisten.
[1006] Haverkate/Huster, S. 355, Rn. 611, betonen, dass die Instrumentarien des Wettbewerbsrechts und der Grundfreiheiten des EG-Vertrages bei richtigem Einsatz zum gleichen Ergebnis kommen müssen.
[1007] EuGH, Urteil vom 7.2.1984, Rs. 238/82 (Duphar), Slg. 1984, S. 523 (540 f); EuGH, Urteil vom 28.4.1998, Rs. C-158/96 (Kohll), Slg. 1998, I-1931 (1942 f); EuGH, Urteil vom 28.4.1998, Rs. C-120/95 (Decker), Slg. 1998, I-1831 (1880); EuGH, Urteil vom 12.7.2001, Rs. C-157/99 (Geraets-Smits/Peerbooms), Slg. 2001, I-5473 (5526); EuGH, Urteil vom 22.1.2002, Rs. C-218/00 (Cisal), Slg. 2002, I-691 (729).
[1008] Weiß, in: EuR 2003, S. 165 (184); Burgi, in: EuR 1997, S. 261 (277); Ehricke, in: EuZW 1998, S. 741 (745, 746); a.A. wohl: Jung, in: Callies/Ruffert, Art. 86, Rn. 34, 41.

entspricht, der das Verhalten von Sozialversicherungen wiederholt an den Vorgaben des EG-Wettbewerbsrechts gemessen hat[1009] und damit implizit das Vorliegen einer generellen Bereichsausnahme für das Sozialversicherungsrecht verneint hat[1010].

bb) Geeignetheit und Erforderlichkeit der Arzneimittelfestbeträge

Bei einem Einsparvolumen von insgesamt ca. 3 Mrd. DM[1011] ist zunächst davon auszugehen, dass die Arzneimittelfestbeträge geeignet sind, das gesetzgeberische Ziel der Kostensenkung im Rahmen der Arzneimittelversorgung zu erreichen. Fraglich ist jedoch, ob die Festbetragsfestsetzungen zur Erreichung dieses Ziels auch erforderlich sind. Dies wäre zu verneinen, wenn ein milderes, gleich geeignetes Mittel zur Verfügung stünde[1012]. Dabei wird den Mitgliedstaaten ein erhebliches Ermessen bei der Auswahl dieser Mittel eingeräumt[1013]. Im Gegensatz zu den mittelbaren Erstattungshöchstbeträgen nach § 35 SGB V stellt eine direkte staatliche Festsetzung der Arzneimittelpreise zunächst einen wesentlich gravierenderen und zudem weniger flexiblen Eingriff in das Wettbewerbssystem dar. Auch Negativ- oder Positivlisten können nicht generell als weniger einschneidendes Mittel angesehen werden, da beide Maßnahmen im Gegensatz zu den Arzneimittelfestbeträgen grundsätzlich einen vollständigen Ausschluss der Erstattungsfähigkeit beinhalten. Auch kann eine Gefährdung des finanziellen Gleichgewichts der GKV nicht wirkungsvoll ohne Einwirkungen auf die

---

[1009] EuGH, Urteil vom 23.4.1991, Rs. C-41/90 (Höfner und Elser), Slg. 1991, I-1979 (2016 ff); EuGH, Urteil vom 17.2.1993, Rs. C-159, 160/91 (Poucet und Pistre), Slg. 1993, I-637 (669 f); EuGH, Urteil vom 16.11.1995, Rs. C-244/94 (Fédération française), Slg. 1995, I-4013 (4025 ff); EuGH, Urteil vom 11.12.1997, Rs. C-55/96 (Job Centre), Slg. 1997, I-7119 (7146 ff); EuGH, Urteil vom 12.2.1998, Rs. C-163/96 (Raso), Slg. 1998, I-553 (579 f); EuGH, Urteil vom 21.9.1999, Rs. C-67/96 (Albany), Slg. 1999, I-5751 (5879 ff); EuGH, Urteil vom 8.6.2000, Rs. C-258/98 (Carra), Slg. 2000, I-4217 (4236 ff); EuGH, Urteil vom 12.9.2000, Rs. C-180-184/98 (Pavlov), Slg. 2000, I-6451 (6516 ff); EuGH, Urteil vom 22.1.2002, Rs. C-218/00 (Cisal), Slg. 2002, I-691 (729 ff); das EuG hat zuletzt ebenfalls zu dieser Frage Stellung genommen: EuG, Urteil vom 4.3.2003, Rs. T-319/99 (FENIN)(nicht rechtskräftig), Slg. 2003, II-357 (372 ff); s.o.: 1. Kapitel, C., II., S. 46.
[1010] Ähnlich: Koenig/Engelmann/Steiner, in: MedR 2002, S. 221 (223); Axer, in: NZS 2002, S. 57 (60); Hänlein/Kruse, in: NZS 2000, S. 165 (167); Gassner, in: VSSR 2000, S. 121 (131); ders., in: Pharm. Ind. 2003, S. 1118 (1131 f); Berg, in: EuZW 2000, S. 170 (171); Giesen, Die Vorgaben des EG-Vertrages für das internationale Sozialrecht, S. 114; wohl auch: Slot, in: ECLR 2003, S. 580 (582).
[1011] Hauck, in: Peters, § 35 SGB V, Rn. 43; Reich, in: EuZW 2000, S. 653 (657).
[1012] EuGH, Urteil vom 23.10.1997, Rs. C-157/94 (Kommission/Niederlande), Slg. 1997, I-5699 (5784); EuGH, Urteil vom 23.10.1997, Rs. C-159/94 (Kommission/Frankreich), Slg. 1997, I-5815 (5845).
[1013] EuGH, Urteil vom 21.9.1999, Rs. C-67/96 (Albany), Slg. 1999, I-5751 (5896); Bieback, in: RsDE Nr. 49, S. 1 (25); Engelmann, S. 199; Axer, in: NZS 2002, S. 57 (64); a.A.: Gassner, in: VSSR 2000, S. 121 (143).

Arzneimittelpreise verhindert werden. So hätten die gesetzlichen Krankenkassen ohne die Arzneimittelfestbeträge praktisch keine Möglichkeit ihrer Pflicht zum wirtschaftlichen Handeln nach § 12 I SGB V nachzukommen, da sie die Arzneimittelpreise der Hersteller auf Grund des Anspruchs der Versicherten nach § 31 I SGB V akzeptieren müssten. Zwar könnten sie dabei eine Auswahl zwischen einzelnen gleich wirksamen Produkten treffen; jedoch hat dies auf Grund des Mangels an Preiswettbewerb auf dem Arzneimittelmarkt nur geringe Auswirkungen auf die Ausgaben für die Arzneimittelversorgung. Die Festbeträge nach § 35 SGB V können daher grundsätzlich als erforderlich angesehen werden, um die finanzielle Stabilität der GKV zu sichern. Angesichts des Auswahlermessens des Gesetzgebers und der Tatsache, dass die Geeignetheit anderer Kostensenkungsmaßnahmen nur schwer beurteilt werden kann, ist nicht davon auszugehen, dass ein anderes gleich geeignetes Mittel zur Verfügung gestanden hätte.

cc) Willkürverbot

Jedoch sind den mitgliedstaatlichen Gestaltungsspielräumen im Rahmen des Sozialversicherungsrechts durch die Rechtsprechung des Gerichtshofs klare Grenzen gesetzt. So haben die nationalen Gerichte eine Kontrolle darüber auszuüben, dass die mit einer im allgemeinen wirtschaftlichen Interesse betrauten Unternehmen ihre Aufgabe nicht willkürlich gebrauchen[1014]. Dabei hat der Gerichtshof insbesondere auf die Gefahr eines missbräuchlichen Gebrauchs der übertragenen Befugnis hingewiesen[1015]. Es stellt sich damit die Frage, ob die Übertragung der Festbetragsfestsetzung auf die als Nachfrager am Markt mittelbar beteiligten Kassenverbände die Gefahr eines missbräuchlichen oder willkürlichen Handelns in sich birgt. Die Spitzenverbände könnten ihre Entscheidungen zu sehr an den betriebswirtschaftlichen Bedürfnissen der gesetzlichen Krankenversicherung ausrichten und den vom Gesetzgeber eingeräumten weiten Gestaltungsspielraum willkürlich zulasten der Arzneimittelhersteller missbrauchen[1016]. So haben die Spitzenverbände ein Interesse daran, die Festbeträge so niedrig wie möglich festzusetzen, da

---

[1014] EuGH, Urteil vom 21.9.1999, Rs. C-67/96 (Albany), Slg. 1999, I-5751 (5897).
[1015] Wie vor, S. 5896; im Rahmen des Art. 86 II EG stellt sich damit in gleicher Weise wie im US-amerikanischen Antitrust-Recht das Problem, wie das Überwiegen finanzieller Eigeninteressen von Selbstverwaltungskörperschaften verhindert werden kann; s.o.: 3. Kapitel, B., II., 2., b), S. 192.
[1016] Durch die Verwendung der unbestimmten Rechtsbegriffe der "ausreichenden, zweckmäßigen und wirtschaftlichen Qualitätssicherung" wird den Spitzenverbänden in bezug auf die Höhe der Festbeträge überwiegend ein sehr weitgehender Gestaltungsspielraum zugestanden; so: OLG Düsseldorf, Urteil vom 27.7.1999, Az.: U (Kart) 36/98, in: PharmaR 1999, S. 283 (296); OLG Düsseldorf, Urteil vom 27.7.1999, Az.: U (Kart) 33/98, in: Pharm. Ind. 1999, S. 704 (711); Axer, in: NZS 2002, S. 57 (63); Koenig/Sander, in: NZS 2001, S. 617 (619); a.A.: BGH, Vorlagebeschluss zum EuGH vom 3.7.2001, KZR 31/99, in: WuW 2001, S. 1089 (1098); s.o: 3. Kapitel, A., I., 3., a), aa), S. 156.

finanzielle Eigenmittel der gesetzlichen Krankenkassen direkt von der Entscheidung betroffen sind. Desto niedriger die Festbeträge sind, umso weniger Mittel werden durch die Versorgung der Versicherten mit Arzneimitteln in Anspruch genommen, was die gesetzlichen Krankenkassen in die Lage versetzt diese Reserven für einen Wettbewerb mit privaten Krankenversicherungen einzusetzen[1017]. Auch die Beteiligung des Gemeinsamen Bundesausschusses nach § 35 I 5 SGB V im Rahmen der ersten Verfahrensstufe der Bildung von Arzneimittelgruppen steht einer möglichst niedrigen Festbetragsfestsetzung nicht entgegen. So haben letztendlich auch die Ärzte ein Interesse an einer Senkung der Arzneimittelausgaben, da etwaige Einsparungen dann für die Leistungen der Ärzteschaft aufgewandt werden können[1018]. Auf Grund dieser mittelbaren finanziellen Eigeninteressen kann den Spitzenverbänden der Krankenkassen bei der Festbetragsfestsetzung ein Gemeinwohlinteresse nicht kategorisch unterstellt werden[1019]. Aus diesen Gründen kann auch eine Missbrauchs- und Willkürgefahr nicht von vornherein ausgeschlossen werden.

Die Gefahr der Verfolgung kassenspezifischer Eigeninteressen erhöht sich dabei dadurch, dass den Spitzenverbänden der Krankenkassen keine Verpflichtung auferlegt ist gegenüber den Arzneimittelherstellern darzulegen, aus welchen Gründen sie etwaigen Stellungnahmen der Pharmaverbände nicht gefolgt sind. Aus diesem Grunde ist auch die Möglichkeit eines effektiven Rechtsschutzes gegen die Festbetragsfestsetzungen erheblich eingeschränkt. Zwar wird den Spitzenverbänden durch § 35 V 1 SGB V vorgegeben, dass die Festbeträge an einer "ausreichenden, zweckmäßigen und wirtschaftlichen Qualitätssicherung" auszurichten sind. Jedoch spezifiziert die Vorschrift nicht was hierunter zu verstehen ist, so dass den Spitzenverbänden zudem ein weitgehender Interpretationsspielraum zukommt[1020]. Diese mit der Verwendung unbestimmter Rechtsbegriffe verbundenen Gestaltungsspielräume erschweren einen effektiven Rechtsschutz daher zusätzlich. Dabei spricht auch die fehlende

---

[1017] So auch der GA Jacobs, Rn. 55 der Schlussanträge vom 22.5.2003, verb. Rs. C-264/01, C-306/01, C-354/01 und C-355/01 (AOK Bundesverband), noch nicht in der amtl. Slg. veröffentlicht.
[1018] So auch: Koenig/Sander, in: Marburger Gespräche zum Pharmarecht, S. 67 (72 f); Gassner: Pharm. Ind. 2003, S. 1118 (1136); ähnlich: Kozianka/Millarg, in: PharmaR 2000, S. 204 (208).
[1019] Ähnlich: Axer, in: NZS 2002, S. 57 (63); GA Jacobs, Rn. 55 der Schlussanträge vom 22.5.2003, verb. Rs. C-264/01, C-306/01, C-354/01 und C-355/01 (AOK Bundesverband), noch nicht in der amtl. Slg. veröffentlicht; die für die Verfolgung von Gemeinwohlinteressen erforderliche Unabhängigkeit ist nach der Rechtsprechung des EuGH insbesondere bei Gremien gegeben, in denen alle Marktteilnehmer des Wirtschaftssektors vertreten sind: EuGH, Urteil vom 30.1.1985, Rs. 123/83 (BNIC/Clair), Slg. 1985, S. 391 (423); EuGH, Urteil vom 9.6.1994, Rs. C-153/93 (Delta), Slg. 1994, I-2517 (2529 ff); EuGH, Urteil vom 17.11.1993, Rs. C-185/91 (Reiff), Slg. 1993, I-5801 (5847 f).
[1020] So auch: OLG Düsseldorf, Urteil vom 27.7.1999, Az.: U (Kart) 36/98, in: PharmaR 1999, S. 283 (296).

Genehmigungspflicht einer staatlichen Einrichtung gegen eine erhöhte staatliche Kontrolle.

Alternativ könnten die Festsetzungen durch ein unabhängiges Gremium oder durch ein Bundesministerium, wie bereits im Rahmen des § 35a SGB V geschehen, vorgenommen werden. Dies hätte zunächst zur Folge, dass eine Verfolgung finanzieller Eigeninteressen durch die an der Festsetzung maßgeblich beteiligten und am Markt mittelbar als Nachfrager auftretenden Spitzenverbände der Krankenkassen verhindert würde. Damit könnte potentiellen Interessenkonflikten einer mit öffentlichen Aufgaben betrauten Einheit wirksam vorgebeugt werden. Gleichzeitig wäre auch der erforderliche Sachverstand der Gremiumsmitglieder sichergestellt, wobei im Rahmen einer Festsetzung durch staatliche Einrichtungen auf die Stellungnahmen unabhängiger Sachverständiger zurückgegriffen werden könnte. Ein System der Festbetragsfestsetzung durch unabhängige oder staatliche Gremien hat damit keinen Verlust an Fachkompetenz zur Folge und schließt zugleich potentielle Interessenkonflikte des Entscheidungsgremiums aus. Dem kann auch nicht der Einwand der Abschaffung der regulierenden Selbstverwaltung im Bereich des Sozialrechts entgegengehalten werden[1021]. So haben nationale Interessen an einem System der Selbstverwaltung gegenüber den Interessen des EG-Wettbewerbsrechts zumindest dann zurückzutreten, wenn der wesentliche Zweck der Regelung auch ohne eine Selbstverwaltung erreicht werden kann. Ein System der Festbetragsfestsetzung durch unabhängige oder staatliche Gremien ist damit dem Verfahren der Festbetragsfestsetzung nach § 35 SGB V vorzuziehen, weil hierdurch nicht nur der mit den Festbeträgen bezweckte Einspareffekt erreicht wird, sondern zugleich einer Willkür- und Missbrauchsgefahr deutliche Grenzen gesetzt werden[1022]. Da die Spitzenverbände weder als staatliches noch als unabhängiges Gremium angesehen werden können, wäre das Verfahren der Festbetragsfestsetzung nach § 35 SGB V einer Rechtfertigung nach Art. 86 II EG entzogen. Es ist jedoch fraglich, ob dieses Ergebnis mit der bisherigen Rechtsprechung des EuGH in Einklang ist.

dd) Die Entscheidungen des EuGH in den Rechtssachen Duphar und Albany

Einem solchen Ergebnis könnten jedoch die Entscheidungen des Gerichtshofs in den Rechtssachen Duphar und Albany entgegenstehen. So wurde in der

---

[1021] So: Reich, in: EuZW 2000, S. 653 (656); ebenfalls eine Preisfestsetzung durch die Selbstverwaltung einer hoheitlichen Festsetzung vorziehend: Steinmeyer, in: Marburger Gespräche zum Pharmarecht, S. 36 (49).
[1022] So im Ergebnis auch: Koenig/Sander, in: Marburger Gespräche zum Pharmarecht, S. 67 (77); Engelmann, S. 206 f; wohl auch: Kozianka/Millarg, in: PharmaR 2000, S. 204 (208); eine Rechtfertigung des Verfahrens nach § 35 SGB V ebenfalls ablehnend: Slot, in: ECLR 2003, S. 580 (593).

Rechtssache Duphar eine Negativliste für Arzneimittel der niederländischen Pflichtkrankenversicherung als mit den Grundsätzen der Warenverkehrsfreiheit vereinbar angesehen[1023]. Dies setze jedoch voraus, dass bei der Auswahl der nicht erstattungsfähigen Arzneimittel jede Diskriminierung auf Grund des Ursprungs der Erzeugnisse unterbleibe und diese Auswahl auf objektiven und überprüfbaren Kriterien beruhe, wie z.B. darauf, dass auf dem Markt andere, billigere Erzeugnisse mit gleicher therapeutischer Wirkung erhältlich seien[1024]. Es ließe sich daher argumentieren, dass eine Negativliste auf Grund eines vollständigen Ausschlusses bestimmter Arzneimittel von der Erstattungsfähigkeit als schwerer wiegender Eingriff in das System eines Gemeinsamen Marktes anzusehen ist, als die Arzneimittelfestbeträge, welche lediglich Höchstgrenzen der Erstattungsfähigkeit festlegen[1025]. Demzufolge könnte aus der Vereinbarkeit der Negativliste mit dem EG-Recht geschlossen werden, dass die Arzneimittelfestbeträge erst recht mit dem Gemeinschaftsrecht vereinbar sind[1026]. Jedoch übersieht eine solche Argumentation zunächst, dass die Auswirkungen von Arzneimittelfestbeträgen nicht zwingend einen weniger schwerwiegenden Eingriff in das Marktrecht der Gemeinschaft darstellen als eine Negativliste[1027]. Zwar stellt der mit einer Negativliste verbundene vollumfängliche Ausschluss der Erstattungsfähigkeit einen direkteren und für den einzelnen hiervon betroffenen Arzneimittelhersteller grundsätzlich auch einen gravierenderen Eingriff dar als ein Erstattungshöchstbetrag. Dennoch ist der Umfang beider Kostensenkungsmaßnahmen im Einzelfall zu untersuchen, wobei im Rahmen einer Gesamtbetrachtung die wettbewerbsbeschränkende Wirkung von Arzneimittelfestbeträgen gravierender sein kann als die einer Negativliste. Andererseits betraf das Urteil in der Rechtssache Duphar ausschließlich die Vereinbarkeit der Negativliste mit den Grundsätzen der Warenverkehrsfreiheit des EG-Vertrages, so dass die in diesem Verfahren gewonnenen Erkenntnisse nur in begrenztem Umfang auf die Festbetragsfestsetzung für Arzneimittel übertragbar sind. Ferner stellt das oben gewonnene Ergebnis die Kostensenkungsmaßnahme der Arzneimittelfestbeträge nicht insgesamt in Frage, sondern erachtet lediglich eine Festsetzung durch ein staatliches oder unabhängiges Gremium für erforderlich.

[1023] EuGH, Urteil vom 7.2.1984, Rs. 238/82 (Duphar), Slg. 1984, S. 523 (542).

[1024] Wie vor, S. 542.

[1025] Diese Ansicht vertrat wohl der GA Jacobs, Rn. 96 der Schlussanträge vom 22.5.2003, verb. Rs. C-264/01, C-306/01, C-354/01 und C-355/01 (AOK Bundesverband), noch nicht in der amtl. Slg. veröffentlicht.

[1026] In diesem Sinne wohl: Reich, in: EuZW 2000, S. 653 (657).

[1027] Dabei sind die Auswirkungen der niederländischen Negativliste zunächst insofern mit denen der deutschen Arzneimittelfestbeträge vergleichbar, als auch in den Niederlanden 70% der insgesamt verbrauchten Arzneimittel auf Kosten der öffentlich-rechtlichen Krankenversicherung bezogen werden; so: EuGH, Urteil vom 7.2.1984, Rs. 238/82 (Duphar), Slg. 1984, S. 523 (541).

Auch die Rechtsprechung des Gerichtshofs zu den Betriebsrentenfonds[1028] steht der Versagung einer Rechtfertigung nach Art. 86 II EG in bezug auf das Verfahren der Festbetragfestsetzung nach § 35 SGB V nicht entgegen. Zwar betrachtete der Gerichtshof in der Rechtssache Albany eine Zwangsmitgliedschaft in einem Betriebsrentenfonds grundsätzlich für geeignet und erforderlich, um die finanzielle Stabilität der Sozialversicherung zu gewährleisten[1029]; jedoch besitzt diese Rechtsprechung nur eine begrenzte Aussagekraft für die Festsetzung der Arzneimittelfestbeträge, da die Auswirkungen der staatlichen Maßnahme in diesen Fällen garvierendere Folgen für das in Frage stehende Sozialversicherungssystem hatten. So stellt der Wegfall einer Zwangsmitgliedschaft für das finanzielle Gleichgewicht eines Betriebsrentenfonds einen erheblichen Eingriff dar, während die Arzneimittelversorgung nur einen Teil der Ausgaben der gesetzlichen Krankenversicherung ausmacht[1030]. Im Vergleich zu den erheblichen Auswirkungen für die Betriebsrentenfonds stellt der oben dargestellte Lösungsweg in Form eines Austausches des Entscheidungsgremiums bei gleichzeitiger Beibehaltung der Kostensenkungsmaßnahme einen überaus geringen Eingriff in die Gestaltungsfreiheiten der Mitgliedstaaten dar. Aus den Urteilen des EuGH zu den Betriebsrentenfonds kann jedoch keine Präjudizwirkung abgeleitet werden, die einer derart geringen Korrektur der mitgliedstaatlichen Gestaltungsfreiheiten entgegen stünde. Zudem sind die Voraussetzungen der Ausnahmevorschrift des Art. 86 II EG einzelfallbezogen zu bestimmen, da es sich bei der Vorschrift nicht um eine Bereichsausnahme für Dienstleistungen von allgemeinem wirtschaftlichem Interesse handelt[1031]. Aus diesen Gründen stehen weder die Urteile zu den Betriebsrentenfonds noch die Entscheidung in der Rechtssache Duphar dem oben dargestellten Ergebnis entgegen.

c) Ergebnis

Die Übertragung der Festsetzung von Festbeträgen an eine mit eigenen finanziellen Interessen agierende Einheit wie die Spitzenverbände der Krankenkassen verstößt gegen das im Rahmen des Art. 86 II 1 EG geltende Willkürverbot. Das Regelungsziel der Kostensenkung kann vielmehr ebenso durch ein unabhängiges Gremium oder eine staatliche Einrichtung, wie etwa durch ein Bundesministerium, erreicht werden. Eine staatliche Regulierung ist letztendlich einer Festsetzung durch die Spitzenverbände der Krankenkassen

---

[1028] EuGH, Urteil vom 21.9.1999, Rs. C-67/96 (Albany), Slg. 1999, I-5751 ff; EuGH, Urteil vom 21.9.1999, Rs. C-219/97 (Bokken), Slg. 1999, I-6121 ff; EuGH, Urteil vom 21.9.1999, Rs. C-115-117/97 (Brentjens'), Slg. 1999, I-6025 ff.
[1029] EuGH, Urteil vom 21.9.1999, Rs. C-67/96 (Albany), Slg. 1999, I-5751 (5896, 5898).
[1030] Ähnlich: Gassner, in: VSSR 2000, S. 121 (142 f), der darauf abstellt, dass, im Gegensatz zu den Fällen der Betriebrentenfonds, die Nachfrage nach Leistungen den solidarischen Kernbereich der Sozialversicherung erst gar nicht berührt.
[1031] Weiß, in: EuR 2003, S. 165 (184); Burgi, in: EuR 1997, S. 261 (277); Ehricke, in: EuZW 1998, S. 741 (745, 746).

vorzuziehen, da hierdurch verhindert werden kann, dass finanzielle Eigeninteressen die Festbetragsfestsetzungen beeinflussen. Dabei ist die Einschränkung der regulierenden Selbstverwaltung auch gerechtfertigt, da das Bundesministerium den für die Bewertung erforderlichen Sachverstand durch unabhängige Sachverständige erlangen kann.

3. Ergebnis

Letztendlich sind die Arzneimittelfestbeträge damit dann nicht zur Sicherung der finanziellen Stabilität der gesetzlichen Krankenversicherung erforderlich, sofern deren Festsetzung durch die Spitzenverbände der Krankenkassen erfolgt. Während eine Rechtfertigung des Verfahrens nach § 35a SGB V damit nicht ausgeschlossen erscheint, liegen die Voraussetzungen der Ausnahmevorschrift des Art. 86 II 1 EG in bezug auf das Verfahren nach § 35 SGB V nicht vor.

IV. Verhältnismäßigkeit der Handelsbeeinträchtigung

Hinsichtlich des Verfahrens nach § 35a SGB V stellt sich zudem die Frage, ob die Vorschrift des Art. 86 II 2 EG einer Rechtfertigung entgegensteht. Hiernach darf die Entwicklung des Handelsverkehrs nicht in einem Maße beeinträchtigt werden, das dem Interesse der Gemeinschaft zuwiderläuft. Dabei ist das Interesse der Gemeinschaft aus den Zielen und Grundsätzen des EG-Vertrags abzuleiten und im Einzelfall gegen die mitgliedstaatlichen Interessen an der übertragenen besonderen Aufgabe abzuwägen[1032]. Als Interesse der Gemeinschaft ist insbesondere die Schaffung eines Gemeinsamen Marktes mit unverfälschtem Wettbewerb anerkannt[1033]. Jedoch kommt im Rahmen dieser Verhältnismäßigkeitsprüfung auch die Vorschrift des Art. 16 EG zur Geltung, welche die besondere Bedeutung der Dienstleistungen von allgemeinem wirtschaftlichem Interesse betont[1034]. Dabei kam der Vorschrift des Art. 86 II 2 EG in der bisherigen Praxis des EuGH eine geringe Bedeutung zu. Auch in der Literatur wird überwiegend die Ansicht vertreten, dass der Vorschrift im Falle der Annahme eines strengen Verhinderungsmaßstabs keine wesentliche Bedeutung zukomme[1035]. Allenfalls wird insofern auf eine Verhältnismäßigkeitsprüfung im engeren Sinne abgestellt[1036].

[1032] Jungbluth in: Langen/Bunte, Art. 86, Rn. 45, 46; Jung, in: Callies/Ruffert, Art. 86, Rn. 52, 53; von Burchard, in: Schwarze, Art. 86, Rn. 77.
[1033] Jungbluth in: Langen/Bunte, Art. 86, Rn. 46; von Burchard, in: Schwarze, Art. 86, Rn. 77; Koenig/Kühling, in: ZHR 166 (2002), S. 656 (680).
[1034] Jung, in: Callies/Ruffert, Art. 86, Rn. 49; Koenig/Kühling, in: ZHR 166 (2002), S. 656 (680); hierzu ausführlich: Frenz, in: EuR 2000, S. 901 (913 ff).
[1035] von Burchard, in: Schwarze, Art. 86, Rn. 75; Weiß, in: EuR 2003, S. 165 (188).
[1036] So: Koenig/Kühling, in: ZHR 166 (2002), S. 656 (680).

Es sind keine Anhaltspunkte dafür ersichtlich, dass die Arzneimittelfestbeträge sich in einer Art und Weise auf die Entwicklung des Handelsverkehrs auswirken, die dem Interesse der Gemeinschaft zuwiderläuft. Zudem hat die Europäische Kommission in einer Mitteilung ausdrücklich betont, dass sie die Festsetzung von Höchstwerten oder Erstattungssätzen für Arzneimittel als hilfreiches Mittel zur Senkung der Arzneimittelausgaben ansieht[1037]. Solange die Festsetzung von Arzneimittelfestbeträgen in den oben dargestellten Grenzen des Willkürverbots erfolgt und der Sicherung des finanziellen Gleichgewichts der GKV dient, kann damit nicht von einer unverhältnismäßigen Beeinträchtigung des Handelsverkehrs nach Art. 86 II 2 EG ausgegangen werden.

C. Ergebnis

Die Arzneimittelfestbeträge dienen dem vom EuGH als legitim anerkannten Zweck der Sicherung der finanziellen Stabilität der gesetzlichen Krankenversicherung. Sie können auch grundsätzlich als geeignetes und erforderliches Mittel zur Verhinderung einer Gefährdung dieses Ziels anerkannt werden. Jedoch besteht die Gefahr von Interessenskonflikten, wenn die Festbetragsfestsetzungen einer mit eigenen finanziellen Interessen agierenden Einheit, wie den Spitzenverbänden der Krankenkassen, übertragen werden. Das Regelungsziel der Kostensenkung kann vielmehr auch durch ein unabhängiges Gremium oder eine staatliche Einrichtung, wie etwa durch ein Bundesministerium, erreicht werden. Die Festsetzung von Festbeträgen durch die Spitzenverbände der Krankenkassen nach § 35 SGB V ist daher auf Grund einer Willkür- und Missbrauchsgefahr nicht nach Art. 86 II EG gerechtfertigt. Sofern die Festsetzung der Festbeträge jedoch, wie in § 35a SGB V vorgesehen, durch eine ministerielle Rechtsverordnung erfolgt, ergeben sich keine Bedenken gegen eine Rechtfertigung nach Art. 86 II EG.

[1037] Mitteilung der Kommission der Europäischen Gemeinschaft über den Binnenmarkt für Arzneimittel, KOM (98) 588 endg., in: BR-Drucks. 991/98, S. 18 f.

5. Kapitel: Zusammenfassung der Ergebnisse

1) Mangels Harmonisierungskompetenz der Gemeinschaft lassen die Vorschriften des EG-Vertrages die Zuständigkeit der Mitgliedstaaten zur Gestaltung ihrer Systeme der sozialen Sicherheit grundsätzlich unberührt. Bei der Ausgestaltung der Systeme der sozialen Sicherheit haben die Mitgliedstaaten jedoch die zwingenden Vorgaben des EG-Vertrages in Form der wirtschaftlichen Grundfreiheiten und der Wettbewerbsvorschriften zu beachten.

2) Weder nach dem EG-Vertrag noch nach der Rechtsprechung des EuGH existiert für das Sozialversicherungsrecht eine Bereichsausnahme von den Wettbewerbsvorschriften des Gemeinschaftsrechts. Die Wettbewerbsregeln sind damit grundsätzlich auch auf das Verhalten gesetzlicher Krankenversicherungen anwendbar, wobei mittels des funktionalen Unternehmensbegriffs zu untersuchen ist, ob im konkreten Fall eine wirtschaftliche Tätigkeit vorliegt. Soziale Sicherungssysteme verdienen damit keine absolute, sondern nur eine relative Immunität vor dem EG-Wettbewerbsrecht.

3) Die Festsetzung der Festbeträge nach § 35 SGB V stellt eine wirtschaftliche Tätigkeit im Sinne des Art. 81 I EG dar. Die Spitzenverbände der Krankenkassen sind daher im Rahmen der Festbetragsfestsetzung als Unternehmensvereinigungen im Sinne dieser Vorschrift anzusehen. Das Urteil des EuGH in der Rechtssache AOK-Bundesverband ist aus folgenden Gründen zu kritisieren:

a) Zunächst steht es der Ausübung einer wirtschaftlichen Tätigkeit nicht entgegen, dass die Arzneimittelfestbeträge hoheitlich festgesetzt werden, da die Spitzenverbände der Krankenkassen über einen erheblichen Gestaltungsspielraum in bezug auf die Höhe der Festbeträge verfügen. Insofern unterscheidet sich der Sachverhalt in der Rechtssache AOK-Bundesverband wesentlich von den Sachverhalten in den Rechtssachen Poucet/Pistre und Cisal, auf die der EuGH seine Argumentation jedoch maßgeblich stützt.

b) Der Charakter der Einkaufstätigkeit eines Sozialversicherungsträgers wird zudem nicht zwingend durch den wirtschaftlichen oder nichtwirtschaftlichen Charakter der späteren Verwendung der erworbenen Erzeugnisse bestimmt. Gegen eine Gesamtbetrachtung spricht vor allem, dass im Rahmen der Leistungsbeschaffung die solidarischen Elemente eines Systems der sozialen Sicherheit in beschränkterem Maße Bedeutung erlangen als im Versicherungsverhältnis. Wenn solidarische Elemente jedoch gezielt mit einer wirtschaftlichen Machtposition verbunden werden, muss zumindest eine Abwägung zwischen den widerstreitenden Interessen möglich sein.

c) Zudem kann der Ansicht des Gerichtshofes nicht gefolgt werden, dass innerhalb der GKV sowie zwischen der GKV und der PKV kein Wettbewerb bestehe. Insbesondere die Einführung von Wettbewerbselementen durch das GMG legt nahe, dass auch im Rahmen der Arzneimittelversorgung in der gesetzlichen Krankenversicherung Wettbewerb existiert.

d) Das Urteil des EuGH ist vor allem aber deshalb zu kritisieren, weil den intendierten Auswirkungen der Festbetragsfestsetzung auf Dritte keinerlei Bedeutung beigemessen wurde. Die Auswirkungen einer Maßnahme auf Dritte stehen jedoch regelmäßig im Mittelpunkt einer kartellrechtlichen Bewertung. Die vollständige Ausklammerung der Wirkungen einer Maßnahme auf der Ebene des Unternehmensbegriffs wird vor allem der wettbewerbsrechtlichen Relevanz des Verhaltens nachfragemächtiger Unternehmen nicht gerecht.

5) Wettbewerbsschädliche Auswirkungen einer Maßnahme sollten im Rahmen der Anwendung des Art. 86 II EG gegen die jeweilige Zielsetzung abgewogen werden. Die Rechtsprechung des EuGH zum Unternehmensbegriff ermöglicht keine wirksame wettbewerbsrechtliche Kontrolle der tatsächlichen Wirkungen einer solidarisch motivierten Maßnahme. Dabei enthält Art. 86 II EG ein klares Regel-Ausnahme-Verhältnis in bezug auf die Beachtung öffentlich-rechtlicher Belange der Mitgliedstaaten im Rahmen des EG-Wettbewerbsrechts.

6) Allein falls wettbewerbsbeschränkende Auswirkungen einer Maßnahmen auf Leistungserbringer oder Arzneimittelhersteller weder existieren noch beabsichtigt sind, erscheint eine „Lösung" im Rahmen des Unternehmensbegriffes als vertretbar. In diesem Fall ist das soziale Motiv derart überwiegend, dass das Vorliegen einer wirtschaftlichen Tätigkeit ausgeschlossen werden kann. Dabei ist jedoch nach dem funktionalen Unternehmensbegriff im Einzelfall zu untersuchen, ob diese Voraussetzungen vorliegen. Die ausschließliche Bewertung des solidarischen Niveaus eines sozialen Sicherungssystems mittels des Unternehmensbegriffes ist grundsätzlich nicht geeignet, um eine Maßnahme vollumfänglich wettbewerbsrechtlich beurteilen zu können.

7) Auch in den USA sind diverse Kostensenkungsgesetze von Arzneimittelherstellern überwiegend erfolglos einer gerichtlichen Kontrolle unterzogen worden. Obwohl diese Verfahren zuletzt allein verfassungsrechtliche Erwägungen zum Gegenstand hatten, existiert in den USA eine umfangreiche Rechtsprechung zu der Frage, wie die Antitrust-Gesetze des Bundes auf Sachverhalte im Bereich des Gesundheitswesens anzuwenden sind. Dabei sprach sich der US-Supreme Court zwar gegen eine generelle Freistellung des Gesundheitswesens von den Antitrust-Gesetzen aus, betonte aber zugleich, dass eine besondere Behandlung dieses Wirtschaftssektors aus dem Gesichtspunkt der Qualitätssicherung im Einzelfall erforderlich sein kann. Diese Sonderbehandlung erfolgt dadurch, dass Verhaltensweisen, die unter normalen Umständen als per se Verstoß zu qualifizieren wären, im Bereich des

Gesundheitswesens einer sog. "quick look rule of reason" unterworfen werden. Dies ermöglicht eine richterliche Abwägung der Ziele und Wirkungen der Maßnahme.

8) Im Fall der Festbetragsfestsetzung sind auch die weiteren Voraussetzungen der Verbotstatbestände der Art. 81 I und 82 EG erfüllt. Dabei kann die Stärkung der Wettbewerbsposition der Generikahersteller nicht gegen das Vorliegen einer Wettbewerbsbeschränkung angeführt werden, weil im Rahmen des Beispielskataloges des Art. 81 I lit.a) bis e) EG keine Abwägung wettbewerbsfördernder gegen wettbewerbsbeschränkende Wirkungen einer Maßnahme stattfindet.

9) Die Bundesrepublik Deutschland hat gegen Art. 10 II, 3 I lit.g) EG i.V.m. Art. 81 f EG verstoßen, indem sie den Spitzenverbänden der Krankenkassen durch die Einführung des § 35 SGB V den Erlass gegen das EG-Wettbewerbsrecht verstoßender Absprachen vorgeschrieben hat. Daneben ist auch eine Erfüllung des Tatbestandes des Art. 86 I EG i.V.m Art. 81 f EG gegeben. Im Gegensatz dazu war das bis zum 31.12.2003 geltende Verfahren nach § 35a SGB V zumindest in bezug auf Art. 10 II, 3 I lit.g) EG i.V.m. Art. 81 f EG als rechtmäßig anzusehen, da das BMGS hier eine eigene Sachentscheidung traf.

10) Als Kompromiss zwischen den beiden Verfahren wäre eine Festbetragsfestsetzung durch ein unabhängiges Gremium anzusehen, an dem neben den Krankenkassen und Ärzten auch die Arzneimittelhersteller beteiligt sind. Hierdurch wäre die Unabhängigkeit des Gremiums gestärkt, was für die Annahme eines Allgemeininteresses mit der Folge des Ausschlusses der Unternehmenseigenschaft des Gremiums angeführt werden könnte. Auf diese Weise könnten die mit einem System der Selbstverwaltung verbundenen Vorteile in Form eines höheren Sachverstandes des Entscheidungsträgers erhalten bleiben. Andererseits könnte so vermieden werden, dass die Spitzenverbände der Krankenkassen ihre Kompetenzen einseitig zu Lasten der Arzneimittelhersteller einsetzen.

11) Der US-Supreme Court hat sich wiederholt mit der Delegierung von Regelungskompetenzen an Selbstverwaltungskörperschaften durch US-amerikanische Bundesstaaten befasst. Hier stellt sich ebenso wie im EG-Wettbewerbsrecht die Frage, unter welchen Voraussetzungen diese Einheiten sich in bezug auf die Beachtung einer höherrangigen Wettbewerbsordnung auf eine staatliche Delegierung berufen können. Dabei ist es das Ziel der sog. „state action" Doktrin, das Interesse der Bundesstaaten an flexiblen Regelungsmöglichkeiten mit den Zielen des Antitrust-Rechts des Bundes in Einklang zu bringen. Der sog. „Midcal-Test" normiert klare Kriterien, um ein wettbewerbswidriges Verhalten dem bundesstaatlichen Gesetzgeber zuordnen zu

können und zielt damit darauf ab, mit einer extensiven Auslegung der Doktrin verbundene Missbrauchsmöglichkeiten zu verhindern.

12) Die Arzneimittelfestbeträge dienen dem vom EuGH als legitim anerkannten Zweck der Sicherung der finanziellen Stabilität der GKV. Sie können auch grundsätzlich als geeignetes und erforderliches Mittel zur Verhinderung einer Gefährdung dieses Ziels anerkannt werden.

13) Die Übertragung der Festsetzung von Festbeträgen an eine mit eigenen finanziellen Interessen agierende Einheit wie die Spitzenverbände der Krankenkassen verstößt jedoch gegen das im Rahmen des Art. 86 II 1 EG geltende Willkürverbot. Das Regelungsziel der Kostensenkung kann vielmehr ebenso durch ein unabhängiges Gremium oder eine staatliche Einrichtung, wie etwa durch ein Bundesministerium, erreicht werden. Während eine Rechtfertigung des Verfahrens nach § 35a SGB V damit nicht ausgeschlossen erscheint, liegen die Voraussetzungen der Ausnahmevorschrift des Art. 86 II 1 EG in bezug auf das Verfahren nach § 35 SGB V nicht vor.

14) Dem Urteil des Gerichtshofes in der Rechtssache AOK-Bundesverband kommt dabei eine über den konkreten Fall hinausgehende Bedeutung zu. Mit den Festbeträgen stand insbesondere die Steuerungskompetenz der Selbstverwaltung im Gesundheitswesen zur Disposition. Während der EuGH in den Urteilen Kohll und Decker die Geltung des Territorialprinzips des SGB V begrenzte, fand eine entsprechende Einschränkung auf Grund gemeinschaftsrechtlicher Vorgaben im Bereich des Selbstverwaltungsrechts der Krankenkassen und Ihrer Verbände nicht statt. Es bleibt jedoch abzuwarten, ob der Gerichtshof dieses Ergebnis in zukünftigen Entscheidungen bestätigen wird. Anlass zu einer Korrektur könnte insbesondere die Tendenz der verstärkten Einführung von Wettbewerbselementen in der GKV durch Reformgesetze wie das GMG bieten. Abzuwarten bleibt ebenfalls, ob sich durch die Gesetzgebung der EG und insbesondere durch absehbare Regelungen zur öffentlichen Daseinsvorsorge[1038] mittelbare Beeinflussungen der nationalen Gesundheitssysteme ergeben werden.

[1038] Grünbuch „Dienstleistungen von allgemeinem Interesse", KOM (2003) 270, endg. vom 21.05.2003.

Literaturverzeichnis

Ackermann, Thomas, Art. 85 Abs. 1 EGV und die rule of reason, Köln-Berlin-Bonn-München, 1997

Ameringer, Carl F., Devolution and distrust: managed care and the resurgence of physician power and authority, 5 DePAUL J. HEALTH CARE L. 187-205 (2002)

Andrews, Philip, Self-Regulation by Professions- The Approach under E.U. and U.S. Competition Rules, ECLR 2002, 281-285

Areeda, Phillip E./ Hovenkamp, Herbert, Fundamentals of Antitrust Law, Volume I, New York, Gaithersburg, 2002

Areeda, Phillip E./ Hovenkamp, Herbert, Antitrust Law, Volume I, New York, 2002

Auricchio, Vito, Services of general economic interest and the application of EC Competition Law, World Competition 24(1), 2001, 65-91

Axer, Peter, Europäisches Kartellrecht und nationales Krankenversicherungsrecht, NZS 2002, 57-65

Axer, Peter, Normsetzung der Exekutive in der Sozialversicherung: ein Beitrag zu den Voraussetzungen und Grenzen untergesetzlicher Normsetzung im Staat des Grundgesetzes, Tübingen, 2000

Bach, Albrecht, Wettbewerbsrechtliche Schranken für staatliche Maßnahmen nach europäischem Gemeinschaftsrecht, Tübingen, 1992

Becker, Ulrich, Gesetzliche Krankenversicherung zwischen Markt und Regulierung, Reformen des Gesundheitssystems und ihre europäischen Perspektiven, JZ 1997, 534-544

Berg, Werner, Neue Entscheidungen des EuGH zur Anwendung des EG-Kartellrechts im Bereich der sozialen Sicherheit, EuZW 2000, 170-173

Berg, Werner, Schadensersatzverpflichtung der gesetzlichen Krankenkassen wegen der Festsetzung von Festbeträgen für Arzneimittel nach § 35 SGB V, PhamaR 1999, 276-282

Beske, Fritz/ Drabinski, Thomas/ Zöllner, Herbert, Das Gesundheitswesen in Deutschland im internationalen Vergleich –Eine Antwort auf die Kritik– Kiel, 2004

Beske, Fritz, Neubestimmung und Finanzierung des Leistungskatalogs der gesetzlichen Krankenversicherung -Kieler Konzept- Paradigmenwechsel im Gesundheitswesen, Berlin- Chicago- London- Tokio- Paris- Barcelona- Sao Paulo- Moskau- Prag- Warschau, 2001

Bieback, Karl-Jürgen, Die Kranken- und Pflegeversicherung im Wettbewerbsrecht der EG, EWS 1999, 361-372

Bieback, Karl-Jürgen, Die Stellung der Sozialleistungserbringer im Marktrecht der EG, in: Beiträge zum Recht der sozialen Dienste und Einrichtungen (RsDE) Nr. 49, Köln-Berlin-Bonn-München, 2001, 1-39

Boni, Stefano/ Manzini, Pietro, National Social Legislation and EC Antitrust Law, World Competition 24 (2), 2001, 239-255

Borchert, Günter, Europäische Arzneimittelmärkte, DOK 1991, 118-123

Bright, Chris/ Currie, Kate, Is Bettercare a Bitter Pill?, ECLR 2003, 41-45

Bullinger, Martin, Französischer service public und deutsche Daseinsvorsorge, JZ 2003, 597-604

Burgi, Martin, Die öffentlichen Unternehmen im Gefüge des primären Gemeinschaftsrechts, EuR 1997, 261-290

Burns, Jean Wegman, Embracing both Faces of Antitrust Federalism: Parker and ARC America Corp, 68 ANTITRUST L.J. 29-44 (2000)

Callies, Christian, Die Charta der Grundrechte der Europäischen Union- Fragen der Konzeption, Kompetenz und Verbindlichkeit, EuZW 2001, 261-268

Callies, Christian/ Ruffert, Matthias, Kommentar des Vertrages über die Europäische Union und des Vertrages zur Gründung der Europäischen Gemeinschaft -EUV/EGV-, hrsg. von Christian Callies; Matthias Ruffert, Neuwied-Kriftel, 1999 (zitiert: Bearbeiter, in: Callies/Ruffert)

Clarich, Marcello/ Lübbig, Thomas, Anmerkung zu EuGH, Urteil vom 9.9.2003, Rs. C-198/01 (CIF), EuZW 2003, 733-734

Dederichs, Mariele, Die Methodik des Gerichtshofes der Europäischen Gemeinschaften, EuR 2004, 345-359

Dettling, Heinz-Uwe, Arzneimittelverkauf oder -versorgung?, Anmerkungen zum Urteil des EuGH in Sachen DocMorris, PharmaR 2004, 66-71

Easterbrook, Frank H., Antitrust and the Economics of Federalism, 26 J.L. & ECON. 23-50 (1983)

Ebsen, Ingwer, Öffentlich-rechtliches Handeln von Krankenkassen als Gegenstand des Wettbewerbsrechts? Probleme materiellrechtlicher und kompetenzrechtlicher Koordinierung, in: Gerhard Igl (Hrsg.), Das Gesundheitswesen in der Wettbewerbsordnung, Wiesbaden 2000, 298-314 (zitiert: Ebsen, in: Igl)

Egler, Martin, Festbetragssysteme: Triumph der Hoffnung über die Wirklichkeit, in: Marburger Gespräche zum Pharmarecht, Administrative Restriktionen in der Arzneimittelversorgung, Hrsg. Winfried Mummenhoff, Frankfurt am Main, 2002, 53-66 (zitiert: Egler, in: Marburger Gespräche zum Pharmarecht)

Ehlers, Alexander/ Weizel, Isabel, Das Gesetz zur Anpassung der Regelungen über die Festsetzung von Festbeträgen für Arzneimittel in der gesetzlichen Krankenversicherung (Festbetragsanpassungsgesetz- FBAG), Pharm. Ind. 2001, 930-932

Ehlers, Alexander/ Werner, Frank, Der „Festbetrags-Kompromiß" aus rechtlicher Sicht, Pharm. Ind. 2001, 362-365

Ehricke, Ulrich, Staatliche Regulierungen und EG-Wettbewerbsrecht, WuW 1991, 183-191

Ehricke, Ulrich, Zur Konzeption von Art. 37 und Art. 90 II EGV, EuZW 1998, 741-747

Eichenhofer, Eberhard, Das Recht der sozialen Sicherheit in den USA, Baden-Baden, 1990

Eichenhofer, Eberhard, Der Bundesausschuss der Ärzte und Krankenkassen und das EU-Wettbewerbsrecht, GGW 2/2001, 14-18

Eichenhofer, Eberhard, Richtlinien der gesetzlichen Krankenversicherung und Gemeinschaftsrecht, NZS 2001, 1-7

Elhauge, Einer Richard, The Scope of Antitrust Process, 104 HARV. L. REV. 667-747 (1991)

Emmerich, Volker, Kartellrecht, 9. Aufl., München, 2001

Engelmann, Christina, Kostendämpfung im Gesundheitswesen und EG-Wettbewerbsrecht, Bonn, 2002

Everling, Ulrich, Buchpreisbindung im deutschen Sprachraum und Europäisches Gemeinschaftsrecht, Book Price Fixing in the German Language Area and European Community Law, Fixation des prix du livre dans l'espace germanophone et le droit communautaire européen, Baden-Baden, 1997 (zitiert: Everling, Buchpreisbindung)

Everling, Ulrich, Der Vorrang des EG-Rechts vor nationalem Recht, DVBl 1985, 1201-1206

Everling, Ulrich, Quis custodiet custodes ipsos?, Zur Diskussion über die Kompetenzordnung der Europäischen Union und ein europäisches Kompetenzgericht, EuZW 2002, 357-364

Everling, Ulrich, Wirtschaftsverfassung und Richterrecht in der Europäischen Gemeinschaft, in: Festschrift für Ernst-Joachim Mestmäcker zum siebzigsten Geburtstag, Ulrich Immenga, Wernhard Möschel, Dieter Reuter (Hrsg.), Baden-Baden, 1996, 365-380 (zitiert: Everling, in: FS für Mestmäcker)

Everling, Ulrich, Zur Wettbewerbskonzeption in der neueren Rechtsprechung des Gerichtshofs der Europäischen Gemeinschaften, WuW 1990, 995-1009

Faull, Jonathan/ Nikpay, Ali, The EC Law of Competition, Oxford, 1999

Floyd, C. Douglas, Plain Ambiguities in the Clear Articulation Requirement for State Action Antitrust Immunity: The Case of State Agencies, 41 B.C.L.REV. 1059-1138 (2000)

Fox, Eleanor M., Cases and Materials on the Competition Law of the European Union, St. Paul, MN, 2002

Forstmann, Max/ Collatz, Brigitte, Rechtsschutz gegen versagende Zulassungsbescheide, Festbeträge und Positivliste – Sind die geplanten bzw. verwirklichten Einschränkungen verfassungsgemäß? Verstoß gegen EU-Recht?, PharmaR 2000, 106-113

Frankfurter Kommentar, Frankfurter Kommentar zum Kartellrecht, Band VI, EG-Kartellrecht, Stand: 53. Ergänzungslieferung, Mai 2003, Köln, 2001 (zitiert: Bearbeiter, in: Frankfurter Kommentar)

Franzen, Martin, Rechtsangleichung der Europäischen Union im Arbeitsrecht, ZEuP 1995, 796-826

Frenz, Walter, Dienste von allgemeinem wirtschaftlichen Interesse-Neuerungen durch Art. 16 EG-, EuR 2000, 901-925

Gassner, Ulrich M., Die Neuordnung der Arzneimittelversorgung im GKV-Modernisierungsgesetz (GMG), Grundrechtliche Grenzen und EG-kartellrechtliche Anforderungen, Rechtsgutachten, erstellt für den Bundesverband der Pharmazeutischen Industrie e.V. (BPI), Pharm. Ind. 2003, 1118-1142

Gassner, Ulrich M., Nationaler Gesundheitsmarkt und europäisches Kartellrecht, VSSR 2000, 121-148

Garland, Merrick B., Antitrust and State Action: Economic Efficiency and the Political Process, 96 YALE L.J. 486-519 (1987)

Giesen, Richard, Das BSG, der EG-Vertrag und das deutsche Unfallversicherungsmonopol, ZESAR 2004, 151-160

Giesen, Richard, Das Kartellrecht der GKV-Leistungserbringung und die dafür gültige neue Rechtswegzuweisung, GGW 2/2002, 19-23

Giesen, Richard, Die Vorgaben des EG-Vertrages für das Internationale Sozialrecht, Köln-Berlin-Bonn-München, 1999 (zitiert: Giesen, Die Vorgaben des EG-Vertrages für das Internationale Sozialrecht)

Giesen, Richard, Sozialversicherungsmonopol und EG-Vertrag: Eine Untersuchung am Beispiel der gesetzlichen Unfallversicherung in der Bundesrepublik Deutschland, Baden-Baden, 1995 (zitiert: Giesen, Sozialversicherungsmonopol und EG-Vertrag)

Giesen, Richard, Wettbewerb zwischen Sozialversicherungsträgern und Privatversicherungen nach europäischem Kartellrecht, in: Schriftenreihe des Deutschen Sozialrechtsverbandes, SDSRV 48 (2001), „Soziale Sicherheit und Wettbewerb: Bundestagung des Deutschen Sozialrechtsverbandes e.V., 12. und 13. Oktober 2000 in Mainz", Wiesbaden, 2001, 123-146 (zitiert: Giesen, in: SDSRV 48 (2001))

Gifford, Daniel J., Federalism, Efficiency, the Commerce Clause, and the Sherman Act: Why We Should Follow a Consistent Free-Market Policy, 44 EMROY L.J. 1227 (1995)

Gilson, Aaron M./ Joranson, David E./ Maurer, Martha A., Improving State Medical Board Policies: Influence of a Modell, 31 J.L. MED. ETHICS 119-128 (2003)

Gitter, Wolfgang, Strukturen der Reform der gesetzlichen Krankenversicherung, in: SGb 1991, 85-90

Gleiss, Alfred/ Hirsch, Manfred, Kommentar zum EG-Kartellrecht, Band 1: Art. 85 und die Gruppenfreistellungsverordnung, hrsg. von Martin Hirsch, Thomas O.J. Burkert, 4. Auflage, Heidelberg, 1993

Görlitz, Niklas, EU-Binnenmarktkompetenzen und Tabakwerbeverbote, EuZW 2003, 485-490

Goodin, Phil, Keeping the foxes from guarding the henhouse: The effect of Humana v. Forsyth on McCarran-Ferguson's antitrust exemption for the business of insurance, 86 IOWA L. REV. 979-1011 (2001)

Goyder, D.G., EC Competition Law, Third Edition, Oxford, 1998

Grabitz, Eberhard/ Hilf, Meinhard, Das Recht der Europäischen Union, Band I, Stand: 22. Ergänzungslieferung, August 2003, München, 2003 (zitiert: Bearbeiter in: Grabitz/Hilf)

Grabitz, Eberhard/ Hilf, Meinhard, Das Recht der Europäischen Union, Band II, Stand: 22. Ergänzungslieferung, August 2003, München, 2003 (zitiert: Bearbeiter in: Grabitz/Hilf)

Graser, Alexander, Auf dem Weg zur Sozialunion- Wie sozial ist das europäische Sozialrecht?, ZIAS 2000, 336-351

Grave, Carsten, Art. 86 II EG: Weder Verbot noch Gebot zur Quersubventionierung von Dienstleistungen im allgemeinen wirtschaftlichen Interesse, EuZW 2001, 709-711

Greaney, Thomas L., Quality of Care and Market Failure Defenses in Antitrust Health Care Litigation, 21 CONN. L. REV. 605-665 (1989)

Groeben, Hans von der/ Schwarze, Jürgen, Kommentar zum EU-/EG-Vertrag, Band 2, Artikel 81-97 EGV, 6. Auflage, Baden-Baden, 2003 (zitiert: Bearbeiter in: v.d.Groeben/Schwarze)

Groeben, Hans von der/ Thiesing, Jochen/ Ehlermann, Claus-Dieter, Kommentar zum EU-/EG-Vertrag; Band 1, Artikel A-F EUV, Artikel 1-84

EGV, 5. Auflage, Baden-Baden, 1997; Band 2/I, Artikel 85-87 EGV, 5. Auflage, Baden-Baden, 1999; Band 2/II, Artikel 88-102 EGV, 5. Auflage, Baden-Baden, 1999 (zitiert: Bearbeiter in: v.d.Groeben/Thiesing/Ehlermann)

Gyselen, Luc, State Action and the Effectiveness of the EEC Treaty's Competition Provisions, 26 CMLR (1989), 33-60

Hailbronner, Kay, Die EG-Sozialpolitik nach Maastricht, in: Gedächnisschrift für Eberhard Grabitz, herausgegeben von Albrecht Randelzhofer, Rupert Scholz, Dieter Wilke, München, 1995, 125-140 (zitiert: Hailbronner, in: FS für Grabitz)

Hanika, Heinrich, Europäisches Arzneimittelrecht, Die pharmazeutische Industrie in Europa auf dem Weg zur Vollendung des Binnenmarktes für Arzneimittel, MedR 2000, 63-71

Hänlein, Andreas/ Kruse, Jürgen, Einflüsse des Europäischen Wettbewerbsrechts auf die Leistungserbringung in der gesetzlichen Krankenversicherung, NZS 2000, 165-176

Hänlein, Andreas, Sozialrecht als Wirtschaftsrecht, NZS 2003, 617-624

Hart, Dieter/ Reich, Norbert, Integration und Recht des Arzneimittelmarktes in der EG- Eine Untersuchung zum Produkt- und Marktrecht der Gemeinschaft und ausgewählter Mitgliedstaaten, Baden-Baden, 1990

Haverkate, Görg, Der Ordnungsrahmen für Wettbewerb innerhalb der gesetzlichen Krankenversicherung, VSSR 1999, 177-196

Haverkate, Görg/ Huster, Stefan, Europäisches Sozialrecht: Eine Einführung, Baden-Baden, 1999

Havighurst, Clark C., American Federalism and American Health Care: Lessons for the European Community?, in: H. Hermans, A. Casparie & J. Paelinck (eds.), Health Care in Europe After 1992, 37-46, Erasmus University, Rotterdam, 1992

Havighurst, Clark C./ Blumstein, James F./ Brennan, Troyen A., Health Care Law and Policy- Readings, Notes and Questions, Second Edition, New York, N.Y., 1998

Havighurst, Clark C., How the Health Care Revolution Fell Short, 65 LAW & CONTEMP. PROBS. 55-101 (2002)

Havighurst, Clark C., Health Care as a (Big) Business: The Antitrust Response, 26 J. HEALTH POL. POL'Y & L. 939-955 (2001)

Hatzopoulos, Vassilis G., Killing national health and insurance systems but healing patients? The European market for health care services after the judgments of the ECJ in Vanbraekel and Peerbooms, 39 CMLR (2002), 683-729

Heinze, Meinhard, Die Rechtsprechung des Europäischen Gerichtshofes zum Sozialrecht -Kritik-, SGb 2001, 157-160

Heinze, Meinhard, Entwicklung der europäischen Sozial- und Beschäftigungspolitik und ihrer Grundlagen, in: Europas universale rechtspolitische Aufgabe im Recht des dritten Jahrtausends, Festschrift für Alfred Söllner zum 70. Geburtstag, herausgegeben von: Gerhard Köbler, Meinhard Heinze, Wolfgang Hromadka, München, 2000, 423-436 (zitiert: Heinze, in: FS für Söllner)

Heinze, Meinhard, Europarechtliche Rahmenbedingungen der deutschen Unfallversicherung, Festschrift für Wolfgang Gitter: zum 65. Geburtstag am 30. Mai 1995, hrsg. von Meinhard Heinze und Jochen Schmitt, Wiesbaden, 1995, 355-374 (zitiert: Heinze, in: FS für Gitter)

Heinze, Meinhard, Rechtliche Möglichkeiten und Grenzen von Health Maintenance Organizations und ähnlichen Organisationsformen in der stationären Versorgung sowie bei Heil- und Hilfsmitteln, in: Health maintenance organizations, Reformkonzeption für die Gesetzliche Krankenversicherung in der Bundesrepublik Deutschland?, Hrsg.: Heinz Hauser, J.-Matthias Graf v.d. Schulenburg, Gerlingen, 1988, 273-294 (zitiert: Heinze, in: Hauser/ v.d. Schulenburg)

Heinze, Meinhard, Rechtlicher Rahmen einer europäischen Beschäftigungspolitik, EWS 2000, 526-533

Heinze, Meinhard, Zum Einfluß des europäischen Rechts auf das deutsche Arbeits- und Sozialrecht, in: Festschrift für Ulrich Everling, Hrsg.: Ole Due, Marcus Lutter, Jürgen Schwarze, Baden-Baden, 1995, 433-445 (zitiert: Heinze, in: FS für Everling)

Helios, Marcus, Anmerkung zu EuG, Urt. v. 4.3.2003- Rs. T-319/99 (FENIN), EuZW 2003, 288

Hirsch, Günter, Einfluß der EG auf nationale Gesundheitssysteme, MedR 2000, 586-590

Hollmann, Susanne/ Schulz-Weidner, Wolfgang, Der Einfluß der EG auf das Gesundheitswesen der Mitgliedstaaten, ZIAS 1998, 180-214

Immenga, Ulrich/ Mestmäcker, Ernst-Joachim, EG-Wettbewerbsrecht, Kommentar, Band I und II, München, 1997 (zitiert: Bearbeiter, in: Immenga/ Mestmäcker)

Inman, Robert P./ Rubinfeld, Daniel L., Making Sense of the Antitrust State-Action Doctrine: Balancing Political Participation and Economic Efficiency in Regulatory Federalism, 75 TEX. L. REV. 1203-1299 (1997)

Isensee, Josef, Soziale Sicherheit im europäischen Markt, VSSR 1996, 169-185

Jennert, Carsten, Wirtschaftliche Tätigkeit als Voraussetzung für die Anwendbarkeit des europäischen Wettbewerbsrechts, WuW 2004, 37-46

Jorde, Thomas M., Antitrust and the new State Action Doctrine: A Return to Deferential Economic Federalism, 75 CAL. L. REV. 227-256 (1987)

Joussen, Jacob, Die Stellung europäischer Sozialpolitik nach dem Vertrag von Amsterdam, ZIAS 2000, 191-213

Kaesbach, Wolfgang, Arzneimittelinnovation und Positivliste, in Pharm. Ind. 1999, 581-583

Kasseler Kommentar, Sozialversicherungsrecht, Gesamtredaktion: Klaus Niesel, Band 1, Stand: 42. Ergänzungslieferung, Dezember 2003, 2. Auflage München, 1998 (zitiert: Bearbeiter, in: Kasseler Kommentar)

Kingreen, Thorsten, Das Sozialstaatsprinzip im europäischen Verfassungsverbund- Gemeinschaftsrechtliche Einflüsse auf das deutsche Recht der gesetzlichen Krankenversicherung, Tübingen, 2003

Kingreen, Thorsten, Wettbewerbsrechtliche Aspekte des GKV-Modernisierungsgesetzes, MedR 2004, 188-197

Kinney, Eleanor D., Clearing the way for an effective federal-state partnership in health reform, 32 U. MICH. J. L. REFORM 899-938 (1999).

Kliemann, Annette, Die europäische Sozialintegration nach Maastricht, Baden-Baden, 1997

Klose, Joachim/ Schellschmidt, Henner, Finanzierung und Leistungen der Gesetzlichen Krankenversicherung, Einnahmen- und ausgabenbezogene

Gestaltungsvorschläge im Überblick, Wissenschaftliches Institut der AOK (Hrsg.), Bonn, 2001

Knauff, Matthias, Das Grünbuch der Kommission über Dienstleistungen von allgemeinem Interesse, EuZW 2003, 453-455

Knispel, Ulrich, Auswirkungen der Neuregelung der Rechtsbeziehungen der Krankenkassen und ihrer Verbände zu den Leistungserbringern durch das GKV-Gesundheitsreformgesetz 2000, NZS 2001, 466-474

Knispel, Ulrich, Zur Bedeutung des europäischen Wettbewerbsrechts für die gesetzliche Krankenversicherung, GGW 2/2002, 7-13

Koenig, Christian/ Engelmann, Christina/ Steiner, Ulrike, Die Regulierung der GKV-Abrechnung von Laboratoriumsuntersuchungen am Maßstab der Dienstleistungsfreiheit des EG-Vertrages, MedR 2002, 221-226

Koenig, Christian/ Kühling, Jürgen, „Totgesagte Vorschriften leben länger": Bedeutung und Auslegung der Ausnahmeklausel des Art. 86 Abs. 2 EG, ZHR 166 (2002), 656-684

Koenig, Christian/ Sander, Claude, Die Positivlistenregelung des § 33a SGB V- Ein neuer Anwendungsfall für die gemeinschaftsrechtliche Staatshaftung?, MedR 2001, 295-300

Koenig, Christian/ Sander, Claude, Festbeträge für Arzneimittel auf dem Prüfstand des EG-Wettbewerbsrechts, in: Marburger Gespräche zum Pharmarecht, Administrative Restriktionen in der Arzneimittelversorgung, Hrsg. Winfried Mummenhoff, Frankfurt am Main, 2002, 67-78 (zitiert: Koenig/Sander, in: Marburger Gespräche zum Pharmarecht)

Koenig, Christian/ Sander, Claude, Staatshaftung und Festbeträge, NZS 2001, 617-623

Koenig, Christian/ Sander, Claude, Zur Vereinbarkeit des Festbetragssystems für Arzneimittel mit dem EG-Wettbewerbsrecht, WuW 2000, 975-987

Korah, Valentine, An introductory guide to EC Competition Law and Practice, Seventh Edition, Oxford- Portland Oregon 2000

Kozianka, Wolfgang/ Millarg, Ivo, „Auswege aus den Verbotstatbeständen der Art. 81 I und 82 EGV"? – Eine Erwiderung auf Hänlein/Kruse, NZS 2000, S. 165 ff –, PharmaR 2000, 204-209

Krajewski, Markus, Festbetragsregelung, Krankenkassen und europäisches Wettbewerbsrecht, EWS 2004, 256-265

Krauskopf, Dieter, Soziale Krankenversicherung, Pflegeversicherung, Kommentar, Stand: 42. Ergänzungslieferung, Dezember 2001, München, 2002 (zitiert: Bearbeiter, in: Krauskopf)

Kruse, Jürgen, Das Krankenversicherungssystem der USA: Ursachen seiner Krise und Reformversuche, Baden-Baden, 1997

Kunze, Thomas/ Kreikebohm, Ralf, Sozialrecht versus Wettbewerbsrecht- dargestellt am Beispiel der Belegung von Rehabilitationseinrichtungen (Teil 2), NZS 2003, 62-70

Langen, Eugen/ Bunte, Hermann-Josef, Kommentar zum deutschen und europäischen Kartellrecht, Band 1 (2 Bände), Hrsg.: Hermann Josef Bunte, 9. Aufl., Neuwied-Kriftel-Berlin, 2001 (zitiert: Bearbeiter, in: Langen/Bunte)

Leienbach, Volker, Gesundheitssysteme in Europa, in: Sozialrecht und Sozialpolitik in Deutschland und Europa, Festschrift für Bernd Baron von Maydell, Winfried Boecken, Franz Ruland, Heinz-Dietrich Steinmeyer (Hrsg.), Neuwied, Kriftel, 2002, 451-464 (zitiert: Leienbach, in: FS für von Maydell)

Lenz, Carl Otto, EG-Vertrag: Kommentar zu dem Vertrag zur Gründung der Europäischen Gemeinschaft, in der durch den Amsterdamer Vertrag geänderten Fassung, 2. Aufl. Köln, Basel, 1999 (zitiert: Bearbeiter, in: Lenz)

Lenze, Anne, Dimension der europäischen Sozialpolitik zwischen Maastricht und Regierungskonferenz 1996, NZS 1996, 313-321

Lockhart-Miriams, Andrew, Pharmaceutical Price Regulation in the UK, Four Methods of Regulation, PharmaR 2000, 113-117

Maassen, Bernhard M., Verfassungs- und EG-rechtliche Grundanforderungen an Maßnahmen der Kostendämpfung im Arzneimittelbereich, in: Gesellschaft für Rechtspolitik Trier, Bitburger Gespräche, Jahrbuch 1996, München, 1996, 145-165

Mäder, Werner, Sozialrecht und Sozialpolitik der Europäischen Union- Universalismus statt Uniformität, NZS 1995, 433-436

Mäder, Werner, Wohlfahrts- und Sozialstaatlichkeit in der Europäischen Union, Sozialer Fortschritt 2002, 146-149

Manhardt, Silja, Die Festbetragsregelung des Gesundheits-Reformgesetzes: verfassungsrechtliche Probleme der staatlichen Einflussnahme auf die Arzneimittelpreise, Diss., Baden-Baden 1990

Manzini, Pietro, The European Rule of Reason- Crossing the Sea of Doubt, ECLR 2002, 392-399

May, James, The Role of the States in the First Century of the Sherman Act and the Larger Picture of Antitrust Policy, 59 ANTITRUST L.J. 93-107 (1990)

McGowan, David/ Lemley, Mark A., Antitrust Immunity: State Action and Federalism, Petitioning and the First Amendment, 17 HARV. J.L. & PUB. POL'Y 293-400 (1994)

Mestmäcker, Ernst-Joachim, Daseinsvorsorge und Universaldienst im europäischen Kontext - Ein Beitrag zur Funktion von Art. 90 Abs. 2 EGV, in: Verfassung und Praxis des Sozialstaats, Festschrift für Hans F. Zacher zum 70. Geburtstag, herausgegeben von Franz Ruland, Bernd Baron von Maydell, Hans-Jürgen Papier, Heidelberg, 1998, 635-651 (zitiert: Mestmäcker, in: FS für Zacher)

Mestmäcker, Ernst-Joachim, Staat und Unternehmen im europäischen Gemeinschaftsrecht, Zur Bedeutung von Art. 90 EWGV, Rabels Zeitschrift für ausländisches und Internationales Privatrecht, 52. Jahrgang (1988), 526-586 (zitiert: Mestmäcker, in: RabelsZ)

Mestmäcker, Ernst-Joachim, Zur Anwendbarkeit der Wettbewerbsregeln auf die Mitgliedstaaten und die Europäischen Gemeinschaften, in: Europarecht, Energierecht, Wirtschaftsrecht, Festschrift für Bodo Börner zum 70. Geburtstag, herausgegeben von Jürgen F. Baur, Peter-Christian Müller-Graff und Manfred Zuleeg, Köln-Berlin-Bonn-München, 1992, 277-288 (zitiert: Mestmäcker, in: FS für Börner)

Millarg, Eberhard, Die Arzneimittel-Richtlinien des BÄK und Artikel 85 des EG-Vertrages, Pharm. Ind. 1999, 698-700

Monti, Giorgio, Article 81 EC and public policy, 39 CMLR (2002), 1057-1099

Mortelmans, Kamiel, Towards convergence in the application of the rules on free movement and on competition?, 38 CMLR (2001), 613-649

Möschel, Wernhard, Wird die effet utile-Rechtsprechung des EuGH inutile?, NJW 1994, 1709-1710

Mühlenbruch, Sonja/ Schmidt, Tillmann, Zur Einordnung der Tätigkeit von Krankenkassen hinsichtlich europäischem Wettbewerbsrecht und Dienstleistungsfreiheit, ZESAR 2004, 171-174

Müller-Graff, Peter-Christian, Die Verdichtung des Binnenmarktrechts zwischen Handlungsfreiheiten und Sozialgestaltung, EuR, Beiheft 1/2002, Das Binnenmarktrecht als Daueraufgabe, Hrsg. Armin Hatje, Baden-Baden, 2002, 7-73

Neumann, Daniela, Kartellrechtliche Sanktionierungen von Wettbewerbsbeschränkungen im Gesundheitswesen, Baden-Baden, 1999

Neumann, Daniela, Kartellrechtliche Sanktionierungen von Wettbewerbsbeschränkungen im Gesundheitswesen, in: Manfred Löwisch (Hrsg.), Wettbewerb, Kollektivverträge und Konfliktlösung in der Reform des Gesundheitswesens, Baden-Baden, 1999, 11-22 (zitiert: Neumann, in: Löwisch)

Neumann, Daniela, Verbannung des Kartell- und Wettbewerbsrechts aus der gesetzlichen Krankenversicherung?, WuW 1999, 961-967

Nickless, Jason Alan, The consequences of European Competition Law for social health care providers, Antwerpen-Appeldoorn, 1998

Niemeyer, Hans Jörg, Die Anwendbarkeit der Art. 85 und 86 EG-Vertrag auf staatliche Maßnahmen, WuW 1994, 721-731

Nitz, Gerhard/ Dierks, Christian, Rechtsschutz gegen Festbetragsgruppen- und Vergleichsgrößenbildung, PharmaR 2004, 161-166

O'Loughlin, Rosemary, EC Competition Rules and Free Movement Rules: An Examination of the Parallels and their Furtherance by the ECJ Wouters Decision, ECLR 2003, 62-69

Oppermann, Dagmar, Verstoß gegen europäisches Recht des Wettbewerbs?, Soziale Sicherheit 2001, 93-97

Oppermann, Thomas, Europarecht, Ein Studienbuch, 2. Auflage, München, 1999

Pabst, Bernhard/ Ricke, Wolfgang, BSG, EuGH und Unfallversicherung, ZESAR 2004, 292-295

Page, William H., Interest Groups, Antitrust, and State Regulation: Parker v. Brown in the Economic Theory of Legislation, 1987 DUKE L.J. 618-668 (1987)

Page, William H./ Lopatka, John E., State Regulation in the Shadow of Antitrust: FTC v. Ticor Title Insurance Co., 3 SUP. CT. ECON. REV. 189-237 (1993)

Pappalardo, Aurelio, Der Europäische Gerichtshof auf der Suche nach einem Kriterium für die Anwendung der Wettbewerbsregeln auf staatliche Maßnahmen, in: Festschrift für Hans von der Groeben, Ernst-Joachim Mestmäcker, Hans Möller, Hans-Peter Schwarz (Hrsg.), Eine Ordnungspolitik für Europa, Baden-Baden, 1987, 303-314 (zitiert: Pappalardo, in: FS für von der Groeben)

Peters, Horst, Handbuch der Krankenversicherung, Teil II- Sozialgesetzbuch V, 19. Auflage (einschließlich 44. Ergänzungslieferung) Stand: 1.10.2001, Stuttgart-Berlin-Köln, 1989 (zitiert: Bearbeiter in: Peters)

Pieters, Danny/ Van den Bogaert, Stefaan, The consequences of European Competition Law for national health policies, Antwerpen, Apeldoorn, 1997

Pietzcker, Jost, Das schwierige Verhältnis von Sozialrecht und Wettbewerbsrecht -§ 69 SGB V, in: Sozialrecht und Sozialpolitik in Deutschland und Europa, Festschrift für Bernd Baron von Maydell, Winfried Boecken, Franz Ruland, Heinz-Dietrich Steinmeyer (Hrsg.), Neuwied, Kriftel, 2002, 531-547 (zitiert: Pietzcker, in: FS für von Maydell)

Pitschas, Rainer, Deutsches und europäisches Gesundheitsrecht zwischen öffentlich-rechtlicher Wettbewerbsordnung und Verbraucherschutz, Soziale Krankenversicherung als Ausnahmebereich des Art. 86 Abs. 2 EGV, in: Gerhard Igl (Hrsg.), Das Gesundheitswesen in der Wettbewerbsordnung, Wiesbaden, 2000, 475-497 (zitiert: Pitschas, in: Igl)

Rebscher, Herbert, Europa und die GKV -Das Spannungsverhältnis von Ökonomie und Sozialrecht am Beispiel zentraler Steuerungsansätze im Gesundheitswesen, in: Sozialrecht und Sozialpolitik in Deutschland und Europa, Festschrift für Bernd Baron von Maydell, Winfried Boecken, Franz Ruland, Heinz-Dietrich Steinmeyer (Hrsg.), Neuwied, Kriftel, 2002, 549-560 (zitiert: Rebscher, in: FS für von Maydell)

Reich, Norbert, Rechtfertigung der Festbetragsregelung durch GKV-Spitzenverbände nach Art. 86 EG?, EuZW 2000, 653-659

Reich, Norbert, Wirkungen des Wettbewerbs auf die „Kunden" im europäischen Kontext, in: Gerhard Igl (Hrsg.), Das Gesundheitswesen in der Wettbewerbsordnung, Wiesbaden, 2000, 449-474 (zitiert: Reich, in: Igl)

Riedel, Daniel, Anmerkung zu EuGH, Urteil vom 16.3.2004, verb. Rs. C-264/01, C-306/01, C-354/01 und C-355/01 (AOK Bundesverband), EuZW 2004, 245

Riley, Alan, EC Antitrust Modernisation: The Commission does very nicely – thank you! – Part One: Regulation 1 and the Notification Burden, in: ECLR 2003, 604-615

Rolfs, Christian, Europarechtliche Grenzen für Monopole der Sozialversicherungsträger?, SGb 1998, 202-208

Roth, Wulf-Henning, Drittwirkung der Grundfreiheiten, in: Festschrift für Ulrich Everling, Hrsg.: Ole Due, Marcus Lutter, Jürgen Schwarze, Baden-Baden, 1995, 1231-1247

Rüfner, Wolfgang, Das Gesetz zur Strukturreform im Gesundheitswesen (Gesundheits-Reformgesetz), NJW 1989, 1001-1006

Sage, William M./ Hammer, Peter J., A Copernican View of Health Care Antitrust, 65 LAW & CONTEMP. PROBS. 241-290 (2002)

Sahmer, Sybille, Krankenversicherung in Europa - Die wettbewerbsrechtliche Stellung der Kranken- und Pflegeversicherung im Bereich der freiwilligen Versicherung-, NZS 1997, 260-266

Sander, Axel, Pharmarelevante Gerichtsentscheidungen zum SGB V, Pharm. Ind. 2001, 922-928

Schelp, Robert, Zur Verfassungsmäßigkeit der Festbetragregelung für Arzneimittel, NZS 1997, 155-163

Schepel, Harm, Delegation of regulatory powers to private parties under EC Competition Law: towards a procedural public interest test, 39 CMLR (2002), 31-51

Schickert, Jörg, Arzneimittelerstattung und Herstellerrechte – 2. Teil: Europäische Ebene, PharmaR 2004, 47-51

Schroeder, Werner, Vom Brüsseler Kampf gegen den Tabakrauch – 2. Teil, EuZW 2001, 489-495

Schulin, Bertram, Patentschutz und Festbeträge für Arzneimittel: Dargestellt am Beispiel der ACE-Hemmer, Baden-Baden, 1993

Schulin, Bertram, Handbuch des Sozialversicherungsrechts, Band 1, Krankenversicherungsrecht, München, 1994 (zitiert: Bearbeiter, in: Schulin)

Schulz-Weidner, Wolfgang, Sozialversicherungsmonopole -ihre Einordnung und ihre Zulässigkeit nach europäischem Wirtschaftsrecht am Beispiel der gesetzlichen Rentenversicherung-, in: Ingwer Ebsen (Hrsg.), Europarechtliche Gestaltungsvorgaben für das deutsche Sozialrecht- Freizügigkeit, wirtschaftliche Grundfreiheiten und europäisches Wettbewerbsrecht als Grenzen sozialstaatlicher Souveränität, Baden-Baden, 2000, 57-66 (zitiert: Schulz-Weidner, in: Ebsen)

Schwarze, Jürgen, Daseinsvorsorge im Lichte des europäischen Wettbewerbsrechts, EuZW 2001, 334-339

Schwarze, Jürgen, Der Grundrechtsschutz für Unternehmen in der Europäischen Grundrechtecharta, EuZW 2001, 517-524

Schwarze, Jürgen, Der Staat als Adressat des Europäischen Wettbewerbsrechts, in: Jürgen Schwarze (Hrsg.), Europäisches Wettbewerbsrecht im Wandel, Baden-Baden, 2001, S. 69-108 (zitiert: Schwarze, Der Staat als Adressat des Europäischen Wettbewerbsrechts)

Schwarze, Jürgen (Hrsg.), EU-Kommentar, Baden-Baden, 2000 (zitiert: Bearbeiter, in: Schwarze, EU-Kommentar)

Semeraro, Steven, Demystifying Antitrust State Action Doctrine, 24 HARV. J.L. & PUB. POL'Y 203-282 (2000)

Slot, Piet Jan, Applying the Competition Rules in the Healthcare Sector, ECLR 2003, 580-593

Slot, Piet Jan, The concept of undertaking in EC Competition Law, in: Festschrift für Ulrich Everling, Hrsg.: Ole Due, Marcus Lutter, Jürgen Schwarze, Baden-Baden, 1995, 1413-1426

Starr, Kenneth W., First Among Equals: The Supreme Court in American Life, New York, N.Y., 2002

Steffen, Peter B., After Fabe: Applying the Pireno Definition of "Business of Insurance" in First-Clause McCarran-Ferguson Act cases, 2000 U. CHI. LEGAL F. 447 (2000)

Steinmeyer, Heinz-Dietrich, Das europäische Sozialrecht nach Maastricht, VSSR 1996, 49-65

Steinmeyer, Heinz-Dietrich, Festbeträge im System der gesetzlichen Krankenversicherung, in: Marburger Gespräche zum Pharmarecht, Administrative Restriktionen in der Arzneimittelversorgung, Hrsg. Winfried Mummenhoff, Frankfurt am Main 2002, 36-51 (zitiert: Steinmeyer, in: Marburger Gespräche zum Pharmarecht)

Steinmeyer, Heinz-Dietrich, Kartellrecht und deutsche gesetzliche Krankenversicherung, in: Festschrift für Otto Sandrock zum 70. Geburtstag, Hrsg.: Klaus Peter Berger, Werner F. Ebke, Siegfried Elsing, Bernhard Großfeld, Gunther Kühne, Heidelberg, 2000, 943-958 (zitiert: Steinmeyer, in: FS für Sandrock)

Steinmeyer, Heinz-Dietrich, Kartellrecht und Krankenversicherung, in: Schriftenreihe des Deutschen Sozialrechtsverbandes, SDSRV 48 (2001), „Soziale Sicherheit und Wettbewerb: Bundestagung des Deutschen Sozialrechtsverbandes e.V., 12. und 13. Oktober 2000 in Mainz", Wiesbaden, 2001, 101-122 (zitiert: Steinmeyer, in: SDSRV 48 (2001))

Stone, Deborah A., United States, 25 J. HEALTH POL. POL'Y & L. 954-958 (2000).

Verschueren, Herwig, Auswirkungen der Rechtsprechung des Europäischen Gerichtshofes auf die Ansprüche von Patienten auf medizinische Leistungen, SGb 2001, 356-363

Vogel, Hans-Josef, Zulassungssystem für Krankenhäuser: GKV-Gesundheitsreform 2000 im Lichte des Kartell- und Wettbewerbsrechts, NZS 1999, 375-379

Wägenbaur, Rolf, Verbot der Tabakwerbung: Fortsetzung der Saga, EuZW 2001, 450

Wagner, Florian H., Die Verantwortlichkeit des Staates für Wettbewerbsbeschränkungen durch Gesetz in föderalen Systemen, WuW 2003, 454-472

Weiß, Wolfgang, Öffentliche Unternehmen und EGV, EuR 2003, 165-190

Werner, Frank, Gesundheitsreform und kein Ende, Pharm. Ind. 2002, 137-140

Wiedemann, Gerhard (Hrsg.), Handbuch des Kartellrechts, München, 1999 (zitiert: Bearbeiter, in: Wiedemann)

Wigge, Peter, Die kartellrechtliche Stellung der Leistungsträger zu den Leistungserbringern in der gesetzlichen Krankenversicherung- am Beispiel der Arzneimittelversorgung- in: Schriftenreihe des Deutschen Sozialrechtsverbandes, SDSRV 48 (2001), „Soziale Sicherheit und Wettbewerb: Bundestagung des Deutschen Sozialrechtsverbandes e.V., 12. und 13. Oktober 2000 in Mainz", Wiesbaden, 2001, 79-99 (zitiert: Steinmeyer, in: SDSRV 48 (2001))

Wiley, John Shepard Jr., A Capture Theory of Antitrust Federalism, 99 HARV. L. REV. 713-789 (1986)

Wilmowski, Peter von, Mit besonderen Aufgaben betraute Unternehmen unter dem EWG-Vertrag, Ein Beitrag zu Art. 90 Abs. 2 EWGV, ZHR 155 (1991), 545-572

Winterstein, Alexander, Nailing the Jellyfish: Social Security and Competition Law, ECLR 1999, 324-333

Zacher, Hans F., Wird es einen europäischen Sozialstaat geben?, EuR 2002, 147-164

Izumi Kazuhara

Einfluss der Marktintegration auf die Auslegung und Anwendung des europäischen Wettbewerbsrechts

Frankfurt am Main, Berlin, Bern, Bruxelles, New York, Oxford, Wien, 2004.
425 S., zahlr. Tab.
Schriften zum Europa- und Völkerrecht und zur Rechtsvergleichung.
Herausgegeben von Manfred Zuleeg. Bd. 11
ISBN 3-631-50401-2 · br. € 60.30*

Die europäischen Wettbewerbsregeln gehören zur europäischen Rechtsordnung, für die besondere Auslegungsgrundsätze und Anwendungsmethoden gelten. Dabei stand das Vertragsziel der Marktintegration oft im Mittelpunkt. Die These des Verfassers ist, dass dieser Aspekt das europäische vom rein nationalen Wettbewerbsrecht unterscheidet. In dieser Arbeit werden die einzelnen Tatbestandsmerkmale der Artikel 81 und 82 EGV anhand zahlreicher EuGH-Rechtsprechungen sowie Kommissionsentscheidungen hinsichtlich der Frage analysiert, ob solch ein Einfluss tatsächlich festzustellen ist. Da die Geschwindigkeit sowie der Stand der Marktintegration je nach Wirtschaftssektor unterschiedlich ist, wird zusätzlich noch eine Analyse der Anwendungspraxis in einigen ausgewählten Wirtschaftszweigen durchgeführt.

Aus dem Inhalt: Theoretischer Ansatzpunkt – Marktintegration und Wettbewerb im System des EGV · Tatsächlicher Einfluss in der Auslegungs- und Anwendungspraxis · Ausgewählte Bereichsstudien · KFZ- und Zuliefererindustrie · Kosmetische Mittel · Arzneimittel · Bücher- und Presseerzeugnisse · Telekommunikationsgeräte · Telekommunikationsdienste

Frankfurt am Main · Berlin · Bern · Bruxelles · New York · Oxford · Wien
Auslieferung: Verlag Peter Lang AG
Moosstr. 1, CH-2542 Pieterlen
Telefax 00 41 (0) 32 / 376 17 27

*inklusive der in Deutschland gültigen Mehrwertsteuer
Preisänderungen vorbehalten

Homepage http://www.peterlang.de